Auxiliando a humanidade a encontrar a Verdade

O Evangelho à Luz do Cosmo

© 1974 — Hercílio Maes

O Evangelho à Luz do Cosmo
Ramatís
Obra psicografada por Hercílio Maes

Todos os direitos desta edição reservados à
CONHECIMENTO EDITORIAL LTDA.
Fone: 19 34515440
www.edconhecimento.com.br
vendas@edconhecimento.com.br

Nos termos da lei que resguarda os direitos autorais, é proibida a reprodução total ou parcial, de qualquer forma ou por qualquer meio — eletrônico ou mecânico, inclusive por processos xerográficos, de fotocópia e de gravação — sem permissão, por escrito, do editor.

Colaboraram nesta edição:
• Margareth Rose Fonseca Carvalho
• Mariléa de Castro • Paulo Gontijo de Almeida
• Sebastião de Carvalho
Projeto Gráfico: Sérgio Carvalho
Ilustração da Capa: Cláudio Gianfardoni

Produzido no departamento editorial da
CONHECIMENTO EDITORIAL LTDA
Impresso na

a gráfica digital da **EDITORA DO CONHECIMENTO**
grafica@edconhecimento.com.br

Dados Internacionais de Catalogação na Publicação (CIP)
(Câmara Brasileira do Livro, SP, Brasil)

Ramatís (Espírito)
O Evangelho à Luz do Cosmo / Ramatís ; obra mediúnica psicografada por Hercílio Maes. — 11ª ed. — Limeira, SP : Editora do Conhecimento, 2016.
328 p.

ISBN 978-85-7618-380-8

1. Bíblia N. T. Evangelhos - Comentários 2. Cosmologia 3. Espiritismo 4. Jesus Cristo - Interpretações espíritas 5. Mediunidade 6. Psicografia I. Maes, Hercílio, 1913-1993. II. Título.

02-6475   CDD — 133.91

Índice para catálogo sistemático:
1. Evangelho - interpretações espíritas : Obras mediúnicas psicografadas : Doutrina espírita 133.91

Ramatís

O EVANGELHO À LUZ DO COSMO

Obra mediúnica ditada pelo espírito
Ramatís ao médium Hercílio Maes

11ª edição — 2016

EDITORA DO
CONHECIMENTO

Obras de Ramatís editadas pela **EDITORA DO CONHECIMENTO**

HERCÍLIO MAES

- A Vida no Planeta Marte e os Discos Voadores – 1955
- Mensagens do Astral – 1956
- A Vida Além da Sepultura – 1957
- A Sobrevivência do Espírito – 1958
- Fisiologia da Alma – 1959
- Mediunismo – 1960
- Mediunidade de Cura – 1963
- O Sublime Peregrino – 1964
- Elucidações do Além – 1964
- Semeando e Colhendo – 1965
- A Missão do Espiritismo – 1967
- Magia de Redenção – 1967
- A Vida Humana e o Espírito Imortal – 1970
- O Evangelho à Luz do Cosmo – 1974
- Sob a Luz do Espiritismo (Obra póstuma) – 1999

SÁVIO MENDONÇA

- O Vale dos Espíritas – 2015
- Missão Planetária – 2016
- A Derradeira Chamada – 2017
- O Sentido da Vida – 2019
- Amor: Encontros, desencontros e Reencontros – 2020
- Mediunidade sem Preconceito – 2021
- Por que Reencarnar? – 2022

MARIA MARGARIDA LIGUORI

- Jornada de Luz
- O Homem e o Planeta Terra
- O Despertar da Consciência
- Em Busca da Luz Interior

AMÉRICA PAOLIELLO MARQUES

- Mensagens do Grande Coração

OBRAS COLETÂNEAS:

- Ramatís uma Proposta de Luz
- Face a Face com Ramatís
- Um Jesus que Nunca Existiu
- Simplesmente Hercílio
- A Missão do Esperanto
- A Origem Oculta das Doenças
- O Objetivo Cósmico da Umbanda
- Do Átomo ao Arcanjo
- O Apocalipse
- Marte: O futuro da Terra
- O Além – Um guia de viagem
- Geografia do Mundo Astral
- O Homem Astral e Mental
- O Carma
- O Menino Jesus
- Homeopatia – A cura energética

Coletâneas de textos organizadas por SIDNEI CARVALHO:

- A Ascensão do Espírito de A a Z – Aprendendo com Ramatís
- Ciência Oculta de A a Z – O véu de Ísis
- Evangelho de A a Z – A caminho da angelitude
- Jesus de Nazaré – O avatar do amor
- Mecanismos Cósmicos de A a Z – O amor do Pai
- Mediunidade de A a Z – O portal da Luz
- Saúde e Alimentação de A a Z – O amor pelos animais
- Transição Planetária de A a Z – A chegada da Luz
- Universalismo de A a Z – Um só rebanho

Obs: A data após o título se refere à primeira edição.

Minha homenagem

Ao confrade Antônio Plínio da Silva Alvim devotado trabalhador da seara espiritualista e fundador da Sociedade Espírita Ramatís, distribuidora de incalculáveis benefícios de ordem material e espiritual para todos os necessitados, independentemente de credos e raças, dedico esta obra cumprindo um preito de gratidão e sincera afeição fraterna.

Curitiba, 9 de junho de 1974

Agradecimento

Não poderia deixar de assinalar no pórtico desta obra o meu sincero reconhecimento ao amigo e confrade, dr. Brenno Trautwein, médico psiquiatra, devotado estudioso dos fenômenos mediúnicos e das leis da vida espiritual, a cujo talento, conhecimento e acervo de valiosas experiências, devo a revisão e o ajuste desta obra.

Curitiba, 9 de junho de 1974

Sumário

- 8 A regra áurea
- 9 Pirataria espiritual
- 11 Prefácio
- 14 Preâmbulo
- 23 1. Deus
- 73 2. Evolução
- 104 3. O Evangelho é a Lei do Cosmo
- 109 4. O Código Moral do Evangelho
- 119 5. A Ciência e a Fé do Evangelho
- 127 6. Jesus e as Suas Parábolas
- 135 7. O Semeador
- 146 8. "Ninguém vai ao Pai a não ser por mim"
- 168 9. "Meu reino não é deste mundo"
- 179 10. "Não se pode servir a Deus e a Mamon"
- 196 11. "Cada um será julgado segundo as suas obras"
- 218 12. "Com o juízo com que julgardes, sereis julgados; e com a medida com que medirdes, vos medirão também a vós"
- 228 13. "Sede perfeitos"
- 237 14. "Ninguém poderá ver o reino de Deus, se não nascer de novo"
- 251 15. A "túnica nupcial"
- 288 16. O trigo e o joio

A Regra Áurea
segundo as dez grandes religiões do mundo

 CRISTIANISMO
..."Tudo quanto queres que os outros façam para ti faze-o também para eles..."

 CONFUCIONISMO
"Não faças aos outros aquilo que não queres que eles te façam."

 BUDISMO
"De cinco maneiras um verdadeiro líder deve tratar seus amigos e dependentes: com generosidade, cortesia, benevolência, dando o que deles espera receber e sendo tão fiel quanto à sua própria palavra."

 HINDUÍSMO
"Não faças aos outros aquilo que, se a ti fosse feito, causar-te-ia dor."

 ISLAMISMO
"Ninguém pode ser um crente até que ame o seu irmão como a si mesmo."

 SIKHISMO
"Julga aos outros como a ti mesmo julgas. Então participarás do Céu."

 JAINISMO
"Na felicidade e na infelicidade, na alegria e na dor, precisamos olhar todas as criaturas assim como olhamos a nós mesmos."

 ZOROASTRISMO
"A Natureza só é amiga quando não fazemos aos outros nada que não seja bom para nós mesmos."

 TAOÍSMO
"Considera o lucro do teu vizinho como teu próprio e o seu prejuízo como se também fosse teu."

 JUDAÍSMO
"Não faças ao teu semelhante aquilo que para ti mesmo é doloroso."

Pirataria espiritual

Respeitar o sacrifício alheio para produzir uma obra espírita é o mínimo que se espera de todos que almejam alcançar a condição de "bons espíritas", conforme nos ensina *O Evangelho Segundo o Espiritismo*, no capítulo 17, intitulado "Sede perfeitos", item **Os bons espíritas**.

O capítulo 26 desta obra básica ("Dai de graça o que de graça recebestes") nos conduz a uma importante reflexão sobre o tema "mediunidade gratuita", explicando, de forma muito objetiva, o papel do médium como intérprete dos Espíritos:

> ... receberam de Deus um dom gratuito – o dom de ser intérpretes dos Espíritos –, a fim de instruir os homens, mostrar-lhes o caminho do bem e conduzi-los à fé, e não para vender-lhes palavras que não lhes pertencem, porque não são produto de suas concepções, nem de suas pesquisas, nem de seu trabalho pessoal. ...

Contudo, muitos seguidores da Codificação têm um entendimento equivocado a respeito da produção das obras espíritas e/ou espiritualistas, atribuindo a elas o ônus da gratuidade, ao confundir a produção editorial com a mediunidade gratuita, universo material do qual ela não faz parte.

É fundamental separar uma coisa da outra, para que os espíritas não sejam induzidos a erros, cujos efeitos morais e éticos conflitam com os princípios espirituais.

Para que um livro de qualquer gênero literário chegue às mãos dos leitores, é preciso mais que a participação do autor (ou do médium psicógrafo), uma vez que o processo editorial depende de inúmeros profissionais qualificados em áreas diversas. Sem eles, as ideias e conteúdos não se materializariam em forma de livros.

Portanto, tradutores, revisores, editores, digitadores, diagramadores, ilustradores, capistas, artefinalistas, impressores, distribuidores, vendedores e lojistas fazem parte desse rol de profissionais empenhados na veiculação das obras espíritas/espiritualistas.

Como se pode perceber, para que uma conteúdo, uma psicografia, chegue aos leitores, percorre-se um longo caminho que envolve uma equipe diversa, em que muitos dos profissionais não são os médiuns nem voluntários e, portanto, não se inserem na máxima: "Dai de graça o que de graça recebestes".

Por isso, ao se praticar a pirataria, apropriando-se indevidamente de uma obra, seja através da reprodução de seu conteúdo por arquivo pdf ou digital, visando ao compartilhamento "fraterno" dos ensinamentos da Doutrina Espírita, está-se, na realidade, infringindo a lei da Primeira Revelação: "Não roubarás!".

Sim, porque apropriação indébita de bens que também fazem parte do plano material é um delito, qualquer que seja a suposta boa-intenção.

Este é o alerta que a maioria das editoras, inclusive as espíritas, gostaria de fazer chegar aos leitores e que a Editora do Conhecimento inclui na conclusão desta belíssima obra, fruto de um trabalho editorial que não envolveu voluntários mas sim profissionais remunerados que exigem respeito por suas atividades.

Deixamos aqui registrado nosso repúdio a sites, blogs, fóruns e outras mídias que pirateiam e armazenam obras literárias. Ao fazer uso ilícito desses depósitos de livros roubados, "espíritas e espiritualistas" se distanciam cada vez mais de seus objetivos maiores.

Finalizando, lembramos que "o homem de bem respeita todos os direitos que as leis da natureza atribuem aos seus semelhantes, como gostaria que respeitassem os seus". (*O Evangelho segundo o Espiritismo*, capítulo 17 "Sede perfeitos", item **O homem de bem**).

Conhecimento Editorial
Seus editores.

Prefácio

Estimados leitores:

Entregando-vos estas despretensiosas páginas de comunicações transcendentais, Ramatís não pretende acrescentar algo de novo ao sublime e inigualável conteúdo do Evangelho, que é capaz de transformar o homem em anjo, e foi plasmado ao vivo pelo estoicismo, sacrifício e fidelidade do Cristo-Jesus. Jamais alguém poderia efetuar qualquer correção ou adicionar, com êxito, alguma interpolação pessoal ou histórica no munificente e imodificável Evangelho, aliás, o verdadeiro Código de Ascensão e Evolução Espiritual. Conforme diz o próprio Ramatís: "Uma vírgula extraída ou inserida nesse compêndio de quimismo divino, ensinado ao vivo por Jesus, seria o mesmo que tirar fora de prumo a parede da catedral secular".

Mas existe uma grande diferença em acrescentar algo ao que disse Jesus, há dois mil anos, no seu Evangelho, e o estudo sincero e mesmo apaixonante das razões que nos levam a saber por que Jesus disse tão elevada mensagem. Há ensejos para uma nova auscultação espiritual mais profunda dessa elucidação divina ao terrícola, inclusive a ilação mais esotérica dos motivos que foram ocultos na época, mas atualmente podem ser esclarecidos, entendidos e meditados no século XX. O homem moderno encontra-se mais capacitado para ativar e movimentar o seu raciocínio sobre maior área da Vida Imortal e, assim, possibilitado para uma apreciação mais íntima e perspicaz dos excelsos ensinos de Jesus.

Além da mensagem espiritual sublime, que sob a vestimenta

poética das parábolas e dos conceitos evangélicos transcendentais, expõe diretrizes morais para o espírito encarnado, ainda oculta-se uma realidade científica do Universo sintetizada no microcosmo da obra humana. O terrícola, apesar do seu primarismo e ignorância tradicional sobre o Espírito Imortal, já se mostra mais sensível e arguto para se aperceber das bases criativas e científicas da Vida. É capaz de compreender que o sublime e indestrutível edifício do Evangelho é a miniatura das próprias leis que regem o Cosmo.

Embora a nossa singela argumentação não possa realçar, ainda mais, a beleza fulgurante e eterna do Evangelho do Cristo-Jesus, insistimos, no entanto, em relembrar à humanidade aflita e insensata, que ela será destruída pelos seus próprios engenhos mortíferos e pela eclosão indisciplinada de forças desintegradoras da vida humana, caso prossiga desdenhando a rota salvadora: "O Evangelho".

As parábolas, os conceitos e as normas dele são autênticas condensações das próprias leis cósmicas do Universo. Jesus, muito além de avançado psicólogo sideral, instrutor moral e mestre espiritual de vossa humanidade, é também considerado o mais alto índice de conhecimento e experiência científica atualmente no governo do vosso orbe. Sob a singela poesia e o encanto comovente de suas parábolas, palpita o "microesquema" das leis e dos princípios fundamentais do Cosmo, tanto quanto a energia elétrica de alta voltagem fornecida pela usina gradua-se, sensivelmente, para ajustar-se à lâmpada que ilumina singelo aposento. Há um ritmo, uma dinâmica e cadência incomum na exposição evangélica, que revelam aos espíritos argutos essa miniatura da própria legislação criativa cósmica. As mesmas leis que regem o imensurável metabolismo do Universo estão genialmente sintetizadas nos conceitos e nas parábolas inesquecíveis de Jesus, assim como a contextura gigantesca do carvalho miniaturizase potencialmente na pequenez da bolota em crescimento.

Através das palavras ternas e esperançosas do Cristo-Jesus flui a força do próprio Verbo da Criação. Assim, o Evangelho não é um tratado rígido de virtudes salvacionistas, nem apenas manual cívico de conduta espiritual; antes de tudo, é o compêndio das leis do aperfeiçoamento para a Vida Imortal e a metamorfose do homem ao anjo.

O Evangelho, como o próprio nome indica, é o "Caminho" que reconduz a criatura à intimidade do Criador, e a integra na vivência autêntica das leis que são a manifestação da "Verdade". Ela se conscientiza cada vez mais pela paulatina angelização no eterno metabolismo para a Vida Imortal. À medida que o homem dilata a consciência, pela sua incessante penetração mais profunda na vida oculta espiritual, adquire melhor noção de existir e pode abranger maior porção de Deus. É um acontecimento real, porque a Divindade vibra na intimidade da criatura humana. Desde os tempos imemoriais, os magos, iniciados e sacerdotes esotéricos apregoam incessantemente os preceitos de que o "macrocosmo" está no "microcosmo", e "o que está em cima está embaixo", paralelamente ao conceito do Gênesis, que diz: "O homem foi feito à imagem de Deus".

Por analogia, assim como um átomo em incessante expansão poderia desenvolver os seus elementos constituintes até se tornarem semelhantes aos astros de uma constelação astronômica, o homem, "criado à imagem de Deus", também usufrui da graça de poder expandir-se e sintonizar-se à maior área do Criador. Sob a indefectível beleza mística e moral do Evangelho, oculta-se, então, o cientificismo irrevogável das leis maiores do Universo e, por esse motivo, justifica-se o conceito esotérico de que "o reino de Deus está no próprio homem". A pulsação divina atua incessantemente na consciência espiritual do homem, desperta-lhe os fundamentos criativos da individualidade sem desvincular-se de Deus, e depois o liberta do jugo educativo da matéria para integrá-lo definitivamente na paz e ventura eterna.

Oxalá o leitor compreenda que, nesta singela comunicação através de um medianeiro humano, Ramatís só pretende servir e advertir que vale a pena o homem viver integrado nos ensinamentos do Cristo-Jesus, porque tais preceitos de moral sideral ainda são a miniatura do metabolismo do próprio Criador do Universo.

Curitiba, 8 de março de 1974
Navarana

O Evangelho à Luz do Cosmo

Preâmbulo

Meus Irmãos:
Paz e Amor.

O cidadão terrícola atinge o fim do segundo milênio, atirado à crista das ondas turbilhonantes de uma civilização eletrificada, servida por computadores e robôs, deslumbrada pelo transplante de órgãos e consagrada pela conquista da Lua. Mas, infelizmente, ela já não duvida de que se encontra à beira de implacável destruição provocada pelos excessos de ambição, ateísmo, orgulho e imoralidade. O homem moderno, exclusivamente preocupado com a saúde e a eficiência do seu equipo orgânico, procura extrair dele o máximo de gozo e prazeres ilusórios, embora ainda não saiba o que é, de onde vem e para onde vai. Requinta-se no vestir, comer e divertir-se. Ativa epicuristicamente todos os desejos e vive as mais indisciplinadas emoções, porém sem conseguir libertar-se do pelourinho das sensações. Através de uma vivência desnaturada e sem qualquer controle sensorial, confundindo a exploração insensata do seu corpo carnal com a autenticidade humana, o cidadão terrícola vive submisso ao primarismo de uma existência física, sem qualquer identificação com o espírito imortal. Abusando da mediocridade e transitoriedade dos prazeres carnais, ele caminha entontecido para o túmulo, copiando o turista de aparelho fotográfico a tiracolo, que fixa paisagens e edificações desconhecidas, mas não promove qualquer renovação íntima.

Graças à técnica avançada e à ciência quase miraculosa, o homem terreno atinge, na atualidade, o máximo na exploração dos sentidos e emoções. Eufórico pelos requintes modernos que lhe proporcionam o excesso de conforto e gozo material, atendendo-lhe as exigências mais epicurísticas do organismo, envaidece-se pela facilidade e rapidez com que se move entre os pólos antípodas e as latitudes geográficas mais distantes do seu orbe. Certo de que dispõe de um poder incomum, então olvida Deus e ironiza a ternura comunicativa do apelo espiritual do Cristo-Jesus. Enriquece a visão com as paisagens mais exóticas e usufruídas panoramicamente das aeronaves a jato; faz o seu desjejum em New York, almoça em Lisboa e ceia em Paris, mas, infelizmente, continua estático em relação à própria evolução do seu espírito imortal.

Graças aos recursos mágicos da televisão refletida pelos satélites em órbita, o homem apercebe-se instantaneamente dos progressos da arte moderna, das recentes descobertas científicas, dos mais avançados conceitos de filosofia e potencializa o seu cérebro pelas incessantes revelações da cibernética, enquanto ainda não sabe por que existe. Paradoxalmente, requinta o meio externo onde vive, multiplicando conhecimentos e inventos da vida transitória e não se liberta da condição de um fantoche preso aos cordéis do instinto.

Malgrado a era dos computadores e da conquista da Lua, além da ebulição de idéias e conceitos incomuns, que consagram gênios, filósofos e cientistas de alto gabarito, o homem civilizado e orgulhoso do século XX ainda não se livrou do arcabouço rígido e brutal do troglodita. Movendo-se no cenário do mundo atual, como cidadão bem condicionado, em sua intimidade ainda grita o ser pré-histórico. Apesar do desesperado esforço para adaptar-se às regras, convenções sociais e aos costumes que esquematizam a vida civilizada, dois terços da humanidade terrícola têm agido de modo tão cruel, cínico, brutal, desregrado, desonesto e imbecil, características que remontam a acontecimentos próprios do homem das cavernas.

Embora o homem terrícola alardeie um senso de justiça superior, incentive os mais avançados progressos de filosofia e psicologia em favor da higidez mental, detenha poderes técnico--científicos que ultrapassam as faculdades mágicas das fadas e dos gênios de antanho, ele ainda não passa de um desventurado açougueiro, que talha e esfrangalha a carne humana nas charqueadas das lutas fratricidas, em defesa de retalhos de pano patriótico e de limites de terra que só pertencem a Deus. Em sua

O Evangelho à Luz do Cosmo   15

insânia mental e primarismo espiritual, o poder público, então, arrebanha e seleciona os jovens mais sadios e perfeitos de sua pátria; depois os uniformiza e os submete a treinos específicos de belicosidade, e os envia para os matadouros das guerras carniceiras, onde eles decepam mãos, braços e pés, mutilam as orelhas, deformam as faces e vazam os olhos, desfigurando a fisionomia que Deus modelou para refletir a sabedoria e a ternura da alma eterna.

Em seguida às porfias sangrentas que massacram e esfrangalham, outros homens vestidos de branco acodem pressurosos, retornam os mutilados dos matadouros fratricidas e, na tarefa piedosa e sacerdotal de "consertos ao vivo", ajustam-lhes braços, pernas e mãos, substituindo os autênticos por membros artificiais e genialmente eletrificados. Nos mais desgraçados e vitimados pela cegueira, colocam-lhes olhos de vidro tão perfeitos, que até parecem "vivos". E nos infelizes de carnes esfaceladas, ossos fraturados e nervos lesados, enxertam-lhes tecidos e retalhos extraídos de partes menos visíveis.

Sem dúvida, somente as criaturas ainda estigmatizadas pela era paleolítica serão capazes de praticar essa abominável, insensata e cruel atividade enfermiça de mobilizar a matéria-prima humana mais perfeita e lançá-la depois sob as bombas e metralhas fratricidas, transformando-a num molambo vivo e teratológico para uma vivência circense no seio das metrópoles. Desfigurada propositadamente pelos imperativos de guerra, a "melhor" juventude de um povo transforma-se em farrapos vivos recauchutados pela medicina. Na era pré-histórica, os monstros antediluvianos eram caçados e destruídos pelos trogloditas espertos e corajosos. Hoje, os homens do século **XX**, malgrado a sua civilização milenária, o advento da cibernética e do controle atômico, são caçados e triturados facilmente sob as patas de aço dos monstros modernos, que vomitam fogo e chumbo pulverizando infelizes criaturas. A vida humana civilizada ainda é tão insegura e precária, que basta um paranóico fustigado por delírios messiânicos acicatar as paixões belicosas de um povo, para logo aumentar o índice demográfico da população mutilada e teralógica resultante dos matadouros fratricidas.[1]

Mas, conforme as profecias bíblicas anunciando o "Fim de Tempos", desde Isaías, Miquéias, Jó, Malaquias, Daniel, Eze-

---

[1] Evidentemente, Ramatís refere-se aos tipos megalomaníacos como Hitler, Mussolini e outros, que arrastam os seus povos à infelicidade humana.

quiel, João Evangelista e o próprio Jesus, incluindo-se, também, os profetas modernos como Santa Odila, o Cura d'Ars, Catarina Emmerik, o campônio Maximino, o profeta de Maiença, Frau Silbiger, Paracelsus, Mãe Schipton e Izgur, até o famoso vidente que foi Nostradamus, cujos tempos já estais vivendo, a humanidade terrena encontra-se sob o mais grave e espinhoso exame de conduta espiritual. Dia a dia, conforme as profecias bíblicas, a Administração Sideral do orbe julga os "vivos" e os "mortos", isto é, os encarnados e os desencarnados, promovendo dois grupos distintos de espíritos. À direita do Cristo, símbolo do Amor, sentar-se-ão os bons, as ovelhas e o trigo, cujos espíritos "herdarão a Terra" já higienizada e verticalizada, retornando em futuras reencarnações, a fim de apurarem nas ciências e nas artes a sua potencialidade divina. À esquerda, situar-se-ão os dois terços de almas integradas pelos maus, lobos ou joio, os reprovados no "Juízo Final", e que deverão emigrar para outro planeta, onde possam recomeçar as lições negligenciadas, até alcançarem o grau de altruísmo elegível para habitar mundos pacíficos, sadios e venturosos. Os "esquerdistas" do Cristo compõem-se de criaturas desregradas, perversas, avarentas, orgulhosas, egoístas, tirânicas, luxuriosas, hipócritas e vingativas. Elas deverão encontrar no ambiente do mundo primário, onde irão habitar, as condições eletivas para dar vazão às insânias, à truculência, maldade e violência, com que costumavam agir na Terra. Sob a técnica sideral de que os "semelhantes curam os semelhantes", os exilados da Terra encontrarão a cura espiritual sob o guante das mesmas paixões, torpezas e vícios, de que tanto usam e abusam atualmente. No entanto, o "povo de Deus", que será provado, como se prova o ferro e o ouro, será constituído pelas criaturas pacíficas, amorosas e humildes, incapazes de albergarem qualquer desejo de pilhagem e vingança. Embora ainda não sejam santificadas, integrarão a falange dos "direitistas" do Cristo pela sua boa intenção e esforço no caminho do Bem.

Realmente, esses tipos de cidadãos adulterados pelos vícios, estigmatizados pelas paixões desenfreadas de uma civilização cada vez mais epicurista, transformam-se em pesado ônus para os bem-intencionados. Cultores de doutrinas excêntricas, negativistas e sensualistas, que ironizam a meiguice e a humildade dos seguidores do Cristo, operam negativamente no esquema evolutivo do planeta Terra e devem ser apartados das almas que ainda confiam em Deus e na mensagem do Evangelho. É uma consequência ecológica, quando o excesso de ervas daninhas principia a impedir o desenvolvimento das plantas úteis, que a melhor solução para o jardineiro é arrancá-las e atirá-las fora do jardim ameaçado, a fim de desafogar e proteger as espécies superiores.

Em verdade, a atual civilização terrena já atingiu alto grau na sua capacidade criadora no manuseio das formas materiais e de modelos institucionais socioculturais, mas, ainda permanece espiritualmente imatura, em relação ao homem das cavernas. Os homens atuais mentalmente se assemelham a macacos soltos num palácio de cristal, de cuja beleza não se apercebem e cujo objetivo ignoram, e se desajustaram da mata virgem e primitiva. Assim, devem ser devolvidos com urgência ao ambiente amigo e afim da antiga vida selvática e de plena liberdade dos instintos inferiores. Impossibilitados de se adaptarem às responsabilidades morais e aos objetivos de uma vida espiritual superior, a própria lei evolutiva os depõe novamente no berço da civilização. Os homens ainda são criaturas tribais e com hábitos primários, que requerem o seu mais breve retorno às cavernas paleolíticas, como filhos pródigos que regressam ao convívio da parentela hirsuta.

É visível na humanidade atual o sintomático movimento de retorno mental, em que dois terços de terrícolas retomam velhos hábitos, gostos e preferências infantis e anacrônicas, confundindo instintividade com novidades. Pressentindo a impossibilidade de equilíbrio e harmonia no seio da futura humanidade selecionada à direita do Cristo, então, só resta a esses retardatários do progresso espiritual no trato da matéria, o retorno saudosista à idade da pedra, a cujo modo de vida estão intimamente ligados e familiarizados. A sintonia mais flagrante desse primarismo, em que certa porcentagem da humanidade terrícola parece ter atingido um limite de suas possibilidades evolutivas, verifica-se, pouco a pouco, em quase todas as atividades atuais, inclusive nas fórmulas de exteriorizações mentais, embora disfarçadas com recursos e roupagens modernas. Acentua-se um mau gosto pelo berrante e grotesco, o culto incondicional à linguagem escatológica, e já se admite como novidade o "palavrão", que antes era um direito de expressão apenas aos delinquentes ou sem qualquer educação. A poesia, literatura, cinematografia e o teatro são glorificados também com motivos fesceninos do sexo requintado; as pinturas rasantes, caricatas, primárias e entulhos de tintas berrantes extasiam os esnobes, malgrado elas traírem em sua base as garatujas infantis das grutas pré-históricas; a escultura moderna, apesar de sofismada mensagem simbolista esotérica ou pesquisa inusitada, lembra o mau aproveitamento de um leilão de saldos de matéria-prima. A música preferida é dissonante e histérica, sem melodia e inspiração, e seu fundo sonoro trai o ritmo selvagem, a gritaria dos requebros musculares dos velhos caiapós e xavantes. Admite-se como autenticidade e estesia as práticas sexuais livres, enfraquecendo costumes e inferiorizando níveis sociais, o que é pura libidinosidade, uma vez que ninguém prega a exposição em público das necessidades fisiológicas, o que também não deixaria de ser um culto pelo autêntico. Astros da TV e da cinematografia fazem confissões extemporâneas e escandalosas, demonstrando suas preferências pervertidas e condenáveis, que terminam consagradas pela imprensa e pelo povo. É a própria figura do anticristo, modelada pela turba subvertida e licenciosa, que, ao expor em público as suas mazelas pecaminosas, lança um desafio e desforra-se da mensagem de pureza e moral do Evangelho pregado por Jesus.

A índole primária do homem, que se requintou no progresso das formas materiais, mas estagnou quanto à sua conscientização espiritual, então o conduz de retorno aos velhos hábitos, preferências e costumes familiares ao seu estágio evolutivo. Assim, na era do evento dos automóveis motorizados e velozes, já se fomenta o gosto e o fascínio pelas competições de "calhambeques", ou então, desportistas excêntricos promovem excursões e passeios em balões estratosféricos, provavelmente saturados dos aviões a jato. A bicicleta, a caleça e o cavalo são "coqueluche" nas praias, piqueniques e excursões para o interior, que proporcionam um novo gozo às criaturas fatigadas do motor. Após o surto de brinquedos e engenhocas eletrônicas, as crianças saturadas do automatismo que lhes priva o espírito criativo, voltam-se para os barcos a vela, diligências do faroeste, soldadinhos de chumbo, bonecas de pano e artefatos de madeira. A própria arquitetura, após a febre "funcional", cresce em entusiasmo pelos projetos de edifícios, prédios, residências e até estabelecimentos fabris, no velho estilo colonial e em breve, talvez, medieval. As construções de aspecto maciço, pouca janela e pouca porta, pouco ar e pouca luz, em promiscuidade com os aparelhos de ar condicionado e elétricos, copiando os velhos lampiões sertanejos, não só identificam o gosto primário na mistura como traem o saudosismo das cavernas. Os móveis, em

O Evangelho à Luz do Cosmo

estilo cada vez mais decrescente, já identificam as preferências estéticas da época de Dom João VI e Luís XV. Até os ingênuos relógios de cuco e figurinhas móveis, que marcam as horas, enfeitam cada vez mais os lares terrícolas, enquanto as antigas caixinhas de música, de tanto sucesso nos séculos anteriores, são moda novamente saudadas com o entusiasmo das coisas novas. Assim, não tarda que a velha cítara, a harpa e o cravo devam liderar novamente as tertúlias sociais noturnas, em substituição ao piano moderno quase eletrificado. Aliás, acentua-se a antiga novidade das propagandas cinematográficas em telas ao ar livre e nas fachadas dos prédios e, provavelmente, logo retornará o coreto para a audição da banda musical na praça pública.

Após a leveza das vestes modernas, as criaturas voltam a estimar a roupa de couro, armação metálica, espartilhos e anquinhas. Surgem os sapatos crivados de pregos e taxas ornamentais, que protegiam os cidadãos da Idade Média nas ruas mal calçadas ou enlameadas, em perfeita afinidade com as cabeleiras e barbas hirsutas, que já configuram algo do cidadão pré-histórico. Daí o gosto primitivo pelos berloques e colares ostensivos de ferro, metal, louça e conchinhas do mar, cinturões de couro e metal gravados, anelões de pedras vulgares, mas cintilantes, em franca concorrência com os velhos botocudos menos excêntricos. Sem dúvida, entre os homens também não demora a impor-se a "nova moda" da palheta e do colete, enquanto as mulheres se entusiasmam pelas cabeleiras à "Pompadour" e o "maquillage" que já fez sucesso no velho Egito, na França, Roma e Grécia nos tempos bárbaros. E como "Fim de Tempos" é época dos extremos mais contrastantes, as mulheres se vestem da cabeça aos pés, na moda decretada pelos costureiros e, simultaneamente, depois se despem ostentando a nudez selvagem nas praias amparadas por minúsculos biquínis.

Na verdade, a marcha retroativa para as cavernas reflete-se até nos conflitos populares e no policiamento do mundo. Assim, sob o ataque de estudantes rebeldes e armados primariamente de paus, pedras e flechas, as polícias européias e asiáticas já se defendem protegidas por capacetes e escudos à "la romana". Certas punições bárbaras do passado são retomadas pelos juristas modernos, como acontece na Nigéria, Uganda e outras unidades africanas e asiáticas, as quais renovam suas leis antigas e cruéis, como decepar as mãos dos ladrões, furar os olhos das testemunhas perjuras, castrar os delinquentes sexuais ou punir injustamente os parentes do criminoso. Talvez, por força desse atavismo mental para a era paleolítica, é que médicos, advogados, magistrados, professores, psicólogos e até sacerdotes insistem pela restauração da pena de morte, que foi extinta com o clamor de ser uma punição bárbara e inútil.

Sem dúvida, a Terra está exausta de conduzir em seu bojo uma humanidade tão feroz, sensual e imediatista, que, após atingir o limite de sua própria capacidade criadora, então, se requinta na febre de produzir armas atômicas genocidas e bombas incendiárias, que hão de arrasar as próprias moradias. O planeta suspira para se livrar dessa carga demente e destruidora, que o transforma num palco de experiências ruinosas e tétrico matadouro, que verte o sangue criativo para o solo e o transforma em poços de líquido repugnante. Para preencher os seus dias educativos na matéria, saltam dos seus leitos para matar, destruir, pilhar, tiranizar e prostituir. Em consequência, Deus é obrigado a selecionar a atual safra humana, optando pela solução mais sensata de exilar para outro orbe físico primário essa multidão de almas psicopatológicas, sádicas e masoquistas, que contrariam e desafiam a legislação divina.

Assim, a Suprema Lei convocou a presença de todos os infratores e marginais encarnados e desencarnados, a fim de explicarem a sua ação lesiva no orbe terráqueo, e a sua recusa em cumprir os princípios e os estatutos da vida superior. A humanidade terrícola atinge o final do seu curso primário iniciado há 28 mil anos, na Atlântida e, por esse motivo, se encontra no limiar da mais severa e aflitiva "prestação de contas" ante o tribunal divino de sua própria consciência. Em face desse profético "Fim de Tempos", que promove o reajuste do planeta terreno e do homem seu habitante, o orbe será credenciado à condição de um futuro ginásio de educação espiritual, porém destinado tão-somente aos espíritos aprovados no atual "Juízo Final", já em franco processamento. Mas, considerando-se que todo exame requer a matéria ou um ponto sorteado para se verificar a capacidade dos examinados, portanto, desde a época de Jesus esse tema já foi anunciado por João Evangelista, de modo cabalístico, e que não vos é difícil de identificar como a "Besta do Apocalipse".

Sob o impacto ardente da força telúrica da carne ativada pelo erotismo animal, os regrados e limpos elevar-se-ão acima dos apetites e dos vícios e sentimentos malsãos tão próprios da

O Evangelho à Luz do Cosmo

vida instintiva, enquanto serão reprovadas as criaturas submersas no lodo das paixões violentas e desregradas, necessitadas do banho catártico espiritual no caldo de cultura de uma vida planetária, semelhante à sua própria frequência vibratória instintiva. Oxalá as páginas sedativas, amorosas e libertadoras do Evangelho do Amado Mestre Jesus ainda possam inspirar muitos terrícolas para sustar em tempo os seus passos à beira do abismo, livrando-os da trágica imigração para um mundo inferior, inóspito e selvagem, onde a insânia, a brutalidade e crueldade justificam aquele conceito evangélico, que assim adverte através de João: "E aqueles que não se encontram no Livro do Cordeiro serão lançados no tanque de enxofre e nas regiões de uivos e ranger de dentes".

Sob o invólucro exterior dessa advertência atribuída ao Senhor, então, se verifica que as criaturas sem as virtudes assinaladas no Evangelho do Cristo-Jesus serão exiladas para um mundo expiatório simbolizado no "tanque de enxofre", isto é, um orbe tão primário e selvático, que sua vivência cruel e violenta da animalidade indisciplinada enquadra-se perfeitamente na descrição de uivos e ranger de dentes, que é a manifestação característica da vida inferior.

Curitiba, 30 de março de 1974
Ramatís

1. Deus

PERGUNTA: — *Porventura, chegará o tempo em que o homem poderá identificar Deus com absoluta certeza e autenticidade, apesar de todos os insucessos dos investigadores humanos até hoje?*

RAMATÍS: — Jamais a criatura humana conseguirá definir ou identificar, racionalmente, a Realidade Absoluta do Criador, embora ela seja também uma partícula divina. Caso o homem lograsse tal solução, então, ele também seria outro Deus para ser descoberto, descrito e identificado. Assim como as folhas não podem sentir ou representar o arvoredo, e as gotas de água não conseguem descrever a natureza imensurável do oceano, a parte também não pode definir o Todo, nem o criado o seu Criador. As células do homem jamais poderão explicar os pensamentos, sentimentos e a verdadeira configuração do ser humano. Só um outro Deus, além ou semelhante ao que pretendemos demonstrar, é que poderia prová-lo.

PERGUNTA: — *Por que não podemos definir ou explicar o Criador, quando também somos uma partícula divina? Não diz a Bíblia que "o reino de Deus está no próprio homem"?*

RAMATÍS: — Deus, como a fonte original e incriada da Vida, preexiste antes de qualquer coisa ou ser; em consequência, jamais poderíamos explicar aquilo que já existe muito antes e independente de nós existirmos. Se considerarmos Deus simbolizado por raios, que partem geometricamente de um centro e se perdem no infinito, a consciência do homem é sempre a figura de uma esfera limitada sobre o centro desses raios. Assim, embora essa consciência humana se amplie e se desenvolva incessantemente em todos os sentidos, em face de sua limitação relativa em cada fase, ela jamais alcançará os raios infinitos.

PERGUNTA: — Mas se o reino de Deus está também no homem, por que não possuímos o entendimento subjetivo da Realidade Divina? Embora criados "à imagem de Deus", não temos nenhuma miniatura correta, além de nosso espírito imperfeito e ignorante, para avaliarmos a natureza do Criador. Que dizeis?

RAMATÍS: — Indubitavelmente, o reino do pinheiro está plasmado e esquematizado no seio do pinhão, assim como a bolota também é a imagem do futuro e gigantesco carvalho. No entanto, só podereis avaliar e abranger a totalidade do pinheiro ou do carvalho depois que o pinhão e a bolota são plantados na terra humosa, e cumprem todo o processo da metamorfose vegetal. Através das forças ocultas que lhe dormitam na intimidade vegetal, ambos precisam evoluir, pouco a pouco, partindo da simples semente pequena, limitada e pouco diferenciada na sua estrutura tecidual. Ativam e rompem a crosta da velha semente para brotar, desabrochar, crescer e buscar as alturas até configurar em definitivo e majestoso arvoredo existente em potencialidade no embrião. Depois de a semente sofrer o processo de adaptação ao solo, nem sempre propício, ela ainda deve concentrar as forças íntimas no sentido de romper as membranas externas. Depois precisa sobrepor-se à agressividade dos germens do meio onde se sepultou; resistir à investida do quimismo tóxico da terra; sofrer a umidade infiltrativa em suas entranhas; cavar os sulcos para desenvolver-se; firmar as radículas para que o caule possa romper a superfície da terra, em busca de oxigênio e liberdade, onde vai enfrentar o ar gélido do inverno ou o calor esturricante do verão; sobreviver à chuva torrencial e curvar-se, humilde, à investida do vento tormentoso. Ainda deve defender-se da agressão ferina dos insetos que lhe exterminam os brotos imaturos; precisa renovar-se e persistir compondo a vestimenta nova de ramos e folhas. Há de investir sempre para o alto, malgrado a vizinhança da erva daninha, enquanto as raízes rebuscam no fundo do solo os elementos minerais para se desenvolver. Apesar dos inúmeros fatores agressivos do meio, a planta continua, atavicamente, a crescer sem poder desviar-se do esquema fundamental de compor, em definitivo, o majestoso arvoredo que aceitou a tarefa de plasmar no cenário da própria terra, malgrado tanta adversidade durante o seu desenvolvimento.

Sem dúvida, o reino de Deus está no homem, assim como a natureza do carvalho futuro está na própria bolota. No entanto, quanto de conscientização o homem já realizou em si mesmo, no seu desenvolvimento espiritual, após situar-se no seio da matéria, a fim de compreender tanto de Deus, quanto tiver sido a sua amplitude além da limitação humana?

Considerando-se Deus, o Espírito Total Cósmico, como "Chama" ou "Luz" infinitas, acima e além do tempo e espaço, obviamente, os espíritos dos homens ou filhos de Deus serão apenas centelhas emanadas dessa eterna e infinita incognoscível energia.

PERGUNTA: — Se o homem é um Deus em miniatura, ele não poderia conjeturar em si mesmo a Realidade Divina?

RAMATÍS: — O espírito do Criador permanece vitalizando a vida íntima de cada criatura, como se fosse o "pano de fundo" da consciência do próprio homem. Assim, à medida que o ser amplia essa consciência esférica no contato incessante e educativo com as formas dos mundos planetários, ele também abrange maior área divina e mais se apercebe de Deus. Embora a semente possua em potencial as qualidades próprias do vegetal que irá desabrochar, quando as condições permitirem, ela não poderia definir completamente, por antecipação, o arvoredo planejado pelo seu código específico, salvo à medida que desabrocha e cresce, vencendo no ambiente a eterna luta pela vida até a sua real configuração.

PERGUNTA: — Os ateus asseveram que Deus não existe; que o Universo é apenas obra do acaso, talvez, produto de um acidente inexplicável. Que dizeis?

RAMATÍS: — Respeitamos a convicção de cada homem. Contudo, crermos que o acaso, ou um incidente imprevisível, possa produzir fenômenos e fatos inteligentes como é a Vida no Universo, é realmente um acaso ilógico. Um acidente não cria leis tão sensatas, lógicas e sábias, que tanto disciplinam de modo genial e correto o turbilhão de elétrons em torno do núcleo atômico, como também amparam e proporcionam racionalmente a coesão dos astros suspensos no Cosmo e girando em volta dos centros solares. Ademais, todos esses astros movem-se em dire-

O Evangelho à Luz do Cosmo

ção a um objetivo correto e útil, com suas estruturas estáveis, perfeitas e complexas, demonstrando um plano de inteligência incomum e superior ao mais avançado índice de intelecto humano. Já dizia célebre filósofo persa: "Se Deus não fez o mundo, precisamos procurar com urgência o responsável por acontecimento tão sábio e lógico".[2]

PERGUNTA: — Mas se não podemos identificar Deus, também é de pouca valia mobilizarmos um estado de Fé absoluta e cega, que nos induz a crer naquilo que ainda não temos certeza de existir. Que adianta afirmar-se que o reino de Deus está no homem, se o homem não sabe quem é, ou como é o seu Criador?

RAMATÍS: — E qual seria a mudança do homem, caso ele pudesse descrever satisfatoriamente a forma e a essência do seu Criador? Porventura as criaturas fariam modificações instantâneas e louváveis na vida, abdicando de interesses subalternos e dignificando a experiência e as relações humanas, só porque alguém conseguiria descrever a Realidade Absoluta? Mas, evidentemente, esse desejo incessante de o homem conhecer ou sintonizar-se com o Criador, é que o impele e o estimula para a sua mais breve ascese espiritual.

Enquanto a criatura ainda vibra num estado espiritual primário, ela não se encontra preparada para entender Deus e a sua manifestação cósmica. O espírito do homem precisa emancipar-se do instinto primitivo através do cultivo de valores divinos adormecidos no seu próprio "eu", se quiser principiar a entender a natureza real do Criador. Além de o homem superar a linhagem animal que lhe plasmou o organismo carnal na escala filogenética e realizar-se como ser espiritual integral, ele, ainda, precisa adquirir o estado angélico para se libertar definitivamente da matéria. E até que isso aconteça, só lhe resta uma atitude sensata e tranquila; procurar compreender os desígnios divinos através do respeito e amor a todas as criaturas, manifestações palpáveis da Mente Criadora.

É evidente que o homem civilizado e esclarecido não duvida do evento científico de se iluminar uma cidade pela força dis-

[2] O cientista inglês Edmorst, em sutil e irônico conceito, assim se expressa sobre a possibilidade de o acaso substituir Deus: "Se o acaso ou simples acidente pode criar fatos inteligentes, então temos de admitir que, jogando uma bomba dentro de uma tipografia, dali pode surgir um dicionário completo, como consequência desse acidente, embora sem qualquer plano ou interferência do tipógrafo".

ciplinada da energia elétrica; mas o selvagem, em sua mente infantil e supersticiosa, considera isso um mistério sagrado. O poeta extasia-se ante a forma e as cores de uma rosa, que lhe encanta os olhos; e desse modo ele transforma a beleza floral em nova beleza poética. O sábio, no silêncio do laboratório e sem a visão panorâmica da flor, também se deslumbra e se comove, talvez, mais do que o poeta, ao identificar a sabedoria oculta que combina os átomos em moléculas, moléculas em células, células em tecidos, tecidos em órgãos, compondo perfeição e harmonia na pesquisa de uma simples flor. Emociona-se o poeta pela beleza exterior da rosa e vibra o sábio pelo cientificismo que une e assegura a contextura íntima floral. Da mesma forma, a criatura, tanto quanto a sua experiência, sabedoria, sensibilidade e evolução, também há de ter uma visão ou concepção de Deus mais fantasiosa ou mais próxima da realidade, mas sem nunca atingir a solução que lhe ultrapassa a capacidade mental.

PERGUNTA: — Mas é censurável essa insatisfação e descrença do homem, quando ainda lhe faltam meios para definir ou compreender o próprio Deus?

RAMATÍS: — Que importa a aflição do homem em não poder comprovar corretamente a realidade de Deus, quando através das leis e dos fenômenos inteligentes da Natureza ele pode inferir quanto à existência do Criador?

A ideia de Deus e a certeza de sua existência são inatas no homem, porque o homem é um espírito, uma centelha de luz despertando e desenvolvendo-se, incessante e conscientemente, no seio do Espírito Eterno do Criador. Segundo Jesus, "o reino de Deus está no homem" e, conforme assegura o Gênese, "O homem foi feito à imagem de Deus". Há alguns milênios os velhos mestres da espiritualidade, sediados no Oriente, já afirmavam que Deus é o macrocosmo, o mundo grande, e o homem o microcosmo, o mundo pequeno". Ademais, sempre corroboravam os seus ensinamentos incomuns explicando: "O que está em cima está embaixo", porque o átomo é tão-somente a miniatura perfeita de uma galáxia pulsando no Cosmo.

Em verdade, o homem sempre buscou Deus; os selvagens, embora ignorantes, já adoravam Tupã, o deus do trovão e do raio, certos de que existia um poder superior divino, isto é, além do homem. Os atlantes, astecas e os egípcios adoravam o Sol, identificando no Astro Rei o centro da Vida Divina do Criador; os judeus louvavam Jeová, um Deus guerreiro e poderoso, que protegia a raça eleita; os católicos devotavam a figura de um velhinho de barbas brancas, que vivia nos Céus e distribuía graças aos seus devotos, lançando no fogo do Inferno os hereges e pecadores.

PERGUNTA: — *Porventura, Deus não é fruto de uma necessidade psicológica do homem? Essa ideia da Divindade não se aprimora tanto quanto, também, progride e se aperfeiçoa a criatura no seu mundo material?*

RAMATÍS: — Não há dúvida de que a ideia de Deus sempre evoluiu conforme o progresso, entendimento e a cultura humana. Aliás, é grande a diferença entre a concepção divina do Tupã dos selvagens e a crença na Suprema Inteligência, que hoje os espíritas admitem sobre o Criador. Mas Deus não é apenas uma ideia e fruto das necessidades psicológicas humanas, que evoluiu conforme o próprio homem. Em verdade, à medida que mais compreendemos a Vida, o nosso psiquismo também mais se apercebe da Verdade Cósmica. Não é apenas a luta para ser livre da matéria, que nos fará sentir Deus, mas é o binômio "sentir" e "saber", que realmente desvenda o panorama do Infinito, pois liberdade sem sabedoria é poder sem direção.

PERGUNTA: — *Basta a crença em Deus para o homem se salvar?*

RAMATÍS: — Somente crer em Deus não é a vivência em Deus. O homem que não desenvolve em si mesmo os atributos divinos, é semelhante ao doente, que embora creia no medicamento não segue a prescrição médica, permanecendo o enfermo obstinado. Concebendo-se que Deus é a Verdade Absoluta, a busca dessa Verdade indescritível só é possível através da ampliação da miniatura divina, que todo ser possui em si mesmo.

A simples crença do homem em julgar-se no caminho da Verdade pode até significar a negação dessa mesma Verdade, pois simplesmente crer em Deus não é propriamente achá-Lo. Obviamente, se a Verdade ou Realidade é desconhecida, tanto a crença como a descrença não proporcionam o encontro autêntico de Deus. Comumente, essa crença não é uma auto-realização, mas apenas uma simples projeção do próprio indivíduo no desconhecido. Como a crença traz no seu bojo uma recompensa extramaterial, milhões de criaturas têm na crença um motivo para viver mais confiantes e esperançosas garantindo uma salvação, caso exista alguma coisa após a morte do corpo físico.

Sem dúvida, trata-se de um mercado de redenção, em que os crentes investem algumas ações na expectativa dos dividendos da Divindade.

As igrejas católicas, os templos protestantes, os centros espíritas, os terreiros de Umbanda, as lojas teosóficas, os "tatwas" esotéricos, os cultos rosa-cruzes e centenas de outras instituições espiritualistas ficam repletos de crentes, fiéis, discípulos ou associados, que ali cultuam certos postulados simpáticos e afins a uma ideia específica de Deus. No entanto, as criaturas condicionadas a essa crença sistemática e "estandardizada" não modificam o seu "eu" inferior, nem incorporam os valores incomuns do "eu" superior divino. Provavelmente, ignoram que isto é conquista individual através do estudo, pela abnegação, serviço ao próximo e, sobretudo, ação independente de qualquer interesse egotista.

PERGUNTA: — Que podereis dizer-nos de mais explicativo, quanto a essa condição de o homem crer, mas não achar Deus?

RAMATÍS: — Evidentemente, se os atributos essenciais do Criador constituem-se numa Verdade, a qual sintetiza o Amor, a Sabedoria e equilíbrio infinitos, o homem deve ativar em si mesmo tais princípios a fim de lograr mais proximidade com Deus. Pouco adianta o homem crer em Deus, caso ele não desenvolva em si mesmo os atributos divinos, os quais possui latentes no âmago do seu espírito. A crença puramente intelectual e especulativa torna-se um atributo dispensável, caso não modifique a maneira de agir e sentir. O centro psíquico que sublima e sensibiliza o ser, embora seja o intelecto que planeja através do poder mental, é a afetividade que vitaliza o crescimento divino através do Amor.

A crença em Deus é de pouca significação, no homem que ainda explora, maltrata, furta, destrói e mata o próximo. Não é válida a crença do rico, se, apesar de ele glorificar Deus, ainda é homem astuto, avaro e egotista. Quem, sob a proteção da fortuna, especula a infelicidade alheia e junta moedas para si, cercado de comodidade, luxos, prazeres condenáveis, olvidando seu irmão que geme de dor, treme de frio e exaure-se de fome, jamais corresponde à crença em qualquer movimento religioso ou espiritualista. Não importa se pela sua crença ele procura fortificar a fé construindo igrejas, mobiliando templos, contribuindo com

O Evangelho à Luz do Cosmo

tômbolas, listas e iniciativas de caridade, o que, geralmente, faz por medo de perder o céu. Porventura, é suficiente o envio do cheque filantrópico para a instituição espiritualista, maçônica, rosa-cruz, teosófica, espírita ou umbandista, que atendem ao Natal dos pobres para se justificar a crença em Deus?

PERGUNTA: — Seria preferível a descrença, antes de o crente enganar-se a si mesmo?

RAMATÍS: — Que importa o homem crer ou descrer, caso ele ainda não se modifique interiormente? No vosso mundo existem milhares e milhares de homens que crêem veementemente em Deus, frequentam templos e instituições espiritualistas, mas vivem de maneira tão censurável, que desmentem frontalmente a posse dos atributos do mesmo Criador, em que eles crêem acreditar. São os ditadores cruéis, ministros de estado corruptos, parlamentares subservientes, magistrados interesseiros, governadores desonestos, comandantes desumanos, profissionais competentes, porém sem ética, religiosos fanáticos, sacerdotes luxuriosos, industriais de frigoríficos e matadouros, especuladores de casas de saúde, fabricantes de armas fratricidas, políticos maquiavélicos, embora todos crentes, excessivamente crentes. No entanto, eles exercem uma ação e interferência perniciosas nas vidas humanas, que justificam mais propriamente a existência do famigerado Satã, em vez de uma entidade divina, cujos atributos são em absoluto Amor, Sabedoria, Bondade e Justiça.

Malgrado a crença em Deus e a filantropia em favor de igrejas e comunidades deístas, eles planejam massacres sangrentos do povo vizinho indefeso, comandam exércitos, flotilhas aéreas ou esquadras belicosas, que destroçam vidas sem piedade; arrasam metrópoles com bombas nucleares; incendeiam campos, matas e pomares com o terrível Napalm; incentivam dia e noite a produção de instrumentos de morte; denunciam, espionam e testemunham em falso até contra os chamados amigos já caídos em desgraça pública ou política.

Muitos deles fariam corar de vergonha o próprio Diabo lendário, nessa hipócrita crença. Há os que rezam compungidos, antes de cometer as suas patifarias e massacres; os que dobram os joelhos e pedem perdão por terem de cumprir o dever homicida de fuzilamento, em tempo de guerra ou de paz, devidamente oficializado pela lei da Besta.[3] Há os que abençoam armas e

---

[3] N. do M. – Naturalmente, Ramatís refere-se aos comandados de guerra ou pelotões de fuzilamento, em que os responsáveis repugnam matar o próximo,

instrumentos de morte para os genocídios, matando indiretamente crianças, mulheres e velhos indefesos; há os que chegam à insensatez de subverter os atributos divinos e suplicar a Deus o amparo às suas hostes destruidoras e aos seus exércitos guerreiros, a fim de aniquilarem os "inimigos", isto é, outros povos, que por sua vez, também, fazem a mesma rogativa para o Criador protegê-los na chacina destruidora.

Se os técnicos do mundo fizessem uma estatística honesta e autêntica para verificar quais os homens que mais devastaram a face da Terra e contribuíram para a miséria e desdita humana, eles ficariam estarrecidos ao comprovarem que os religiosos fanáticos foram justamente os mais demoníacos destruidores da nossa própria escola física de educação espiritual. Em consequência, a crença em Deus pode ser tão enfermiça e devastadora, quando contraria e desmente os próprios atributos da Divindade, pelos crentes que ainda cultuam o ódio, a ignorância, maldade e injustiça, que são opostos aos valores divinos do Amor, Sabedoria, Bondade e Justiça. Considerando-se que 95 por cento da humanidade terrícola crê em Deus, comprovando essa crença através de vários movimentos espiritualistas e congregações religiosas, é evidente que toda maldade e destruição pelas guerras fratricidas são da responsabilidade desses 95 por cento de crentes. Então seria preferível que os homens fossem quase todos ateus, porque, sendo descrentes, as suas patifarias, ignomínias e perversidades seriam consideradas manifestações normais da natureza inferior humana, em face de ignorarem a existência das leis divinas que regem o Cosmo, e emanadas do ser Supremo.

Sobre a face da Terra, portanto, ficaria evidenciada uma notável Verdade; a infelicidade ainda pesaria no mundo, porque 95% da sua população era descrente e corrupta, enquanto os crentes bons nada poderiam fazer por se tratar da minoria de 5%.

PERGUNTA: — Sois contrário à crença dos homens, só porque eles ainda não podem viver integralmente o que percebem?

RAMATÍS: — Compreender Deus exige do homem uma

inimigo ou "condenado", talvez atemorizados pelo indiscutível julgamento divino. Mas eles esquecem a recomendação evangélica do Mestre Jesus, que assim adverte qual deve ser o nosso comportamento em tal situação: "Aquele que der a vida por mim, ganhá-la-á por toda a eternidade". Em consequência, quem der a vida pelo Cristo, que é Amor, preferindo morrer antes que matar, ganhará a verdadeira vida do espírito por toda a Eternidade.

O Evangelho à Luz do Cosmo

realização interna de buscar sempre a sabedoria e o equilíbrio psíquico, e uma ação externa de renúncia e serviço fraterno a todos os seres da natureza. Somente assim ele comprova que é realmente regido pela inspiração sublime de sua crença. Jamais haverá autenticidade e fidelidade na crença do Amor de Deus, se o homem odiar, destruir, enganar e absorver-se num fanatismo separatista.

Os católicos, protestantes, budistas, muçulmanos, judeus, hinduístas e confucionistas vivem separados, em vãs iniciativas ecumênicas, que mais disfarçam interesses particulares religiosos, sob o rótulo de universalidade. Mesmo os próprios adventistas derivados do protestantismo ou de outras fontes religiosas, ainda conflitam-se entre si, em tolas especulações das diferentes interpretações pessoais de conceitos, quiçá, até de erros tipográficos da Bíblia. Assim, de uma nascente original como o Protestantismo, surgiram novas seitas que se propagam de modo agressivo e se clamam portadoras da "verdadeira Verdade". Eles se digladiam fanaticamente sob os rótulos de Batistas, Congregacionistas, Luteranos, Assembléias de Deus, Metodistas, Mórmons, Testemunhas de Jeová, Presbiterianos, Jesus dos Últimos Dias, Episcopais, Pentecostes ou Adventistas do Sétimo Dia.

O Velho e o Novo Testamento têm produzido mais seitas, crenças diferentes e fanáticos perigosos, do que o bem que eles realmente deveriam produzir; em face da luta insana pela prerrogativa de liderança e divulgação dos seus postulados, às vezes usados contra o próprio homem inversamente aos próprios ensinamentos do Cristo. Não opomos qualquer protesto quanto à necessidade de o homem crer para se renovar, crer para se higienizar espiritualmente, crer para se aperceber do divino, crer para atender ao impulso íntimo de comunhão com Deus, na busca de ascese angélica. Mas é ignomínia a crença que divide homens e se transforma em fator de desavença, ruína, ódio e tragédia, com atos censuráveis que desmentem frontalmente os valores autênticos da espiritualidade, ante o predomínio dos instintos inferiores da animalidade. Não se pode louvar uma crença em Deus, quando isso leva os homens a se desgraçarem em lutas antifraternas e religiosas,[4] que aniquilam o próprio pra-

[4] N. do M. – Corroborando os dizeres de Ramatís, transcrevo, em seguida, o trecho inserido pelo jornal "Notícias Populares", de S. Paulo, com data de 28 de fevereiro de 1973, que assim informa: "Os filhos do ódio, facção extremista do Catolicismo, na Irlanda do Norte, enfrentaram a tiros a polícia e as tropas britânicas, depois de praticarem uma série de assaltos e de colocarem uma bomba numa garagem de Belfast. Um porta-voz do exército britânico salientou que os

zer espiritual de viver. Crer num Deus de Amor e Vida e depois provocar a morte do próximo por motivos de raça, cor, costumes ou religião; crer na bondade de Deus e depois praticar torturas, massacres e destruição de aldeias, povos e cidades, é crime de lesa-majestade Divina. O crente que age de modo tão censurável e repelente nega a sua assimilação a qualquer postulado religioso de aspecto divino e, pecaminosamente, demonstra o seu atraso espiritual.

PERGUNTA: — Mas se o homem foi feito à imagem de Deus e possui em si mesmo a miniatura do reino divino, não é evidente que a sua maldade também comprova a existência da malignidade herdada de sua fonte divina, original e criadora?

RAMATÍS: — O mal é tão-somente uma condição transitória, de cujo reajuste sempre resulta um benefício futuro ao próprio autor. Mesmo sob a perversidade humana que mata outro ser vivo, o criminoso só destrói o "traje" carnal provisório e subalterno da vítima, sem atingir-lhe o espírito imortal. Assim, o princípio de causa e efeito proporciona uma nova existência física para a vítima, ensejando-lhe mais proveito e compensação, porque foi perturbada no seu ciclo de evolução espiritual. O homicida, sob a mesma lei retificadora, então é recolhido à oficina do sofrimento, a fim de retificar o desvio mórbido, que o torna uma criatura ainda dominada pelas ações negativas. Depois ele retoma a mesma estrada de aperfeiçoamento espiritual, prosseguindo de modo a despertar os valores eternos da imortalidade e alcançar a sua própria ventura.

O mal ou o sofrimento são etapas do mesmo processo evolutivo, cuja ação é transitória e tende sempre a um resultado superior. Poder-se-ia considerar que é um mal a agressividade dos insetos, vermes e aves contra a planta na sua luta para crescer; no entanto, tudo isso não passa de elementos que interferem e obrigam o vegetal à maior concentração de energias íntimas na defesa, culminando no sucesso do seu próprio desenvolvimento. O mal é tão-somente acidente na escalonada evolutiva, a fase de negativa que perturba, mas se corrige, prejudica e depois compensa, e que desaparece tanto quanto o espírito firma a contextura definitiva de sua consciência.

mais jovens, meninos de nove e onze anos de idade, dispararam vários tiros de fuzil contra os agentes da lei e os membros de uma patrulha militar, ocultos atrás de um matagal".

O Evangelho à Luz do Cosmo

Sob a lei de "cada um colhe o que semeia", todo mal pode causar dor e sofrimento para o seu próprio autor, o que então não é injustiça, porque a mesma lei compensa a vítima. Contudo, disso resulta também a purificação do pecador e consequente melhoria de qualidade espiritual. São considerados "atos malignos", porque eles causam prejuízos a outrem; mas se a vítima é ressarcida vantajosamente no curso de sua própria imortalidade, então desaparece o estigma detestável do "mal", que é compensado pelo "bem" mais breve a que faz jus pelo seu sofrimento. O mal que foi feito a Jesus, há dois mil anos, prossegue libertando milhares e milhares de criaturas de todos os sofrimentos inimagináveis; o mofo que resulta do mal do apodrecimento das substâncias transformou-se na abençoada penicilina, que restabeleceu a vida a incontável número de enfermos desesperados.[5]

PERGUNTA: — Qual seria um exemplo de que nos próprios massacres guerreiros da humanidade ainda pode advir um bem desse mal tão ignóbil?

RAMATÍS: — Os judeus que foram massacrados nos campos de concentração dos nazistas foram espíritos que, sob o comando de Davi, nos tempos bíblicos, praticaram toda sorte de crimes, rapinas e tropelias contra os povos pagãos amonitas e moabitas. Eles retardaram a ascese espiritual desses povos ao destruir-lhes prematuramente os corpos, que ainda lhes proporcionavam o ensejo de aprendizado espiritual na matéria. Os judeus então estigmatizaram-se a si próprios pelo derramamento ignominioso do sangue dos irmãos mais fracos e ignorantes, fazendo jus às correções cármicas futuras, que a Lei lhes impôs no decorrer de novas existências carnais. Assim, o bárbaro sofrimento que eles enfrentaram no trucidamento e nos fornos crematórios dos nazistas, limpou-lhes as manchas do perispírito enfermiço, ensejando-lhes condições mais sedativas e agradáveis na vivência das próximas encarnações educativas.

Sem esse acontecimento purificador sob o guante dos nazistas, que em sua maioria foram espíritos vingativos daqueles mesmos pagãos amonitas e moabitas, trucidados pelas hostes

---

[5] Vide a obra *Magia de Redenção*, em que Ramatís demonstra o reajuste e a redenção do autor do próprio ato destrutivo ou perverso, quando apanhado pela Lei de Retificação Espiritual é submetido ao processo purificador. Aliás, o ditado de que o "feitiço sempre se volta contra o feiticeiro" adverte de que o efeito maligno depois atinge o seu autor, mago ou feiticeiro, e o conduz a melhorar o seu espírito pela própria carga que recebe de retorno e movimentou em prejuízo do próximo.

de Davi, os hebreus teriam, ainda, de percorrer muitos milênios em marcha lenta e fatigante, através das sendas normais da ascensão humana.[6] Graças ao recurso drástico e benéfico da Lei do Carma, que ajusta a "ação" a igual e idêntica "reação", os espíritos desses judeus aproximaram-se mais rapidamente de sua ventura espiritual, ante as dores e a purificação compulsória pela aparente maldade nazista nos campos de concentração. Sob a lei de que "os semelhantes curam os semelhantes", e sem qualquer desforra ou punição divina, eles apenas foram submetidos à terapêutica eficiente e renovadora, embora dolorosa, que harmoniza fielmente o efeito à própria causa. Assim, na inconsciência da prática do mal, o espírito do homem aprende a consciência do próprio bem.

PERGUNTA: — Gostaríamos de algum exemplo mais concreto sobre o assunto.

RAMATÍS: — Em todos os reinos da vida física, o sofrimento e a dor são características fundamentais do aperfeiçoamento e embelezamento das formas e dos seres, sob a égide da justiça verdadeira. Varia, no entanto, essa dor conforme a sensibilidade e o poder de comunicação daquilo que sofre com o mundo exterior. Assim, enquanto o mineral sofre silenciosamente a dor que se produz em suas entranhas adormecidas, o vegetal já estremece sob a ação externa, conforme hoje já se pode registrar graças aos modernos recursos eletrônicos através de sensíveis aparelhos. O animal, no entanto, exterioriza a dor em gemidos ou ais lancinantes, enquanto o homem, emotivo e racional, chega a dramatizar o seu burilamento doloroso em estrofes trágicas, novelas melodramáticas ou epopéias heróicas.

Mas a dor e o sofrimento indesejáveis, embora estigmatiza-

---

[6] N. do M. – A fim de verificarmos a perfeita sincronia da "ação" e "reação", que é a colheita cármica dos judeus nos campos nazistas, e a semelhança das provas dolorosas que eles enfrentaram em coincidência com crimes e crueldades praticadas contra os amonitas e moabitas sob o rei Davi, transcrevo da *Bíblia* o trecho que assim descreve esse massacre bíblico: "E trazendo Davi os seus moradores, os mandou serrar, e que passassem por cima deles carroças ferradas; e que os fizessem em pedaços com cutelos; e os botassem em fornos de cozer tijolos; assim o fez com todas as cidades dos amonitas e moabitas; e voltou Davi e todo o exército para Jerusalém" (II Samuel, 12: 31). Aliás, na obra de um judeu sobre o campo de concentração de Treblinka, consta que muitos judeus tentando a fuga foram apanhados pelos tanques dos nazistas, morrendo despedaçados a ponto de encharcarem as lagartas dos pesados veículos com o sangue a borrifar entre retalhos de corações, intestinos, pulmões e ossos, revivendo, assim, carmicamente, quando no tempo de Davi "as carroças ferradas com pontas esmagavam os pagãos".

O Evangelho à Luz do Cosmo

dos pelo homem, são manifestações implacáveis que sublimam todos os produtos ou seres criados por Deus para ascensionar a estados e níveis siderais superiores. Sofre o ferro na fundição, a fim de lograr a qualidade superior do aço; sofrem os grãos de trigo e de uva no torturante esmagamento, que depois os transforma na farinha para confeccionar o pão nutritivo e o vinho generoso das mesas humanas. Sofre, ainda, o animal na muda, gestação e na competição agressiva pela sobrevivência no meio hostil, a fim de ajustar-se à melhor espécie; sofre o homem na sua "dor humana", desde o seu renascer na matéria e temperar-se no curso doloroso das moléstias infantis, a fim de adquirir a resistência para superar as enfermidades na fase adulta e despertar a sensibilidade do nível da Vida Espiritual para, então, predominar o Amor por toda a eternidade.

PERGUNTA: — O progresso técnico e científico do mundo não pode causar prejuízos e enfraquecer a crença ou a ideia de Deus, quando a substituem cada vez mais por uma realidade palpável, controlada pela própria ciência do mundo?

RAMATÍS: — O progresso do mundo sob o avanço de ciências positivas e lógicas, como física, biologia, genética, química, astronomia, eletrônica e medicina, é meritório porque elimina mitos, crendices infantis, superstições e melodramas religiosos, ajudando o homem a distinguir e a separar o real físico da fantasia improdutiva. É evidente que sob tal processo e investigação cairão por terra dogmas obsoletos, tabus religiosos e adorações excêntricas, em consequência do melhor ajuste do homem a uma vivência cada vez mais autêntica e com melhor percepção da realidade exata da Criação. O certo é que a Verdade definitiva e imutável é expressa pelas próprias leis e princípios irrevogáveis do Cosmo.

As fórmulas, os ritos, dogmas, símbolos, emblemas, talismãs, mistérios e penduricalhos místicos ainda são consequências do primarismo espiritual do homem, que se utiliza de recursos e objetos físicos prosaicos para traduzir o próprio sentimento religioso que lhe é inato na alma. São tentativas para simbolizar o esforço do homem primário e relativo, e para ele se aperceber da autenticidade do Absoluto. Mas, tanto quanto o homem se espiritualiza, pelo amadurecimento e amplitude de sua consciência, ele também melhora a sua concepção sobre Deus e abrange maior área da manifestação Divina. É por isso que o Cristo-Jesus já advertia em seu sublime código evangélico: "Buscai a Verdade e

Ramatís / Hercílio Maes

ela vos fará livres".

PERGUNTA: — Afirmam alguns cientistas, filósofos e psicólogos que a ideia de Deus é tão-somente um recurso intelectivo e explicativo do homem para justificar a sua própria vivência humana. O Criador, então, seria fruto de uma necessidade psíquica da criatura, jamais uma realidade. Que dizeis?

RAMATÍS: — É evidente que, se o homem existe, também existe o Universo que lhe ampara a vida; e, se existe como efeito de uma realidade endossada pela mente humana, há de existir, também, uma causa primordial que plasmou o Universo, como é Deus. Pouco importa quanto à concepção, suposição ou natureza dessa realidade divina; o evidente é que Ele existe acima e além da concepção infantil mitológica ou da própria pesquisa científica. Todo efeito deriva-se de uma origem ou causa e, afirma a própria ciência, que não há "efeito sem causa". Assim, o pêssego provém da semente de pêssego, o rio caudaloso origina-se de um modesto fio de água da nascente pequenina, os astros procedem de certas nebulosas, que se materializam compondo as galáxias estelares do Universo. O homem é uma entidade criada; consequentemente e sob a premissa lógica de que o efeito tem causa, o homem é o efeito criado de uma causa criante — Deus.

A fim de satisfazer a sua mente, o homem não precisa pressupor a existência de uma entidade fantasista chamada Deus. O apercebimento da existência de Deus é pura questão de sensibilidade psíquica, pois quando a criatura sente que existe como individualidade ou consciência definida no seio do Cosmo, ela também sente no âmago de si mesma a natureza divina e criadora do Pai. O homem não é um ser estático e produto de um acaso acidental, que após compô-lo e criá-lo o abandonou, como efeito de uma causa sem inteligência e discernimento progressista. Mas é uma entidade em incessante elaboração, cuja linhagem inferior se apura e se eleva cada vez mais sobre a própria espécie animal, que lhe fornece a vestimenta carnal. Até onde parece não existir a vida e o progresso, a Lei ali opera determinando estágios de energia, que depois eclodem em novos campos de manifestações salutares.

Sob o esquema de que Deus está no próprio homem, o ser humano não precisa opor dúvida quanto à existência real do seu Criador. Basta-lhe um pouco de percepção psíquica para verificar, em si mesmo, que a vida macrocósmica aciona-lhe incessantemente a mente e o coração, objetivando estados mentais cada vez mais superiores e emoções qualitativas incomuns. A faculdade de o homem apreciar e sentir o seu próprio poder criador, quando partindo do conhecimento comum da natureza ele ainda produz formas e aspectos mais belos e coerentes, deveria ser suficiente para provar-lhe a existência insofismável de uma fonte inteligente e conhecida, tradicionalmente, como Deus.

Diante de uma rosa, o homem pode duvidar e até sofismar da existência inconteste da roseira que lhe deu forma, expondo qualquer teoria fantástica ou excêntrica, que lhe satisfaça a mente, para justificar a origem artificial da flor. No entanto, jamais o homem pode eliminar a realidade do solo, que é necessário para a floração da rosa, assim como não pode negar o terreno divino onde floresce a criatura humana.

PERGUNTA: — Muitos filósofos ainda defendem a tese de que a faculdade inteligente do homem é fruto natural da necessidade de sua incessante adaptação, sistemática e coerente, à multiplicidade de aspectos, fenômenos e ambientes onde vive.

RAMATÍS: — Infelizmente, o culto excessivo à personalidade humana transitória, inclusive a exaltação dos ascendentes biológicos de certas linhagens de homens, fruto de uma aristocracia em extinção, ou de uma burguesia endinheirada, envaidece a criatura e a impermeabiliza à sua própria realidade espiritual. O terrícola consagra-se demais ao aspecto passageiro da sua configuração carnal e, então, inverte os valores da vida imortal. Após os conhecimentos e as descobertas científicas incomuns, os filósofos se deslumbram e confundem o efeito pela causa, passando a compor e expor teorias complexas e fatigantes para explicar as coisas mais simples, ou o inexplicável para o nosso atual grau evolutivo.

Mas, em verdade, não existem dois princípios fundamentais e antagônicos na Criação. O princípio regente da vida é UNO; e só existe uma UNIDADE como centro e origem de todas as leis, regras e postulados disciplinadores do Universo. O cientista terreno sente-se eufórico ao pesquisar e perceber os elementos fundamentais da vida material e as suas relações, na crença ingênua de ter descoberto a causa real e concreta dos seres. Envaidecido, julga superar o mistério das coisas, tão-somente pela extrapolação explicativa da solução dos fenômenos físicos.

Mas não é suficiente a ciência humana demonstrar que a matéria é energia condensada, ou abranger todas as particularidades do metabolismo da vida física, para então dispensar a presença de Deus. Isso é meramente transformação e não criação. Não opomos dúvida de que o homem é o ser mais valioso e inteligente da Criação ou rege a maior expressão divina no planeta Terra. Aliás, segundo o próprio Gênese, "o homem foi feito à imagem de Deus", e por esse motivo é, realmente, a "miniaturizacão" da Divindade operando e contribuindo para a metamorfose de um mundo primário em transformação para maior perfeição. O bípede humano, no entanto, deslumbra-se quando pode controlar e autopsiar os fenômenos que ocorrem em torno de si e através da instrumentação física transitória. Mas ele apenas interfere nos interstícios da matéria, porque é o participante ou a criatura mais avançada e inteligente do nosso mundo. Entretanto, vítima da própria cristalização personalista, confunde o potencial criador do Universo, que vibra em si mesmo, com a faculdade e a capacidade humana de descobrir o que Deus já criou.[7]

Sob tal inversão de valores, então se justifica o fato de o homem crer e cultuar o acaso, à guisa de um deusinho que lhe satisfaz a vaidade relegando a um plano inferior a própria inteligência e o raciocínio humano.

PERGUNTA: — Apesar de decorridos alguns milênios de civilização humana, ainda não possuímos provas definitivas e suficientes, para confirmar a existência da entidade inteligente criadora do Universo, que é Deus.

RAMATÍS: — Sob a lógica da lei de "causa e efeito", sempre podemos avaliar, pelo próprio efeito resultante, como há de ser a sua causa criadora. Basta o homem analisar e pesquisar as leis sábias, justas e coerentes que regem o Universo, para se aperceber da existência de um Autor inteligente, sábio e amoroso tradicionalmente aceito por Deus.

Os bilhões de astros infindáveis que transitam pelo Cosmo sem colisões, atropelamentos ou desarmonias, porém disciplinados sob a regência de leis que lhes ajustam o ritmo e a trans-

---

[7] N. do M. – Nhô Quim, entidade sertaneja de linguagem simples e comunicativa, atendendo a certa pergunta sobre Deus e o homem, assim se expressou com seu humorismo peculiar: "Deus para provar que é Sabedoria, Justiça, Amor e Poder construiu o Universo; o homem, para demonstrar a sua inteligência e capacidade, tenta desmontá-lo".

O Evangelho à Luz do Cosmo

ladação lógica, seriam suficientes para comprovar às mentes racionais e sensíveis, a ação coerente e sábia da Lei Divina sob o controle de uma Suprema Inteligência governando o Cosmo. Submissos a sistemas sensatos e agrupados por afinidades magnéticas, os orbes intercambiam entre si as energias da própria nutrição da vida, enquanto ajustam-se às temperaturas, pressões e estruturas geológicas, para atender ao serviço benfeitor planetário, como escolas dos mais variados tipos de seres em atividade em sua superfície física.

Indubitavelmente, só a existência de uma mente cósmica, sábia e justa pode se responsabilizar por todos os fenômenos e acontecimentos que ocorrem no Universo, sob incessante e implacável aperfeiçoamento. O homem sem presunção acadêmica, ao estudar as leis que regem a natureza, o destino do seu orbe e de si mesmo, sente que Deus existe como a causa das próprias leis atuantes, ainda, acima da capacidade e do entendimento humano.

PERGUNTA: — Porventura, as pessoas que crêem, incondicionalmente, na existência de Deus, sem opor qualquer dúvida, são de natureza mais privilegiada do que os ateístas ou possuem alguma faculdade incomum sobre os demais homens?

RAMATÍS: — O espírito do homem em sua manifestação primária de consciência, por princípio fundamental desenvolve e memoriza os valores que percebe, observa e ocorrem à periferia da vida física. Lembrando um computador vivo de raciocínio próprio, ele arquiva e mobiliza incessantemente o resultado de apontamentos e noções da vivência espiritual que o retém na matéria, situando-se, por isso, cada vez mais distante da caverna dos trogloditas. E à medida que desperta e desenvolve a sensibilidade de avaliar e sentir as coisas além de sua própria configuração física, ele sublima os impulsos psíquicos vibrados em sua intimidade, atuando mais experiente e cada vez mais autodidata nos ambientes onde é chamado a atuar através de sucessivas encarnações.

Mas os homens que valorizam demasiadamente a sua personalidade humana, transitória, ativam o orgulho, a vaidade e mesmo a ferocidade, muito própria da espécie animal, que luta felinamente pela sobrevivência entre os tipos mais fortes e agressivos. Isso os convence de que são suficientes e podem superar a necessidade de se submeter ou humilhar-se pelo vínculo criativo de um Deus. Em consequência, alimentam uma atitude cada vez mais negativa, e que os faz descrer e negar, "a priori", qualquer conceito ou proposição de divindade. O seu comportamento deliberadamente negativista os priva de vibrarem em frequência mais elevada, em sintonia com os sutis fenômenos psíquicos, pela falta de afinidade às manifestações sublimes da vida espiritual. Assim como a criatura se impermeabiliza da linfa refrescante da chuva pelo uso da capa de borracha, o homem que nega "a priori" também não é permeável à sutileza e sublimidade das vibrações siderais.

PERGUNTA: — Os ateus ou negativistas, profissionais, cientistas, filósofos ou psicólogos, seriam todos impermeáveis à mensagem espiritual, uma vez que vivem em oposição a qualquer crença na alma ou em Deus?

RAMATÍS: — Não é a crença ou a descrença que proporciona ao homem o ensejo de perceber e transmitir mensagens do mundo espiritual. Evidentemente, o ateu bondoso, modesto, regrado, humilde e pacífico é, também, um veículo digno da revelação espiritual e capaz de iluminar os caminhos da ciência ou da filosofia, embora negativista. Não importa que o homem imponha ou defenda opiniões pessoais e opostas à vida imortal; a verdade é que "o Espírito sopra onde quer" e atua em todo aquele que busca servir o próximo. É evidente que se Deus desabrocha flores nos pântanos malcheirosos, por que não iria transmitir mensagens pelos lábios de seus filhos ateus?

Assim, os bons ateus vibram em frequências espirituais superiores e descobrem, inventam e constroem em benefício da humanidade, enquanto os maus ateus, espécie de cientistas ou magos negros, só prodigalizam ao mundo a descoberta de armas fratricidas, engenhos genocidas, medicamentos abortivos e afrodisíacos, requintes alucinógenos, e, principalmente, filosofias negativistas, derrotistas e mesmo fesceninas.

PERGUNTA: — Quais são as mais sérias desvantagens ou dificuldades específicas para o ateu ou negativista, em confronto com o crente ou espiritualista?

RAMATÍS: — É uma questão de senso comum; o ateu e o negativista operam contra si mesmos, desenvolvendo ou acentuando a sua incapacidade psíquica, em face do seu fanatismo

O Evangelho à Luz do Cosmo

exclusivo pelas formas do mundo físico. Embora se desenvolva satisfatoriamente o intelecto e os sentidos físicos, atrofia-se a faculdade de auscultação psíquica diminuindo o fluxo da intuição. A manifestação transcendental requer uma certa eletividade do homem, uma espécie de encontro simpático no limiar de ambos os mundos espiritual e material. A obstinação ateísta não desenvolve a faculdade psíquica de alta precisão, enquanto a crença ou admissão da sobrevivência do espírito é já comprovação de uma sensibilidade mais incomum, embora seja tachada de superstição, misticismo ou ingenuidade.

O crente já se demonstra criatura com certa humildade, uma vez que confia em algo superior a si, ao admitir a existência do Criador além de sua reconhecida incapacidade humana. A humildade, portanto, não é propriamente uma virtude teológica, mas, sem dúvida, um eficiente estado de apercebimento da própria vida superior. O homem humilde ouve e aprende; o orgulhoso impõe e irrita.

PERGUNTA: — Mas as religiões não contribuem decisivamente para essa sensibilização psíquica, quando estimulam nos seus adeptos a crença em Deus?

RAMATÍS: — As religiões dogmáticas do mundo, em face de sua limitação sectária, ainda levantam barreiras e dificultam a sensibilização espiritual do homem, porque elas modelam concepções infantis e particularizadas da Divindade. Muitas vezes, desmentem os mais singelos princípios e a própria ciência humana e, por isso, desanimam e afastam os cientistas bem-intencionados e ateus de passível conversão. Através de suas crenças infantilizadas, dos milênios extemporâneos moldados nas lendas bíblicas e das proibições divinas, impedem a dinâmica do livre pensar e aniquilam as pesquisas sensatas.

A consciência espiritual do homem profano, para maior e melhor entendimento, fica subordinada fanaticamente aos termos e às regras impostas pela mediocridade sacerdotal das religiões oficializadas em cada povo e raça. Os cientistas e intelectuais então se desinteressam das razões da existência de Deus e do espírito, uma vez que os próprios sacerdotes, pastores, profetas ou rabis, responsáveis pela autenticidade divina, divulgam conceitos e afirmações insensatas, tolas e infantis, sem aceitarem discussões esclarecedoras ou ponderações lógicas.

Em consequência, as religiões ainda contribuem para piorar o conceito sobre a realidade de Deus, e seus postulados fracos, místicos, infantis e proibitivos são insustentáveis sob a mais simples argumentação científica. Acresce, ainda, que os homens sensatos, quando mais tarde apercebem-se de sua tolice e escravidão aos dogmas e "tabus", que os afastavam da realidade técnica da vida espiritual, então se desforram dessa formação abdicando de qualquer princípio religioso. Eles depois preferem aderir de modo incondicional ao ateísmo, massacrando e hostilizando os ídolos e os princípios de sua submissão anterior. É quase uma desforra subjetiva, depois de se libertarem do cativeiro religioso e dos postulados primários, que lhes forneciam uma concepção do Criador contrária à própria lógica da Criação. Assim, impermeabilizam-se pela rejeição incondicional de quaisquer postulados espiritualistas, mesmo os de instituições e doutrinas sensatas e avançadas, como são o espiritismo, esoterismo, rosa-cruzismo, hinduísmo e a ioga.

PERGUNTA: — Porventura, as religiões não são autênticas, se elas foram fundadas, organizadas ou codificadas por profetas, mestres e instrutores espirituais na antiguidade, como Budismo, Hinduísmo, Confucionismo, Taoísmo, Judaísmo, Islamismo, inclusive o Catolicismo inspirado no Evangelho de Jesus?

RAMATÍS: — Sem dúvida, desde tempos imemoriais, os grandes profetas, magos, mestres, líderes e instrutores espirituais desceram à Terra em épocas adequadas e operaram no seio das raças mais aprimoradas, a fim de inspirarem e esquematizarem os movimentos espiritualistas de melhor e mais eficiente interligação religiosa da criatura ao Criador.

Mas as religiões fundadas em seus nomes depois se multiplicaram e se transformaram em face das diversas interpretações pessoais dos seus seguidores. Em verdade, a multiplicidade de religiões, cultos, seitas e credos que hoje infestam a Terra quase nada tem a ver com a pureza e lógica iniciática dos seus fundadores espirituais. Aliás, essas interpretações religiosas ainda sofreram novas influências morais e religiosas de outros povos, em face de constante emigração dos homens de um país para outro. É incontestável que as religiões surgiram simples em suas nascentes originais, sem os dogmas limitativos e a encenação aparatosa dos rituais litúrgicos, apenas necessários para fascinar os espíritos primários. Hoje, tais credos e religiões são

O Evangelho à Luz do Cosmo

43

unicamente decorativos e exteriores, sem a força íntima e iniciática dos seus inesquecíveis fundadores, geralmente espíritos oriundos das iniciações egípcias ou magia oriental, cuja origem perde-se na tradição dos santuários da Atlântida e Lemúria. Os crentes são preparados ou dinamizados para um cerimonial que lhes impressione os sentidos físicos, e tão decorativos e requintados, que os levam à satisfação imediata desses sentidos pelos odores, adornos e o colorido dos templos. Há mais hipnose coletiva, pelos excitantes estímulos usados pelos líderes religiosos, mais do que despertamento espiritual; há mais sensações do que sensibilização psíquica.

Ademais, durante o seu crescimento ou incorporações de novos postulados religiosos de várias raças, surgiram, também, as hierarquias de pontífices, pastores, cardeais, coadjutores, bispos e outros graduados, que interferem impondo suas conclusões pessoais, conceitos simpáticos ou iniciativas particulares, desnaturando ou vulgarizando a sublime mensagem religiosa deixada pelos seus líderes e instrutores originais.

PERGUNTA: — Sob a vossa conceituação espiritual, quais os motivos por que as religiões ainda aumentam a descrença dos homens, em vez de convertê-los à realidade eterna?

RAMATÍS: — Na intimidade de todos os movimentos religiosos, entre os povos, sempre deve existir a mesma explicação iniciática, os mesmos postulados básicos. Isso deve ser fundamental, embora varie a simbologia e as interpretações mais apropriadas aos costumes e às tradições de cada povo ou raça. Deus e a Criação têm sido explicados sob as concepções humanas mais sábias e avançadas da época, isto é, são fundamentadas no melhor conhecimento da humanidade capaz de melhor configurar o Autor Divino. Assim, na época de Moisés e da gênese bíblica, a Terra ainda era considerada o centro do Universo; o Sol e a Lua, e as estrelas eram astros incrustados no firmamento. Eram espécie de adornos festivos criados por Deus, apenas em razão da existência da humanidade terrena.

Mas a criação bíblica do Universo, plasmado em seis dias e com Deus fatigado no sétimo dia, só pôde satisfazer e exigir respeito na época de sua concepção.[8] Hoje, graças ao progresso

[8] N. do M. – Aliás, há coisas verdadeiramente engraçadas no Gênese, em que Deus criou os céus, a Terra, onde havia trevas e Ele pairava sobre a face das águas. Depois fez a luz, e viu que a luz era boa; e fez separação entre a luz e as

científico e técnico, ela se esfarela sob a crítica de um modesto aluno de Primeiro grau, e se torna aberrativa como fundamento de qualquer conjunto religioso ou instituição espiritualista. Em consequência, as religiões se debilitam, dia a dia, ante a obstinação dos seus responsáveis de ainda conservarem e divulgarem postulados anacrônicos, supersticiosos e míticos, que não resistem à mais diminuta análise científica. O homem do século atômico reage, ironicamente, ante a concepção bíblica tradicional de um Deus antropomorfo, que pode se alegrar ou se aborrecer, premiar ou castigar, perdoar ou punir. Jamais crê numa divindade sumamente preocupada com amigos e inimigos de certos povos, com adeptos simpáticos e submissos à religião oficial, ou com rebeldes e heréticos, que são exilados para o inferno à guisa de reles subversivos.

Os homens, ante os conceitos religiosos que já não satisfazem as exigências intelectivas atuais e não atendem às normas científicas modernas, tendiam em se precipitar sem qualquer amparo num abismo de descrença irremediável. Sob tal conjetura, a Administração Sideral então providenciou a codificação do Espiritismo, através do labor profícuo de Allan Kardec, codificando uma doutrina sem dogmas, e cujos postulados retomam os temas da Criação, da Vida e do Espírito Imortal, mas sem aberrar do senso do progresso, da Ciência e do avançado raciocínio do homem hodierno.

PERGUNTA: — Porventura, o homem jamais logrará qualquer comprovação da vida imortal e da existência de Deus, caso ele prossiga na pesquisa exclusivamente através das atividades científicas do mundo exterior?

RAMATÍS: — Não se pode traçar barreiras definitivas entre o intelecto e a emoção, a razão e o sentimento, o cérebro e o coração, porque o homem não é um produto dualista, dispondo de departamentos psíquicos estanques e antagônicos. Mas, em verdade, o sentimento ilumina e clareia a razão, pois enquanto o intelecto planeja, pesquisa e conclui, o coração sublima a atividade mental em exercício além dos limites comuns das formas físicas do mundo transitório. Aliás, a própria figura do anjo cultuado pela Igreja Católica indica que a alma liberta só se move no trânsito sideral, quando lograr o perfeito equilíbrio

---

trevas; chamou a luz de dia e as trevas de noite. Deus fez o mundo em sete dias, mas fez os dias por último.

O Evangelho à Luz do Cosmo

entre as suas duas asas, em que uma significa a razão e outra o sentimento emancipado.

Infelizmente, o dogmatismo religioso na atualidade mais isola os homens por força das preferências devocionais, exigências dogmáticas tão diversas e excêntricas, expostas pela religião e segundo o temperamento e os costumes de cada povo. Mas a liberdade de culto e a indagação livre, que proporciona a atividade científica, pode unir fraternalmente os homens e irmaná-los na busca de Deus e da Vida Imortal. Não há antipatias nem competições, quando todos os investigadores recorrem ao mesmo processo de investigação espiritual.

PERGUNTA: — O homem compreenderá Deus mais pela inteligência na atividade científica ou pelo sentimento na atividade religiosa?

RAMATÍS: — A inteligência não é uma condição exclusiva do cérebro do homem, mas, realmente, consequência ou parcela da energia espiritual oculta que o aciona. Em consequência, o homem poderia encontrar satisfatória solução da Realidade Divina através da própria Ciência, transformada em filosofia transcendental, porém, com mais sucesso e precisão guiado nessa busca pelo sentimento intuitivo, que é o seu mais íntimo vínculo com a Mente Cósmica.

Por isso, é mais fácil ao homem aperceber-se da Realidade Divina através da intuição, cuja sensibilidade aumenta quanto mais ele aufere e ausculta o mundo espiritual. Ainda é razoável existirem na Terra credos, seitas e religiões tão personalizadas por líderes, mentores e "salvadores" da humanidade, os quais defendem-se através de dogmas, "tabus" e conceitos limitados pelas suas próprias idéias humanas. São movimentos que por lhes faltarem a unidade fraterna e a inspiração superior, ainda mais dificultam a busca e a compreensão de Deus. Aliás, as religiões dogmáticas tanto se guerreiam entre si, que chegam ao paradoxo criticável de pregarem o Amor pela guerra.[9]

Deste modo, as religiões deturpam-se desde as suas nascentes e as seitas dali derivadas ainda se tornam cada vez mais agressivas, contrariando ou desnaturando os seus postulados

---

[9] N. do M. – Conforme já assinalei em nota anterior, os católicos irlandeses e protestantes massacram-se reciprocamente por questões religiosas, tanto quanto já o têm feito hindus e muçulmanos. Desde os tempos bíblicos, verificase essa censurável guerra religiosa pela defesa do mesmo Deus e da mesma Verdade, e que na época das Cruzadas derramou tanto sangue entre pretensos fiéis e infiéis.

fundamentais. Tanto quanto mais for a amplitude de união eletiva entre os homens, também mais lhes favorece penetrar maior área de Deus e, consequentemente, maior absorção da vibração divina. Mas em face da própria centelha divina existente no âmago dos homens, e à medida que eles ampliam a compreensão mental, também dinamizam o vínculo íntimo e intuitivo que liga a criatura ao Criador. A incessante conscientização espiritual liberta-os das fórmulas, ritos, símbolos e dogmas, que os isolam da pureza iniciática religiosa de vibrar mais próximo da frequência divina.

PERGUNTA: — *Há algum mistério ou relação esotérica na palavra Deus, além do vocábulo gráfico e oral da linguagem humana?*

RAMATÍS: — Sem dúvida, embora se modifique a sonorização da palavra Deus, a qual varia conforme a linguagem de cada povo ou raça, jamais se altera a essência de Sua Natureza Infinita ou a Unidade de Sua Criação. Assim como não se modifica a intimidade e o perfume de uma flor, embora a sua designação varie conforme o idioma de cada povo, Deus também permanece íntegro e imodificável, quer O chamem Deus, Gott, God, Suprema Lei, Jeová, Alá, Grande Arquiteto, ou mesmo, Zambi dos africanos. Malgrado a diferença de vibração na sonoridade da pronúncia dos diversos nomes usados pelos povos mais estranhos, para invocar Deus, há uma só ideia e pensamento em perfeita sintonização com a realidade do Absoluto. A ideia de uma Entidade Absoluta, que realmente governa o Universo, vibra em todas as latitudes geográficas da Terra, na mesma invocação, quer varie na expressão gráfica ou verbal, de escandinavos, germânicos, asiáticos, latinos, anglo-saxões, eslavos, esquimós e africanos.

PERGUNTA: — *Que dizeis de tantos aspectos, concepções e interpretações feitas pelos homens de Deus, e que realmente mais dificultam a nossa compreensão da Realidade Absoluta?*

RAMATÍS: — Evidentemente, o Criador não se modifica pelo simples fato de os homens O imaginarem sob vários aspectos pessoais ou conjeturas filosóficas, pois isso não é a Realidade, mas fruto de tradições, costumes e temperamentos e compreensão de cada raça. Deus é Deus, quer seja o Alá polígamo dos árabes, o Jeová belicoso dos judeus, o Tupã poderoso dos bugres, o Parabrahm dos hindus, o Grande Arquiteto dos maçons, o Velhinho de barbas brancas gerenciando o céu dos católicos, o Júpiter dos antigos romanos, Rá dos egípcios, o Absoluto dos ocultistas, a Lei Eterna para os iniciados, a Mente Universal dos hermetistas, a Suprema Lei para os espíritas. Entre os povos mais primitivos Deus lhes herda a fisionomia; é amarelo e de olhos oblíquos para os chineses; tem a cara de foca e mora num céu congelado para os esquimós; é o Grande Espírito e com tendências de caçador, na crença dos peles-vermelhas americanos; pode ser chamado Zambi, um negrão para os africanos, que, então, passam a considerar o Diabo tão branco como são os europeus racistas.

Mas não importa os diversos aspectos de Deus elaborados pela humanidade ignorante da Realidade Divina, quando os homens podem senti-Lo, ou mesmo identificá-Lo, através das leis justas e sábias que regem a Criação. É a Vontade que preside todos os fenômenos do Cosmo e comunica a todos o anelo de perfeição e ascensão. Na verdade, o Universo é perfeito em sua criação infinita e eterna, porque Perfeita é a Entidade única que o criou. Repisamos: Deus pode ser apercebido através de suas próprias leis imutáveis, sábias e criativas, que agem corretamente em todos os níveis de vida e nas mais longínquas latitudes cósmicas. São leis e princípios emanados de um centro único criador, que dirigem desde o movimento do elétron, em torno do núcleo do hidrogênio comum, até a imensurável galáxia.

Aliás, os equívocos são humanos; Deus criou a energia atômica, o homem diabolicamente fez a bomba nuclear liquidando milhares de criaturas em poucos minutos; criou o álcool, que limpa metais, desinfeta ferimentos, move motores, dissolve tintas, aquece no frio e é um vasodilatador, mas o homem o usa para se perder no alcoolismo crônico. O Criador produz laranjas, peras, maçãs, alface, repolho e cenouras, mas o homem despreza a dádiva divina de frutos e vegetais e, estupidamente, constrói matadouros, charqueadas e frigoríficos, onde trucida aves e animais, seus "irmãos menores", e depois os come assados, cozidos ou fritos, abarrotando de restos de cadáveres o cemitério do estômago. Sem dúvida, os civilizados superaram os honestos silvícolas, os quais devoravam a carne crua do adversário valente sem o requinte culpável da panela de pressão ou da churrasqueira moderna. Deus enfeitou as florestas com pássaros multicores, mas o homem, para descansar do trabalho semanal, diverte-se caçando e matando as aves no tétrico esporte da morte.

Quando o homem, munido de fuzis automáticos, com lunetas telescópicas e sincronizados com luz infravermelha, persegue e mata os animais desesperados em custosos "safáris", para se envaidecer em rodadas de uísque, ele é consagrado destemido caçador; mas, se o tigre ou o leão o mata, pelo direito recíproco de defesa, o "pobre caçador" é então vítima de uma fera.

PERGUNTA: — Poderíeis demonstrar-nos a ação e os objetivos de algumas dessas leis, que agem sobre o nosso mundo, capazes de identificarem-nos a Sabedoria, Bondade, Justiça, Poder e Amor de Deus?

RAMATÍS: — De princípio, lembramos-vos a ação da lei do progresso e de economia da Vida, que age e interpenetra tudo, comprovando que Deus opera incessantemente sobre todos os seres e as coisas, no sentido de maior sobrevivência e mais breve aperfeiçoamento da Criação.

Um exemplo é o singelo fenômeno botânico: o conhecido "tropismo", como economia da Vida. Na luta incessante dos vegetais pela sobrevivência, o "instinto" dá-lhes a orientação certa para a continuidade da vida. Quando a planta nasce entre as pedras, ela luta obstinadamente até que as suas raízes encontrem um veio ou poça de água para sobreviver; a que viceja na sombra, espicha galhos e inclina-se para a luz do Sol, fenômeno de heliotropismo, ou na busca do alento de energia do astro rei necessária para o seu metabolismo. O vegetal nascido num desvão de pedra emite cordões e cipós, que crescem e movem-se aflitivamente em direção ao solo nutritivo; as plantas mais débeis e inexperientes grudam-se às árvores carnudas e fortes, para ali sobreviver como parasitas. As plantas brotadas nos monturos e nas imundícies, em miraculoso fenômeno de alquimia vegetal, extraem dali o "húmus" que as transforma em espécies atrativas e se abrem em flores perfumadas e vistosas; certas espécies vegetais produzem um perfume particular, que atrai insetos e grudalhes o pólen nas patinhas, transformando-os em fecundadores pelo mundo afora. Outras plantas carnívoras elaboram um perfume hipnótico, que atrai os insetos imprudentes e os aprisionam entre as pétalas das flores, a fim de os devorarem na sua alimentação excêntrica.

São princípios que atuam no mundo pequeno dos vegetais, porém que comprovam a ação de leis derivadas da Lei Suprema, manifestando-se com sábia coerência a inata criatividade. Indiscutivelmente, são leis impecáveis, sensatas e disciplinadas, que regem os fenômenos do mundo material, mas comprovam a pre-

O Evangelho à Luz do Cosmo

sença oculta no Universo. Jamais essas leis causam surpresas, equívocos ou alienações e qualquer crítica só pode provir da má interpretação ou ignorância humana. As próprias aberrações da Natureza, que poderiam despertar a censura dos homens contra um Criador imperfeito, não passam de importantes pesquisas e ensaios na busca de maior perfeição.

Há perfeita ordem e coerência em todos os fenômenos ocorridos na Natureza física do vosso orbe, os quais atestam o efeito inteligente, progressista e sensato, sob inflexível lógica que aperfeiçoa todas as formas e seres. Tudo é harmonioso, sensato e coerente, pois não há excentricidade ou qualquer aberração injustificável. Sob as leis sábias e imutáveis, os rios sempre correm para os mares e não retornam, jamais, para as suas cabeceiras; os vegetais surgem caracteristicamente de mudas e sementes afins, pois não se originam de fatos miraculosos, nem de acidentes atribuídos ao acaso. Eles nascem, brotam e crescem, dão flores e frutos no tempo adequado e justo de sua maturação botânica, e depois ainda germinam as sementes que lhes propagam a espécie.

Assim, os pinheiros dão pinhões e não cocos, as figueiras dão figos e não alfaces, as macieiras dão maçãs e não repolhos. Mesmo no caso de enxertos praticados pelos botânicos entendidos, que são possíveis somente quando sejam atendidas as regras ou leis que disciplinam a vida de tais espécies. Não é o cientista humano que inventa ou esquematiza leis para lograr sucesso da enxertia de frutos ou cereais; ele apenas descobre--as e faz o uso conveniente. As leis ocultas de Deus comandam e dominam desde a geração do vírus nas células animais até o crescimento do filho do hipopótamo na floresta africana. Atuando em todas as latitudes geográficas do planeta e operando em todos os níveis de vida, há perfeita distribuição do principal elemento da vida física, que é o oxigênio. Aqui, o condor recebe a sua cota necessária para respirar no cimo dos picos mais altos da Terra; ali os peixes sobrevivem extraindo o oxigênio do seio da própria água onde vivem; acolá, a minhoca sobrevive com uma pitada de oxigênio soterrada no subsolo. Na própria intimidade do corpo humano, a Lei Divina atua, coerentemente, visando de modo fundamental a sobrevivência correta do ser, pois substitui células gastas, corrige e modifica órgãos, sensibiliza o sistema nervoso, desenvolve a criança num padrão harmônico e dinamiza todos os recursos para recuperar a saúde humana. Acentua o tato e a audição no cego e, quando o homem opera um rim ou pulmão, a Lei dinamiza o poder do órgão sobrevivente e estimula o seu metabolismo para compensar o que foi extraído.

Na realidade, o homem nada cria de original, mas só descobre e aproveita as coisas que já existiam, ou seja, colhe os frutos de um criador-Deus. Os civilizados deslumbram-se com o rádio e a TV, mas isso só é possível pela existência de campos eletromagnéticos que envolvem o Cosmo antecipadamente à descoberta ou realização humana. A cápsula Apolo conseguiu o sucesso de pousar na Lua, consagrando um dos maiores feitos humanos, graças ao uso da lei da gravitação universal, que une os astros e regula as órbitas siderais. Os computadores eletrônicos aliviam o cérebro humano e operam os mais complexos cálculos, graças aos metais que permaneciam em bruto, no seio da terra, e depois serviram para produzir e modelar a instrumentação cibernética.

PERGUNTA: — Mas em face de tanta complexidade e acontecimentos inexplicáveis que surpreendem ou confundem a nossa compreensão, como poderíamos identificar algo da bondade divina através da própria obra de Deus?

RAMATÍS: — A bondade de Deus manifesta-se intencionalmente até nas coisas mais repugnantes e aparentemente inúteis no mundo. Há um sentido benfeitor de proteção ao equilíbrio natural em qualquer fato da vida, sem que se precise de muito talento e erudição para o homem vislumbrar o fenômeno tão simples. Porventura, a eclosão do lírio ou do lótus no seio dos lençóis de lama fétida a configurar a flor na sua mais pura virgindade e perfume, não é, também, uma das mais sublimes demonstrações da Bondade Divina, que ensina o Amor em todas as expressões de vida?

Basta à criatura sensível e sem premeditações perscrutar a intimidade dos acontecimentos desagradáveis ou trágicos, considerados inúteis e onerosos, para ela descobrir sob o véu do que é asqueroso ou daninho, a mensagem de uma inteligência oculta que atua no mundo espiritual modelando na matéria as futuras formas de estesia angélica. É o caso do capim, por exemplo, vegetal até pouco tempo julgado como sem importância, e que surpreendeu a ciência, quando esta descobriu que ele possui todas as vitaminas. É fácil de se comprovar essa realidade, porquanto, o cavalo, o boi e outros animais, embora se alimentem especificamente de capim, são mais sadios e robustos do que os homens, preferencialmente carnívoros. Na guerra de 1918, os

O Evangelho à Luz do Cosmo

51

médicos descobriram que não eclodia a gangrena nos soldados feridos onde pousava a mosca-varejeira, provavelmente por produzir as bicheiras. Aliás, a própria penicilina descoberta por Fleming é oriunda de um vegetal simples em sua organização, como é o fungo. O urubu, ave tão repulsiva e um renitente devorador de cadáveres, hoje é considerado um excelente sanitarista do globo, na sua tarefa inglória de limpar a carniça do solo, enquanto a própria ciência já suspeita de que em sua moela existe certa enzima favorável à cura do câncer. Além disso, o urubu vive quase 250 anos e, paradoxalmente, goza de ótima saúde e sua alimentação execrável jamais o contagia ou o infecciona.

As feias e vorazes lagartas, tão condenadas por darem cabo das lavouras, são depois devoradas pelos sapos, que se encarregam do controle do excesso de proliferação desses bichos destruidores. Mas a bondade de Deus também se estende sobre as lagartas, pois as que sobrevivem à destruição empreendida pelos sapos, mais tarde se transformam em irisadas borboletas, na missão elogiável de distribuir o "pólen" das flores por todos os recantos do mundo. As inexplicáveis minhocas, cuja vida parece tão sem propósito sensato, lembram verdadeiros engenheiros, que abrem sulcos e galerias no solo para a ventilação necessária às plantas das lavouras; o mosquito anófeles produz a maleita, mas, graças às pesquisas da Medicina, o soro dos maleitosos curou casos de paralisia geral sifilítica. E a fim de o mundo não se tornar um hospital de impaludados, os morcegos, à noite, liquidam os mosquitos anófeles transmissores da maleita para evitar a malária incontrolável. E a quina, que é o remédio específico da maleita, também nasce prodigamente no mesmo litoral onde grassa a enfermidade, evidenciando sempre os cuidados que Deus tem para com os seus filhos.

Há sempre indícios benéficos no âmago das coisas e dos seres bons ou maus, belos ou feios, sadios ou enfermos, e que se pode evidenciar, aos poucos, à medida que se investiga e conclui sobre os fenômenos da própria vida. Aqui, o maribondo agressivo nos enxames furiosos é quem protege o bicho-da-seda dos ataques das lagartas destruidoras; ali, a barata repugnante e desesperada sob incessante e implacável guerra doméstica, é o inseto que possui a preciosa "quitina", ou seja, a mais cobiçada substância para firmar-se a base do plástico moderno; acolá, as cobras, lacraias e escorpiões venenosos, graças ao estudo e à aplicação médica do seu tóxico, na produção dos soros, já produziram mais benefícios à humanidade do que os próprios males causados pelas suas picadas.

Enfim, são fatos que se sucedem num encadeamento ordeiro e inteligente, mas a convergir sempre para um fim proveitoso e benfeitor da humanidade. Isso comprova-nos os princípios e as regras que fundamentam a Bondade de Deus e, ao mesmo tempo, o amparo recíproco, que existe entre todos os seres e as formas a serviço da conscientização do espírito imortal encarnado na matéria.

PERGUNTA: — Muitos filósofos e cientistas afirmam que não existe uma sabedoria incomum orientando o Universo, mas tudo é apenas fruto de um "instinto global" a manter a coerência dos fenômenos da natureza.

RAMATÍS: — Quando Jesus assim advertiu: "Aquele que tiver olhos de ver que veja; pois muitos homens têm olhos, mas são piores do que cegos", é provável que ele também tivesse refletido sobre esses filósofos e cientistas, que ainda são incapazes de identificar a Sabedoria de Deus manifesta e comprovada perfeitamente no equilíbrio, na lógica e no progresso de todos os fenômenos do mundo. Os mínimos acontecimentos sucedidos no vosso orbe são disciplinados incessantemente por leis, cuja finalidade é o equilíbrio e a ordem que visam sempre o aperfeiçoamento do ser. Não se trata de nenhum instinto global sustentando a coesão das formas que se atritam e se modificam sob qualquer impulso mecânico. As almas argutas podem perceber que essa ação oculta é mais sábia do que instintiva, é mais previsível do que acaso, mais ação do que passividade. Não é difícil percebermos do psiquismo matriz da vida, de onde provém toda a substância do mundo, amparando a sobrevivência dos insetos, répteis, aves, animais e dos próprios homens em incessante progresso.

PERGUNTA: — Poderíeis citar-nos alguns exemplos mais práticos e positivos, que nos indiquem quanto ao fluxo dessa sabedoria divina, que opera logicamente através das formas da natureza?

RAMATÍS: — Sem dúvida o mundo seria um caos sem um planejamento antecipado que aborda-lhe sensatamente todos os esquemas de manifestação da vida processada através das mais variadas formas físicas compatíveis a cada tipo de orbe pulsante no Universo. Examinando-se a história biológica e geológica da natureza do vosso orbe apesar das lacunas existentes, não é difícil ao homem verificar as inúmeras provas do seu progresso de estados inferiores para níveis superiores, pelos milênios, num processo evolutivo e deliberadamente num sentido de harmonia e beleza. É fácil de se verificar esse evento progressista, pelo exame e comparação da vida do homem das cavernas à do homem do concreto da atualidade. A intervenção periódica e pessoal do homem, corrigindo as coisas e melhorando os seres do mundo físico, ele a faz somente dirigindo o seu poder e aplicando a sua inteligência na fenomenologia da matéria, porque através dela também derrama-se a Sabedoria Divina ativando as energias latentes, que fluem pela intimidade das próprias formas no milagre da incessante transformação.

A sabedoria e o poder da Divindade são perceptíveis nos mais singelos fenômenos da natureza, nas incessantes mutações das coisas e dos seres orgânicos do mundo, antes da mais sábia intervenção humana. Exemplificando: aqui, o fruto selvático e tóxico serve de alimento sazonado na mesa do civilizado, após as diversas etapas aperfeiçoadoras, que lhe transformaram o veneno no suco saboroso e na substância nutritiva; ali, a fera indomável e selvagem, acostumada ao extermínio nas florestas, depois descansa tranquila e amorosa aos pés do homem na figura do cão amigo; acolá, o troglodita, cujas mãos calosas e brutais apenas sabiam empunhar a clava mortífera, na luta pela sobrevivência, agora dedilha velozmente o teclado do piano moderno, traduzindo em sons divinos a universalidade de Beethoven, a força telúrica de Wagner, a sensibilidade de Chopin, a matemática sonora de Brahms, ou a espiritualidade de Mozart.

Evidentemente, há uma sabedoria muitíssimo além da capacidade e da ação humana e da pseudo-espontaneidade fenomênica da natureza. Existe uma sabedoria que regula a procriação dos seres até um limite ou risco sensato, que permite a inteligente e sadia continuidade da vida. Onde há equilíbrio, há sensatez; onde há progresso, há inteligência.

PERGUNTA: — Quais os exemplos mais concretos dessa vossa conceituação?

RAMATÍS: — No reino animal, por exemplo, os coelhos, animais cuja proliferação tão fértil já teria saturado a superfície da Terra, graças à lei do equilíbrio e da sabedoria divina, também morrem com a mesma facilidade e sob o toque mais descuidado. No entanto, dos condores dos Andes, aves gigantescas, que podem apanhar um novilho nas garras e, por isso, dariam cabo da vida de todos os animais de pequeno porte, o controle divino inteligente e sensato só deixa vingar um ovo em cada postura de cem. As pródigas sardinhas, que não tardariam a assolar os mares são engolidas às toneladas pelas baleias, na mais perfeita equação de equilíbrio. No entanto, as corpulentas baleias, que também poderiam abarrotar os oceanos, são restringidas na sua procriação, pois só lhes vingam alguns baleotes após a costumeira gestação.

PERGUNTA: — Tendes feito referência ao sentido de orientação dos insetos, aves, répteis e animais, como outra manifestação da sabedoria divina atuando no mundo físico. Poderíeis dar-nos alguns exemplos disso?

RAMATÍS: — Embora os sábios do mundo aleguem que o sentido de orientação das espécies inferiores atua de modo instintivo, isso é realmente consequência do mesmo princípio inteligente da Consciência Espiritual de Deus, quando mobiliza os recursos adequados à sua sobrevivência.

Assim, as andorinhas emigram no inverno para lugares mais quentes e, graças a esse sentido inteligente de orientação, calculam previamente até a quilometragem em que devem voar sobre o mar e na medida de sua resistência física. Sob tal determinismo sábio e oculto, os cães apenas farejam um retalho de pano e logo se orientam a seguir os rastros de alguém que lhes é incitado; os gatos, embora degredados à longa distância, depois sabem retornar ao seu antigo lar através do próprio rastro "eteromagnético", que deixam no caminho anterior; as formigas, sob aviso oculto e estranha faculdade de previsão, abandonam as margens do Rio Amazonas dois dias antes das enchentes, em que o próprio povo às vezes é apanhado de surpresa pelas águas revoltas. Aliás, certo estudioso terreno,[10] em suas pesquisas sobre a comunidade das formigas tipo mineiras ou cortadeiras, certa vez lançou 500 grãos de açúcar na proximidade de um formigueiro e, para seu espanto, surgiram, aos poucos, 500 formigas, que transportaram a quantidade exata de açúcar ali depositada, mas sem restar uma só formiga ou um só grão de açúcar.

O pássaro "joão-de-barro", por exemplo, possui avançado sentido de meteorologista, pois constrói a sua casa, antecipada-

---

[10] O autor é Maurice Maeterlinck, em sua obra *A Vida das Formigas*.

O Evangelho à Luz do Cosmo

55

mente, com a porta em oposição ao sentido dos ventos fortes e das tempestades; as abelhas, além de prodigiosas pela argúcia dos cálculos matemáticos com que edificam as divisões de sua colmeia, também parecem entender de medicina, pois matam o besouro intruso na comunidade e, depois, o mumificam sob um paredão de substância "antisséptica", a fim de evitar a infecção que poderia estragar-lhes a reserva de mel. Embora se considere como inata a astúcia da raposa na sua luta pela sobrevivência, ela às vezes revela um senso de habilidade e inteligência bastante incomuns; com um maço de capim na boca, entra na água e vai mergulhando, aos poucos, até que as pulgas do seu corpo ali se alojem para se proteger; em seguida, deixa o capim infestado pelas pulgas rodando sobre a água do riacho. O percevejo, na sua habilidosa estratégia para sobreviver, fere a vítima e safa--se, em seguida, deixando-lhe na pele uma substância química pruriginosa e de efeito anestesiante, que ao ser esfregado ativa a circulação; depois ele retorna para sugar o sangue ali acumulado pela fricção. As aranhas, além de avançado conhecimento de engenharia, cujas teias nenhum engenheiro humano conseguiria construir sob tal escala e resistência, às vezes constroem um barco de gravetos, acrescentam-lhe um mastro de capim impregnado de algum perfume selvático atrativo e depois descem pequenos riachos na caça de insetos imprudentes e atraídos pelo odor vegetal; o poraquê é um peixe robusto, que eletrifica as patas da corça, paca ou cutia, quando elas vão beber água, até arrastá-las anestesiadas para o fundo dos rios depois de uma verdadeira sessão de eletroconvulsoterapia. Os elefantes viajam o mês inteiro para certa região da África, onde consomem um tipo de erva terapêutica, que os vacina contra as epidemias periódicas.

Se fosse viável supormos que Deus, às vezes, pratica alguma travessura na criação, que nem tudo é tão sisudo e melodramático, não seria difícil verificarmos algum fato ou acontecimento que trai certo humorismo ou excentricidade divina. O burro, por exemplo, malgrado o estigma de retardo mental, jamais entra no atoleiro, onde o cavalo mais inteligente se afunda; o besouro, devidamente analisado, lembra uma piada do Criador, pois é um inseto que pelo seu volume e sua configuração anatômica desmente as mais rudimentares leis e regras aerodinâmicas para o vôo; o besouro é um inseto absolutamente antiaéreo e incapaz de elevar-se do solo e não pode voar. Mas o besouro voa, porque

56 Ramatís / Hercílio Maes

não sabe desse impedimento. O morcego, por exemplo, é cego, mas voa velozmente enxergando pela ponta dos dedos no fenômeno conhecido de "sonar", o que é mais próprio do submarino guiado pelo "radar".

PERGUNTA: — A fim de completarmos as nossas reflexões sobre os atributos inteligentes e coerentes de Deus, que regem e protegem as espécies do reino animal em nosso orbe, ainda gostaríamos de mais algumas considerações a esse respeito.

RAMATÍS: — Sem dúvida, toda criação é intrinsecamente protegida por Deus, o Criador, que promove os meios de subsistência e de sobrevivência adequados a cada espécie de ave, réptil, inseto ou animal. Embora ainda predomine no mundo a lei do "mais forte", em que as espécies mais débeis são facilmente destruídas pelos tipos mais bem agraciados pela natureza, não há prejuízos definitivos, porque destruindo os corpos carnais transitórios, o psiquismo que comanda cada espécie permanece inalterável. Poderíamos considerar que os corpos das aves, insetos, répteis e animais são apenas vestimentas passageiras, em processo de adestramento e aperfeiçoamento, a fim de servirem mais tarde às exigências das mentes individualizadas. É uma fase de evolução em que esse psiquismo ativa-se pelas experiências vividas no orbe, inclusive nas próprias situações dramáticas ou trágicas.

No entanto, além do cuidado fundamental da Divindade em proporcionar mais tempo de vida orgânica à ave, ao animal, réptil ou inseto, ainda exercita pela vestimenta carnal mais instintiva a ação de um futuro psiquismo mais bem elaborado. O Criador proporcionou na busca da vida um sistema de "autoproteção" particular a certas espécies de insetos, répteis, aves e animais, que lhes permite uma defesa ou dissimulação mais adequada para maior probabilidade de sobrevivência no ambiente onde vivem. Trata-se do fenômeno de "mimetismo" e imitado pelo homem nas guerras fratricidas sob o nome de "camuflagem", o qual disfarça convenientemente aves, répteis, insetos e animais, de modo a iludirem ou desorientarem as espécies mais fortes e agressivas, que deles se alimentam.

O mimetismo disfarça ou confunde o ser no meio ambiente onde vive e o ajuda a passar despercebido na sua luta pela sobrevivência. É sob tal providência protetora que o urso nasce branco

O Evangelho à Luz do Cosmo

nos pólos e se confunde com o próprio gelo numa autoproteção natural; mas, para evitar que essa cor branca o destaque perigosamente nas florestas ou grutas escuras, ele então é de cor preta ou parda nas regiões não geladas, dificultando a mira dos caçadores. Graças ao mesmo fenômeno protetor, o leão do Saara é fulvo e se confunde facilmente com a própria areia do deserto; o tigre da Índia se dissimula entre os bambuzais, pelas suas listras do corpo; enquanto o elefante mais se assemelha ao tronco envelhecido disfarçado entre as árvores das florestas. Os papagaios são tão verdes como as plantas onde vivem; as borboletas ostentam o colorido das flores dos jardins, onde revoluteiam febrilmente; os gafanhotos são de um verde claro e transparente, como o das folhas do milho novo, para depois adquirir uma cor amarelo-pardacenta tão própria do milharal já envelhecido. Os peixes se dissimulam pela cor do mar, enquanto as minhocas e as formigas guardam a cor característica da terra onde vivem. As rãs são verdes como o limbo das poças ou lagoas onde saltitam, mas os sapos se disfarçam nos pântanos pelo tom lodoso de sua pele luzidia.

Enquanto a cobrinha-d'água lembra a tonalidade do capim novo das margens dos regatos e cisternas de água, a cascavel, jararaca, surucucu ou jararacuçu variam desde o aspecto de galho verde-oliva, touceira de capim amarelo-listrado, ou confundem-se com os paus podres e troncos velhos de cor de argila. Há insetos que são verdadeiras folhas de árvores a se moverem, inusitadamente, e outros, quais brotos verdes, permanecem silenciosos e estáticos, quando pressentem o perigo a seu redor. É por isso que as mesmas espécies de aves e animais vestem roupagem diferente, conforme a região onde são chamados a viver, assim como no caso do urso, que é branco nos pólos e preto ou pardo na escuridão das florestas. Enquanto o arminho, a raposa-polar, a lebre-das-neves e as perdizes-das-neves vestem a sua "roupagem de inverno", com os pêlos de imaculada brancura nas regiões frígidas polares, usam a "roupagem de verão" nas regiões tropicais, cujas cores imitam, tanto quanto possível o terreno e a vegetação do ambiente. Aliás, há outros recursos miméticos, como o caso das borboletas, que possuem em suas asas coloridas desenhos excêntricos, figuras de olhos ameaçadores, ferrões ou garras, procurando simular as armas de outras espécies agressivas. Certas mariposas inocentes se disfarçam de maribondos e abelhas de dardos simulados para, assim, impor mais temor aos seus destruidores, enquanto algumas cobrinhas inofensivas procuram iludir assumindo o aspecto de ofídios venenosos. Sem dúvida, o conhecido camaleão ainda é o tipo mais representativo do fenômeno mimético cromático, pois ele pode se adaptar rápida e facilmente a qualquer coloração do ambiente onde atua, mobilizando eficiente e seguro disfarce. Esse fenômeno de mimetismo, que serve de proteção à sobrevivência mais prolongada das mais variadas espécies do reino animal, embora não induza a qualquer conclusão cósmica definitiva, ou comprovação direta da Divindade, oferece ao homem arguto o ensejo de extrair ilações corretas e sensatas, quanto à indiscutível verdade de uma Inteligência Superior, operando na intimidade de todos os fenômenos da natureza.

PERGUNTA: — Existe algo dessa proteção "mimética" na vida orgânica do próprio homem, que o ajude à sua maior sobrevivência no meio onde vive?

RAMATÍS: — Sem dúvida, o homem possui a inteligência e o bom senso bastante desenvolvidos para saber proteger-se ou dissimular-se ante as agressões adversas e poder adaptar-se facilmente à topografia dos vários terrenos onde atua. A "camuflagem" tão pitoresca e utilizada em tempo de guerra é uma confirmação das possibilidades miméticas do homem no curso de suas lutas, porfias e ameaças do meio e dos seres onde convive. Não é uma ação automática e instintiva, mas ainda é um "mimetismo" deliberado e sob o curso do raciocínio humano.

No entanto, ocorrem fenômenos na intimidade do corpo humano, já do conhecimento da ciência, suficientes para comprovar, também, a presença de uma sabedoria oculta, inata ao próprio homem, que embora atue de um modo instintivo demonstra em suas mutações sutis e incomuns uma faculdade deliberadamente inteligente. Portanto, no homem existe e se revela um ser racional, graças à sabedoria do seu psiquismo, que lhe opera na intimidade sob a diretriz de uma potência oculta superior e poderosa. A entidade humana está submetida a uma série de leis, princípios e regras, que lhe orientam segundo a segundo o organismo, mas obediente a um esquema de alta precisão e sob o controle da Suprema Inteligência de Deus.

Não se trata de qualquer automatismo proveniente de um instinto primário, produto de um acaso, que age "certinho", corrigindo e solucionando os senões humanos; mas é ocorrência que

O Evangelho à Luz do Cosmo

59

trai sempre uma ação ou intervenção de reconhecida e incomum sabedoria. Há, também, um símile de mimetismo na infinidade de fenômenos de adaptações, que provam essa intercessão incessante da sabedoria oculta na intimidade do organismo carnal do homem, e funcionam independentemente de sua vontade e reflexão, socorro ou correção.

O inseto, o animal e a ave podem assumir aspectos inusitados à sua espécie e vivência em comum, que se agrupam sob o tema do "mimetismo", a fim de permanecerem ilesos no meio ambiente. No entanto, no homem também se sucedem fatos e fenômenos internos de rápida ou prudente adaptação, que lhe asseguram a sobrevivência no trânsito para climas, regiões ou ambientes até adversos ou sem o necessário condicionamento. A criatura que se transfere do equador para a região polar enfrenta uma hostilidade representada por vários fatores decorrentes da grande diferença entre ambas as latitudes geográficas e poderia sucumbir, sem a sua adaptação algo semelhante a um recurso mimético.

Aliás, o homem não providencia, conscientemente, essa modificação protecional e necessária pela sua transferência rápida de um clima a que está condicionado por outro estranho, mas isso ocorre à sua revelia, sob a interferência oculta da sabedoria do seu psiquismo, revelando a própria Sabedoria de Deus na proteção de suas criaturas e no sentido de alongar a vivência do espírito do homem na matéria educativa.

PERGUNTA: — Malgrado os acontecimentos, fatos e destinos dramáticos inexplicáveis e até injustos, que se sucedem sem um esclarecimento lógico, ainda devemos confiar e crer nessa sabedoria, justiça e amor de Deus aos homens?

RAMATÍS: — A vida no campo denso da matéria, inegavelmente, é um gravoso palco de lutas fatigantes de experimentações dificultosas, onde o espírito do homem é ativado pelas energias que se atritam, requintam-se e sublimam-se no sentido de ele superar o instinto animal, que o protege, mas também o escraviza desairosamente às vibrações inferiores. O homem luta até uma certa frequência sob o impulso energético das forças primárias da animalidade, tal qual a semente se rompe no seio do solo espicaçada pelas energias telúricas do meio onde é plantada. Em seguida, ela germina, desabrocha, cresce e emancipa-se compondo flores e frutos no triunfo de uma escalonada superior.

Sob a energia telúrica, que eclode da espécie animal instintiva e implacável, o espírito do homem, como a muda vegetal superior enxertada no cavalo-selvagem, deve opor-se veementemente à força bruta da selva agreste e gerar os frutos sazonados na imposição definitiva dos princípios superiores espirituais. O corpo carnal é o cavalo-selvagem, em que o espírito se engasta sob a disciplina das regras e das tendências da vida física, mas deve sobrepor-se à vigorosa tirania do instinto animal que ajuda, mas escraviza. O espírito do homem surge à periferia do solo da vida humana para ativar e desenvolver o amor e a sabedoria, que são os princípios fundamentais do futuro anjo.

Mas ainda é impossível à criatura humana abranger e compreender, no seu estágio microcósmico, o metabolismo e objetivos divinos exarados por Deus, os quais funcionam no sentido de transformar e sublimar a consciência limitada do homem até alcançar uma frequência superior, onde poderá aperceber-se da essência do Criador.

PERGUNTA: — Mas se o homem foi feito "à imagem de Deus" e possui em si mesmo "o reino divino", por que ele comete equívocos, revela defeitos e até precisa ser corrigido? Qual o motivo dessa precariedade divina na criatura?

RAMATÍS: — Qual seria o valor do homem, criado por Deus para ser feliz por toda a eternidade, caso ele mesmo não fosse o autor de sua própria "conscientização"? Apesar do protesto justificável, de que não há mérito, nem valor na criatura sofrer, para depois ser venturosa, muito pior seria se ela fosse um produto automatizado e elaborado mecanicamente em série. É a auto-realização, a transformação preliminar, garantia de um futuro venturoso, quando o espírito sentir, conscientemente, os seus poderes criativos e a possibilidade de plasmar nas formas do mundo toda a intuição superior, como poesia, arte e imaginação sublime. Não importa se o homem, em princípio, confunde as quinquilharias dos mundos físicos transitórios com valores autênticos de sua futura felicidade. O certo é que ele jamais se perderá nos labirintos educativos das vidas materiais, porque o seu destino glorioso é a angelitude e a luz que o guia queima no próprio combustível de sua centelha interna. Sem dúvida, precisa crer e confiar na pedagogia traçada pelo Criador, cujo resumo o ser possui em sua própria intimidade espiritual, na síntese microcósmica do "reino divino".

O Evangelho à Luz do Cosmo

E para a absoluta segurança da criatura alcançar mais breve e corretamente a sua ventura eterna, então a Divindade estatui a Lei do Carma, que disciplina, corrige e retifica os atos insensatos e enfermiços, que o espírito pratica nas vidas sucessivas na face dos orbes físicos. Assim, nenhuma criatura deve invadir o direito alheio ou perturbar o destino dos seus companheiros, em curso de aperfeiçoamento espiritual. Aliás, ninguém pode, sequer, carregar a cruz do seu irmão e sofrer por procuração quaisquer reações desagradáveis e indesejáveis, que devem ser vividas pelos próprios responsáveis ou culpados. O espírito do homem é o autor do seu destino e pessoalmente responsável pelos efeitos bons ou maus decorrentes dos seus atos pregressos. Cumpre-lhe a tarefa de despertar e desenvolver, em si mesmo, os valores íntimos que lhe devem assegurar a vivência futura entre as humanidades siderais felizes. Ele pode semear dores, júbilos, prazeres ou tragédias, porém, sob a Lei do Carma, que é inflexível e corretiva, mas justa e impessoal, o homem é o autor e, ao mesmo tempo, o receptor de todos os acontecimentos ou males praticados a favor ou contra o próximo. Em face da advertência insistente de todos os instrutores e mestres da espiritualidade, enunciando que "a semeadura é livre, mas a colheita é obrigatória", e que "a cada um será dado segundo as suas obras", ninguém pode alegar ignorância das sanções da lei cármica, nem atribuir injustiças a Deus.

PERGUNTA: — Mas se o homem não possui o "livre-arbítrio" de agir a seu contento, é óbvio que ele também não pode avaliar a natureza incomum e ilimitada de Deus, o que requer a máxima liberdade de ação. Daí certa descrença e rebeldia humana. Não é assim?

RAMATÍS: — O espírito do homem tem o "livre-arbítrio" e pode agir até onde não prejudique o companheiro. Mas é insensato se maldisser ou rebelar-se contra Deus, quando ele, somente ele, é o responsável direto por tudo o que fizer de mal ou de bem. A legislação disciplinar é tão-somente no sentido de promover a indesviável ventura de seus filhos e ajustá-los ao caminho certo e redentor, sem qualquer intenção punitiva. O homem deve aprender corretamente cada lição ministrada pela vida nas escolas planetárias, sofrendo as regras disciplinares desse curso educativo, a fim de fazer jus aos direitos incondicionais no futuro e aos poderes incomuns no seio do Universo. O livre-arbítrio dilata-se em sua área de poder e capacidade, tanto quanto o espírito também desperta a sua consciência e já manifesta um comportamento tão sensato e correto, que jamais causa prejuízos ao próximo.

Só a ignorância humana de não saber que o Criador permanece integrado na sua própria obra e pode ser "sentido" pelas suas criaturas, é que induz o homem à descrença divina. Quem sobrepõe o intelecto orgulhoso da personalidade humana transitória sobre a intuição do espírito imortal, jamais vibra com a essência Divina. É o símbolo do "anjo rebelde", que dinamizado pelo cientificismo querelante, sente-se humilhado em fazer concessões além de si mesmo. A descrença em Deus não é atestado de inteligência incomum, mas apenas fruto da excessiva escravidão aos sentidos físicos do homem transitório. Jamais a criatura poderá equacionar o Universo e assimilar a natureza divina do Criador, confiando tão-somente nos sentidos, mesmo que amparado pela mais perfeita técnica instrumental do mundo transitório e limitado, que apenas lhe serve de cenário de vivência física. Nenhum botânico conseguirá vislumbrar a configuração majestosa do pinheiro, apenas examinando a contextura superficial do pinhão. Em consequência, também não se deve confundir a deficiência da sensibilidade humana, com a conclusão genial de que Deus não existe.

Assim como o neurônio do cérebro humano não está em condições de avaliar o equipo "psicofísico" do seu dono, a criatura, que é tão-somente uma partícula microcósmica do Universo, também não está capacitada para julgar e explicar o Cosmo em todos os seus aspectos.

PERGUNTA: — Acontece que, se o homem ainda não se apercebe da Realidade Cósmica de Deus, ele também não pode ser censurado, uma vez que se trata de um fenômeno muito além de sua capacidade humana.

RAMATÍS: — Ninguém abrange a solução de uma incógnita sob a obstinação de negá-la, porque isso é fruto de uma reação produzida pelo próprio orgulho humano. O homem sensato considera válida, autêntica e definitiva a sua opinião, somente até o limite de sua própria capacidade humana e gabarito espiritual. Assim como o inquilino judicioso examina a estrutura e a disposição de sua residência, antes da preocupação de pretender conhecer a realidade psicofísica do seu senhorio, o homem sábio

O Evangelho à Luz do Cosmo

também busca primeiro conhecer a origem e o destino do seu orbe, certo de que é a manifestação do mesmo autor. Seria absurdo que os alunos analfabetos do curso primário se obstinassem em negar as etapas ginasiais, pré-acadêmicas, acadêmicas e universitárias, que ainda se esquematizam na mente infantil. Assim como o curso primário ainda é um estágio incapaz de proporcionar ao aluno incipiente a visão global acadêmica, o mundo físico é tão-somente uma preliminar educativa com a função restrita de despertar os valores psíquicos do cidadão espiritual, mas impossível de lhe comunicar a Realidade Divina. É um tolo o aprendiz de aritmética que, envaidecido do seu primarismo de cálculos, opõe dúvida quanto a Einstein, cuja Teoria da Relatividade exige cérebros privilegiados para entendê-la. O homem que ainda não conhece a si mesmo, infeliz vítima dos vícios e das paixões da coação animal, jamais deve se orgulhar de negar Deus, que criou o Universo.

PERGUNTA: — Embora sejamos partículas do mesmo Deus único e Criador do Universo, não teríamos o direito de protestar quanto ao fato de sofrermos para evoluirmos em nossa conscientização individual? Porventura, não poderíamos recusar uma vida ou conscientização para a qual não fomos previamente consultados?

RAMATÍS: — É de senso comum que o espírito do homem só poderia interpelar Deus e censurá-Lo por tê-lo criado sem a sua consulta ou autorização, depois de ele próprio existir ou ser alguém no seio do Universo. Qual o homem que poderia indagar se determinado filho deseja "existir" ou não, antes de o fazer nascer e aguardar-lhe o desenvolvimento suficiente da razão, para depois deliberar suas próprias decisões? Em consequência, mesmo se tratando de uma partícula inerente ao Todo único, como é o espírito do homem, só depois de sua emancipação espiritual é que então poderia decidir se preferia "viver" ou "extinguir-se" desintegrado no seio do Universo. Simbolicamente, o homem teria de nascer, crescer e emancipar-se espiritualmente para, então, poder manifestar a sua decisão de "viver" ou "desaparecer".

É conveniente que não vos preocupeis com semelhante decisão até que tenhais desenvolvido o vosso espírito de modo tão sensato, lógico e consciente, que podereis optar pela "existência" ou "não-existência". No entanto, cometeis um grave equívoco, porquanto analisais e concluís sobre a realidade da vida angélica, baseando-vos na existência medíocre, sofredora e ilusória das vidas físicas efêmeras. Qual será a vossa opinião a tal respeito, quando atingirdes a vivência angélica, fascinante, autêntica e venturosa? Qual é a validade da opinião da lagarta sobre a autenticidade da vida, quando ainda não passa de um precário esquema da futura borboleta irisada de cores, que voa em plena liberdade sobre as flores do jardim?

PERGUNTA: — Qual é a primeira imagem, ou ideia mais correta, que poderíamos fazer de Deus, em nosso entendimento humano?

RAMATÍS: Indubitavelmente, Deus é a própria Eternidade. Em consequência, seria demasiada vaidade e estultícia o homem pretender conhecer Deus em tão curto lapso da vida humana. E como Deus é incessante e inesgotável alegria; alegria oceânica, que pouco a pouco interpenetra a intimidade das gotas humanas em ininterrupto crescimento esférico, além do tempo e do espaço, esse júbilo divino transforma-se em eterno movimento, tanto quanto o homem mais avança na sua realização cósmica. Deus, o Espírito-Uno, sustenta cada forma e energia do Universo, porém, transcendental, e existe no vazio do incriado, além de quaisquer fenômenos concebidos pelas criaturas em realização do autoconhecimento.

PERGUNTA: — Qual é a natureza do homem já realizado divinamente?

RAMATÍS: — Os espíritos que ainda na Terra alcançam a realização do seu Divino Eu, manifestam algo da natureza de Deus, isto é, vivem uma dupla existência. Conscientes de sua realidade divina e entendendo os motivos de sua própria existência e os objetivos de sua eterna ventura, executam a sua tarefa educativa no mundo, mas permanecem usufruindo de sua jubilosa calma interior. O espírito realizado é aquele que já sobrepaira acima de todas as identificações com os sentidos e permanece consciente em incessante união com o Criador. Sem dúvida, somente nos estados de "samadhi", o êxtase da visão cósmica, numa esfericidade sem limites e abrangendo todos os fenômenos macro e microcósmicos da Vida, o espírito tem consciência nítida dessa realização divina que alcança, aos poucos, até se integrar definitivamente no seio das humanidades sidéreas libertas de quaisquer liames da vida externa ilusória.

Mas é evidente que as criaturas integradas à prática absolu-

O Evangelho à Luz do Cosmo

ta do Evangelho do Cristo, numa vivência de incessante serviço e amor ao próximo, em que Francisco de Assis é uma das figuras mais representativas, também se apercebem mais breve da Realidade Divina, amparadas pelo próprio preceito evangélico de que "Batei e abrir-se-vos-á", ou "Pedi e obtereis". Assim, há os homens que alcançam a realização pela comunhão com Deus, como os iogues atingindo o êxtase ou "samadhi", ou os ocidentais que o fazem pela ação por Deus.

PERGUNTA: — Que poderíeis nos acrescentar de modo a nos esclarecer ainda mais sobre a concepção de Deus único?
RAMATÍS: — Porventura, o reino de Deus não está no próprio homem? E não vos sentis um ser único, uma entidade absoluta e jamais oscilando entre duas vontades ou dois comandos? Eis por que os Vedas, há milênios, consideravam que o espírito realizado é aquele que já dominou ou extinguiu em si "maya" — a ilusão cósmica dualística —, ou seja, apercebeu-se de sua unidade.[11] Deus, portanto, é único, embora ele possa revelar-se sob a manifestação exterior do Universo formal, que surge após o "Dia de Brahma" e se dissolve no curso processual da "Noite de Brahma", na condição de uma vestimenta transitória constituída por toda a criação física.[12] Mas isso pode ser cogitado na mente do próprio homem, ao verificar que ele não é autenticamente o próprio corpo, porém, o seu corpo é tão-somente a manifestação, a materialização exterior, num certo momento e num certo tempo, do espírito imortal. O espírito do homem, único e indestrutível, preexiste à materialização ou gestação de um corpo físico na face dos mundos planetários e sobrevive incólume após

---

[11] Escreveu o grande filósofo monista hindu, Shânkara: "Quando há dualidade devido à ignorância, o indivíduo vê todas as coisas como distintas do Ser. Quando tudo é conhecido como o Ser, nem mesmo um átomo é visto como diferente do Ser... Obtido o conhecimento da Realidade, já não se experimentam os efeitos das ações passadas, em virtude da irrealidade do corpo, exatamente como não pode haver sonho depois de acordar".

[12] N. do M. - Ramatís explica na obra *O Sublime Peregrino* cap. IV. "Considerações Sobre o Grande Plano" e o "Calendário Sideral", que o "Grande Plano", ou "Manvantara", da escolástica oriental, significa uma pulsação ou respiração completa de Brahma, ou de Deus, isto é, o tempo exato em que o Espírito Divino desce até formar a matéria e depois a dissolve novamente, retornando à sua expressão anterior de puro espírito. Um "Grande Plano" ou "Manvantara" abrange a gênese e o desaparecimento do Universo físico, em duas fases distintas: o Dia de Brahma, quando Deus expira e cria formas exteriores da matéria; e a Noite de Brahma, quando Deus aspira ou dissolve o Cosmo morfológico. Cada uma dessas fases criativa e desintegradora da matéria dura 2.160.000.000 de anos do calendário terreno, perfazendo o total do processo simbólico de uma respiração divina de 4.320.000.000 de anos.

o desgaste e o desfazimento do seu organismo provisório carnal.

PERGUNTA: — Há, portanto, uma só Sabedoria, no Universo?

RAMATÍS: — Em Deus está toda a sabedoria, justiça, amor e realização, pois sendo a Unidade, Dele mesmo derivam-se todos os processos que estabelecem os incontáveis fenômenos do Universo. Quando o Espírito de Deus expande-se e pulsa centripetamente até atingir a compactação que conheceis por "matéria", Ele compõe os mundos, as galáxias e os orbes físicos na Sua Manifestação exterior. Sob o impulso expansivo e criativo divino, a energia é acionada pela vontade de Deus-Espírito, até atingir a fase que não é excêntrico denominar-se "Deus-Matéria". O Criador único interpenetra e vivifica o Universo, enquanto os espíritos conscientizamse, vibram e vivem no oceano cósmico, expandindo-se tanto quanto mais absorvem o conhecimento inesgotável e o Amor do Pai Eterno no comando do Universo Monista.

PERGUNTA: — Que poderíamos melhor entender por Universo Monista?

RAMATÍS: — Monismo é a concepção da existência de que tudo o que existe resulta de uma única fonte. A conceituação monista desveste a Divindade do aspecto acentuadamente antropomórfico[13] indicando a convergência da vida em todas as latitudes cósmicas para um princípio único ou central do Universo, em que Deus é a Unidade Autêntica e Infinita. Trata-se do entendimento de um só Deus, como é o fundamento orgânico e ao mesmo tempo a função dinâmica do Cosmo. Deus é a única e imodificável criação, a essência e a substância da qual os homens descendem como fagulhas, chispas ou partículas espirituais divinas. Depois são lançadas em peregrinação pelas formas educativas, dos orbes físicos, no processo incessante de organizar a sua própria consciência individual, e ter noção de existir como entidade à parte, mas vinculada intimamente ao próprio Todo.

O Universo é uma entidade que abrange e incorpora tudo o que é possível de a criatura conceber por existente, o que ainda

---

[13] N. do R. - "(...) assim como do politeísmo tendes passado ao monoteísmo, isto é, a fé num único Deus (todavia sempre antropomórfico, porque opera uma criação exterior a si mesmo), agora passais ao Monismo, isto é, ao conceito de um Deus que "é" a criação. (...) um Deus ainda maior que tudo quanto tenhais sabido conhecer. Do politeísmo ao monoteísmo e ao monismo, sempre mais se dilata a vossa concepção da Divindade". SUA VOZ, in *A Grande Síntese*, de Pietro Ubaldi.

O Evangelho à Luz do Cosmo

talvez seja dificultoso para o entendimento do espírito primário do terrícola, que não desenvolveu a acuidade suficiente para encetar vôos mais amplos pela imensidão da Grande Inteligência.

PERGUNTA: — Poderíeis expor-nos algumas considerações mais convincentes da concepção monística de Deus?

RAMATÍS: — A ordem e a sabedoria que presidem os fenômenos da Vida no Universo comprovam-nos que existe uma só Vontade criando e governando o Cosmo. Afora do monismo teríamos de aceitar a existência de duas ou mais vontades com poderes de criar e comandar o Universo, ou retornarmos à facécia da concepção de um "acaso inteligente e criador". Consequentemente, surgiriam conflitos, desarmonias e choques no metabolismo cósmico, por força da diferença de capacidade, objetivos ou competição por parte das várias mentes ou dos acidentes fortuitos.

O próprio Diabo, que seria outro deus maligno, já foi dispensado de suas funções prosaicas de assar e cozinhar os pecadores falidos nos arcaicos caldeirões de azeite e água fervente, superado em perversidade pelo próprio homem, quando liquidou em alguns minutos 120.000 japoneses em Hiroshima, de modo higiênico, fulminante e ao simples apertar de um botão eletrônico. Em caso contrário, seria retornar à velha crença infantil de um demônio operando negativamente e tentando perturbar a manifestação cósmica da criação divina.[14]

Em consequência, Deus, a Inteligência Cósmica Incriada e Indestrutível, é UNO, o Universo é monista, numa concepção dinâmica de que todas as energias se reduzem e convergem para um só comando e fenômeno em movimento.

PERGUNTA: — A doutrina espírita codificada por Allan Kardec também teria configurado Deus sob uma conceituação Monista?

RAMATÍS: — Quando os espíritos respondem a Kardec, que Deus é a "Inteligência Suprema", a causa primária de todas as coisas, sem dúvida, eles também confirmam o conceito de que o Universo é monista.

Evidentemente, a "Inteligência Suprema", mencionada pelos espíritos a Allan Kardec, é sinônimo de "Suprema Lei", que incide na existência de um só Deus. É a ideia central de um Princípio

[14] Vide a obra *A Sobrevivência do Espírito*, capítulo "O Diabo e a Sede do seu Reinado", transmitido pelos espíritos Ramatís e Atanagildo.

Único, Eterno e Infinito, que anima, disciplina, movimenta e procria o Universo. O Cosmo, de que o homem mal se apercebe, através da técnica e pesquisa científica por meio dos cinco sentidos, envaidecido por exercer alguma modificação à periferia de sua composição morfológica, é tão-somente o invólucro exterior e transitório, diminuta fração do princípio original e único, que lhe vitaliza a intimidade imodifícável.

Mas pela pobreza mental humana, o homem tem criado inúmeras configurações de deuses, desde os tempos históricos, a fim de compensar-lhe a própria incapacidade de compreender um só Deus e Criador Absoluto do Universo.

PERGUNTA: — Que se entende por aspecto trifásico de Deus, que temos verificado em algumas obras orientais e mesmo ocidentais?

RAMATÍS: — A pedagogia espiritual ensinada pelos velhos mestres orientais para facilitar a melhor compreensão de Deus, sempre conceituou o Universo sob o aspecto trifásico, a fim de que os atributos divinos pudessem ser graduados ao menos esclarecendo a noção de espírito, energia e matéria.

São aspectos que não influem nem modificam intimamente a Realidade Monista divina e indissolúvel, que é Deus, mas apenas apreciações ou equações delimitadas pela mente humana sobre as fases de um mesmo fenômeno. Associando a ideia de um "pano de fundo" de qualquer ocorrência ou fato do Universo, permanece indestrutível um só Deus na sustentação eterna e sábia de tudo o que criou. A concepção trifásica não importa nem modifica Deus, mas apenas é um recurso ou fórmula mental humana de apreciar as três principais manifestações divinas na ação de criar e desfazer o Universo físico. É inegável e ponto definitivo, que o princípio é um só, uma só origem e uma só vontade central criadora de todo o Cosmo. ·

Aliás, é a própria Unidade Divina considerada sob três aspectos: o aspecto Espírito, estático ou de equilíbrio; o aspecto Energia, dinâmico e relativo ao movimento; e o aspecto Matéria, morfológico, que mostra o Universo nas partes constitutivas das formas e, simultaneamente, a representação da Lei no mundo exterior.

PERGUNTA: — Por que a Teologia afirma que Deus é a união de três pessoas numa só entidade divina, conhecidas por "Pai, Filho e Espírito Santo"? A Santíssima Trindade é também um aspecto trifásico de Deus?

RAMATÍS: — O dogma da "Santíssima Trindade", adotado e cultuado pelos católicos, equivale ao dogma da "Trinamurti", admitido e proclamado pelos hindus, e por outros povos asiáticos, nessa tentativa de expor de modo compreensível os três principais aspectos da manifestação divina. Sem dúvida, muitas religiões exageram materializando em demasia o que é apenas simbólico, embora esse culto aos aspectos trifásicos de Deus não lhe modifique a identidade da Suprema Lei ou Princípio único.

Sob o invólucro místico e religioso das principais religiões de todos os povos, se proclama os "três aspectos" de Deus, porém derivados e não divididos da mesma Unidade. Os hindus devotam a trindade Brahma, Siva e Vishnu; o Budismo menciona Anútaba, Avalokiteshavara e Naudjousri; os germanos, Vota, Friga e Dinar; os egípcios, Osíris, Ísis e Hórus; os persas, Orsmud, Arimã e Mitra. A Igreja Católica refere-se ao Pai, Filho e Espírito Santo, cujo aspecto trifásico também poderia ser admitido pela Ciência do mundo nos aspectos de Espírito, Energia e Matéria, ou ainda, Pensamento, Vontade e Ação, correspondendo, portanto, à Lei de equilíbrio, movimento e forma.

PERGUNTA: — Não seria possível que essa concepção trifásica da Santíssima Trindade, adotada pela Igreja Católica, implicasse, realmente, na crença de uma potência divina politeísta?

RAMATÍS: — Deus é único e não se deve confundir os três aspectos conceituados pelo homem, como sendo outras entidades criativas e governantes do Cosmo. O próprio homem, embora seja um único ser, pode se manifestar, ao mesmo tempo, sob os aspectos trifásicos e diferentes de pensar, sentir e agir. No entanto, isso acontece sem ele sofrer qualquer alteração íntima na sua individualidade constitucional definitiva. O fenômeno de Deus único e, ao mesmo tempo, manifestar-se de modo trifásico e sem qualquer alteração íntima, lembra-nos o exemplo rudimentar, mas sugestivo, do que acontece com a água, quando ela se mantém intacta na sua estrutura original, embora possa apresentar-se sob o aspecto trifásico, de quente, perfumada e colorida, sem afetar a sua contextura íntima de líquido. A água simbolizaria Deus imodificável, o Todo integral; mas o calor lembraria o espírito, que dá vida, o perfume a energia que constrói e o colorido, a matéria, que tem forma, cor e peso.

Daí os motivos por que no livro "Mandupyopanhistad", da tradição bramânica, o homem é considerado um "microcosmo" único e monístico, mas sob o tríplice aspecto de corpo mental, etérico e físico. Aliás, os próprios espíritas, sob algum impulso oculto de sabedoria psíquica, apreciam a versão moderna desse tríplice aspecto divino, quando consideram o Espiritismo doutrina sob o aspecto trifásico de Filosofia, como o espírito da doutrina, Religião, o energismo divino que religa a criatura ao Criador, e Ciência, a pesquisa dos fenômenos e a comprovação das leis do Universo.

PERGUNTA: — *Finalmente, como poderíamos imaginar o Universo e, igualmente, o Seu Criador através da existência da própria obra? Há alguma possibilidade de maior aproximação da nossa mente humana à Realidade Divina?*

RAMATÍS: — Assegura a vossa ciência que o Universo se encontra em fase de contínua expansão: assemelha-se a gigantesca explosão dilatando-se em todos os sentidos. Efetivamente, a imagem está mais ou menos aproximada nessa ideia dinâmica da realidade. Entretanto, como o tempo no vosso mundo é relativo ao calendário humano, não vos seria possível avaliar essa explosão na eternidade da Mente Divina. Supomos que, para Deus, esse acontecimento dinâmico entre o principiar e cessar a explosão é tão instantâneo, como o explosivo que rebenta no espaço de um segundo terrestre. No entanto, desde os velhos iniciados dos Vedas e dos instrutores da dinastia de Rama, esse tempo de expansão, que é justamente quando Deus cria e depois dissolve o Universo exterior, é conhecido por "Manvantara", e significa um período de atividade e não de repouso, podendo ser conhecido no Ocidente como um "Grande Plano", ou uma "Respiração" completa do Criador, dividida na diástole e sístole cósmicas.[15]

Em verdade, aquilo que para Deus se sucede no tempo simbólico de um segundo, para nós, suas criaturas, abrange um total de 4.320.000.000 de anos terrestres, qual seja o tempo decorrido de um "Manvantara", ou "Grande Plano", que perfaz a simbólica "Respiração Divina", em dois períodos, cada um de 2.160.000.000

[15] N. do M. – Conforme os Vedas, uma respiração ou pulsação macrocósmica de Brahma, ou Deus, corresponde a uma respiração microcósmica do homem. Os hindus também costumam definir por "Manvantara", um período de atividade planetária, em que se constituem e se aperfeiçoam sete raças humanas. Vide a obra *O Sublime Peregrino*, de Ramatís, principalmente o capítulo "Considerações Sobre o Grande Plano" e "O Calendário Sideral".

de anos, e constitui a fase da condensação da matéria e a fase de transformação da matéria em espírito, passando sempre pela energia, para então existir só o Universo-Espírito. O Cosmo, eliminada a ideia de tempo e espaço, é apenas uma "Noite Feérica" numa infinita festa de beleza policrômica, decorrendo sob a visão dos Espíritos Reveladores da Vontade e da Mente Criadora Espiritual Divina.

O Universo, portanto, é a sucessão consecutiva de "Manvantaras" ou "Grandes Planos", a se substituírem uns aos outros, nos quais se forjam as consciências individuais, que, nascidas absolutamente virgens e ignorantes, são lançadas na corrente evolutiva das cadeias planetárias. Em seguida, despertam, crescem, expandem-se e absorvem a noção relativa do "bem" e do "mal", do "belo" e do "feio", do "sadio" e do "enfermiço", conforme as zonas e latitudes geográficas onde estagiam, até lograrem a consciência do seu próprio destino e alçarem-se às faixas superiores da angelitude. Sucessivamente, os espíritos já angelizados ainda galgam níveis cada vez mais sublimes para atingir as frequências arcangélicas, através de outros "Grandes Planos" ou "Manvantaras", assumindo as responsabilidades de comandos planetários e até constelares. Arcanjos emancipados e liberados de quaisquer condições opressivas e restritivas do Universo, eles passam a orientar e guiar as novas humanidades planetárias, almas infantis, que vão surgindo e conquistando também a sua ventura pelo despertamento da consciência nessa sucessão de diástoles e sístoles cósmicas. Esta é a Lei eterna e justa; os "maiores" ensinam os "menores" a escalonarem a senda evolutiva divina, e que foi tão bem simbolizado para a mente humana na conhecida escada de Jacó bíblica, quando os anjos descem e sobem comunicando a Vontade e a Sabedoria de Deus aos homens.

Sob tal esquema elaborado pelo Criador, a consciência espiritual do homem, à medida que cresce esfericamente, funde os limites do tempo e do espaço, para atuar noutras dimensões indescritíveis. Abrange, então, cada vez mais, a magnificência do Universo em si mesma e se transforma em Mago a criar outras consciências menores em sua própria Consciência Sideral.

2. Evolução

PERGUNTA: — *Qual é o significado do aforismo que diz: "O homem foi feito à imagem de Deus"?*

RAMATÍS: — Desde os tempos imemoriais, todas as religiões e doutrinas espiritualistas ensinam que Deus é a Inteligência Suprema do Universo, a Luz Eterna e Infinita, e que os homens são seus filhos na forma de "centelhas", "chamas" ou "partículas luminosas", também eternas e indestrutíveis.[16]

No âmago da consciência individual de cada homem, Deus é o fundamento eterno e a unidade espiritual de todos os seres. Jesus também já afirmava, através do seu Evangelho, que o "reino de Deus está no homem", ou que "o homem e Deus são um só". Daí o motivo por que o Gênese, na Bíblia, também confirma que o homem foi feito à "imagem de Deus", isto é, possui em si mesmo a miniatura de todos os atributos do Criador. O homem é um "minideus", assim como a gota de água é um "minioceano", conceito que os velhos mestres orientalistas já corroboravam há milênios, através do ensino de que o "macrocosmo", ou o mundo grande, está no "microcosmo", o mundo pequeno, assim como "o que está em cima, está embaixo", ou seja, "o que está em Deus está em sua criatura". Analogamente, pode-se dizer que o átomo em equilíbrio é a miniatura de uma constelação de astros, enquanto uma constelação é um átomo cósmico.

PERGUNTA: — *Qual é um exemplo mais correto do fato*

---

[16] N. do M. – Há certa semelhança entre alguns tópicos deste capítulo com o tema já explanado por Ramatís: "Deus". Mas é praxe do meu mentor espiritual insistir e reviver os temas que ele julga mais complexos em nova vestimenta verbal, a fim de melhor entendimento do leitor.

de o "macrocosmo divino" existir e conter-se na relatividade do "microcosmo humano", que é o homem?

RAMATÍS: — Embora algo simplista, poderíamos explicar-vos, por exemplo, que o "macropinheiro", isto é, a araucária, cujos ramos buscam o alto, forte e resistente, na sua configuração definitiva existiu inteirinho na miniatura do pinhão, ou seja, no "micropinheiro". Assim que a semente de pinhão é plantada no solo, depois de certo tempo germina e, gradativamente, vence as adversidades do meio nos seus ajustes para a emancipação, até atingir a configuração gigantesca decisiva do pinheiro. É evidente que esse acontecimento ou fenômeno só se concretiza porque na intimidade do próprio pinhão há todo um pinheiro em estado latente, e seus atributos criativos despertam e se impõem tanto quanto faz o crescimento da árvore.

De modo semelhante, o espírito do homem também é ajustado ao solo das lutas cotidianas, onde deve romper a crosta da personalidade animal inferior, desenvolver os atributos de Deus existentes em sua intimidade espiritual, até alcançar a plenitude do anjo consciente, que é a sua Realidade Divina. Assim como, no fundo da terra, o pinhão modifica-se de semente para originar o pinheiro majestoso e adulto, o "homem velho", produto dos instintos da animalidade, também deve morrer para em seu lugar renascer o "homem novo", onde predominam os sentimentos e a razão, meios para a ascensão angélica.

O espírito do homem, entretanto, desperto, cresce incessantemente ampliando a consciência e o sentimento superior, desenvolvendo os próprios atributos divinos, porque o Criador é o fundamento criativo e eterno de toda individualidade humana. Assim, o espírito do homem é eterno e incorruptível, porque foi criado da essência eterna de Deus.

PERGUNTA: — Quereis dizer que, por sermos centelhas de Deus, que é eterno, nunca tivemos princípio, nem teremos fim?

RAMATÍS: — O espírito do homem é indestrutível, porque foi criado da essência eterna e inalterável de Deus. Mas, embora esteja vinculado à "Consciência Cósmica", é sempre uma consciência individual, que teve um princípio ou uma origem "pessoal" em certo espaço-tempo. Em consequência, houve uma época, ou um "momento", em que o homem começou a ter noção de existir, como a criança a ter noção de si e do meio que a cerca. O homem também define-se e individualiza-se no Universo, figurando como entidade de importância e a caminho de desenvolver o poder criativo tanto quanto amplia a sua consciência.

Sob exemplo semelhante, o espírito do homem um dia também iniciou a sua conscientização, individualizou-se sob o impulso de uma vibração centrípeta e, finalmente, se personalizou no seio da Divindade. Em seguida, a consciência espiritual do homem, centro indestrutível de sua individualização, prossegue no incessante crescimento psíquico qualitativo e, ao mesmo tempo, panorâmico, a fim de abranger cada vez maior volume ou porção da própria Mente Universal. O processo é contínuo e inexorável, porque se exerce estimulado e disciplinado pelo princípio: "o reino de Deus está no próprio homem".

PERGUNTA: — Em consequência, o espírito do homem, embora seja eterno ou indestrutível, deve possuir uma idade sideral a partir da época ou do tempo em que iniciou a sua consciência particular e individualização no Cosmo?

RAMATÍS: — Convém distinguir a idade que limita a personalidade humana transitória, a qual existe somente entre o berço e o túmulo físico, em cada encarnação, comparada à consciência sideral, ou entidade definitiva e inalterável, que se individualiza e se desenvolve na sucessão de séculos, milhões, bilhões e trilhões de anos. Através do perispírito, que é um organismo preexistente e sobrevivente a todas as mortes físicas, a consciência espiritual indestrutível manifesta-se em cada existência humana, materializando um novo corpo físico transitório, mas sem perder o acervo e a memória das experiências de todas as vidas anteriores. No aprendizado periódico, que o espírito do homem realiza na superfície dos orbes materiais, ele desenvolve tanto os seus poderes latentes criativos, como passa a conhecer cada vez mais a sua própria individualidade.

PERGUNTA: — Qual seria um exemplo mais objetivo desse acontecimento?

RAMATÍS: — Apreciando o espírito, que é definitivo, em relação às inúmeras personalidades humanas modeladas nas sucessivas existências físicas, poderíamos supor a figura de um imenso colar, que aumenta sucessivamente no tempo e no espaço, pelo acréscimo incessante de novas contas, cada uma representando uma vida humana. Mas enquanto essas contas ou encarnações físicas podem variar na sua forma, cor, raça ou

O Evangelho à Luz do Cosmo 75

contextura pessoal transitória, o fio que as une não muda, porque é o espírito imortal a sustentar as diversas personalidades encarnatórias ou organismos carnais a se substituírem sucessivamente na superfície dos orbes.

Não importa se, em cada encarnação ou cada conta desse suposto colar, a personalidade humana chama-se João, Nero, Maria, Gandhi ou Paulo de Tarso. O certo é que o fio do colar é a individualidade eterna, que se emancipa no tempo e no espaço, fichada nos "Registros Cármicos" por um código sideral definitivo.[17]

Em cada existência física, o espírito plasma um tipo de organismo, cuja estrutura anatomofisiológica depende da herança biológica da família onde se encarna. Em seguida, recebe um nome adequado à raça ou parentela que lhe fornece a vestimenta anatômica, sem que isso lhe altere a identificação individual definitiva e figurada nos registros de origem sideral. A individualidade do espírito não se enfraquece, mas se desenvolve e se encorpa, tanto quanto for o seu comparecimento periódico às sucessivas vidas humanas.

PERGUNTA: — Poderíamos admitir que os graus inferiores e superiores, que distinguem a capacidade, a inteligência e a cultura inata entre os homens são mais propriamente diferenças de idade sideral?

RAMATÍS: — Sem dúvida, pois não há discrepância, privilégio ou graça na pedagogia divina. Todos os espíritos progridem lenta e incessantemente, sob o mesmo processo evolutivo, em consonância com a Sabedoria, a Justiça e o Amor de Deus.

O troglodita, por exemplo, ainda é um espírito infantil, que apura a sua sensibilidade psíquica através do exercício dos cinco sentidos físicos em adestramento no mundo. É criatura que mal engatinha no apercebimento de sua consciência sideral, demasiadamente imatura para impor o seu princípio espiritual sobre a força milenária das tendências animais. Jamais poderia manifestar um comportamento semelhante a Francisco de Assis, cuja idade sideral e conscientização perde-se nos registros da história planetária da vossa constelação solar. Seria tão absurdo exigir-se dos alunos primários as soluções sobre o princípio de relatividade consagrado por Einstein, assim como intimar

---

[17] Os espíritos são classificados em "Departamentos de Reencarnações", no mundo espiritual, sob uma determinada sigla e número que lhes identifica a individualidade permanente, pois os nomes e as personalidades transitórias são de menos importância. (N. de Ramatís.)

Herodes para manifestar sentimentos de ternura, filantropia, estoicismo e renúncia, que são inerentes a um Vicente de Paulo.

É o tempo de vida da consciência de cada espírito, ou mais propriamente a sua idade sideral, que o situa na faixa vibratória eletiva ao seu maior entendimento psíquico, em vez do conhecimento ou da aquisição obtida na precariedade de uma existência física. Assim como a criança, que sob a disciplina do mundo, desenvolve-se protegida até alcançar a condição de homem adulto e liberta-se das irresponsabilidades da infância, todos os espíritos ainda crianças, ignorantes e virgens, também ingressarão no seio da humanidade angélica e conscientes de sua vida imortal. Esta é a lei: "nenhuma ovelha será perdida do redil do Senhor".

PERGUNTA: — Quereis dizer que os espíritos angélicos e libertos dos ciclos reencarnatórios são consciências siderais, ou centelhas individualizadas, há mais tempo no seio do Cosmo?

RAMATÍS: — Repetimos: cada um de nós é um espírito indestrutível, porque é criado da própria essência divina e eterna, mas variando conforme a idade sideral. Houve um tempo, ou momento, há séculos, milênios, milhões, bilhões ou trilhões de anos do calendário convencional terrícola, em que começamos a existir como "indivíduos diferenciados" no seio da Criação. Assim, existem, simultaneamente, no Universo, tantos espíritos novos e infantis, como antigos e adultos, mas cuja graduação ou gabarito espiritual depende exatamente do tempo em que eles principiaram a ter noção de existir.

Em todos os instantes da Vida, nascem, surgem ou se iniciam novas consciências, isto é, novos espíritos individualizam-se no Universo e adquirem a noção particular de existir, embora continuem vinculados sempre à fonte criadora Divina. Deus não concede privilégios especiais e extemporâneos, mas proporciona, equitativamente e sem quaisquer preferências ou simpatias, os mesmos ensejos de conscientização e aperfeiçoamento a todas as suas criaturas. Nenhum espírito é, originariamente, superior a outro, mas todos possuem em estado latente o mesmo poderio, a mesma capacidade, sabedoria e o anseio evolutivo rumo à fonte criadora.

As consciências majestosas e interplanetárias dos anjos e arcanjos, que iluminam e nutrem a intimidade psíquica dos orbes e das constelações astronômicas, não passam de entida-

O Evangelho à Luz do Cosmo

des emancipadas sob o mesmo processo espiritual e evolutivo, que preside a gestação e o desenvolvimento da consciência de todos os filhos de Deus.

PERGUNTA: — Poderíeis explicar-nos, através de algum exemplo mais pessoal, quanto à idade sideral, à natureza e semelhança original dos espíritos?

RAMATÍS: — Quem hoje é um pecador ou diabo, no futuro será anjo ou santo. Assim, Nero ainda será um Jesus, porque Jesus, alhures, pode ter sido um Nero, tanto quanto Hitler ainda será um Gandhi, porque Gandhi, também, poderia ter sido um Hitler. Ante o determinismo do processo evolutivo, que é justo, equânime e sem privilégios para os filhos de Deus, a centelha espiritual mais ínfima do Cosmo um dia há de ser um Logos Solar,[18] embora essa maturidade sideral só ocorra após a criação e a destruição de alguns universos físicos.

Ainda sob o invólucro de um Tamerlão, ou Gêngis Khan, Deus serve-se dos atributos divinos ali existentes, e modela a criatura à sua imagem. Lenta e inexoravelmente, no residual da própria animalidade, gesta-se a consciência radiosa de um anjo e o comportamento sublime de um santo, tanto quanto no próprio lodo malcheiroso, também brota o lírio ou jasmim perfumados.

PERGUNTA: — Que dizeis da afirmação de muitos religiosos, e mesmo de alguns espíritas e umbandistas, que temerosos de cometerem sacrilégios acham que o espírito de Jesus evoluiu absolutamente em "linha reta"?

RAMATÍS: — Sem dúvida, Jesus é atualmente o nosso Irmão Maior, a entidade mais sublime no governo do orbe terráqueo. É o Guia, que através do Código Moral do Evangelho conduz o homem à Realidade Divina. Espírito indefinível para nós que mal iniciamos a jornada do bem, é o "Caminho, Verdade e Vida", porque viveu em si mesmo, durante o seu desenvolvimento consciencial, os mesmos equívocos, pecados, vícios, deslizes e paixões, que são próprios de toda a humanidade, ainda imatura. Em face do seu progresso espiritual alcançado através de incontáveis encarnações físicas, em orbes que já se transformaram em poeira cósmica, Jesus esquematizou o roteiro para a libertação da humanidade espiritual do planeta Terra, da qual ele é o titular, através do sublime Evangelho. Jesus nasceu, amadureceu e

---

[18] Logos Solar, Espírito Planetário do Sol, Consciência Espiritual que centraliza o progresso dos orbes, que formam cada constelação solar.

angelizou-se até atingir o magistério divino, defrontando e vencendo em si mesmo pecados, acertos, equívocos, glorificações e frustrações de todos os homens, ao mesmo tempo que cultivava e sublimava as virtudes latentes em seu espírito.

Se a evolução de Jesus tivesse sido diferente dos demais espíritos e especificamente em "linha reta", desobrigado de quaisquer equívocos ou vacilações, é evidente que Deus teria privilegiado um filho mais simpático com alguma faculdade incomum, virtude excelsa, graça prematura ou sabedoria inata, traindo uma censurável preferência egoística humana.

Essa graça, ou mercê pessoal e divina exclusivamente a Jesus, então, desmentiria a tão propalada Justiça do Criador, que seria assim capaz de praticar atos tão discutíveis e censuráveis, como qualquer homem imperfeito. E o Divino Mestre também não seria o símbolo glorioso ou a matriz fiel da verdadeira conduta humana, mas indigno de ser o Guia da Humanidade em face da extravagância de querer ensinar aos seus alunos aquilo que ainda não aprendeu a viver, nem sofreu em si mesmo.

Enquanto os demais filhos de Deus deveriam seguir pelas sendas tortuosas do sofrimento e das vicissitudes humanas, a fim de apurar a sua sensibilidade psíquica e lograr a metamorfose do futuro anjo, Jesus então seria um privilegiado teledirigido por um "radar espiritual" capaz de guiá-lo tranquila e corretamente pelos labirintos educativos mais complexos e dolorosos da vida física. Jamais ele poderia depois distinguir o certo do errado, o autêntico do falso, o sadio do enfermiço, ou o bem do mal, sem participar dos problemas gravosos e atrozes de todos os homens. E Jesus nada mais seria do que um robô, ou fantoche movido pelos cordéis divinos, numa prematura e injustificável promoção sideral.

Aliás, não há desdouro algum para Jesus ter evoluído sob o regime da mesma lei a que se sujeitam todos os demais espíritos. Mas é justamente o fato de ele ter alcançado o conhecimento e, também, a sublimação, através das incontáveis vidas físicas, que o consagra digno de guiar e salvar a humanidade. A sua vida e paixão, martírio que terminou na cruz, é o esquema do verdadeiro comportamento, que o homem deve adotar diante de todas as lutas, tragédias, explorações, pilhagem e ingratidões entre os seus próprios irmãos imaturos.

PERGUNTA: — Mas é certo que o Mestre Jesus sofreu, realmente, o seu calvário até o sacrifício da cruz. Não é assim?

O Evangelho à Luz do Cosmo

RAMATÍS: — A paixão de Jesus e o seu holocausto na cruz constituíram a imorredoura lição de um Avatar, ou Mentor Sideral, quando deve plasmar na face de um orbe físico, como é a Terra, o esquema educativo e a síntese dos ciclos encarnatórios educativos, que promovem a libertação dos espíritos e os desvinculam da vida animal.

Conforme escrevemos em obra anterior,[19] o verdadeiro sacrifício de Jesus não foi apenas durante aquelas horas amargas, desde o pretório romano até o seu último suspiro na cruz. Mas isso compreende e abrange a sua indescritível operação de abaixamento vibratório, qual ave sideral abandonando a atmosfera eletiva paradisíaca, para amoldar-se à gaiola estreita da carne humana e entregar ao vivo a mensagem do Amor que salva os homens. Jesus despendeu mais de mil anos do calendário terreno, num descenso atroz, a fim de ajustar-se, campo por campo, cada vez mais restritos e coercitivos, até alcançar a matéria e modelar o seu corpo carnal no ventre feliz de Maria. Nascendo e vivendo sob o regime comum da vida de todos os homens, Jesus não somente foi o melhor e o mais puro dos homens, como ainda o mestre fiel, amoroso e sábio, que em sua peregrinação física ensinou ao homem a sua libertação definitiva da carne.

PERGUNTA: — Tendes dito que Deus cria espíritos em todos os instantes da vida cósmica?
RAMATÍS: — Sim, Deus cria incessantemente novas consciências espirituais, que então se constituem em outras "centelhas" ou "chamas", com a noção individual de existirem no oceano de energia Divina. Após o apercebimento de si mesmas, elas iniciam a amplificação de sua consciência, através da incessante expansão psíquica, e que se sucede por todos os reinos e todas as formas dos mundos.

---

[19] N. do M. - Vide a obra *O Sublime Peregrino*, cap. 2, "Jesus e sua Descida à Terra", de que destacamos o seguinte trecho: "É um equívoco da tradição religiosa considerar que o supremo sacrifício de Jesus consistiu essencialmente na sua paixão e sofrimento compreendido entre a condenação de Pilatos e o holocausto da cruz. Se o verdadeiro sacrifício do Amado Mestre se tivesse resumido nos açoites, nas dores físicas e na sua crucificação injusta, então os leprosos, os cancerosos, os gangrenosos deveriam ser outros tantos missionários gloriosos e eleitos para a salvação da humanidade. Os hospitais gozariam da fama de templos e viveiros dos "ungidos" de Deus, capazes de salvar a humanidade dedicando a ela suas dores e gemidos lancinantes. Milhares de homens já têm sofrido tormentos mais atrozes do que as dores físicas suportadas por Jesus naquela terrível sexta-feira, mas nem por isso foram consagrados como salvadores da humanidade".

PERGUNTA: — *Poderíeis expor-nos como se engendram ou se criam os espíritos, no seio de Deus?*

RAMATÍS: — É evidente que, embora se criem novos espíritos em todos os momentos da Vida Universal, Deus permanece inalterável em Sua Essência Eterna. Sem qualquer desgaste divino, as novas centelhas ou chamas particularizadas de Sua Luz, então passam a sentir-se alguém no comando de sua consciência individual.

Em singelo exemplo, se fosse possível uma gota de água desenvolver-se individualmente, o que é evidentemente absurdo, ela então teria a sensação microscópica de si mesma e a noção de existir, mas sem desvincular-se da fonte macrocósmica do próprio oceano onde se originou. Sob determinado impulso íntimo criador, as partículas de Luz provenientes do Espírito Cósmico de Deus, em certo momento principiam a viver e a se configurar como núcleos de consciências centralizadas no Universo. O apercebimento ou a definição psíquica aumenta pelo relacionamento incessante com o próprio mundo educativo das existências físicas, a fim de compor a sua memória perispiritual no simbolismo de tempo e espaço.

Eis o início da jornada ininterrupta e eterna do ser espiritual, que desenvolve tanta sabedoria e noção de existir, quantas sejam as suas experiências educativas no comando dos corpos físicos ou na vivência quando desencarnados nos mundos "extrafísicos".

PERGUNTA: — *Ainda ser-vos-ia possível elucidar-nos quanto ao processo, ou mecanismo evolutivo, que propicia o nascimento de novos espíritos no Universo?*

RAMATÍS: — Malgrado as dificuldades tão comuns para o intelecto humano perceber satisfatoriamente o esquema transcendental da vida espiritual, sublime e criativa do Universo, tentaremos expor-vos algo da metamorfose macrocósmica de Deus, no processo inverso da metamorfose microcósmica do homem.

Considerando-se que Deus é o Todo Ilimitado, que interpenetra, coordena e ativa a vida universal, é evidente que esse Psiquismo Cósmico precisa graduar-se em diversas frequências vibratórias, a fim de poder governar tão eficiente e coerentemente uma galáxia ou constelação de astros, como ajustar-se às necessidades sutis e ínfimas de um simples átomo de hidrogênio.

Sabemos que o elevado potencial da força elétrica original da

O Evangelho à Luz do Cosmo

usina deve ser abrandado ou graduado para menores voltagens através de transformadores apropriados, a fim de acionar desde o avançado parque de uma indústria, como um simples aparelho elétrico doméstico. Assim, o modesto fogareiro que funciona apenas com 110 volts de energia, seria fundido e carbonizado, sob o impacto poderoso e violento de uma carga de 10.000 volts. Malgrado a singeleza desse exemplo de eletricidade, que deve reduzir a sua voltagem através de transformadores adequados às múltiplas necessidades e capacidades dos mais variados aparelhos e utensílios elétricos, a Mente Universal também exerce a sua ação criativa e aperfeiçoadora através de entidades espirituais, numa ação psíquica "transformativa", que então reduz vibratoriamente a Energia Cósmica Divina até ajustar-se ao consumo modesto de uma vida humana.[20]

O centro de consciência humana, que se organiza individualmente no seio do Psiquismo Cósmico, constitui-se num campo íntimo, ou na miniatura psíquica do próprio macrocosmo, assim justificando o aforismo de que "o homem foi feito à imagem de Deus". A consciência individual, ainda virgem e ignorante, mas excitada pelo dinamismo centrífugo, promove a sua ascese espiritual desde a transformação do átomo em molécula, da molécula em célula, da célula ao organismo, do organismo animal ao tipo humano e, depois, a metamorfose do homem até a configuração do arcanjo constelar.

Os atributos divinos miniaturizados no espírito do homem despertam e se amplificam à medida que ele desenvolve a sua consciência humana na experiência de mais vida, sabedoria e poder. O homem ainda vive sob os impulsos e as excitações da energia criativa do instinto animal, a qual lhe organiza a vestimenta de carne na face dos orbes físicos. Mas, depois que supera a animalidade, ele se converte num transformador sideral, capaz de absorver certo impacto energético do Psiquismo Cósmico, a fim de também distribuí-lo, gradativamente, na voltagem psíquica adequada à vida dos seres menos evoluídos.

PERGUNTA: — Quereis dizer que o Psiquismo Cósmico, na sua descida vibratória, filtra-se e atua através dos diver-

---

[20] Todo o nosso esforço nesta explicação é apenas na tentativa dinâmica para desemperrar a mente humana das formas e dos conceitos estratificados da vida física. Supondo-se a caminhada do espírito, numa estrada infinita e eterna, os nossos conceitos, exemplos e descrições só devem ser admitidos como balizas indicativas demarcando o rumo mais certo. (N. de Ramatís.)

sos campos e reinos do mundo físico até modelar a configuração do espírito do homem?

RAMATÍS: — O nascimento, a formação ou definição do espírito individualizado do homem, não é apenas um fato simples, primário, ou consequente de súbito fenômeno ocorrido no seio do Psiquismo Cósmico. A centelha, ou partícula espiritual, quando assinala o seu primeiro apercebimento íntimo e consciência de existir, ou se diferencia do Todo Divino, já é a etapa final de um longo processo em gestação através de todas as múltiplas formas do Universo. Não se trata de um acontecimento miraculoso, a diferenciar um novo núcleo de consciência particularizada no seio de Deus. Mas essa individualização consciencial só ocorre após o descenso vibratório psíquico, desde a forma galaxial, constelar e planetária até ultimar a sua filtração pela intimidade dos reinos mineral, vegetal, animal e definir-se no homem, como produto mais precioso e avançado.

Ao se criar um novo espírito no seio de Deus, ele já possui em si mesmo, latente e microcosmicamente, o conhecimento e a realidade macrocósmica do Universo. Isso acontece porque a individualização espiritual do homem só ocorre depois que o Psiquismo Cósmico efetua o seu completo descenso vibratório, ou seja, a inversão do "macro" até o "microcosmo".

PERGUNTA: — Seria possível sugerir-nos uma figura ou diagrama gráfico simbólico, capaz de expressar-nos o extremo macrocósmico do Psiquismo Cósmico e, simultaneamente, noutro extremo, a consciência microcósmica do homem?

RAMATÍS: — Se considerássemos, simbolicamente, um cone infinito e imensurável, com o seu vértice voltado para a Terra e a base perdendo-se no infinito, então, a consciência individual do homem seria representada pelo vértice, e o Psiquismo Cósmico por todo o cone. Sob esse gráfico simbólico, o conhecimento infinito e o poder do Psiquismo Cósmico, então abrangeria toda a figura do cone, reduzindo-se num descenso vibratório até se configurar no vértice, que representa o surgimento da consciência microcósmica do homem. O próprio cone, à medida que parte do seu vértice para o infinito, ainda poderia simbolizar Deus em vários estágios vibratórios, lembrando mesmo a espiral.

Obviamente, à medida que a consciência humana, figurada simbolicamente no vértice do cone, principia a sua evolução espiritual, ela também há de abranger, progressivamente, maior

O Evangelho à Luz do Cosmo   83

área ou porção do cone, enriquecendo incessantemente o seu próprio patrimônio psíquico individual. Eis por que já dizia o Cristo-Jesus que o "reino de Deus está no homem", uma vez que ao despertar individualmente o espírito humano já possui em si mesmo a miniatura potencializada do próprio Psiquismo Cósmico de Deus. O homem é a miniatura de Deus; e Deus a amplificação cósmica do Homem. Há milênios, os velhos mestres da filosofia oriental já diziam: "assim é o macrocosmo, assim é o microcosmo" ou "o que está em cima está embaixo". Eles já pressentiam a lógica do monismo, doutrina que melhor resiste à lógica do pensamento humano, ante o vertiginoso progresso científico, inclusive da física nuclear, que assim verifica a incontestável fusão da concepção espiritualista e materialista na sutilíssima fase intermediária da energia. Corroborando os antigos instrutores do Oriente, na linguagem moderna e sob fundamento científico, também cabe a mesma ideia do "macro" no "micro", quando se diz que o átomo pode ser considerado como a miniatura da constelação, assim como a constelação pode ser considerada a amplificação do átomo.

PERGUNTA: — Que poderíeis dizer-nos, quanto a essa descida vibratória do Psiquismo Cósmico, desde as galáxias, constelações, os sistemas planetários e orbes, até compor as consciências instintivas dos reinos mineral, vegetal, animal e organizar a entidade humana?

RAMATÍS: — É de senso comum que só há um comando em todo o Universo, o qual então é monista. Mas, para melhor efeito dos nossos relatos mediúnicos, preferimos admitir o Universo governado pelo Psiquismo Cósmico, ou seja, a própria Consciência Espiritual de Deus. Entretanto, não é o Psiquismo Cósmico que "desce" através de galáxias, constelações, sistemas planetários e reinos mineral, vegetal, animal até o reino hominal. Sob tal hipótese, então, já deveriam preexistir essas galáxias, constelações, muito antes de o Psiquismo Cósmico efetuar a sua descida vibratória. Na realidade, referimo-nos apenas às fases ou etapas criativas, que ocorrem posteriormente no seio do Criador. As galáxias, constelações ou sistemas planetários e os diversos reinos da Natureza, que constituem os orbes físicos, são manifestações ou materializações deste Psiquismo Cósmico, na sua descida vibratória criativa.

Ramatís / Hercílio Maes

PERGUNTA: — E como se efetua a materialização dos sistemas e orbes, nessa descida vibratória do Psiquismo Cósmico?
RAMATÍS: — A Consciência Espiritual de Deus é o único Comando, controle e fundamento do Universo. Ela pode dispor de tantos centros de governo psíquico, no macro ou microcosmo, conforme sejam as características criadoras exigidas nos campos, sistemas ou quaisquer unidades da Vida. Mas, em verdade, Deus serve-se dos seus próprios filhos para exercer esse governo disciplinado e criativo universal, uma vez que eles também são potencialmente o próprio Cosmo em "miniatura".

Daí os motivos por que os povos orientais, os primitivos celtas, mostram-se familiarizados com a ideia da existência de "deuses", que rodeiam o "Trono do Senhor", e são incumbidos das criações e providências mais avançadas e complexas do Universo. Em face de sua aparência luminosa e muitíssimo refulgente, que se ressalta desses "deuses" tradicionais, reconhecíveis por exímios clarividentes, eles são conhecidos pela denominação de "Devas"[21] que na linguagem do sânscrito significa "seres brilhantes".[22]

Os "Devas Maiores", mais conhecidos no Ocidente por Arcanjos, são considerados agentes onipresentes e superfísicos da Vontade Criadora do Pai; os senhores e diretores de todas as energias, leis, princípios e processos galaxiais, constelares, solares, interplanetários e planetários. Os "Devas Menores", ou anjos da pedagogia católica, atuam nos diversos reinos da Natureza, operando intimamente desde o reino mineral, vegetal, animal e principalmente hominal. Senhores do psiquismo, pródigos de sabedoria e poder criativo, eles criam, disciplinam, orientam, aperfeiçoam e sublimam todas as manifestações da Vida nos mais diversos planos e regiões dos orbes físicos.

Consequentemente, os "Devas Menores" ainda representam um elevado estado do Psiquismo Cósmico, mas já se constituem nas consciências psíquicas que comandam e coordenam os reinos mineral, vegetal, animal e hominal. Inclusive, ainda se

[21] N. do M. - Sob o ensino religioso do Catolicismo, consta que o nosso orbe terráqueo é fruto do psiquismo criativo de três arcanjos: Gabriel, Miguel e Rafael, cada um deles tendo assumido uma responsabilidade específica na vivência e formação das almas terrenas.

[22] N. do M. – Vide a obra *O Reino dos Deuses*, excelentemente ilustrada a cores, que explica amplamente a existência e a função desses "Devas". Obra editada e distribuída pela "FEEU" (Fundação Educacional e Editorial Universalista. Caixa Postal 2931 — Porto Alegre, Rio Grande do Sul). Os "Devas", aliás, também foram espíritos que se burilaram nas lutas reencarnatórias, habitando e aperfeiçoando-se nas diversas moradas do Pai.

O Evangelho à Luz do Cosmo

subdividem em novos subcomandos instintivos e responsáveis para cada espécie diferente de mineral, vegetal e animal de cada reino. Nesse descenso psíquico procedido pela Consciência Cósmica através das galáxias, constelações e orbes, vão-se elaborando, pouco a pouco, numa síntese regressiva, os próprios núcleos das futuras consciências humanas. Essa infinita e imensurável hierarquia espiritual de elevada estirpe, poder e sabedoria, que cria, disciplina e aperfeiçoa os mundos em cada "Grande Plano" ou "Manvantara" da Criação, tem o seu limite extremo superior na Consciência Espiritual de Deus e o extremo inferior na consciência do próprio homem.

PERGUNTA: — Qual é a evidência mais comum de que os antigos já cultuavam essa concepção de Deus, o Senhor absoluto do Universo e, também, os "Devas Maiores" e os "Devas Menores", em sua ação criativa?

RAMATÍS: — Examinando-se toda a história religiosa, iniciática e esotérica do mundo terreno, podemos verificar que o homem sempre admitiu a imagem de Deus, cercado de uma corte refulgente a cumprir-lhe a vontade augusta e única. Há o Senhor no "Trono Divino", rodeado dos seus anjos, conforme enuncia a Igreja Católica; a ideia poética dos chineses sobre um "jardineiro Divino", cultivando o Jardim do Universo; o "Grande Arquiteto", dos maçons, que projeta, esquematiza e planeja a estrutura do Cosmo, ou, ainda, Brahma, dos hindus, o Deus das castas privilegiadas e dos "párias".

Mas conforme é consagrado pela tradição religiosa filosófica espiritual, toda obra Divina só é concretizada graças à hierarquia de construtores, que se inicia no engenheiro arcangélico e decresce até se findar no próprio homem limitado no mundo físico. Deus, a Mente Criadora, faz cumprir a sua Vontade, através de seus prepostos, mantendo o Cosmo em incessante atividade criadora.

Sob a garantia histórico-religiosa, o homem pode sentir-se um reflexo de Deus, uma centelha da Energia Cósmica Divina, e tranquilo candidato à felicidade eterna. Ele não pode duvidar do seu Magnânimo Criador, que ativa incessantemente os sucessivos "Grandes Planos", ou "Manvantaras" da Criação, com o propósito divino de conduzir as suas criaturas à sublime condição angélica. O homem sente em sua intimidade essa potencialização, que o impulsiona para as expressões mais sublimes da vida, e a partir do próprio conflito entre o instinto que o imanta à matéria e o espírito que o convoca para Deus, embora muitas vezes isso o leve a praticar equívocos que exigem futuras retificações.

PERGUNTA: — Gostaríamos de mais algumas considerações sobre essa potencialização do Universo, paralelamente ao impulso de aperfeiçoamento no âmago do próprio homem.

RAMATÍS: — Os Instrutores Espirituais de todos os povos têm ensinado, desde eras remotas, que há um esquema sideral do Cosmo sintetizado em cada ser, que o programa para despertar e desenvolver o potencial de energias criativas, como um reflexo do próprio Deus. Algum bom senso e um pouco de acuidade espiritual ajudam-nos a comprovar que a Vontade, Sabedoria, Beleza e Poder Divino estão latentes em toda a multiplicidade de expressões macro ou microcósmicas da vida. Em consequência, é sintomático que a mais sábia e venturosa finalidade da existência ainda é a transformação das potencialidades latentes na intimidade de todos os seres, em poderes ativos e com crescentes resultados criativos.

Há um sentido, um rumo ou objetivo criador de ordem superior, mesmo nos seres mais execráveis, que comprova a generosa manifestação Divina sem qualquer preferência, no sentido de incessante evolução. Nos próprios reinos da natureza, em que para alguns tudo já está feito, podemos observar essa tendência de aprimoramento e beleza, como fatores de progresso que existem nas espécies de organizações mais simples, ou mesmo nas criações consideradas mais inúteis. Há um ideal superior para a consciência do reino mineral, que se manifesta no brilho facetado do quartzo ou do diamante; é a beleza e a solidez da forma; mas, para a consciência vegetal, o seu ideal é a multiplicidade de estruturas e formas numa verdadeira orgia de criatividade, onde a forma, a beleza, a complexidade fundem-se no fenômeno que manifesta as cores e na fragrância odorífera das flores. Sem dúvida, para a consciência animal, vale o instinto das satisfações físicas, mas, também, o despertar da sensibilidade.

Mas assim que essas manifestações atingem a condição humana, então surge o pensamento e o raciocínio, capaz de criar as mais complexas teorias no campo da abstração, manifestação mais evidente dos poderes divinos latentes e criativos, que dormitavam nos reinos anteriores. Na sua incessante "descida vibratória", o Psiquismo Cósmico parece fragmentar-se na miniatura

O Evangelho à Luz do Cosmo

87

da humanidade, mas isso é tão-somente redução de potencialidade, e que sob misteriosa atração faz os seres unirem-se para o retorno consciente à intimidade do próprio Criador. É então a vontade conduzindo à onipotência, a sabedoria à onipresença e o intelecto à onisciência.

PERGUNTA: — Para o nosso melhor entendimento, poderíamos pressupor que o Psiquismo Cósmico, na sua "descida vibratória", poderia lembrar uma usina elétrica ilimitada a serviço dos mais avançados e diminutos aparelhos do mundo?

RAMATÍS: — É indubitável que os exemplos caldeados nas formas ou nos estados físicos tridimensionais jamais poderão elucidar satisfatoriamente as atividades e imagens imponderáveis do mundo espiritual. Mas é óbvio que, em face da complexidade, diferenciações, receptividade e capacidade dos múltiplos aparelhos, maquinaria ou instalações, que devem se abastecer de carga elétrica para os mais variados fins, a usina ou estação central elétrica, necessita de recursos intermediários para que essa força possa decrescer até atingir de modo proveitoso o setor mais ínfimo e menos importante. Por isso, a engenharia humana criou diversas subestações, que em ordem decrescente de voltagem e força, abrangem desde o primeiro grupo de transformadores mais possantes, até os mais fracos, responsáveis pela redução da carga original da usina. Consecutivamente, através dos grupos de transformadores de abaixamento elétrico, a energia poderosa da usina de milhares de volts, logra o admirável êxito de movimentar um modesto barbeador de 110 volts ou iluminar a lâmpada de 5 watts, junto ao berço do bebê sonolento.[23]

Semelhantemente a essa comparação singela, diríamos que o Psiquismo Cósmico, que atua e interpenetra todo o Universo, possui as suas "subestações" de transformadores psíquicos, em ordem decrescente e conforme as necessidades dos departamentos da vida "psicofísica". As galáxias, constelações, os

---

[23] Nossas mensagens não têm por finalidade efetuar revelações inusitadas e discutíveis, mas dinamizar a mente do leitor, no sentido de ele aperceber-se, o melhor possível, do esquema e metabolismo psíquico do Universo. Lembramos que o UNO está nas partes, e as partes integradas no UNO. É assunto conhecido milenarmente, e que endereçamo-nos mais particularmente ao homem de intelecto médio, uma vez que às cerebrações de alto gabarito reservam-se as obras específicas desse tema. Buscamos fornecer problemas, sugestões e estímulos, que permitam ao leitor exercitar a força cósmica de seu próprio pensamento criador. (N. de Ramatís.)

sistemas planetários, orbes e satélites são fabulosos núcleos de vida psíquica, que transitam pelo Cosmo sob o comando de entidades siderais arcangélicas e angélicas, que lhes penetram a intimidade física com o seu sublime psiquismo.

Assim, essas indescritíveis consciências arcangélicas, que lembram fabulosos transformadores vivos e receptivos à elevada voltagem divina do Criador, passam a ser os doadores de energia sideral mais reduzida e adaptada às consciências menos capacitadas. O Psiquismo Cósmico, nessa transformação de voltagem sideral e sem qualquer alteração em sua Unidade Eterna, atinge a todos os núcleos de consciência e de vida. No decrescimento vibratório, desde o Arcanjo até a consciência humana, o Psiquismo abrange desde as partículas subatômicas até a estrutura física dos orbes e da singeleza unicelular e psíquica do vírus, e à complexidade do homem. E depois se faz o retorno pela "via interna", quando o potencial divino adormecido desperta no micro em incessante ascensão para o macrocosmo.

PERGUNTA: — Quer-nos parecer que o comando psíquico de uma constelação ou sistema planetário ainda desempenha funções mais limitadas e circunscritas aos próprios reinos de cada orbe.

RAMATÍS: — O comando psíquico arcangélico de uma constelação, conhecido por "Deva Maior" entre os orientais, atua intimamente nas fímbrias de todas as atividades físicas e psíquicas de cada orbe habitado ou em elaboração para futura moradia planetária. Em consequência, o arcanjo ou Logos Solar, como a consciência psíquica mais evoluída de vosso sistema, vibra na intimidade de todos os planetas, orbes e satélites do mesmo.

Através de sua vibração altíssima e impossível de qualquer receptividade humana, cuja luz e energia criativa ao incidir diretamente pulverizaria qualquer ser, o Arcanjo ou Deva Maior é o campo vibratório de toda vida e aperfeiçoamento do sistema solar onde atua. No entanto, cada orbe físico possui o seu "Deva Menor", Anjo ou Cristo Planetário, que sob a ação e comando do Arcanjo do sistema solar cumpre o desígnio criador em semear a vida e incentivar o progresso de todos os reinos sob o seu governo. Em verdade, há uma intercomunicação criativa, que pulsa incessantemente desde Deus e interpenetra todo o Cosmo, a unir em ordem decrescente vibratória desde a consciência arcangélica até a consciência humana no reino hominal.

O Evangelho à Luz do Cosmo

O Arcanjo projeta, cria, coordena e retifica toda a atividade criadora e progressiva de toda a constelação, enquanto os anjos, ou "Devas Menores" sustentam cada orbe dentro do esquema arcangélico. Em consequência a ação angélica pode ser mais íntima e sutil, ou mais periférica e indireta, tanto quanto for a natureza e o aprimoramento de cada reino ou espécie onde ela atua. Em verdade, os Devas operam na Criação como prepostos de Deus. Lembram algo dos engenheiros, mestres, chefes e operários, que materializam na forma de edifícios, pontes, jardins ou metrópoles, as idéias e os projetos que constam das plantas solicitadas pelos donos ou responsáveis.[24]

PERGUNTA: — Então, repetindo, poderíamos pressupor, que também há uma espécie de consciência psíquica particularizada nos diversos reinos da Natureza? Ela então coordena a distribuição da substância, ou orienta num sentido de despertamento e progresso as espécies de cada reino?

RAMATÍS: — Sem dúvida, há em cada reino da natureza uma consciência psíquica instintiva, que atua em determinada faixa e frequência vibratória, vinculada à Mente Universal. Cumpre-lhe, especificamente, aperfeiçoar as espécies minerais, vegetais e as próprias espécies animais. Sob tal comando e o progresso incessante, esse mesmo psiquismo instintivo amolda e apura os minerais incorporando-os aos vegetais e, em seguida, os ajusta às espécies animais, providenciando a contextura do organismo carnal anatomofisiológico, que deverá servir para o futuro homem. É por isso que a própria ciência terrícola comprova que existe uma direção, um sentido orientador e disciplinado na cristalização de alguns minerais. Observa-se uma espécie de "arquétipo" oculto, que além de proporcionar a necessária com-

---

[24] N. do M. – Resumo da "Introdução" da obra *Fundamentos da Teosofia*, de C. Jinarajadasa: "Os Mestres da Sabedoria, como são chamados, são almas humanas que no decorrer do processo evolutivo passam do estágio humano ao período seguinte, o de Adepto. Elevando-se até o Adeptado, o homem adquire o conhecimento, por suas investigações e experiências. O homem que se tornou Adepto cessa de ser um simples instrumento no processo evolutivo; exerce, então, nesse processo, a função de mestre e de um diretor, sob a inspeção de uma alta consciência chamada em Teosofia — o Logos. Como colaborador do Logos, pode ver a natureza sob o ponto de vista do Logos, e observá-la não na qualidade de criatura, mas, por assim dizer, como seu Criador. Esses Mestres de Sabedoria, esses agentes do Logos, dirigem o processo evolutivo em todas as suas fases, tendo cada um deles a vigilância de um departamento especial na evolução da Vida e da forma. Constitui o que se chama a Hierarquia ou a Grande Fraternidade. Guiam a edificação e a desintegração das formas nos mares e na terra; dirigem o crescimento e a queda das nações, dando a cada uma o que lhe convém da antiga Sabedoria, aquilo que pode ser assimilado".

posição química, que se traduz por propriedades fisioquímicas, ainda confere aos minerais as características geométricas de cada tipo, a distribuição harmoniosa das cores; os aspectos e as variedades peculiares de cada espécie.

Sob essa ordem previamente esquematizada pela Lei Divina é que opera a consciência instintiva e diretora do reino mineral. Nada é procedido ao acaso, mas existe um método na criação, cujos princípios agora a ciência começa a sentir e desvendá-los, eliminando da velha nomenclatura a mística dos alquimistas. Em cada mineral criado, há outras características observáveis, que por força de valências ou tipos atômicos, conferem-lhe nova qualidade ou propriedade peculiar. Assim, o cobre, além de sua constituição peculiar, é excelente condutor de eletricidade. A prata é sólida e brilhante, mas o mercúrio, embora líquido, é também brilhante à temperatura normal. Aliás, é de senso comum, a considerável diferença que existe entre a pedra-ferro e o petróleo, embora ambos sejam minerais.

PERGUNTA: — Há diferença de ação, graduação e capacidade dessa consciência psíquica instintiva, em operação em cada reino da natureza?

RAMATÍS: — Sob o aforismo de que o psiquismo "dorme" no mineral, "sonha" no vegetal, "desperta" no animal, "vive" no homem e "cria" no anjo, é fácil de se verificar como difere essa ação psíquica em confronto com o estado físico e a graduação evolutiva de cada reino da natureza. Há considerável diferença entre a capacidade, poder e resultado progressista da consciência psíquica, que age instintivamente no reino mineral unicamente da forma, em relação ao comando psíquico responsável pela complicada fisiologia do vegetal. Embora se verifique o aspecto estático e a solidez proverbial do mineral, há em sua intimidade um incessante movimento de partículas, cujas velocidades são superiores a 200.000 km/seg.

Igualmente essa diversidade ainda é bem maior entre a ação da consciência psíquica, que atua no reino vegetal, em paralelo com o reino animal, cujas espécies são desligadas do solo, ensaiam as primeiras simbolizações sonoras e já atuam em conjuntos afins e sob o controle das "almas-grupos".

PERGUNTA: — Que devemos entender por "almas-grupos"?

RAMATÍS: — Cada espécie que participa na composição do reino animal constitui-se um "todo vivo", governado por um centro de consciência instintiva, que desde os pródromos da humanidade oriental é conhecida como "alma-grupo".

Esse centro psíquico ou "alma-grupo" é então responsável pelas características, temperamento, ações e reações de certa espécie de reino mineral, vegetal ou animal, tão bem definidos e descritos nos compêndios de zoologia terrena. Quanto mais apurada é a alma-grupo de uma espécie de animal, ave, réptil, peixe ou inseto, também os componentes constituem o seu corpo coletivo e mostram-se mais hábeis, adaptáveis ou sensíveis, porque já é maior o fluxo ou a filtragem da sabedoria do seu psiquismo diretor.

Exemplificamos: no mesmo reino animal há o subcomando psíquico que rege a formação, desenvolvimento e progresso dos mamíferos, o qual ainda subdivide-se em novos comandos grupos de raposas, cães, elefantes e outros componentes. Igualmente, outro subcomando psíquico atua nos insetos, que é constituído pelas almas-grupos das borboletas, pulgas, dos gafanhotos, besouros e outros, e assim sucessivamente conforme a escala biológica e mais ou menos de acordo com as tentativas de sistematização zoológica ou fitológica engendradas pelo homem.

PERGUNTA: — Existe alguma diferença nessa nomenclatura de "psiquismo diretor" e "alma-grupo"?

RAMATÍS: — Cada psiquismo diretor é mais propriamente um "campo psíquico" total, que abrange, interpenetra, incentiva, inter-relaciona e aperfeiçoa os reinos mineral, vegetal e animal. Cada reino acima possui o seu "psiquismo diretor" responsável pelas criações e transformações ocorridas neste reino, bem como orienta a sua transposição para outro reino mais evoluído. O psiquismo do reino mineral determina a composição e a configuração de todos os minerais do orbe; o psiquismo diretor do reino vegetal plasmou as inumeráveis espécies pertencentes à flora; o psiquismo diretor do reino animal é o responsável global por todas as espécies zoológicas viventes na terra, no mar e no ar.

No entanto, a alma-grupo é já um comando mais pessoal, mais particularizado, que governa cada espécie. No reino mineral, por exemplo, existe uma alma-grupo para cada tipo de minério; no reino vegetal o psiquismo atua por diversos subcomandos psíquicos, conhecidos por almas-grupos, que regem a espécie pinheiro, pitangueira, orquídeas, carvalho, palmeira, mostarda, repolho ou cedro; e, finalmente, no reino animal, governam as almas-grupos das águias, serpentes, pombas, elefantes, lobos e peixes. E por haver diferença de nutrição e experimentações psíquicas, a alma-grupo de certo tipo de um mineral, uma espécie de aves, ou de animais, ainda pode substabelecer comandos psíquicos menores, com o critério de velar e desenvolver espécies variadas do mesmo gênero. Daí o motivo por que a ciência botânica do mundo classificou, também no reino vegetal, tipos que se afinam por características semelhantes, destacando, assim, maior ou menor compacidade do lenho; tonalidades ou durabilidades; tipos de reprodução e usos, como se diferenciam cientificamente as rosáceas, leguminosas, sapatáceas e outras.

Enquanto o psiquismo diretor comanda e incentiva a vida instintiva do reino vegetal ou animal, a alma-grupo trabalha e governa mais particularmente cada tipo caracterizado à parte, definindo-lhes as propriedades, que cumprem determinada função no esquema global da criação do mundo físico. Como o homem representa a síntese de toda a escala evolutiva, cada homem tem o seu psiquismo representado pelas experiências adquiridas e endereçadas para novas experiências a adquirir.

PERGUNTA: — Gostaríamos de aperceber melhor o assunto.

RAMATÍS: — Enquanto a alma-grupo do peixe tipo tainha só consegue proporcionar-lhe a melhor orientação possível para a sua sobrevivência, tão-somente ativando-lhe o instinto de defesa ou fuga, nutrição ou procriação, já a alma-grupo psiquicamente mais apurada da espécie golfinho chega a dar-lhe condições de adquirir nos treinamentos os hábitos que indicam uma inteligência rudimentar. Sob igual diferença, enquanto a toupeira entocada no subsolo ainda cava túneis e simboliza a estupidez humana, o macaco, sob a ação do psiquismo mais avançado de sua alma-grupo, já consegue realizar proezas equivalentes a uma criança na idade pré-escolar.

PERGUNTA: — Poder-se-ia dizer que alguns animais já são espíritos movendo organismos em aperfeiçoamento para a condição humana?

RAMATÍS: — Convém subentender que o espírito é já uma individualidade, um centro de consciência particularizada, com a capacidade analítica de sentir-se e saber-se existente por um raciocínio próprio. No entanto, o animal ainda vive e sente através de sua alma-grupo, a qual então poderia ser considerada o espírito global da espécie cão. Assim, todos os cães agem e reagem da mesma forma e entendimento, sem quaisquer ações definidas, ou à parte, que os distingam de sua alma-grupo. Para um cão ou um cavalo agir de modo individual, com características diferentes das que a sua alma-grupo impõe coletivamente, então seria preciso que ele já possuísse alguma substância mental, que é justamente a base fundamental do raciocínio, e, consequentemente, o princípio que permite a elaboração de uma consciência particularizada. Embora o pano de fundo da consciência psíquica coletiva dos reinos e das espécies de seres do mundo, tanto quanto as consciências individualizadas dos homens, seja a própria Consciência de Deus, o nosso intento é esclarecer que na nomenclatura transcendental há perfeita distinção entre o "psiquismo", que é a base da vida espiritual, e o "espírito", entidade já distinguida no tempo e no espaço.

PERGUNTA: — Que dizeis, então, do organismo carnal do homem?

RAMATÍS: — O organismo carnal do homem é o refinamento final de todos os "testes" e experiências do psiquismo, após as múltiplas passagens através de todos os reinos da natureza e, especialmente, pelo reino animal, até lograr a metamorfose da consciência humana.

Na figura do macaco, a sabedoria do psiquismo ainda é instinto, que preserva e imita; jamais cria e resolve simples problemas. Falta-lhe a riqueza de simbolização, que é a base do pensamento intuitivo e lógico; também é mínima a substância irrigante dos lobos frontais, o que lhe impede a síntese e análise de conceitos, fundamentos da razão necessária à escalonada humana em direção à linhagem arcangélica.

Em consequência, há uma relação entre a estrutura orgânica e o nível evoluído do ser, em que o êxito de sua manifestação requer uma organização que lhe corresponda às atividades mentais e mesmo espirituais. No entanto, os animais não são espíritos definidos ou entidades conscientes, mas apenas vinculados à alma-grupo governante da espécie, motivo por que as suas ações e reações são peculiares a todos os da mesma espécie.

PERGUNTA: — Quais seriam alguns exemplos mais concretos?

RAMATÍS: — Há, por exemplo, uma instintividade única numa alcatéia de lobos, vara de suínos, manada de elefantes, bando de aves, cardume de peixes ou ninho de cobras. Em tal caso, não há fragmentação do psiquismo coletivo ou da alma-grupo que ali atua; mas a reação é semelhante e idêntica em qualquer membro da mesma espécie, seja qual for a situação de defesa ou ataque pela sobrevivência. É o caso dos peixes; a reação de um peixe no oceano Atlântico, Pacífico ou Índico, é exatamente a mesma, só ou em cardumes, porque sob o estímulo global e coordenador de sua alma-grupo, eles só manifestam uma reação coletiva idêntica ou semelhante. A precisão da ação global da alma-grupo nas espécies é tão reconhecida, que "todos" os salmões saltam para as águas mais altas e nadam ao contrário nos rios da América do Norte, na época da desova; "todas" as abelhas constroem os seus favos de mel sob a mesma escala matemática; "todos" os joões-de-barro fazem suas casas contra a tempestade próxima e "todas" as formigas possuem o mesmo instinto de orientação.

Em consequência, para que um lobo, gavião ou peixe manifeste reações diferentes dos demais lobos, gaviões ou peixes da mesma espécie, então seria preciso que o espécime, ou unidade em destaque, já possuísse alguma noção particular de si mesmo e que o fizesse reagir algo diferente do instinto psíquico global de sua alma-grupo. Os animais selvagens manifestam reações uníssonas e semelhantes, em qualquer circunstância de defesa, agressão, nutrição ou procriação, porque todos os membros da mesma espécie constituem uma só vestimenta carnal ou física de sua alma-grupo. Assim, o urso branco dos pólos, ou o urso pardo das florestas africanas, o leão do Saara ou o tigre das matas indianas, a águia dos Alpes ou o condor dos Andes, algo semelhantes, agem de um modo instintivo e de acordo com o comando de sua alma-grupo, malgrado a diferença de latitudes e climas geográficos.

PERGUNTA: — Mas não se verifica, em certos animais e aves, uma certa diferenciação individual, que os faz sobressair na própria espécie?

RAMATÍS: — Quando ainda se trata de espécie selvagem, sem qualquer influência do homem, só lhes atua um instinto global, que os orienta para a conduta mais certa ou busca da sobrevivência. Assim, é de senso comum que, sob a ação de sua alma-grupo, todos os pássaros joão-de-barro constroem seus ninhos em oposição às prováveis tempestades, todas as abelhas fazem as suas colméias, fabricam mel e cultuam a sua rainha, e todas as formigas fazem reservas para o inverno em amontoados formigueiros. Mas tudo isso acontece porque tais animais, aves ou insetos são apenas unidades físicas dirigidas pelo instinto específico do mesmo comando grupal psíquico.

Só depois que os animais ultimam todas as experiências determinadas e coordenadas pela sua "alma-grupo" é que, então, se verificam as primeiras oscilações ou características individuais, as quais delineiam ou esboçam alguma individualização à parte. Sob tal progresso psíquico, já é possível observar-se alguma ação ou reação mais individualizada, em qualquer componente da mesma espécie. Encerrado o curso de instintividade global psíquica, regida pela alma-grupo de certa espécie do reino animal, então se iniciam as primeiras fragmentações ou diferenciações psíquicas no animal ou na ave, o que pode ser desde um princípio de paixão, simpatia ou antipatia, que discrepa dos demais membros do conjunto.[25]

PERGUNTA: — Quais os animais que já poderiam vislumbrar algumas noções de razão, sob o fundamento mental que nos tendes informado?

RAMATÍS: — Atualmente, o elefante, o cavalo e o macaco já manifestam, de modo insofismável, alguns bruxuleios de inteligência, pois podem adquirir, pelo treinamento ou comportamento orientado, diferenças instintivas mais semelhantes às consciências humanas na fase da infância física. Quanto ao afeto quase humano, e, às vezes, mais do que humano, que alguns animais têm demonstrado, superando, por vezes, a própria afetividade do homem ainda tão egoísta, já revelam uma sensibilização fundamental da esfera do sentimento. Os jornais do vosso mundo noticiam, frequentemente, casos de gatos que criam ratos, cães que criam gatos, e até macacos que criam ursos ou

[25] Extraído do cap. I, "A Evolução da Vida e da Forma", de C. Jinaradasa, da obra *Fundamentos da Teosofia*: "Da mesma maneira que um organismo individual é uma unidade num grupo mais vasto, também a vida que se oculta no íntimo desse organismo faz parte de uma alma-grupo. Por trás dos organismos do reino vegetal há a alma-grupo vegetal, reservatório indestrutível das forças vitais que se tornam de mais a mais complexas, edificando formas vegetais. Cada uma das unidades de vida dessa alma-grupo, quando aparece na Terra num organismo, vem provida da soma total de experiências adquiridas por toda a alma-grupo com a construção dos organismos precedentes. Cada unidade, pela morte do organismo, volta à alma-grupo e lhe traz, como contribuição, o que adquiriu em capacidade de reagir, conforme os métodos novos, às excitações exteriores. Verifica-se o mesmo no reino animal; cada espécie, cada gênero, cada família tem o seu compartimento especial na alma-grupo coletiva".

filhotes de tigres. Inúmeros casos foram demonstrados de afeto incomum do animal pelo seu dono. O exemplo típico é o caso do cão que se recusou a abandonar o túmulo do genial compositor Mozart, preferindo ali morrer de inanição.

Deve ser do vosso conhecimento, pelo noticiário dos jornais ou revistas, dos cavalos que já demonstram uma maior capacitação intelectiva por assimilarem com facilidade e correção os hábitos ensinados pelos seus donos, efetuando cálculos de aritmética. Há, mesmo, alguns cavalos que sabem marcar, pelas batidas das patas, as letras que os seus treinadores escrevem no quadro-negro.[26]

PERGUNTA: — Poderíeis dar-nos alguns exemplos mais objetivos, quanto ao processo de diferenciação dos animais da mesma alma-grupo, quando demonstram certa individualização após domesticados?

RAMATÍS: — Uma ninhada de lobos, por exemplo, que nasce no ambiente civilizado do homem, desvincula-se, pouco a pouco, do comando rígido e psíquico de sua alma-grupo, pelos novos estímulos, iniciativas e disciplinas próprias da vivência humana. Os membros da mesma ninhada principiam a reagir de modo mais individual, entre si, embora apagadamente, mas sob a influência cotidiana dos seus donos e dos demais componentes do ambiente onde vivem. É de senso comum que um cão maltratado por um dono irascível, violento e cruel, há de modelar uma atitude particularizada, bem diferente do cão que vive acariciado no colo da criança amorosa. O carinho ou castigo, a tolerância ou despotismo, o tratamento afetivo na enfermidade ou a negligência na doença do cão domesticado, influi fortemente nos seus hábitos. O próprio alimento mais condimentado, quente ou frio, cozido ou cru, desperta no animal reações, defesas e recursos metabólicos bem diferentes dos costumes coletivos.

Sob a força do domínio do homem, em face de sua insegurança num meio estranho à sua índole selvática, onde lhe cerceiam todo impacto instintivo e de sobrevivência natural, o lobo domesticado é obrigado a mobilizar recursos novos, muito além da costumeira ação cômoda de sua alma-grupo. O velho lobo,

[26] Os famosos cavalos brancos de França. Considerando-se que os cavalos principiam a demonstrar algo diferente do simples instinto, aproximando-se aparentemente do raciocínio humano, é evidente que, em face da febre atual de matadouros de cavalos por força da excessiva ambição de lucros dos homens, torna-se um canibal quem come carne desses consagrados amigos do homem. Se o cavalo começa a se individualizar, comê-lo já é antropofagia.

O Evangelho à Luz do Cosmo

valente, feroz, livre e guiado instintivamente para solucionar, da melhor maneira, as suas necessidades biológicas, então se transforma à semelhança do cão surrado, exaurido e temeroso, pois perdeu parte de sua característica instintiva, modelado pelo treinamento compulsório do homem, num tipo dócil e obediente, diferente de sua espécie original.

PERGUNTA: — *Como poderíamos aperceber-nos melhor desse fato?*

RAMATÍS: — O animal selvagem é só violência e agressividade em defesa da prole e da própria vida, e que, após o cio, costuma acomodar-se com certa tranquilidade. Sob a força ativadora de sua alma-grupo, tanto as feras como as aves enxotam os filhos já crescidos para além do ninho ou da cova em que nasceram. Isto é instinto global e único de todas as unidades da mesma espécie ou raça. Mas, pela vivência junto ao homem que lhe controla as tendências primitivas, sob a amenidade do meio ambiente mais refinado, o instinto feroz tende a se amansar e a violência enfraquece. Assim, o lobo selvagem, depois de domesticado, vive mais tempo com sua prole e perde o instinto atrabiliário de a enxotar, confiando nas facilidades proporcionadas pelo auxílio do homem, criando, assim, um novo comportamento que o distingue visivelmente dos hábitos dos de sua raça ainda selvagem.

Quando perseguido nos lares mal constituídos e dominado pela violência, apedrejado ao furtar a carne para o seu alimento, enxotado a paus e pedras, repudiado na asma brônquica, o eczema, sarna ou tuberculose e, ainda, sujeito à alimentação imprópria quente e cozida, temperada e tóxica, os animais domésticos, cães e gatos, e até cavalos, deixam perceber a angústia e a intranquilidade de viverem juntos do "rei da criação", o homem feito à imagem de Deus. Mas, mesmo assim, sob o guante da dor e do sofrimento apuram o psiquismo e apesar de toda essa amargura e maus-tratos, os animais domésticos também principiam a despertar os primeiros bruxuleios ou alvorada do sentimento, ante a necessidade de melhor adaptarem-se às condições adversas, problemáticas e às surpresas da vida domesticada.

PERGUNTA: — *Supomos que não existem fronteiras, ou linha divisória definida, entre os diversos reinos da natureza; não é assim?*

RAMATÍS: — Há uma incessante e sucessiva evolução do

reino mineral até o reino hominal. Em cada reino observamos uma graduação que vai do mais simples ao mais complexo; do menos organizado ao mais organizado; do menos sensível ao mais sensível, demonstrando os diversos graus evolutivos e a passagem gradativa de um a outro reino.

Sem qualquer foro de romantismo, lembramos que sempre há um vínculo oculto e transcendente, que atua na intimidade da vida, com a finalidade de dirigir as forças criativas embelezando e aperfeiçoando todas as manifestações e expressões do Universo. Assim, a beleza da cor encontrada na forma das pedras preciosas, como safira, esmeralda, ametista, rubi ou topázio, após a longa experimentação da consciência psíquica no reino mineral, evolui manifestando-se mais livre na variedade caleidoscópica dos incontáveis tipos de flores. E as flores, vivas e perfumadas, a bailar nas hastes dos vegetais, lembram pedras preciosas irrequietas. Mas ainda parece ocorrer novo triunfo da natureza, quando as irisadas borboletas, em jubilosa liberdade, simbolizam as próprias flores desobrigadas da limitação das hastes dos vegetais. E, porque o homem talvez sinta que há uma eterna efusão de beleza em todas as formas do mundo, sob a ação íntima do psiquismo criador, a própria poesia terrena lembra algo das pedras preciosas num sentido mais elevado, quando descreve a mulher bonita com olhos de safira, esmeralda ou topázio, ainda emoldurada pelos lábios de rubi.

PERGUNTA: — Consoante as vossas explicações, o psiquismo aprende na vivência com as formas do mundo físico, ou as formas do mundo são as manifestações do próprio psiquismo?

RAMATÍS: — Já vos dissemos que o psiquismo é que plasma as formas do mundo, assim como o cientista não evolui sob a ação das formas do laboratório, mas o laboratório é sua criação e o ensejo de ele progredir no manuseio das substâncias em experimento. O psiquismo é que elabora todas as formas do mundo físico e intervém nessa atividade morfológica criativa, efetuando experiências e promovendo iniciativas para o incessante aperfeiçoamento da própria Criação.

Tudo evolui e tudo se transforma em expressões mais apuradas, donde se justifica o próprio postulado de Leibniz, em que "nada se cria nem se perde, mas tudo se transforma". A pedra sublima-se no vegetal, o vegetal no animal e o animal no

O Evangelho à Luz do Cosmo

99

homem. Por isso, a tartaruga já lembra uma pedra que nada; há borboletas, insetos e répteis que, pelo conhecido fenômeno de mimetismo, ainda são verdadeiros ramos de plantas ou cascas de árvores. O gafanhoto verde se confunde com uma folha que voa, a cascavel lembra o cipó rastejando e o sapo, um punhado de lodo que salta do solo. Onde termina um reino inicia-se o seguinte, mas intimamente ligados por uma consciência psíquica, que opera instintivamente no âmago de todas as espécies e objetivando sempre o apuro e a beleza da forma.

PERGUNTA: — Poderíeis expor-nos outras noções dessa sabedoria psíquica inata, em sua atuação no reino animal?

RAMATÍS: — Em verdade, o que se presume natureza é simplesmente a manifestação da sabedoria do psiquismo, que não atua ao acaso, mas cria, coordena, orienta e aperfeiçoa as espécies de todos os reinos sob a sua responsabilidade.

Ela é que ensina as abelhas a construírem a sua colméia, sob os princípios mais avançados da matemática, ou a aranha a tecer a sua teia, desafiando a própria engenharia humana, ante o critério do emprego de massa, peso e extensão. Mas, simultaneamente, indica às abelhas os meios de defesa contra os insetos invasores da colméia, inclusive a produção de substância antisséptica para evitar a deterioração do mel, assim como instrui a aranha a caçar para sobreviver. As diferentes manifestações de vida das aves, dos insetos, animais e répteis nos demonstram que essa natureza tão providencial não passa de uma inteligência sideral; um psiquismo sábio, que promove a mobilização de recursos de motricidade, instinto defensivo, e da estratégia, que se completam pela riqueza dos meios de ataque e proteção.

Aqui, revela-se a admirável mecânica na elaboração e no fabrico dos chifres, bicos, dentes, unhas, ferrões e garras; ali, essa engenharia calcula com precisão a envergadura das asas de cada inseto ou ave, promovendo hábil distribuição do seu peso equitativamente à suportação aérea, velocidade e segurança de pouso; a técnica da eletricidade está presente nos centros captadores e receptivos, comprovada através das antenas das formigas, dos besouros e de outros mil tipos de insetos; o "radar" tão surpreendente é privilégio do morcego muito antes do homem, o qual usa o sonar da ponta dos dedos como um submarino moderno. Por outro lado, os choques, as descargas do poraquê e das enguias paralisam a presa, facilitando a luta pela vida através dos recursos elétricos da pesca. A arte química da luz revela-se na fosforescência dos vagalumes, das algas e, mesmo, de outras espécies; as sínteses tóxicas são processo comum das aranhas, escorpiões e cobras, que gozam do direito de fabricar o seu próprio veneno, como respeitável recurso de defesa.

É por isso que o homem nada inventa de original, mas apenas descobre em sua faina racional o que a própria natureza já compôs e providenciou numa manifestação aparentemente eventual ou intuitiva, porém, profundamente sensata, inteligente, produtiva e, sobretudo, diretiva.

PERGUNTA: — E quais seriam alguns exemplos do reino vegetal?

RAMATÍS: — Sob o aspecto de generosa providência na continuidade das espécies, essa sabedoria do psiquismo modela nas plantas os órgãos que as firmam no solo ou nas paredes e produz os espinhos, verdadeiras garras que ferem protegendo certas flores contra os impulsos alheios de destruição; orienta o vegetal, nos fenômenos de tropismo, em que os caules heliotrópicos orientam-se para o Sol, as raízes geotrópicas infiltram-se na terra ou os tipos hidrotrópicos buscam a água. Ainda dissemina o pólen das flores numa patente demonstração de preocupação pela continuidade da mesma espécie; ora os depositando nas patinhas dos insetos; ora espargindo-os ao mais leve tocar no dorso dos animais ou nas asas das aves; ora mesmo no caldo dos frutos, transformando todos os seres em novos semeadores das espécies que devem sobreviver. Num admirável sistema, as flores destacam-se pelo fascínio da cor, pela produção de perfume embriagante e atrativos, cujo objetivo é despertar a atenção de novos propagadores do pólen, sempre com a finalidade criadora. As espécies carnívoras também usam destes artifícios e assim prendem os insetos imprudentes para a sua alimentação.[27]

Finalmente, após terminar suas experiências desde o reino mineral até o reino hominal, a Consciência Psíquica, cada vez mais evoluída e capacitada em sua sabedoria instintiva, então finda a peregrinação evolutiva global, para atuar de modo mais

---

[27] O comando psíquico do reino vegetal, por exemplo, através de entidades conhecidas na maioria das lendas terrenas, como os gnomos, salamandras, silfos, fadas e elementais, vitaliza, coordena e aperfeiçoa as incontáveis espécies de plantas, árvores, flores, ervas ou frutos para fins cada vez mais sublimes. No entanto, são entidades que obedecem a planos inteligentes traçados pelos espíritos responsáveis pelo progresso do reino vegetal, em concomitância com o reino mineral. (N. de Ramatís.)

O Evangelho à Luz do Cosmo

particular no homem, no controle do complexo metabolismo, que a própria ciência ainda não conseguiu desvendar em toda a sua plenitude "psicofísica".

PERGUNTA: — Que nos dizeis dessa ação instintiva e controladora da Consciência Psíquica no metabolismo do homem?

RAMATÍS: — Sob o invólucro exterior do homem, permanece esse gênio invisível da sabedoria do psiquismo, ignorado ainda pelos mais abalizados cientistas do mundo, que julgam "a priori" a inexistência de Deus, mas também não sabem encontrar outra solução da vida além dessa primária negativa humana. Após a multimilenária experiência pelos reinos da natureza, a sabedoria pisíquica atua na intimidade humana, ali manifestando o seu conhecimento e habilidade, adquirida através de todos os reinos da natureza. Então, faz crescer cabelos, unhas, dentes, ossos, nervos, músculos; fabrica linfa, sangue, hormônios, fermentos, bílis, insulina, sucos gástricos, providencia a drenagem renal e filtração hepática, a produção de enzimas, ativa o peristaltismo do intestino, regula a pressão da vesícula, ou controla a portinhola do piloro. Substitui as células e os tecidos gastos, extermina e desintegra os eritrócitos envelhecidos no baço, queima o excesso de glicose, exerce ação terapêutica, cicatrizante e antisséptica, ante o primeiro ferimento mesmo ignorado pelo seu portador.

E tudo isso é efetuado sem o conhecimento consciente do homem, e que assim não se atrapalha em suas atividades cotidianas. Ele movimenta-se pelas ruas das cidades, enquanto na intimidade o gênio psíquico trabalha produzindo, controlando, retificando e, acima de tudo, aperfeiçoando a maravilhosa armadura humana que veste o futuro anjo.

PERGUNTA: — Finalmente, quereis dizer que o homem é o produto final ou resultado superior da ação do psiquismo, através dos reinos da natureza, ou seja, da metamorfose incessante das espécies inferiores em elaborações superiores?

RAMATÍS: — Realmente, a Natureza Divina despende milhões e trilhões de anos, a fim de elaborar a maravilhosa maquinaria carnal, que, então, serve para o espírito individualizado organizar a mente humana e se manifestar educativamente nos planetas, que funcionam à guisa de estabelecimentos pedagógicos. A matéria sublima-se até organizar o corpo físico, resultante de um labor minucioso e adequado à vida de relação e comunicação do homem. É organização produto de longa e seletiva pesquisa em todos os reinos da chamada natureza, os quais funcionam à guisa de verdadeiros compartimentos laboratoriais das operações experimentais e criativas, desde o protozoário ao animal, do homem ao arcanjo.

Em verdade, o percurso é fastidioso e quase imperceptível, até que o minério bruto, passando pelo laboratório vegetal, termina a modelação de uma vestimenta carnal compatível para um Cristo-Jesus. Mas no convencionalismo de tempo e espaço, ainda é mais longa e fatigante a senda para a centelha espiritual do homem despertar a sua responsabilidade consciente e criativa no seio do Universo. Jamais a mente humana poderá aquilatar a escadaria infinita, que toda alma deve percorrer até a metamorfose indescritível do ser humano à condição de arcanjo das galáxias.

Quem poderá definir e avaliar, em medidas compreensíveis à mente humana, o caminho percorrido pelo binômio "alma-corpo", da sensação à irritabilidade, da irritabilidade ao instinto, do instinto à inteligência humana, da inteligência humana à sabedoria angélica, através dos incontáveis "Manvantaras" ou "Grandes Planos", que abrangem a criação e o desfazimento dos universos físicos?

Átomo por átomo, molécula por molécula, célula por célula, organizam-se os sistemas solares e, de auscultação em auscultação, experiência em experiência, incessantemente repetidas e recapituladas, o psiquismo, após interpenetrar o Universo e subdividir-se por todos os orbes e reinos do mundo, em frequências ajustadas aos mais variados fenômenos, tece e modela novos deuses, numa apoteose criadora, aumentando eternamente a corte do Magnânimo Senhor e Autor da Vida.

O Evangelho à Luz do Cosmo

3. O Evangelho e a Lei do Cosmo

PERGUNTA: — Qual é o motivo de vossa escolha do título "O Evangelho à Luz do Cosmo" para esta obra?

RAMATÍS: — O Evangelho não é simplesmente um repositório de máximas e advertências morais, nem somente código de preceitos exclusivos de qualquer instituição humana religiosa, devidamente credenciada para representar Deus na Terra. Em verdade, o Evangelho relatando a experiência vivida integralmente por Jesus, em 33 anos de sua vida física, é para demonstrar a todos as leis que governam e disciplinam o Universo. Os conceitos do Mestre Jesus, paralelamente à sua conduta e ação incomum, podem ser aceitos como um compêndio humano a expor os objetivos de Deus na Sua Criação. Enfim, repetimos: o Evangelho não é um Código Moral adequado a um certo tipo de humanidade, mas um tratado perfeito de bem viver, que pode orientar em qualquer época qualquer tipo humano, em qualquer longitude terrestre ou astronômica. Proporciona uma transmutação consciente evangélica, onde o homem termina vivendo a sua melhor experiência para Deus.

O Evangelho, portanto, é o "Caminho" da evolução indicado pelo Criador à criatura, constituindo-se numa fonte íntima de libertação do Deus em nós. O homem evangelizado é a criatura que vive corretamente no seu "mundo pequeno", a mesma pulsação criativa e vibração sublime do "mundo grande". Daí o motivo por que os velhos orientais já apregoavam há milênios, que o "macrocosmo está no microcosmo" e o "que está em cima está embaixo", enquanto a ciência moderna aceita que "átomo é a miniatura duma constelação e a constelação a amplitude do átomo". Integrando-se na vivência absoluta do Evangelho, o homem exercita-se no mundo transitório da matéria para assimilar e ajustar-se ao metabolismo da Lei Suprema do Universo. Em consequência disso, os preceitos morais expostos por Jesus refletem, também, os princípios do próprio Universo.

PERGUNTA: — Poderíeis explicar-nos de modo mais claro, o fato de que os conceitos expostos por Jesus também refletem os princípios da Mente Universal?

RAMATÍS: — Embora a mente humana se diversifique pela necessidade de subdividir e operar em várias esferas de atividades, o certo é que no âmago do ser a pulsação criativa de Deus é um princípio único e indesviável sustentando as criaturas. O homem, que é partícula divina, e não o Todo Cósmico, precisa convencionar contrastes e elementos opostos em todos os fenômenos e condições da vida humana. Essa "dualidade", então, serve-lhe de base para firmar e desenvolver a sua consciência individual. Apesar de sentir, ou mesmo saber, que Deus é entidade monística, indivisível e único a gerir o Cosmo, o espírito humano ainda encontra dificuldade em conceber essa natureza divina absoluta. Assim, embora não exista qualquer separação na manifestação da vida, o homem cria uma conceituação de aparente oposição no metabolismo da vida cósmica. Mas o certo é que o Universo fundamenta-se exclusivamente na imutável e irrevogável Lei Suprema, que disciplina, sob um só metabolismo, todos os fenômenos e acontecimentos da Vida.

Em verdade, a mesma lei que rege a "gravitação", coesão entre os astros, também disciplina o fenômeno de "afinidade" entre as substâncias químicas e incentiva a "união" ou o amor entre os seres. Daí a equanimidade do progresso que ocorre com exatidão tanto num grão de areia, como na própria montanha de que ele faz parte. A legislação divina, atendendo as necessidades organogênicas do corpo humano, age pelos mesmos princípios de síntese e análise bioquímica, tanto no homem, como no vírus. Eis por que as orientações propostas por Jesus e de sua própria vivência e exemplificação pessoal, inseridas no Evangelho, são acontecimentos educativos, que podem ser usados pelo ser humano em qualquer latitude da Terra, noutros planetas e mesmo noutros mundos espirituais. São diretrizes de comportamentos, que na sua realização no mundo das formas abrem cientificamente as portas do infinito livre ao espírito humano.

O Evangelho à Luz do Cosmo

O Evangelho, como a súmula das atitudes sublimes e definitivas no Universo, promove a mais breve metamorfose do homem em anjo, porque o homem, depois de evangelizado, vive em si a síntese microcósmica do macrocosmo.

PERGUNTA: — Quereis dizer que toda a atividade doutrinária e evangélica do Cristo-Jesus, entre os homens, baseava-se especificamente nos próprios princípios científicos do Cosmo?

RAMATÍS: — A Lei de Deus é perfeita, sem jamais se modificar para atender a qualquer particularidade ou privilégio pessoal. Ela tem por função exclusiva a sabedoria e perfeição de todos os seres. Jesus, em sua fidelidade espiritual, exemplificou em si mesmo o desenrolar das paixões humanas e, depois, a sublimação, assegurando a ascese angélica. A sua vida no cenário do mundo físico é condensação das leis definitivas que regem o Cosmo. Ele proclamou-se com justiça o "Caminho, Verdade e Vida". As regras do Evangelho, ensinadas para a vivência correta e evolutiva das humanidades nos mundos físicos, correspondem aos mesmos esquemas disciplinadores da vida das constelações, dos planetas e asteróides pulsando no Universo. Assim, Jesus movimentou-se na Terra, sob a regência das mesmas leis que governam o Cosmo, e as revelou em perfeita equanimidade com as ações e transformações microcósmicas dos homens à luz do Evangelho.

Em consequência, o seu Evangelho é uma síntese para orientar o comportamento humano na Terra, na mais perfeita sintonia com os postulados científicos das leis do Macrocosmo. Aliás, no curto espaço de 33 anos, Jesus efetuou o resumo de toda a paixão humana, através de milênios e milênios de aprendizado e emancipação espiritual do homem.

PERGUNTA: — Quereis dizer que Jesus vivia mais propriamente a redução das leis do Cosmo, em vez de buscar a solução de suas necessidades comuns na vida humana?

RAMATÍS: — A vida de Jesus tão sublime, correta, pacífica e vivida sob a força do amor criativo, teve por norma fundamental expor o resumo da Lei de Deus. Jamais o Divino Mestre praticou um só ato de sua vida, na qual buscasse primeiramente atender os próprios desejos; nem mesmo quando disso dependesse a sua ventura sideral. Nascendo num berço físico, ele já trazia no âmago de sua alma o esquema de apenas servir e ajudar o homem na sua redenção espiritual. Justo, bom e sábio, assim como Deus transborda de Amor e nutre a Vida no Universo, o Sublime Amigo transfundia todo o seu amor nos atos mais simples. Em qualquer circunstância, ele se colocava sempre em último lugar no jogo dos interesses humanos, pois semelhante à Lei do Pai, que promove indistintamente a felicidade de todos os seres, bastava-se a si mesmo.

Era semelhante à árvore benfeitora, que nasce, cresce e torna-se frondosa, para depois amparar com a sua sombra amiga desde o cordeiro inofensivo até as feras mais carniceiras. Toda a sua vida teve um único objetivo: mostrar o caminho da redenção pelo amor, que se traduzia nele através do servir desinteressado e absolutamente fiel. O seu coração e a sua mente nada mais lhe significavam do que o fundamento em incessante oferenda viva para ajustar, corrigir e orientar o homem no sentido de realizar a sua mais breve felicidade.

Diante da mulher adúltera, quando ele exclamou: "Vai e não peques mais", buscou cumprir a Lei de Deus, que atua de modo corretivo, mas não punitivo, pois ela ajusta e cria, jamais destrói. E, ainda, em correspondência à vibração cósmica, que restabelece toda harmonia, Jesus fez a advertência severa aos perseguidores da pecadora e os chamou à ordem, uma vez que projetavam na infeliz os próprios erros e recalques humanos. Quando, então, lhes disse: "Quem não tiver pecado, atire a primeira pedra" pôs a descoberto todos os vícios e paixões humanas, conclamando aqueles falsos virtuosos a uma correção íntima, convencendo-os de que embora a lei do Sinédrio mandasse lapidar as mulheres adúlteras, isso só poderia ser executado pelas criaturas que não tivessem nenhum pecado.

Em verdade, através de Jesus, refletiam-se tanto quanto possível as leis cósmicas, que corrigem excessos, distorções e desvios do metabolismo da vida e, magnificamente, sintetizadas no Evangelho, ali se demonstravam na forma de conceitos, máximas, parábolas e princípios, que devem reajustar a constelação humana.

PERGUNTA: — Por que o homem, que é na realidade um espírito encarnado, não aceita ou não compreende de imediato a natureza tão sublime e salvadora do Evangelho? Não deveria crer absolutamente em Jesus, tanto quanto o aluno confia no seu professor?

RAMATÍS: — A mais breve ou demorada integração evan-

O Evangelho à Luz do Cosmo

gélica depende fundamentalmente do grau da consciência espiritual de cada um, e não de sua memória pregressa. O vosso orbe é pródigo de líderes religiosos, católicos, protestantes e mesmo espíritas, ou pretensos iniciados, que pregam e divulgam o Evangelho, mas ainda não assimilaram, para o próprio viver cotidiano, os mesmos ensinos sublimes que eles tentam incutir no próximo. São apenas distribuidores de azeite, com o objetivo de acenderem as lâmpadas alheias, mas, infelizmente, pela sua negligência ou retardo espiritual, terminam às escuras por falta de combustível em sua própria lâmpada.

Só as almas que abrangem maior área da realidade espiritual assimilam mais facilmente toda força, coerência e veracidade da Lei Suprema, expressa através do Evangelho. Aliás, nenhum homem pode transmitir a outra pessoa a sua experiência espiritual do reino divino, assim como o cego de nascença não se apercebe do teor da luz que ilumina o mundo, pois ele não vê. A assimilação exata do Evangelho, como uma experiência viva para toda a Eternidade, só é possível pela iniciação gradativa e ascendente da Intuição. É a faculdade de saber a Realidade Divina independente das formas e dos fenômenos dos mundos transitórios da matéria.

4. O código moral do Evangelho

PERGUNTA: — Por que somente o Evangelho de Jesus é considerado pelos espíritos o "Código Moral" da humanidade terrena, quando também existem outros roteiros morais de importância espiritual, compilados e transmitidos pelos líderes de vários povos e que deveriam ser admitidos como divinos? Não seriam dignos de apreciação pelos espíritos o "Torah" dos judeus, "Alcorão", dos árabes, ou "Bagavad Gita", dos hindus?

RAMATÍS: — O Evangelho é a síntese global de todos os ensinamentos dos iniciados que, respeitando o livre-arbítrio individual, apresenta para todas as épocas normas de evoluir ao alcance de todos os homens, mas independente de qualquer atributo pessoal, grau de inteligência, raça ou condição social. É o "Código Moral" de maior poder esotérico para a modificação humana, porque é definitivo e integral na sua mensagem cósmica. É de senso comum que até o momento nenhum filósofo ou cientista digno de nome vislumbrou qualquer absurdo ou regra insensata na estrutura do Evangelho. Embora o Evangelho seja o resumo espiritual elaborado de acordo com a cultura e os costumes da etnia judaica, ele consegue expor a mensagem para qualquer temperamento humano, em face de sua contextura de universalidade, inclusive proporcionando novas interpretações educativas e redentoras em conformidade com qualquer época.

É um processo doutrinário de moral espiritual, que disciplina e orienta qualquer tipo humano. Não é um sistema nem tratado eletivo apenas para os místicos, mas é o sistema indiscutível, comprovado e vivido por Jesus, o mais sábio e evoluído dos homens. Não há mais ensejo para dúvidas e discussões. O Evangelho, já vivido por muitos homens que se devotaram ao Cristo, demonstrou que é de perfeita e sensata aplicação na vida humana, sem qualquer restrição ou condição.

Jamais alguém refutou a conclusão lógica de que a humanidade resolveria todos os seus problemas emocionais, sociais, educativos, econômicos e morais, no mais sadio clima de paz e labor, caso adotasse integral e incondicionalmente o Evangelho como norma disciplinar para orientar as relações humanas pessoais e interpessoais. Sob a inspiração e a regência legislativa dos preceitos evangélicos, todos os problemas desagradáveis, trágicos e desventurados do mundo seriam definitivamente resolvidos com sabedoria, tolerância, amor e confiança mútua. Toda atividade criminosa, exploradora e separatista da personalidade humana, que por força de interesses pessoais chega até à perversidade de matar e pilhar, seria completamente extinta sob a norma incondicional do "Ama o próximo como a ti mesmo" ou "Faze aos outros o que queres que te façam". O Amor preceituado, exaltado e vivido por Jesus e retratado no Evangelho extinguirá também os fanatismos, sectarismos e as discussões e lutas religiosas, que são frutos das interpretações bíblicas bizantinas e pessoais de sacerdotes, ou líderes religiosos, que ainda não compreendem a própria máxima de Paulo: "A letra mata e o espírito vivifica".

Sob a propaganda exclusiva do Amor, em vez de códigos, dogmas e postulados sectaristas religiosos, desapareceriam as divergências religiosas e os povos confraternizar-se-iam num mesmo rebanho e obedientes a um só pastor. Por isso, Jesus é o Mestre da eterna sabedoria, e o Evangelho jamais há de requerer a providência de se modificar o seu conteúdo elucidativo espiritual. Até o homem tolo sabe e sente que em qualquer posição geográfica da Terra, ou na imensidão cósmica, "Só o Amor salva o homem!", conforme conceituou o inolvidável Jesus.

O amor que o Evangelho proclama significa a própria lei regente e orientadora do passado e do futuro do homem. É o catalisador da própria frequência normal do homem superior, seja qual for a sua constituição biológica ou morfológica, quer ele viva na face da Terra, de Júpiter, Arcturo ou Sirius. Sob todas as configurações morfológicas, por mais excêntricas ou extemporâneas e, também, no âmago de todos os povos e todas as raças, palpita sempre o espírito eterno criado por Deus, que é o amor; por este motivo, só o amor sublima. Ele é como o sangue na fisiologia do organismo; tudo irriga, tudo nutre e, consequentemente, o amor é o sustentáculo do Universo. Amor puro, integral e incondicional, dispensa qualquer discussão ou análise, porque não é uma virtude ou concessão ocasional a cargo da legislação divina, mas é a essência da manifestação criadora do próprio Espírito e a norma fundamental e superior da própria vida.

PERGUNTA: — Mas em face da natureza egocêntrica e personalística do homem, cremos que nenhum povo há de abdicar dos seus códigos religiosos morais para aceitar o Evangelho de Jesus, caldeado entre o povo judeu, como norma exclusiva de libertação espiritual. Que dizeis?

RAMATÍS: — Os homens tornam-se melhores, mais pacíficos e sensíveis, à medida que dominam as tendências hereditárias da animalidade. Eles evoluem e aperfeiçoam-se espiritualmente, quando conseguem impor o "princípio espiritual" superior e autêntico da individualidade imortal sobre as tendências transitórias da linhagem animal da matéria. Daí o motivo da doutrinação semelhante de todos os instrutores espirituais do mundo, que estimulam e orientam o espírito humano para a mais breve libertação do cárcere das formas. O labor intensivo e espiritual do homem deve mantê-lo incessantemente vigiando a sua própria vivência física, no sentido de vencer o mais cedo possível o primarismo dominante dos seus ancestrais das cavernas.

Mas como a civilização é o "meio" e não o "fim" para o homem lograr a sua ascese espiritual, ele deve governar e não ser governado pelos valores medíocres do mundo material, os quais Jesus classificou de "tesouros que as traças comem e a ferrugem rói". Justifica-se que o espírito ainda sofra a coação das coisas e dos objetos atraentes da vida física, enquanto ele ainda ignora a sua realidade espiritual eterna. Mas depois que descobre ou identifica a sua natureza sublime e imortal, que se apercebe da latência do "reino divino" em si mesmo, deve proceder a sua libertação desimantando-se conscientemente das algemas gravitacionais da morfologia terrena. O homem que ainda persiste no culto primário e ilusório do mundo de César, contraria completamente a sua natureza autêntica e elevada do espírito imortal. Assim como a luz ilumina a lâmpada, mas não adere a sua forma transitória, o espírito deve iluminar as configurações físicas do mundo onde

O Evangelho à Luz do Cosmo 111

precisa ativar a sua conscientização, mas sem perder a sua autonomia sideral pela escravização das formas.

PERGUNTA: — Quereis dizer-nos que o Evangelho é a própria lei social do mundo? Mas não é de senso comum que isso só será possível quando também se verificar um estado moral superior entre os homens. Não é assim?

RAMATÍS: — As leis sociais evoluem conforme os costumes, temperamento, latitude geográfica, cultura dos povos, necessidades biológicas e, inclusive, quanto ao progresso técnico e os eventos científicos, que amparam e estimulam o crescimento demográfico.

Assim, a lei social dos homens das cavernas é primaríssima e falha na sua aplicação psicológica humana, mesmo em comparação às próprias regras ainda anacrônicas da Idade Média. Que se dirá, então, das leis dos trogloditas, em confronto com os princípios morais modernos? Em consequência qual seria o resultado de compararmos também as leis mais avançadas de vossa humanidade atual, apreciadas e examinadas sob os preceitos sociais mais evoluídos de outras humanidades planetárias superiores? Possivelmente, o mesmo hiato diferencial entre a lei do homem das cavernas e a legislação moderna terrícola há de se positivar, confrontando-se os princípios superiores de outras moradias habitadas. Inúmeras regras e disposições sociais, que no passado já foram de alto gabarito social, hoje são fórmulas passadiças e criticáveis, que se desfazem ante os eventos modernos e nas relações entre os homens do século atual.

O Evangelho, no entanto, embora pareça na atualidade um conceito social demasiadamente prematuro para a vossa humanidade, à qual ainda vive sedenta de ambições, poderes e vãs riquezas é, no entanto, o organograma mais avançado na face da Terra. Imutável no tempo e no espaço, serviu há dois mil anos para plasmar os inimitáveis e inesquecíveis apóstolos e discípulos do Cristo na Judéia, assim como já santificou milhares de homens até a vossa época. Malgrado alguns pensadores e psicólogos modernos tacharem o Evangelho de contexto primário, ingênuo e impraticável no seio da humanidade terrena, considerada tão objetiva e cientista, nenhum filósofo ou moralista já conseguiu elaborar Código de Moral tão elevado, correto e ainda atual, capaz de aliviar e dirimir os complexos problemas da humanidade.

Embora alguns intelectos epicuristíscos considerem excessivamente místicos e improdutivos os temas evangélicos como "amai-vos uns aos outros" ou "não vos preocupeis com os tesouros que as traças roem e a ferrugem come", o certo é que tais princípios singelos jamais produziram tipos como Átila, Gêngis Khan, Tibério, Nero ou Hitler. No seio da ferocidade humana, cada vez mais acicatada pela ganância da fortuna fácil, que ativa a impiedade e a pilhagem inescrupulosa, os conceitos ingênuos do Evangelho de Jesus é que caldearam as figuras heróicas e sublimes de Paulo de Tarso, João, Pedro, Francisco de Assis, Teresinha de Jesus, Vicente de Paulo, Padre Damião, Francisco Xavier e Maria de Magdala.

Os princípios evangélicos ainda modelaram homens do mais alto nível do mundo nos diversos setores da vida humana, como científicos, filosóficos, ou mesmo políticos, porque eles procediam em seus atos em perfeita harmonia com os ensinos do Cristo-Jesus. O equilíbrio, a paz e a confraternização humana só serão exequíveis depois de o homem integrar-se, incondicionalmente, ao Evangelho. Não há dúvida de que já são decorridos alguns milênios de civilização terrícola e fracassaram todos os códigos morais, sistemas políticos e doutrinas sociais, no sentido de estabelecer a paz e fraternidade entre os homens. Ainda grassam na Terra a perversidade, hipocrisia, vilania, avareza, gula, luxúria, cobiça, inveja, vigarice e o ódio, que ensanguentam os campos e as cidades terrícolas. Os homens vestem-se de finos tecidos, residem em palácios luxuosos e desgastam-se em festivais nababescos, conduzem veículos luxuosos e fumam em epicurísticas piteiras, mas sedentos de desejos não respeitam a mulher do mais íntimo amigo. Em verdade, ainda são os mesmos trogloditas que não evoluíram, mas apenas mudaram de traje e de veículo.

Que importa se alguns pensadores e pressupostos gênios terrícolas ainda subestimam o Evangelho, à guisa de código moral excessivamente místico e impraticável no turbilhão da vida física, onde os homens sangram para nutrir-se, vestir-se e lograr o descanso do corpo fatigado? Porventura, tais filósofos e moralistas lograram descobrir tratado mais completo, capaz de extinguir as torpezas, crueldades e insânias da humanidade terrena?

PERGUNTA: — E que dizeis dessa situação censurável, em que os homens prosseguem em suas ignomínias e perversidades, malgrado existir sobre a face da Terra um Código tão sublime e redentor, como é o Evangelho?

O Evangelho à Luz do Cosmo

RAMATÍS: — Evidentemente, enquanto os homens ainda subestimam o Evangelho e olvidam a exemplificação de Jesus, Deus precisa lançar mão de recursos drásticos e convincentes, como tufões, epidemias, catástrofes, inundações, terremotos e tragédias, que pulverizam cidades e liquidam povos, mas confraternizam pobres e ricos, inimigos e amigos, sábios e analfabetos, católicos e protestantes, espíritas e umbandistas, muçulmanos e hinduístas, judeus e árabes. Sob o estigma da dor, do sofrimento no desespero pela sobrevivência, o branco aceita o pedaço de pão do negro, o árabe agradece o lenitivo do medicamento ministrado pelo médico judeu, o milionário emociona-se com o esforço do mendigo, que tenta libertá-lo dos entulhos do desmoronamento. A tragédia, a dor e o sofrimento arrasadores aproximam inimigos, relacionam párias e fidalgos, extinguem racismos, nivelam diferenças sociais, eliminam barreiras políticas e intelectuais. Em algumas horas de insuportáveis desventuras, cumprem-se princípios de fraternidade, que as criaturas olvidam de aprender sob o jugo amoroso e libertador do Cristo-Jesus, através dos seus ensinamentos evangélicos.

Em verdade, os conceitos do Evangelho organizam a vida superior e elaboram a legislação social do mais elevado nível de paz e harmonia. O Cristo-Jesus, o mais avançado mensageiro do mundo carnal, iluminou as sombras do mundo animal e transfundiu à alma do terrícola as luzes da angelitude imortal, quando plasmou através do seu próprio sangue as regras e as leis emanadas do Princípio Uno do Universo.

PERGUNTA: — Infelizmente, cremos que ainda é quase impossível o homem absolutamente evangelizado viver de modo razoável na face da Terra, pois, adotando os princípios crísticos de fisiologia superior do Céu, ele se torna presa fácil da vigarice, exploração e pilhagem dos ambiciosos e inescrupulosos da Terra. Há de ser difícil viver, quem não se importa ao menos de sobreviver. Temos razão?

RAMATÍS: — Sem dúvida, à medida que o homem mais se integra à vivência dos postulados evangélicos, ele diminui a força e o êxito na sua luta feroz no seio da humanidade impiedosa. Justifica-se, assim, a própria advertência do Cristo-Jesus, quando diz que o "seu reino não é deste mundo" e "Dai a César o que é de César e a Deus o que é de Deus", ou ainda, que "Não se pode honrar a Deus e a Mamon".

Mas como a ascese espiritual ou aprimoramento angélico é um problema de critério individual ou mesmo de interesse particular do espírito, pouco importa o prejuízo do homem na vida física, só porque se integra absolutamente aos postulados evangélicos que anulam a personalidade humana. Em verdade, dessa condição de absoluta renúncia franciscana, é que resulta o processo ou o único caminho esquematizado pelo Magistério Sideral, a fim de o espírito lograr a sua autêntica e definitiva libertação. O caminho é difícil e atroz, não resta a menor dúvida, e é veementemente criticado e subestimado pelos gozadores sensuais do mundo. Mas à angelitude só é possível o ingresso pela "porta estreita", inclusive a exigência de "entregar a camisa a quem lhe furtar a túnica" e, ainda, "caminhar mais uma milha, com quem o obriga a andar a primeira milha".

Não se trata de imposições draconianas ou mortificações exigidas por Deus, à guisa de "provas" de iniciação sideral e concessão de prêmios aos candidatos que lograrem a vitória de si mesmos. Mas é tão-somente um processo de técnica sideral, o único caminho ensinado e vivido por Jesus até o seu último suspiro no Calvário. Assim como a semente precisa renunciar a si mesma, no subsolo, para desintegrar a sua velha forma e ressurgir na figura da nova espécie vegetal pródiga de flores e frutos, o homem deve renunciar a sua velha personalidade humana pela metamorfose da individualidade eterna. Através da "porta estreita", o espírito se desbasta do residual inferior da animalidade, desimanta-se das paixões coercitivas e supera os desejos subversivos, fluindo de si a luz, que é o motivo da vida, e o amor, que é o sustentáculo da Ventura Eterna.

O Evangelho, portanto, é a fórmula perfeita de ascensão espiritual, porque resolve todos os problemas humanos na luta pela libertação definitiva do espírito do mundo das formas transitórias. Sem dúvida, não é conquista fácil. A evangelização exige absoluta renúncia do ser ainda fascinado e imantado pela linhagem sustentadora do mundo animal. Mas há aqueles que provaram essa possibilidade e deixaram um rasto de luz e de amor no seio de vossa humanidade. São eles os exemplos positivos de que é difícil, mas não é impossível.

PERGUNTA: — Porventura, a evangelização integral não exige a renúncia completa e, quiçá, a fuga dos deveres da própria vida humana? Se ainda somos participantes de um mundo, cuja existência normal requer o manejo e a posse dos bens físicos, como renunciá-lo prematuramente?

RAMATÍS: — A evangelização integral requer, realmente, a renúncia consciente do mundo da matéria, como seja, abdicação de bens, posses, direitos e indenizações tão próprias da personalidade humana. Quem ainda ama a vida física, cabe-lhe o direito de sobreviver armado de todos os bens e valores de sua indiscutível proteção personalística. Deus não censura nem pune a alma, que infantilmente adora as formas materiais dos mundos provisórios, embora educativos, mas ainda incapaz de conceber a felicidade além da morfologia física planetária. Não se pode exigir que a criança situada no mundo dos brinquedos deva reagir pelos estatutos do homem adulto. Mas é surpreendente paradoxo, se o adulto fechar os ouvidos às diretrizes superiores e obstinar-se em preencher a sua vida no culto às coisas infantis.

Eis o motivo por que o homem não pode servir, simultaneamente, a "Deus e a Mamon", ou seja, renunciar e, ao mesmo tempo, escravizar-se aos padrões comuns da vida física. Todos os entes liberados da matéria, simbolizam algo de "turistas espirituais", que passam pelo mundo participando de todas as suas atividades, mas sem pertencer ao "clã", que ali moureja febricitante imantado pelo desejo ardente de vencer na vida. Os grandes liberados do mundo de Mamon, que viveram na face da Terra exclusivamente preocupados com o bem dos companheiros desavisados da realidade espiritual, chamaram-se Francisco de Assis, Vicente de Paulo, Paulo de Tarso, Maharishi, Gandhi, João Evangelista, Pedro, o Apóstolo, Maria de Magdala, Teresinha de Jesus, Padre Damião, Buda, Ramakrishna, Francisco Xavier e, inesquecivelmente, Jesus, o sublime homem que não tinha onde pousar a cabeça. Renunciaram a tudo para servir o próximo por serem espíritos conscientes da transitoriedade do mundo e da função valiosa do tempo despendido em favor da vida autêntica do espírito imortal. Pobres, simples e desapegados, eles foram os monarcas da espiritualidade, pois renunciando a vida física por amor ao próximo, ganharam a vida espiritual eterna pelo Amor de Deus.

PERGUNTA: — Embora reconhecendo a vossa elevada conceituação do homem superior, produto do Evangelho, alguns doutos do mundo acham que essa abdicação incondicional da vida humana, por algo indefinível e mesmo duvidoso, não passa de fraqueza ou ingenuidade. Que dizeis?

RAMATÍS: — O homem evangelizado, o herói sideral, ou autêntico vencedor da batalha da vida humana, sabe perfeitamente que os seus maiores inimigos são os vícios, as paixões degradantes e os prazeres extravagantes. São bens transitórios e não duradouros, como se afirmam as qualidades do espírito imortal. Embora considerado um tolo, ou pobre de espírito, porque se apaga na competição violenta do mundo carnal, o evangelizado é justamente a alma livre emancipada, que domestica essas forças animais alojadas em si mesmo e dominantes na face triste e ilusória do orbe físico.

Paradoxalmente, nessa eventual "fraqueza humana" é que reside exatamente o poder e a glória do espírito evangelizado, o qual se liberta definitivamente da coação das formas ilusórias da matéria. Sem dúvida, o homem que renuncia incondicionalmente à porfia humana, para ceder em favor do seu competidor e desafeto, proclama-se um ser excêntrico, que cultua no mundo físico uma lei estranha e inacessível às criaturas ainda afeitas à espoliação alheia. O evangelizado é um fraco perante o mundo de César, aliás, presa fácil da rapina alheia, ou aparente fracassado em qualquer iniciativa utilitarista ou mercenária do mundo. No entanto, suposto mendigo entre os homens ambiciosos, é o gigante indestrutível e poderoso mobilizado de armas superiores para um reino onde a vida é autêntica, porque é definitiva.

PERGUNTA: — Não se poderia julgar que o homem terreno, ao se tornar em absoluto evangelizado, durante o tempo de sua existência física, deixa de contribuir e participar nos principais problemas cotidianos de seus companheiros de jornada educativa?

RAMATÍS: — Malgrado conceito de que o tempo não existe, na sua absoluta feição positiva de acontecimento no seio do Universo, certo é que o tempo é qualidade indestrutível que existe em toda a eternidade. O verdadeiro tempo existe, embora seja como o próprio Deus. Seja qual for a conceituação filtrada pelo requinte da filosofia humana, o tempo é realmente essencial e sem substituto, quando desperdiçado. A dinâmica de vida espiritual que atua, incessantemente, na intimidade do ser humano, abrange sempre um tempo de ação e, consequentemente que a sabedoria superior do homem deve preencher da melhor qualidade e dos bens duradouros.

O plano geral concebido e esquematizado por Deus na cria-

O Evangelho à Luz do Cosmo

117

ção do Universo é tão imenso, que todos os desajustes de suas criaturas pelo desperdício de tempo, com problemas e acontecimentos fúteis, improdutivos e transitórios, só lhes causam particularidades indesejáveis e tormentos desnecessários. O tempo esbanjado não pode mais ser devolvido, motivo por que até o fato de o homem não se preparar para ingressar pacífica e sensatamente na vida do Além, é lamentável desperdício de tempo até se ajustar convenientemente à nova existência.

O homem evangelizado, incondicional e conscientemente, sabe da completa insignificância das coisas materiais e mesmo do papel diminuto do seu corpo físico, como instrumento de trabalho apenas num dia de encarnação humana. Lamentavelmente, os críticos da vivência de renúncia e simplicidade das diretrizes de Jesus também não compreendem que ainda é ridículo e tolice vestir o corpo de seda, veludo ou casacos de vison, torná-lo cabide de jóias e penduricalhos da civilização, quando a alma ainda está despida e necessita de alimento espiritual.

Não são infelizes as criaturas evangelizadas, que renunciam, espontaneamente, a proveitos e consagrações no seio da humanidade ainda tão imperfeita, trágica e ambiciosa. Elas estão marchando mais depressa para a união com Deus e a fuga de César; estão vivendo mais abundantemente e são mais afortunadas no preenchimento salutar e autêntico do tempo. Jamais elas deixam de participar e contribuir no tempo de sua existência física, justamente porque a mensagem recebida do Cristo é "amar o próximo como a si mesmo" e "faze aos outros o que queres que te façam". Viver só para si é destruir-se; viver pelo amor do próximo é crescer divinamente. Aqueles que ajudam os outros, amenizam as dores e ensejam momentos felizes, são exatamente os seres que mais participam e contribuem para solucionar os problemas cotidianos de seus companheiros. Em verdade, e por sua profunda honestidade espiritual, eles superam os poderosos e hierárquicos do mundo, porque dão sem exigir retribuição, amam sem a condição de posse, servem sem remuneração, produzem sem escravizar-se à obra e ensinam os bens da eternidade.

O homem conscientemente evangelizado, quando agredido, perdoa; espoliado ajuda; ferido, conforma-se; injustiçado, confia; e insultado ama. Em vez de destruir, para sobreviver, prefere sucumbir para ressuscitar, confiante na promessa do Cristo, que assim disse: "Aquele que der sua vida por mim, ganhá-la-á por toda a Eternidade".

5. A ciência e a fé do Evangelho

PERGUNTA: — *Qual é a diferença entre o estado de fé, com que aceitamos o Evangelho de Jesus Cristo, e o seu aspecto como ciência interpretativa das leis do Cosmo?*

RAMATÍS: — É de senso comum que a fé equivale a um estado de confiança e certeza absolutas, sobrepondo-se a qualquer atividade calculista do intelecto humano. Crendo no Evangelho e o aceitando com "FÉ", os homens demonstram a sua absoluta confiança na mensagem oculta e divina, que Jesus transmitiu através de suas parábolas e conceitos tão fascinantes. A crença absoluta no Evangelho é uma aceitação incondicional e sem necessidade de quaisquer explicações acessórias e justificativas. Mas a ciência também está conjugada à fé, porque a sabedoria e o sentimento estão intimamente afinados na mais lídima expressão de harmonia, tanto quanto o espírito do homem une-se ao seu traje carnal. Fé e ciência, sentimentos e sabedoria, constituem uma só expressão de harmonia espiritual, as quais retratam manifestações do mesmo Ser, que é Deus.

A ciência pode investigar o que existe de racional no Evangelho, porquanto o sentimento e a sabedoria, já o dissemos, são íntimos entre si. Não é prova de desconfiança ou subestimar a comunicação evangélica, a iniciativa do homem de conhecer qual é o arcabouço indestrutível, que sustenta os conceitos inspirados pela fé no Evangelho. Os homens podem continuar demonstrando a sua fé absoluta e incondicional no texto da mensagem evangélica, na crença absoluta ao "que Jesus disse". Sem enfraquecer essa fé, também, podem pesquisar "por que Jesus disse".

PERGUNTA: — Mas há quem julgue que a ciência elimina o mistério da fé.

RAMATÍS: — Só deve fazer tal julgamento o cientista parcial, bitolado, que faz a sua investigação sistematizada na negativa, no dogma ou no preconceito acadêmico, pois o homem pode pesquisar, examinar, deduzir e concluir, sem abdicar da fé. A verdadeira ciência é sem preconceitos e aceita todos os fenômenos, procura explicá-los mas sem negá-los "a priori". Qualquer criatura pode ser um cientista sem eliminar o calor de sua confiança ilimitada nos poderes superiores e princípios diretores da vida cósmica. É tão ridículo o homem que se julga um cientista puro, só porque investiga as relações entre os seres, mas não percebe as relações entre si e a Divindade, quanto à criatura que nada percebe da realidade espiritual e nega por força do seu primarismo.

A ciência não é o máximo poder do mundo, nem a garantia suficiente do que é real na vida; mas, paradoxalmente, é apenas um caminho para desenvolver a intuição e depois usá-la para descobrir os fundamentos do mundo oculto e a fonte autêntica da própria existência humana.

A fé é o produto da intuição, e a intuição é a linguagem oculta do Senhor a confabular em nossa intimidade. É a "Voz do Silêncio" da Divindade, em incessante intercâmbio com a sua criação, independente de fronteiras do tempo e do espaço. O homem socorre-se da instrumentação na pesquisa científica no mundo transitório da matéria, como recurso para desenvolver a sua capacidade de investigação através da vivência oculta do Espírito eterno e consciente. Em planetas mais evoluídos do que a Terra, não é a forma que orienta o homem, mas é o homem que orienta a forma. Não é o invólucro material o que deve induzir a existência íntima do espírito imortal; mas é o espírito indestrutível, quem modela a casca exterior perecível. O cientista busca o real da periferia da forma para a intimidade psíquica; então a sua fé se robustece, após satisfazer as exigências do raciocínio humano. E conforme diz Allan Kardec: "A fé só é fé quando pode encarar a razão face a face."

Partindo da investigação científica rudimentar e da pesquisa do fenômeno da estrutura material, o homem em busca da verdade penetra lenta e seguramente na intimidade de sua própria origem imortal. Ele aquece a sua fé pelo apuro da própria sensibilidade psíquica, que se sublima no esforço de perquirir e despertar, por ver e apalpar. O cientista também descobre o fascinante esquema da vida, na sua própria intimidade oculta à visão comum. Então, alimenta a sua confiança e fé numa Inteligência e Sabedoria Psíquica, que deve ser responsável pela criação dos fenômenos disciplinados e inteligentes, comprovados satisfatoriamente pela ciência.

O Evangelho, além de mensagem de fé, que desperta no homem o seu potencial divino, ainda miniaturiza as leis do Cosmo, e que podem ser investigados cientificamente, de modo a corrigir todo raciocínio cego.

PERGUNTA: — Ainda poderíeis expor-nos outros conceitos, esclarecendo-nos que o Evangelho do Cristo, além de sublime mensagem de fé, ainda sintetiza a miniatura das próprias leis do Cosmo?

RAMATÍS: — O Evangelho é a miniatura da Lei e o identificador do homem autêntico e real, qual seja, o espírito imortal. Enquanto as leis sociais e o esquema moral de vossa humanidade especificam o modo mais aprimorado da vivência, predominantemente animal, disciplinam as relações sociais e civilizadas do curto período de existência entre o berço e o túmulo físico, o Evangelho é a vida autêntica e definitiva do Cosmo. Na Terra os homens precisam ser fortes, audaciosos e até impiedosos, para lograr o êxito de suas empreitadas supostamente felizes; mas, sob o esquema sublime da vida esquematizada pelo Evangelho, as criaturas são venturosas, desde que sejam justas. Enquanto o terrícola é dominado pelo instinto que o protege e garante a sobrevivência na luta pelos tesouros transitórios, o anjo e o santo são os homens transformados pelo Evangelho e destinados à autenticidade da vida do espírito imortal. Enquanto há insegurança, medo e desventura na vivência dos homens sob o guante das paixões vis, a paz e o amor preenchem todos os minutos dos seres sob a legislação da vida verdadeira e divina, sob o paraninfo do Senhor.

PERGUNTA: — Mas se o Evangelho é mensagem de fé, como ele pode ajustar-se à concepção algo fria de um tratado científico, embora presumindo-se que seja a miniatura das leis cósmicas?

RAMATÍS: — A razão é uma aquisição do espírito, fruto de observação, do desenvolvimento e da conclusão do homem operando na fenomenologia da matéria; enquanto a intuição é qualidade inata e permanente do espírito. Malgrado a importância, a natureza e o progresso na renovação da roupagem do mundo material, cuja transfiguração incessante o conduz para formas mais apuradas, graças à pertinácia do estudo e da pesquisa científica, o certo é que só o Espírito sobrevive e permanece imortal. Num campo vibratório mais sutil e mais interligado à matéria, preexiste e sobrevive o Espírito, que é o verdadeiro autor e sustentador da vida. Em consequência, como o Evangelho é um "tratado de Moral Espiritual", a fim de catalisar a realidade do anjo existente em potencial na intimidade do homem, é ele o verdadeiro orientador da atividade social e psicológica da humanidade. O Evangelho possui a única e insuperável fórmula "psicoquímica" capaz de estimular e aprimorar a avançada combinação "psicofísica" do homem superior em qualquer latitude geográfica do orbe.

A renovação da vida terrestre está programada no próprio espírito do homem, sob o esquema da vida superior divina. O tipo biológico terrícola do super-homem só é evidente sob a metamorfose disciplinada do Evangelho, do qual o Cristo-Jesus é o mais original representante.

Todos os períodos evolutivos do mundo já estão previstos no Evangelho, porque é o Código Moral definitivo e imodificável e, portanto, o esquema antropológico do super-homem, que também é a meta da própria ciência. Assim, quaisquer eventos superiores, esforços técnicos, sucessos psicológicos, estudos filosóficos ou aprimoramentos humanos, quando eles atingem um nível superior e incomum, só retratam as incomparáveis previsões que se esquematizam antecipadamente no Evangelho.

PERGUNTA: — Que dizeis das afirmações científicas sobre o êxito do "super-homem", o qual ainda será elaborado pela ciência terrena sob a biologia dirigida? Não poderia ser louvável conquista, paralela ao programa evangélico?

RAMATÍS: — Reconhecemos os esforços da ciência terrena, no sentido de incentivar todos os processos biológicos, a fim de criar o sonhado "super-homem", ou seja, compor um tipo "anatomofisiológico" tão hígido e sensível, que seria capaz de superar de modo incomum a atual configuração ancestral e tradicional do tipo humano. Aliás, há muitos séculos, o "super-homem" já era um sonho na velha Grécia, que esposava o preceito de "alma sã em corpo são", época no qual o renomado filósofo Platão também era um exímio atleta, vivendo o esquema do futuro cidadão "psicofisicamente" incomum.

PERGUNTA: — E a ciência terrena há de conseguir esse elevado objetivo?

RAMATÍS: — Jamais a ciência terrena conseguirá o êxito definitivo de criar ou elaborar o "super-homem", ou um simples homem, partindo somente dos elementos naturais dentro de um tubo de ensaio. A Terra é algo semelhante a um caldo de cultura ou retorta de experimentação do psiquismo em individualização. É um laboratório transitório, sem consistência definitiva, uma espécie de oficina, onde se forja a roupagem carnal para servir o espírito em individualização.

Em consequência, o "super-homem", ideado e elaborado pelo cientista terreno, sempre estará sujeito ao meio e às leis de suas relações com o próprio mundo físico. Malgrado seja uma superestrutura biológica de realização humana, jamais passará de um frágil alicerce psíquico, cujo invólucro físico exterior não possui a magia de modificar o conteúdo inferior. Há de ser sempre um homem forte, belo e sadio, dificilmente, um homem justo. Embora seja apreciável demonstração de higidez física, talvez esperto, astucioso e hábil sob os estímulos da linhagem animal refinada, nunca será um santo sem o ingrediente fundamental do Evangelho.

Em verdade, os princípios evangélicos também orientam sadiamente a vida e podem mesmo organizar corretamente a civilização. A Lei do Céu, atuando na Terra, incentiva e seleciona os tipos excelsos e incomuns do verdadeiro super-homem, que se move acima das contingências do tempo e do espaço, enfim, um gigante imune a quaisquer influências e ações do mundo inferior da animalidade. Porventura, a ciência terrícola conseguirá produzir um tipo de "super-homem" ao nível de Jesus, Francisco de Assis ou Buda, produtos de um psiquismo sobrevivente há milhares e milhares de mundos já extintos? Seria estultícia, e mesmo delírio, o cientificismo medíocre do mundo material, que ainda não conseguiu estabelecer a paz entre os homens, os quais se entredevoram, tentar produzir um "super-homem". A vaidade do cientificismo chegaria ao ápice em gastar milhares de milhares de recursos financeiros num problema de criação do "super-homem", enquanto se procura limitar a natalidade, em face da dificuldade

O Evangelho à Luz do Cosmo

de alimentação, alfabetização a contento, proteção à infância e educação da própria juventude? Seria bem interessante produzir-se um ser à guisa de um êmulo do monstro de Frankenstein, enquanto perecem milhões e milhões de criaturas subdesenvolvidas e desperdiçando a valiosa instrumentação carnal, que a Divindade modela para o advento do anjo venturoso.

PERGUNTA: — É censurável a biologia dirigida para o aperfeiçoamento da organização humana?

RAMATÍS: — Não é censurável a biologia dirigida, mas é imbecilidade o cientista terrícola tentar modelar um super-homem, com o material inferior da ancestralidade biológica das cavernas. Num mundo onde os mais fortes, os privilegiados e os consagrados publicamente traçam campanhas e esquemas para as porfias que ensanguentam campos, pomares, florestas, destroem reservas alimentícias e cidades pacíficas, o super-homem ainda há de ser um Gêngis-Khan, Átila, Napoleão ou Hitler. Embora o Evangelho se defina como um "Código Moral", em suas entranhas também domina um cientificismo capaz de estruturar o autêntico "super-homem" da mais perfeita higidez psíquica.

PERGUNTA: — Poderíeis explicar-nos sobre esse tema?

RAMATÍS: — Sob a eclosão da ciência evangélica, o "super--homem" há de ser aquele que se livrou da imantação atrativa dos fluidos gravitacionais do instinto das coisas e dos objetos ilusórios do campo material. Que vale um "superhomem" apegado ao cenário do mundo transitório das formas, sucesso biológico entre o berço e o túmulo físico, mas superado pelo primeiro mendigo integrado no Evangelho do Cristo? O super-homem, realmente indestrutível, é aquele cuja ação é o resultado dos conteúdos essenciais da vida espiritual eterna. Que vale intensificar o poder, a capacidade e a astúcia do homem, se isso também amplifica os próprios conflitos humanos?

Assim, o verdadeiro super-homem não é o espécime transitório do incentivo e da disciplina biológica, capaz de dominar as formas em incessante transmutação, mas o cidadão liberto das injunções externas, isto é, expressão viva e imutável do espírito absolutamente vencedor da matéria. O super-homem jamais torna a agredir ou desforrar-se, porque é, em essência, o próprio perdão; jamais pilha ou ambiciona, porque em essência é o mais rico do mundo, pois quem menos precisa para ser feliz é o possuidor de todos os tesouros da Terra.

O super-homem jamais condena, ou julga, porque em essência é o mais justo e o mais sábio. Sob as leis espirituais, o futuro cidadão terrícola perfeito, ou o "super-homem" da genética dirigida, há de ser essencialmente pacífico em sua compostura mental psíquica, a fim de não destruir o seu próprio mundo pelo excesso de sua agressividade animal. Deve ser dotado de linhas puras e corretas, em sua contextura anatômica, mas de controle nutritivo tão sadio, que não altere o seu metabolismo natural na glutonice voraz que o faz regredir à vivência animal. Há de ser criatura importante, se puder cultuar sob a máxima hipersensibilidade psíquica a poesia, arte, ciência, filosofia e moral, a fim de esquematizar no cenário do mundo físico a extrema beleza e ventura, que o Cristo expôs como pálida cópia do reino divino entre os homens.

Que importa, se esse magnífico cidadão, que deve resultar de um processo disciplinado e dirigido cientificamente em avançado futuro, seja um êxito para a ciência humana, caso resulte apenas num repositório das mediocridades humanas elevadas a um potencial ou grau de sabedoria dogmática? Há de ser lamentável, e mesmo execrável, caso o super-homem, produto de genial processo genético e científico do mundo material, talvez o requinte do "bebê de proveta", venha a ser tão-somente um robô de carne, cuja mente hipertrofiada apenas define mais um gigante a disputar genialmente os "tesouros que as traças roem e a ferrugem come", na infausta gloríola de dominar o mundo? Qual seria a vantagem e a felicidade, para a humanidade terrena, de proliferar tipos de super-homens, capazes de esmiuçar cientificamente os "prótons" e os "nêutrons" da intimidade atômica, promover campanhas de turismo de "fim de semana" na Lua ou apresentar deslumbrantes quocientes de inteligência precoce, mas sem o sublime amor do Cristo?

Queremos informar-vos que o "super-homem", caso fosse possível a sua criação, e exclusivamente como um produto da ciência terrícola, malgrado uma estrutura biológica hígida e harmônica, ainda é o cidadão transitório, porque a ciência do mundo não lhe pode dar o psiquismo. Que vale o super-homem, apenas como espécime refulgente e consagrado pelo cientificismo terreno, originário do espermatozóide e óvulo humanos, mas que nasce do ventre feminino sob a sentença inapelável de morte pela natureza?

Não opomos dúvida de que tanto a fé do Evangelho como

O Evangelho à Luz do Cosmo

125

o positivismo da ciência trabalham pelo mesmo fim, embora partindo ambos de pontos diferentes. O cientista lúcido e bem-intencionado, há de ajustar-se ao Evangelho pelos caminhos da própria ciência; o místico sadio e sensato também poderá chegar à ciência pelas veredas da fé. Consciente ou inconscientemente, o cientista tenta conhecer a sua moradia e proporcionar a felicidade humana aos seus companheiros de vivência física. Mas a verdade é que a ciência pode esquematizar a estesia do corpo carnal, na tentativa de modelar um homem hígido e genial, superando o meio físico onde vive; no entanto, só o Evangelho é capaz de dinamizar as forças criativas do Espírito Eterno. Embora se consagre pela sua capacidade, deslumbre pela sua configuração atraente e se glorifique pelo serviço superior, a lâmpada é absolutamente inútil, sem a energia elétrica da usina.

Em consequência, a ciência constrói e apura os meios que hão de proporcionar maior amplitude e sensibilidade aos sentidos físicos na percepção dos fenômenos e acontecimentos do mundo material. Mas só o Evangelho, como "tratado místico" de avançada aplicação psicológica e social no mundo, é que poderá esculturar o conteúdo indestrutível e espiritual desse super-homem ou supercidadão do futuro. O poder excepcional e incomum do corpo físico, a sua atividade disciplinada por regras científicas mais evoluídas, unicamente é possível quando norteado pelos princípios evangélicos que, então, proporcionam a conscientização real do Espírito.

6. Jesus e suas parábolas

"Falo-lhes por parábolas, porque, vendo, não vêem e, ouvindo, não escutam e não compreendem." (Mateus, 13:13)

PERGUNTA: — *Por que Jesus ensinava o Evangelho através de parábolas?*

RAMATÍS: — O Mestre Jesus costumava explicar aos apóstolos qual era o seu intuito em ensinar as gentes através de graciosas e fascinantes parábolas, quando assim dizia: "Falo-lhes por parábolas, porque não estão em condições de compreender certas coisas. Eles vêem, olham, ouvem e não entendem. Fora, pois, inútil tudo dizer-lhes, por enquanto".

Em verdade, Jesus preocupava-se especificamente nos seus ensinamentos quanto à natureza espiritual do homem, e não propriamente quanto às tricas e aos acontecimentos transitórios concernentes à vida humana. Através de sua comunicação entrecortada de figuras e ocorrências do mundo físico, ele ativava o conhecimento dos princípios superiores espirituais, mas sem violentar os costumes judaicos e afastar os ouvintes mais intolerantes. Sob o invólucro exterior das configurações do mundo físico, se ocultava o ensinamento esotérico do futuro e específico à natureza do espírito imortal. Através da vestimenta das parábolas, Jesus orientava o homem da época, e de todas as épocas futuras, o modo de dinamizar as suas forças espirituais e sublimar-se por intermédio dos próprios fenômenos da vida humana. Expunha as leis definitivas cósmicas, contando historietas prosaicas dos fatos cotidianos, sem violentar o livre-arbítrio de ninguém, e a cada um assimilando conforme o seu grau evolutivo. Alertava e apurava a mente do homem, enunciando as parábolas que, então, proporcionavam ensejos de se efetuar as ilações superiores.

PERGUNTA: — Como Jesus fazia as suas pregações ao povo?

RAMATÍS: — Jesus fascinava as multidões pelo magnetismo inerente à sua elevada graduação angélica; as suas pregações eram fluentes, sem afetações e artificialismos tão próprios dos homens que pretendem ressaltar-se por uma oratória altiloquente. Ele não se preocupava em impressionar o auditório pela eloquência rebuscada e os rendilhados sofisticados, ou por palavras e gestos comoventes, como é tão comum entre os oradores do mundo profano. Era essencialmente comunicativo, e somente o preocupava o conteúdo, a essência espiritual do que transmitia entendível ao alcance de todos, mas sem impor a sua personalidade, o que resultava num clima de paz e fraternidade, de alegria e consolo a todos os ouvintes. Jamais sacrificava o ensinamento espiritual em favor da vestimenta profana dos vocábulos rebuscados; não prelecionava em altos brados; nem dramatizava quaisquer acontecimentos na intenção de valorizar a sua pessoa.

Jesus era exato e dispensava minúcias que exaurem os ouvintes; num punhado de vocábulos familiares, expunha o esquema de uma virtude ou a revelação de um estado de espírito angélico. A sua voz, de timbre musical e de atraente sonoridade, era enérgica e vigorosa, quando necessário, mas doce e afável nas explicações íntimas, como se estivesse no seio de um lar amigo. Ensinava naturalmente, penetrando nos ouvintes e ativando-lhes a efervescência espiritual, fazendo-os se entreabrir como os botões das flores sob o calor amigo do Sol.

PERGUNTA: — Qual a maneira como Jesus conseguia atender os diversos lugares, onde fazia suas palestras ou pregações evangélicas?

RAMATÍS: — De princípio, Jesus percorria a Galiléia, não muito longe de Nazaré, até Cafarnaum, às vezes descendo até Samaria, sem atravessar o Jordão ou o mar da Galiléia. Os seus discípulos o cercavam de cuidados e procuravam preservá-lo até do sol, cobrindo-lhe a cabeça com algum manto de seda, como era costume local, e que comumente Jesus recusava e preferia a vivência de usufruir de todos os benefícios da natureza. Algumas vezes cavalgava um burro ou mula dócil. Em geral, o Divino Mestre fazia as suas pregações ao entardecer, na hora de maior vibração positiva, quando o poente se irisava de cores, pois gostava de aliar o efeito policrômico e a fragrância da natureza à ternura e poesia de suas palavras afetuosas, numa ondulação de fortes vibrações psíquicas. Apreciava falar do cimo das pequenas colinas, enquanto seus discípulos, amigos e fiéis se acomodavam a seus pés, embebidos na doce mensagem de esperança que lhes anunciava o tão esperado "reino de Deus". Outras vezes, rumava diretamente para o vilarejo mais próximo, tornando venturoso o lar onde se hospedava, participando da ceia modesta e despertando os seus hospedeiros com palavras de ânimo, alegria, consolo e esperança.

As criaturas aglomeravam-se pelas portas e janelas, ávidas de ouvir o rabi da Galiléia tecer suas indescritíveis parábolas de ensinamentos singelos e compreensíveis às próprias crianças. A "Paz do Senhor" pousava no teto do lar onde ele pregava a "Boa-Nova" de esperança e amor. As mães corriam a buscar seus filhos, pedindo ao profeta de Nazaré que os tocasse, pois se dizia que sua bênção aliviava as dores e preservava contra as doenças. A presença dele era suficiente para curar os enfermos imbuídos de fé. Inúmeras vezes, as suas palavras ternas e comunicativas provocavam explosões de remorsos, lamentos cruciantes e confissões de delitos conservados em sigilo. Jesus pousava o olhar complacente sobre todos; aconselhava ladrões a devolverem suas presas; mulheres duvidosas a se redimirem de seus pecados; e criminosos endurecidos, a vencerem seus instintos cruéis. Fortalecia a conduta superior nos regrados e estimulava a prática das virtudes nos bons. Infundia sua força angélica em todos, provocando transformações morais que ateavam chamas de bem viver nas criaturas hesitantes. Aumentava, dia a dia, a fileira de sua corte messiânica, porque todos sentiam-se felizes na sua aura amorosa e divina.

PERGUNTA: — Quais os motivos que induziram Jesus a preferir as parábolas, quando também poderia ter preferido os adágios, provérbios, aforismos ou as alegorias e até fábulas, para expressar o seu ensino espiritual?

RAMATÍS: — Em toda a peregrinação do Amado Mestre sobre a face da Terra, poderíamos assinalar que em certos momentos ele serviu-se de outras e variadas expressões de comunicação entre os homens, além das parábolas. Aqui, narra uma história curta e convincente extraída dos costumes hebraicos; ali, através do aforismo, provérbio ou mesmo da fábula, expõe um acontecimento ou ato humano; acolá, serve-se da alegoria para evidenciar o "reino dos céus" em comparação com o mundo físico.

Mas, fundamentalmente, como experiente pedagogo e psicólogo sideral, sabia Jesus que as parábolas seriam o modo mais expressivo e duradouro para comunicar a sua mensagem crística, pois ajustar-se-ia a todas as épocas, latitudes geográficas e até regiões cósmicas. Só em casos de absoluta legislação doutrinária ou de esclarecimento imediato, Jesus usou outra fórmula além da parábola. Não lhe servia a fábula, porque em sua expressão fantasiosa ela violenta a ordem natural e lógica da vivência humana, onde os animais, as plantas e até os objetos falam, pensam ou movem-se numa imitação caricata humana. A alegoria, usada até hoje pelas sociedades iniciáticas, foi transformada em parábolas, por ser profundo conhecedor dos símbolos essênios, cuja origem perde-se na esteira do passado. O provérbio, embora de fácil comparação, pode se confundir pelo caráter, às vezes, misterioso, e assim exigir uma compreensão intelectiva mais avançada do povo judeu para melhor entendê-lo. Ademais, o provérbio não possui o encanto e a motivação poética da parábola.

Na parábola, tudo é reflexo da natureza e nada de fantástico; os diversos reinos mineral, vegetal e animal ali aparecem subordinados ao pensamento e à ação e orientação do próprio homem. A parábola sugere e ensina uma verdade fundamental, um centro atrativo para o qual deve convergir toda a atenção do narrador e ouvinte, porque ali se concentra a mensagem. Pelo seu espírito equilibrado e pela visão ampla da realidade, as palavras de Jesus ajustavam-se hermeticamente ao pensamento enunciado e, sob a vestimenta poética das parábolas, despertavam emoções duradouras, cujo eco ficou vibrando incessantemente na alma dos ouvintes enternecidos. Ademais, ele escolhia cada parábola de acordo com o tipo de auditório. A intenção era sempre de oferecer a solução espiritual mais sensata e lógica, atendendo aos problemas de ordem moral e social daqueles a quem expunha seus ensinos.[28]

[28] Quando Jesus falava aos campônios expunha a parábola do semeador, do grão de mostarda, do joio e do trigo; aos pescadores referia-se à parábola dos peixes; num banquete ou festividade, falava dos talentos, do tesouro enterrado;

PERGUNTA: — *Que significa etimologicamente a parábola?*

RAMATÍS: — A parábola é a colocação de uma coisa ao lado da outra, a qual então serve para fins de comparação; a pintura de um objeto confrontado com outro de relação mais remota. Dir-se-ia uma espécie de alegoria, porém, capaz de envolver algum preceito ou princípio de moral, que mostre certa semelhança ou analogia entre os fenômenos da natureza e a vida humana com os da vida espiritual. Proporciona, assim, o ensejo de se extrair dela princípios e verdade para a orientação dos que ouvem; ilustra e relaciona um pensamento ou motivo em curso com a própria imagem oferecida na parábola. Sob a influência de Jesus, as parábolas tornaram-se verdadeiras jóias literárias de conteúdo tanto informativo como formativo transcendental, e que passou a iluminar a literatura sacra e mesmo profana do mundo. Embora anunciando fatos da vida em comum, as parábolas do Mestre tinham sempre a capacidade de levar os ouvintes a concluírem regras de conduta superior.

PERGUNTA: — *Mas os rabinos da época também serviam-se de parábolas, conforme se verifica em muitos dos seus tradicionais ensinamentos. Não é assim?*

RAMATÍS: — Basta-nos um simples confronto entre as parábolas proferidas pelos rabinos com as enunciadas por Jesus, para distinguirmos o toque de beleza e a suave estrutura com que ele as modelou, através de temas espirituais dinamizados pelo seu sentimento angélico e harmonia poética sideral. Expunha os seus ensinamentos, através de parábolas, com a veemência e a convicção jamais manifestada pelos rabinos judeus, ainda tão subordinados friamente à crença dogmática mosaísta e incapazes de sentir ao próximo como a si mesmo.

A gente da Galiléia era rude e ignorante, mas simples e dotada de sentimentos puros e cândidos, como reflexo de um ambiente formoso e recortado de tapetes de vegetação bordados pelos fios de água cristalina dos regatos e dos rios. Ante a prédica do novo rabi, que não somente ensinava, mas, diferindo da prédica comum e dos proverbiais anátemas desencorajadores dos outros, era o exemplo vivo daquilo que dizia em absoluta

---

entre negociantes e especuladores, da pérola de grande valor, o credor impassivo, os dois devedores; entre magnatas, servia-se das parábolas do rico insensato, o rico e Lázaro; entre os assalariados explicava-lhes a parábola dos servos inúteis, dos trabalhadores da vinha, e do mordomo infiel; entre os homens de lei, mencionava o juiz iníquo e entre os religiosos a história do publicano e do fariseu. (N. de Ramatís.)

O Evangelho à Luz do Cosmo

fidelidade ao Senhor, os galileus vibravam de esperança. Eles sublimavam os seus interesses e ambições no imenso e insofreável desejo de habitar aquele venturoso e eterno "reino de Deus".

Jesus não se servia das parábolas para expor e orientar sobre acontecimentos vulgares, religiosos sectários, motivos políticos e mesmo regras sociais do povo judeu. Ele comunicava o seu pensamento em frases límpidas e confortadoras de tão elevado sentimento, que tocavam nos corações daquela gente e faziam-nos vibrar a ponto de enternecerem a própria mente tão fria e rigidamente curtida nas competições humanas.

PERGUNTA: — Em que circunstâncias Jesus simpatizou com as parábolas, e fê-lo decidir a utilizá-las como o meio de comunicação mais acessível e convincente ao povo judeu?

RAMATÍS: — Embora mesmo alguns espíritas discordem de que Jesus teve contato com os essênios,[29] o Divino Mestre manteve íntimo relacionamento com eles, cuja vida simples, de elevado padrão espiritual comunitário e isenta de quaisquer vícios ou os costumes criticáveis, era já um esquema inicial da sabedoria e da beleza do Cristianismo. Apreciando-lhes a constante troca de idéias e comunicabilidade, através do uso comum das parábolas, Jesus, intuitivo incomum, inteligente e supersensível, percebeu que essa forma de intercâmbio verbal era a mais perfeita, excelente canal para ensinar o conteúdo de sua doutrina aos homens de todas as épocas.

Servindo-se da louvável peculiaridade da parábola como elemento fácil de comparação, Jesus passou a usá-la para despertar a dinâmica espiritual na mente das criaturas simples e sem cultura sistematizada. Sentindo o Mestre na natureza a vibração do espírito imortal, costumava recorrer aos seus fenômenos e objetivos em comparação com os acontecimentos da vida humana. Dava-lhes a feição de coisas que pareciam vivas e se mantinham em estreita relação, como se a Terra fosse apenas a ante-sala do céu, onde o homem primeiramente devia limpar as suas sandálias. Jesus extraía admiráveis lições da simples queda de uma folha, do murmúrio do regato, da mansuetude da pomba, da sagacidade das serpentes, da importância do tesouro enterrado, da singela semente que o semeador depunha no solo.

---

[29] N. do M. – Vide a obra *O Sublime Peregrino*, cap. "Jesus e os Essênios", onde Ramatís relata e fundamenta a permanência e convivência do Mestre Jesus entre os essênios, dos quais assimilou muito dos seus costumes, símbolos, iniciações e, principalmente, o manejo das parábolas, em que eles eram exímios.

Os seus ouvintes embeveciam-se ante a beleza e a força das imagens que o Divino Mestre sabia compor em simbiose com o encanto da natureza. Assim, os acontecimentos mais sisudos e severos, os fatos mais complexos e difíceis tornavam-se simples e compreensivos ao mais rude campônio, em face da singeleza com que era apresentado, ajustando-se perfeitamente às mais variadas estruturas mentais de cada ouvinte.

O Mestre Jesus simpatizou de imediato com a graça e o encanto das parábolas, porque podia resumir narrativas e oferecer admiráveis lições de moral superior, entendíveis em qualquer recanto onde houvesse vida humana. Modelava as frases e as escoimava do trivial, inócuo e do inexpressivo; sabia transformar a mais singela pétala de flor no centro de um acontecimento de relevante fim espiritual. Do mais insignificante fenômeno da natureza ele fazia sentir a força das leis cósmicas. As parábolas, sob o quimismo espiritual do Amado Mestre e sob a brisa cariciosa do seu Amor, valiam por ensinamentos eternos e que penetravam fundo na alma dos homens.

Através da diminuta semente de mostarda explica a fé que remove montanhas e cria os mundos; na parábola do talento enterrado adverte quanto à responsabilidade do homem no mecanismo da vida e da morte; servindo-se do trigo e do joio, simboliza a seleção profética dos "bons" e dos "pecadores" no seio da humanidade. Enfim, graças às parábolas e do que elas podiam conduzir de respeitabilidade e da comunicação proveitosa e fiel, Jesus despertava nos homens as reflexões para a Verdade e lhes ativava o fundamento da vida eterna do Espírito. Por isso, suas palavras eram suaves, doces e recendiam o próprio perfume dos campos e o aroma das florezinhas silvestres; suas formas e suas cores ficavam vivamente gravadas e nítidas na mente dos seus ouvintes. Era um narrador de histórias dotado de um insinuante magnetismo; um peregrino descido dos céus, que se punha a contar as coisas mais delicadas e atrativas de paragens edênicas. Aquela gente derramada pelas encostas floridas, recostada nas pedras e nos tufos de capim verdejante, ficava imóvel, sem um gesto, atenta à musicalidade da voz amiga e confortadora do rabi galileu. Mas tudo se justificava, porque a poesia modelava o conteúdo das parábolas; nas suas narrativas vicejavam o mar, as montanhas, as aves, os rios, as flores, as nuvens, o campo e as árvores, gravando-se tudo na forma de imagens claras e objetivas sem forçar o cérebro dos mais incultos.

O Evangelho à Luz do Cosmo

São tão importantes as parábolas, que elas poderiam reconstituir todo o ensino do Evangelho, caso fossem extraviados ou desaparecidos os textos tradicionais deixados por Mateus, Lucas, João e Marcos. Através das parábolas, Jesus se revelou poeta, cuja imaginação de prodigioso sentido espiritual atingia as fímbrias do céu; foi um santo pela sublimidade de sua moral incomum; divino, pela majestade do seu caráter insuperável e gabarito sideral. Jamais hesitou na sua heróica missão de transfundir a luz crística para o orbe terráqueo mergulhado nas sombras da animalidade. A história do mundo menciona tantos libertadores nutridos pelo sangue dos povos vencidos, enquanto Jesus consubstanciou a liberdade do homem agrilhoado à instintividade inferior que o prende à terra, vertendo o seu sangue no madeiro da cruz.[30]

---

[30] N. do R. – Apenas com referência ao reino dos Céus, Jesus proferiu oito parábolas à beira do mar da Galiléia, nas quais definiu o modo de a criatura receber a vida eterna, conflito entre o bem e o mal, o caráter da semente que cresce misteriosamente, o valor do reino dos Céus, e o sacrifício do homem para alcançá-lo. Após sair da Galiléia, entre a festa dos tabernáculos e da Páscoa, o Mestre expôs dezenove parábola ilustrando o reino dos Céus e, ainda, seis outras durante a última semana em Jerusalém, onde referiu-se, também, ao julgamento final e à consumação do reino.

7. O semeador

(Mateus, 13:1-23; Marcos, 4:1-20 e Lucas, 8:4-15)

PERGUNTA: — *Quais são as características mais elucidativas da parábola do Semeador, tão comoventemente expressa por Jesus no seu inolvidável "Sermão da Montanha"?*

RAMATÍS: — Todas as figuras e minúcias expostas por Jesus em suas parábolas devem ser examinadas sob carinhosa atenção, porque são mensagens definindo os diversos aspectos e estados de espírito do homem, absolutamente relacionadas com o "reino de Deus". Na parábola do "Semeador", desde o início deve-se vislumbrar os dois elementos fundamentais e de grande significação espiritual em sua enunciação verbal. Primeiramente, distinguir-se o Semeador como símbolo do homem pacífico, que lavra, semeia e produz, em vez de destruir ou prejudicar, como é o lavrador laborioso. Mas além da presença do Semeador em sua atividade criativa e útil à coletividade, Jesus também destacou o campo ou o terreno, isto é, o local de atuação; enfim, a base onde opera o lavrador. Assim, o Semeador configura em tal exemplo o tarefeiro do Senhor, que semeia a palavra redentora e distribui o ensinamento libertador do mundo ilusório da matéria; o campo simboliza a própria humanidade, com os vários tipos de espíritos, os bons, podendo lembrar o terreno fértil, e os maus, o terreno pedregoso, e os desatentos, a figura da semente que é comida pelos pássaros do esquecimento.

Nessa parábola, o Mestre Nazareno não valoriza nenhum guerreiro revestido de armadura ou municiado com armas destruidoras, que possa tingir de sangue a relva delicada das campinas ou pilhar os bens do próximo; nem destaca o político do mundo que mistifica na semeadura demagógica, visando ao seu exclusivo bem. Mas é o lavrador escolhido por símbolo do Semeador, que lança a semente do Evangelho no campo das mentes humanas, aguardando pacientemente as messes a frutificar no amor e na tolerância pela ignorância do seu próximo.

Na linguagem figurada pelo Cristo-Jesus, as diversas espécies de solo, em que foram lançadas as sementes da parábola, correspondem, eletivamente, às várias graduações da alma humana, cujas variações são a pureza, a inteligência, a ternura, e principalmente o espírito liberto de preconceitos e eletivo à recepção da semente da verdade espiritual. O Mestre distingue de modo sutil e, ao mesmo tempo, identifica o grau espiritual de cada tipo de criatura, conforme a sua reação à semente que lhe é ofertada no ensinamento do Evangelho. Não é difícil distinguirmos o terreno árido do convencionalismo social, da pretensa cultura, da liberdade luxuriosa, ou do fanatismo religioso, porquanto muitos são escravos exclusivos das circunstâncias de sua educação, poder, fortuna, distinção social ou primarismo anímico. Assim, certos grupos humanos reagem negativamente à atividade semeadora do Senhor, por força do seu condicionamento educacional ou por temerem prejudicar os interesses e destaques mundanos de uma falsa sociedade que dilapida a pobre empregadinha mãe solteira, enriquece prodigamente explorando o assalariado, mas atravessa a noite na jogatina desenfreada.

Em consequência, Jesus refere-se simultaneamente aos vários tipos de terreno, os quais se prestam à semeadura do lavrador laborioso, na oferta da palavra do Senhor. Mas, ao mesmo tempo e através das imagens semelhantes, ele identifica os ouvintes diante da semeadura. Assim, o primeiro terreno é o improdutivo, batido, pisado e impossível à germinação da semente, e corresponde ao tipo de ouvinte e crente de censura rígida, apegado aos convencionalismos humanos, onde a semente mensageira não penetra e, certamente, será facilmente arrebatada pelas aves, ou seja, desprezada. A imagem simboliza o ouvinte cuja força condicionante ou instintiva o impede de penetrar no ensinamento, e isso o torna incapaz de entender a verdade. O espírito imantado pelo atavismo da carne só se influencia pelos fenômenos objetivos e utilitaristas da vida material. É a criatura moldada pelos padrões convencionais de um ambiente medíocre, cuja inteligência não lhe permite uma liberdade de escolher ou porque erigiu a matéria como o principal motivo do seu culto, por temer palmilhar sendas e caminhos desconhecidos, embora verdadeiros. É o terreno em que, pela composição química espiritual, falta a vitalidade constitucional para a germinação da semente. Entretanto, às vezes ela permanece e, subitamente, ante o "húmus" da dor, começa a germinar. É o solo humano rígido comandado por um cérebro que não deixa penetrar a mensagem da boa nova, salvo se trouxer no seu bojo algo de utilitário aos interesses humanos, seja de projeção política, religiosa ou social.

No segundo caso, a semente brota, mas sem a raiz possuir profundidade e a planta é tenra, e não cresce ou seca facilmente no terreno rochoso e duro. Simboliza os ouvintes entusiastas da primeira hora, porém criaturas volúveis e superficiais, portadoras de bons sentimentos, mas não possuem firmeza nas convicções, por falta de uma boa estrutura psicológica, que ajude a enraizar e aprofundar a semente recebida. Sem as raízes de uma cultura "universalista" e adesão aos princípios profundos da vida eterna, não encontra base para a sua fixação. É a flor do cáctus de uma vivência efêmera, fruto das emoções passageiras das almas, infelizmente, vazias. Em tais personalidades, a semente evangélica parece germinar com aparente vigor e impetuosidade no primeiro instante de percepção, para depois se estiolar abruptamente, por falta de interesses mais profundos pela vida verdadeira do Espírito Imortal.[31] São os crentes demasiadamente emocionais, cuja alegria veemente com algo que os entusiasma é rápida e passageira, por falta de melhor estrutura mental ou estado evolutivo. Falta-lhes a convicção da sabedoria que lhes aprofunde as raízes da semente em germinação, pois ante a primeira intempérie fenece-lhes na alma a mensagem divina, por ser fundamentada numa crença defeituosa e débil. São os crentes, cuja vida não obedece aos ditames da palavra do Cristo, e, por isso, estiolam os arbustos dos ensinamentos superiores por falta da seiva vitalizante de uma crença e fé, que possa encarar a razão face a face.

No primeiro caso, a semente evangélica fica exposta no solo duro, batido e pisado pelas atividades interesseiras do

---

[31] N. do M. – Esse tipo de ouvinte ou crente, mencionado por Ramatís, lembra-me certo tipo de arvoredo, que nasce no Paraná — a conhecida bracatinga—, cuja madeira produz um imenso fogaréu em poucos minutos, mas logo termina em cinzas, por ser de fraca consistência.

O Evangelho à Luz do Cosmo

mundo material, e esta camada estratificada torna-se inútil para a germinação. No simbolismo do ensinamento de Jesus, é um terreno no qual a semente não penetra e exposta à superfície é facilmente apanhada pela avidez das aves. No segundo exemplo, a semente brota, mas sem raízes e a planta seca, não cresce, porque o terreno é rochoso, e abrange os ouvintes que, na realidade, não passam do dito tão comum de "fogo de palha". São criaturas de emoções passageiras e promessas insinceras, cuja crença superficial e sem convicção nada vitaliza em torno de si. Finalmente, no terceiro trato de terra a semente, então, penetra, germina e cresce; mas a planta que dali surge é asfixiada pelos espinhos que medram simultânea e prodigamente em torno. Em resumo, no primeiro trato de terra a semente não germina por causa de um solo pisado e estratificado, impróprio para o cultivo e, apesar de brotar, fenece desamparadamente. No terceiro, a semente penetra, germina e cresce, mas a planta que surge é absorvida ou sufocada pelos espinhos agressivos e destruidores.

Jesus então retrata, nesse terceiro exemplo, os crentes capacitados para o "reino de Deus", mas cujo espírito ainda se perde pelo apego aos bens terrenos ou divagam em raciocínios filosóficos estéreis. Eles enfraquecem a fé, porque acendem ora uma vela a Deus, ora outra a Mamon. Finalmente, surge o quarto exemplo na figura do bom terreno, que é fértil e dadivoso, no qual os ensinamentos cristãos germinam e produzem messes fartas, por serem mentes de espíritos mais experientes nas lutas reencarnatórias, e parcialmente libertos dos preconceitos de um mundo primário e dominado pela efervescência do instinto animal. Abrange as criaturas retas e boas, que aceitam o Cristo integrando-se completamente às normas evangélicas de libertação espiritual, sem reservas e com absoluta sinceridade e fé. São os crentes que revelam à luz do mundo uma vivência sadia, simples, serviçais, tolerantes e, acima de tudo, fiéis nas suas ações para com o próximo e respeito para com os princípios da vida espiritual.

PERGUNTA: — Porventura, Jesus teria condenado os demais crentes primários, que ainda não podiam entender ou absorver o significado do ensinamento oculto das sementes do seu Evangelho?

RAMATÍS: — Jesus nunca condenou e lembremo-nos de que é dele a severa advertência de "Não julgueis para não serdes julgados", ou, ainda, "Com a mesma medida com que medirdes sereis medidos", comprovando que conhecia perfeitamente as deficiências humanas. Coube-lhe a missão de especificar e distinguir quais são os atos e as atitudes eletivas, a fim de conduzir mais breve a alma humana para o "reino de Deus". Os quatro tipos de terrenos enunciados na parábola do Semeador, não somente definem as graduações tão comuns entre os homens, quando sob os postulados de qualquer doutrina espiritual, como também focalizam as diversas épocas que o espírito vive na sua romagem física.

O terreno inacessível e duro, que a semente não chega a penetrar, corresponde à fase da meninice espiritual, quando o espírito encarnado mal compreende a sua condição humana, cuja inteligência é praticamente sensoriomotora e a afetividade fortemente egocêntrica. O terreno rochoso identifica um estágio evolutivo de uma inteligência ligada às formas concretas, e cuja afetividade mal ultrapassa o ambiente familiar; que se afasta facilmente de qualquer labor sem utilitarismo; o terceiro trecho do terreno, onde a semente penetra, germina e cresce, mas é absorvida pelos espinhos que a circundam numa proliferação vigorosa, mas nociva, subentende-se aos que desenvolveram melhor a inteligência conseguindo um estado intuitivo, que lhes fez perceber o valor da semente, mas, infelizmente, não vigiaram o seu crescimento sadio.

Enfim, no quarto terreno, a semente frutifica com pleno sucesso, pois ali encontra a condição favorável e nutritiva, simbolizando o período da inteligência lógica e, ao mesmo tempo, capacitada para o abstrato, em que a experiência do espírito proporciona-lhe condições de aprender e assimilar os conceitos cristãos numa expansão que ultrapassa os acanhados limites da sociedade imediatista. É a reativação espiritual de sua origem em que as vicissitudes e dores vencidas, juntamente com a cultura adquirida, compõem o estímulo final para impulsionar a alma ao reino do Senhor.

PERGUNTA: — Em nossas reflexões sobre a simbologia da parábola do "Semeador", achamos que o lavrador deveria ter semeado exclusivamente sobre o terreno bom, nutritivo e humoso, pois assim ele só produziria frutos bons e sazonados para a humanidade. Que dizeis?

RAMATÍS: — Apesar do favorecimento do terreno, naquele

O Evangelho à Luz do Cosmo

caso particular, o povo judeu que propiciou a germinação sadia da semente lançada, a colheita não foi cem por cento. Jesus, então, lembrou que mesmo as sementes lançadas no melhor terreno não germinam em sua totalidade, assim como no solo da vida humana, apesar da boa intenção e cuidados, ainda pode negligenciar-se na germinação dos ensinamentos superiores, quando outros motivos sedutores e utilitaristas absorvem a atenção e transformam-se em resultados inferiores.

Mas Deus não faz nenhuma exigência rigorosa da fertilidade do terreno humano e não condena os resultados negativos. Em verdade, todos os homens, apesar da diversidade de sua compreensão espiritual, possuem em sua intimidade a mesma cota fundamental da luz divina. Por isso, devem ser experimentados e orientados para desabrocharem essa luz, tanto quanto puderem purificar o seu invólucro perispiritual. Assim, cada ser possui a liberdade ou o "livre-arbítrio" de reagir à palavra divina, conforme seja a natureza de entendimento do seu terreno psíquico, ou o grau de sua compreensão espiritual. Aliás, não existem dois seres absolutamente semelhantes no Universo, pois há sempre diferenças consequentes do estágio evolutivo e as experiências diferentes vividas nas múltiplas reencarnações, em que tudo se realiza no sentido exclusivo e espiritual de libertar o homem dos laços de sua imantação à força gravitacional do mundo material.

Em consequência, uma pequena porcentagem de espíritos encarnados manifesta terreno favorável e capaz de proporcionar a condição eletiva para assimilar o Verbo de Deus, de modo a germinar, florescer e frutificar a semente divina existente no âmago de cada um. Mas, insistimos, mesmo o bom terreno não é absolutamente igual e produtivo, porque até entre os homens bem-intencionados varia a capacidade de produzir e a sensibilidade de entender.

PERGUNTA: — Há alguma relação íntima entre o ensino do "Semeador" e a máxima do Evangelho, que diz: "A planta cresce por si mesma, dia e noite"?

RAMATÍS: — Tanto o ensinamento do "Semeador", quanto os demais conceitos evangélicos, que lhe são correlatos e giram em torno da semente, endereçam-se à centelha espiritual do Criador, que muitos fazem questão de sufocar na sua vibração e expansividade divina. Todo semeador reconhece a sua cota de sacrifício, pois lançando a semente de modo incessante e incondicional em todos os terrenos, deve aperceber-se de que não haverá uma colheita absoluta de acordo com a previsão da semeadura e que, em relação à alma humana, é fruto da diferença de entendimento e receptividade espiritual dos homens.

Evidentemente, muitas outras novas lições podem ser extraídas da atraente parábola do semeador, porquanto Jesus, ao expor seus ensinos de modo quase pessoal, oferecia assunto passível de outras interpretações mesmo panorâmicas. A própria semente é um dos mais valiosos e expressivos símbolos de elucidação espiritual usados por Jesus, na sua tarefa messiânica. A semente possui em si toda a futura planta, como o homem traz em sua intimidade todo o Universo. Ela se transforma no vegetal, quando é colocada no terreno favorável, tal qual a palavra do Senhor ao fazer eclodir a verdadeira espiritualidade no âmago dos seres, e ativando a contextura íntima da consciência divina em crescimento. A semente da mesma espécie vegetal pode germinar uma variedade de plantas, que se distinguirão por cores e mesmo formas diferentes entre si, apesar da mesma origem, como no caso das orquídeas, tanto quanto a mesma pregação espiritual, ativa e desperta vários coloridos psíquicos entre os participantes da mesma graduação psíquica, porém com experiências reencarnatórias diferentes.

PERGUNTA: — Ainda poderíeis explicar-nos, de modo mais descritivo, a amplidão do simbolismo da semente, como identificação da mensagem espiritual transmitida por Jesus?

RAMATÍS: — Evidentemente, ao referir-se à configuração, vitalidade e ao poder da semente, Jesus ainda a comparava ao próprio movimento evangélico de libertação do homem terrícola. O Cristianismo, alicerçado nos preceitos definitivos do Evangelho, significava a messe de conforto e salvação dos homens na luta pela libertação das algemas da animalidade. Ele era um dos semeadores laboriosos no campo da alma humana, enquanto a semente identificava o símbolo mais perfeito da mensagem crística em elaboração no árido e heterogêneo solo da existência física.

O Cristianismo, qual amostra sutilíssima do "reino de Deus", pode ser cultivado pelo espírito apesar da matéria, assim como a semente em solo fértil cresce e transforma-se no arvoredo majestoso. A doutrina do Cristo diz mais respeito aos enfermos cármicos e desventurados, assim como a árvore gerada pela semente também é capaz de amparar à sua sombra amena, tanto

O Evangelho à Luz do Cosmo

os seres santificados como os perversos. A pequenina semente que foi lançada no solo físico pela generosidade e o estoicismo do Divino Semeador germinou, emitiu raízes de sua segurança física, cresceu, floresceu e transformou-se na planta generosa, cujos ramos benfeitores estendem-se até o vosso século, amparando as criaturas mais heterogêneas e dos mais contraditórios estados espirituais.

Sem dúvida, a árvore do Cristianismo, hoje desenvolvida, oferece generosa galharia bem enfolhada e protetora, mas também apresenta as parasitas indesejáveis no seu tronco benfeitor, como são os movimentos religiosos personalizados e politizados, e de pouca semelhança com o potencial e a qualidade original da semente primitiva. O Catolicismo e os demais credos protestantes, que derivaram do Cristianismo puro de Jesus, pouco se parecem com os ensinamentos de afabilidade, tolerância e simplicidade da semente original da doutrina, ora em face da pragmática ciosa e separatista, ora diante do fausto ou da luta pelo domínio da política do mundo. A natureza tão sadia e universalista da semente iniciática do Cristianismo, dificilmente pode ser identificada no aspecto exterior do arvoredo crescido e sufocado por excrescências artificiais e algo aniquilado pelo vampirismo parasitário. Mas como Deus é uma força a atuar no âmago de toda vida, um dia esta árvore florescerá no máximo esplendor de sua seiva benfeitora, garantindo nova messe de frutos sazonados e saborosos. Embora se verifique um enfolhamento anômalo quantitativo e qualitativo nas religiões que se inspiraram no Cristianismo, a gêmula, contudo, continua sendo a evangélica original, e que um dia despontará como a árvore bela e hígida, livre dos enxertos de inferior qualidade, que se fixaram na forma de parasitas atrofiantes.

PERGUNTA: — Cremos que o Espiritismo significa um desses movimentos espiritualistas, capazes de podar a árvore do Cristianismo e deixá-la livre de suas excrescências dogmáticas religiosas. Não é assim?

RAMATÍS: — Evidentemente, tal qual a planta com muita galharia, embora gerada de boa semente, a ramaria excêntrica e onerosa do Cristianismo será podada, pouco a pouco, pelos movimentos libertadores de retorno à sua pureza iniciática, como é o Espiritismo. O destino da semente era germinar e crescer; isso ela o fez com o máximo de sua força e vitalidade, alcançando o vosso século e com a eclosão de mediunidade prevista, agora, para o final do ciclo. E o Espiritismo, doutrina atualizada no seu tríplice aspecto religioso, filosófico e científico, em sua essência germinativa, representa a continuação dos ensinos teóricos de Jesus, entretanto, com incisiva e correta aplicação prática. O Espiritismo significa o retorno às fontes iniciáticas na sua pureza e simplicidade, como era o primitivo Cristianismo, tradicionalmente conhecido através dos atos e das cartas dos apóstolos do Mestre.

Uma vez que a semente apregoada por Jesus simboliza o próprio reino de Deus, em crescimento no seio da humanidade física, todas as adulterações posteriores são frutos do artificialismo, da negligência ou da obstinação humana. Ademais, toda árvore, mesmo com parasitas indevidas, também produz novas sementes capazes de germinar incessantemente no solo bem adubado pelo conhecimento e pelo zelo do bom jardineiro humano. As dezenas de seitas protestantes derivadas da árvore iniciática religiosa, que é a própria Igreja Católica, são outras tantas sementes, que sob um novo tratamento mais eletivo à sua essência qualitativa também contribuirão para o advento integral da semente crística original. Os movimentos espiritualistas modernos, onde se inclui e se destaca o Espiritismo, constituem o amparo das forças do bem para revivificar a semente lançada pelo Divino Semeador Jesus. O arvoredo do Cristianismo, em crescimento há dois milênios, há de se livrar, pouco a pouco, das impurezas e do parasitismo religioso sectário, improdutivo, antinatural e mesmo criminoso.

PERGUNTA: — Quais são os motivos principais que tanto influíram para os homens negligenciarem a essência pura do Cristianismo, a qual foi tão claramente comunicada por Jesus numa linguagem correta, fácil de assimilar?

RAMATÍS: — Em face do primarismo da humanidade da época, os homens não podiam aceitar a concepção e a comunicação do Cristianismo em sua fidelidade essencial. Ainda não estavam em condições de entender o "reino de Deus", ou o "reino dos Céus", porque a predominância dos prazeres do corpo sobre os do espírito, do concreto sobre o abstrato, impedia-os de vislumbrar a irrealidade da vida nas formas. Assim, os terrícolas assimilaram o Cristianismo segundo a sua própria capacidade e imaturidade, jamais conforme realmente pregava o Mestre

O Evangelho à Luz do Cosmo   143

Jesus, espírito de escol, que se preocupava essencialmente com a libertação do homem das sensações carnais.

Ainda hoje, a semente crística continua a germinar através dos movimentos e religiões, sem diretrizes definitivas no tempo e no espaço, mais resultante das culturas e das organizações humanas. Certos movimentos religiosos e espiritualistas arvoram-se enfaticamente no próprio Cristianismo puro e redivivo do Cristo, mas estratificam-se numa outra realização dogmática, ao abandonarem a dinâmica crística por se tornarem meros transmissores de conceitos e especulações excêntricas da letra impassível do discutido biblismo, ou nos ensinos de algum homem invulgar. Divulgam os ensinamentos crísticos universais, mas fazem-no dentro do molde peculiar e individualístico da preferência e convicção dos próprios responsáveis pela mensagem religiosa. Ante a obstinação de se considerarem a própria instituição do Cristianismo definitivo, tais movimentos religiosos adventícios ficam sentenciados pelo fatal aniquilamento produzido pela própria ramagem ostensiva, pretensiosa e sufocante. É o arvoredo que seca e se desfolha, sob o Sol causticante da Verdade pura e iniciática, relatada pelo inolvidável Jesus.

PERGUNTA: — Porventura, nenhum credo ou movimento espiritualista deve se organizar como qualquer instituição humana, em face do perigo de estacionar no tempo e no espaço? Qualquer mensagem espiritual há de ser acéfala, livre e sem disciplina doutrinária, se quiser sobreviver sob o espírito de sua origem iniciática?

RAMATÍS: — Há que se distinguir, sensatamente, na pedagogia sideral, o mundo de "Mamon", que é provisório, limitado e formal, do reino espiritual ilimitado, infinito e eterno de Deus. Assim como ninguém conseguirá explicar com precisão todo o Universo Material, também é impossível explicar o elemento divino na morfologia dos mundos físicos transitórios. O que pode ser compreendido é a tessitura, a fisiologia do corpo humano, do qual se extraem ilações e extrapolações para o espírito, porém, jamais o espírito. E como o Cristianismo trata essencialmente do espírito na sua conquista dinâmica e ilimitada do reino de Deus, nenhuma instituição do mundo poderá dar a última palavra, ou arrendá-lo em definitivo, mas tão-somente divulgá-lo segundo as normas para uma vida cada vez mais sadia e ampla, porém, de acordo com a semente pura e original.

Todas as instituições, credos, seitas e demais movimentos organizados, através de padrões estatutários, com dogmas, ritos, cultos e obrigações particulares, significam apenas opiniões sobre o Cristianismo, mas não o seu espírito transcendente e infinito. Talvez pudéssemos considerá-los quais jardineiros a cuidarem da semeadura, buscando protegê-la durante o crescimento delicado e tenro. Mas a floração crística dessa semente do "reino Divino" há sempre de alcançar o seu fim, quaisquer que sejam os limites impostos pelo mundo transitório de Mamon. A dinâmica do Cristianismo eterno jamais poderá ser jugulada através de qualquer instituição ou confraria organizada nos padrões humanos da vida provisória. Na organização carnal delimitada nos modelos da vida humana, nunca será permissível o encarceramento da essência pura e divina.

PERGUNTA: — Considerando-se que Jesus foi o lavrador sublime a semear a palavra do Senhor nos diversos terrenos dos tipos humanos, há em nós a obrigação de nos tornarmos outros semeadores, malgrado a nossa ineficiência e improdutividade?

RAMATÍS: — É evidente que os alunos de uma instituição escolar devem propagar os ensinamentos dos seus mestres, tão correta e eficientemente, quanto também puderam assimilar-lhes as lições. Os que aceitam a palavra do Cristo, sem qualquer reserva ou premeditação, cujo coração se impregna do entusiasmo de proporcionar ao próximo a mesma alegria que sentem em si, não somente devem viver integralmente o ensino sublime do Evangelho, como divulgá-lo à guisa de um novo semeador do bem e da ventura alheia. A tarefa do discípulo esclarecido e bem-aventurado pela assimilação da realidade crística é a de evangelizar, a tempo e fora do tempo, sem se preocupar com a condição ou o tipo do terreno humano onde semeia. Deixe ao Senhor, quanto à deliberação de julgar do mérito e do aproveitamento dos demais filhos. Quem semeia a palavra do Cristo é um lavrador abençoado operando na lavoura do Bem e do Amor. Além de esclarecer, quanto à verdadeira conduta inerente ao cidadão angélico, ainda o liberta dos liames enfermiços das reencarnações corretivas e mortificantes.

O Evangelho à Luz do Cosmo

8. "Ninguém vai ao Pai a não ser por mim"

PERGUNTA: — Quando Jesus preceitua o conceito evangélico, que "Ninguém vai ao Pai a não ser por mim", ele também expressava algum princípio oculto derivado da Lei do Cosmo?

RAMATÍS: — Há muito tempo, os velhos mestres da Grécia já advertiam de que a "lei é dura, mas é lei". Isso demonstra a implacabilidade da justiça, às vezes, aparentemente impiedosa, mas cuja aplicação correta não visa qualquer punição deliberada, mas, apenas um modo disciplinador e benfeitor para o próprio delinquente, numa ação profilática à sociedade.

De início, já é tempo de a humanidade entender que Jesus de Nazaré não é especificamente o Cristo, ou Deus, mas o sublime médium, o mais qualificado representante da Divindade na face da Terra, a fim de transmitir a mensagem libertadora do Evangelho. O espírito que conhecemos por Jesus de Nazaré, o melhor homem do mundo, viveu trinta anos sob a mais intensa atividade "psicofísica", a fim de esmerar-se até alcançar a hipersensibilidade para sentir o espírito planetário em si. Mas, por tratar-se de entidade de alto gabarito psíquico, Jesus despendeu mais de mil anos do calendário terreno, para conseguir reduzir a sua vibração e atingir uma frequência compatível da organização carnal de um homem à superfície da Terra. O nascimento de "Avatares", ou de entidades de alto gabarito espiritual, como Jesus, exige a mobilização de providências incomuns por parte da técnica transcendental, medidas essas que ainda são ignoradas e incompreendidas pelos terrícolas. É um acontecimento previsto com muita antecedência pela Administração Sideral, pois do seu evento resulta uma radical transformação no seio espiritual da humanidade. Até a hora de espírito tão elevado vir à luz no mundo terreno, devem ser-lhe assegurados todos os recursos de defesa e assistência necessários para o êxito de sua "descida vibratória".[32]

Assim que Jesus completou 30 anos de idade, tendo alcançado a plenitude de sua faculdade mediúnica, então ocorreu o tradicional batismo realizado por João Batista, ratificado pela presença na tela astralina da Terra da pomba do Espírito Santo, símbolo da paz, da comunhão sideral superior, isto é, a manifestação ideoplástica da luz do próprio Cristo planetário do orbe.[33] Aliás, etimologicamente, a palavra "Christós" significa o Ungido, o que então se dizia de Jesus, por ter sido eleito para a missão de ensinar à humanidade terrena o Caminho da Verdade para a Vida Real e Eterna. Realmente, Jesus passou a ser considerado o Ungido pelos próprios apóstolos, em seguida à cerimônia do batismo, em cujo momento os clarividentes puderam vislumbrar a munificente presença do Cristo simbolizado na figura imaculada e pacífica da pomba do Espírito Santo. Tratava-se de um símbolo, o mais eletivo à singela cerimônia do batismo, em que o Cristo do orbe terráqueo, dali por diante, estaria atuando mais intensamente no seio das trevas compactas da vida humana, por intermédio do seu mensageiro: Jesus de Nazaré.

Através dos relatos bíblicos, verifica-se que o Mestre Nazareno ficou conhecido por "Jesus Cristo", o Ungido do Senhor, na missão de transmitir e explicar, através da vestimenta verbal do Evangelho, as próprias leis e princípios do Cosmo.

PERGUNTA: — Poderíeis proporcionar-nos outras considerações, quanto ao fato de que Jesus de Nazaré era uma entidade humana, em serviço do espírito planetário da Terra, o Cristo?

---

[32] Vide o seguinte trecho da obra *O Sublime Peregrino*, de Ramatís: "No caso de Jesus, tratava-se de uma entidade emancipada no seio do sistema solar, uma consciência de alta espiritualidade, que não podia reajustar-se facilmente à genética humana. Tendo-se desvencilhado há muito tempo dos liames tecidos pelas energias dos planos intermediários entre si e a crosta terráquea, ele precisaria de longo prazo para, na sua descida, atravessar as faixas ou zonas decrescentes dos planos de que já havia se libertado. E, então, para alcançar a matéria, na sua expressão mais rude, teve de submeter-se a um processo de abaixamento vibratório perispiritual, de modo a ajustar-se ao metabolismo biológico de um corpo carnal, num ajuste gradual à frequência da Terra".
[33] E João deu testemunho, dizendo: "Vi o Espírito que descia do céu, em forma de pomba, e repousou sobre ele" (João, 1:32).

O Evangelho à Luz do Cosmo 147

RAMATÍS: — Em verdade, o Cristo, o Divino Logos ou o Espírito Planetário da Terra é anterior à existência de Jesus de Nazaré. Embora entre os religiosos dogmáticos e espiritualistas, inclusive mesmo a maioria dos espíritas se considere heresia ou blasfêmia que Jesus é uma entidade humana e o Cristo, o Logos, o elemento Divino de que foi medianeiro, esta é a verdade impossível de ser deturpada ou desmentida.[34]

O Cristo é uma entidade arcangélica, o Logos Planetário Terráqueo ou o Espírito Crístico da Terra, cuja elevada frequência vibratória o torna impossibilitado de qualquer ligação ou atuação direta nas formas dos mundos materiais. Daí o motivo de a Técnica Sideral ter escolhido o Espírito Jesus de Nazaré, entidade de elevado gabarito espiritual, e ainda capaz de atuar na face da Terra e portadora das condições de transmitir o pensamento do Espírito Planetário neste repositório didático que é o Evangelho. O Cristo vivifica o vosso orbe e ilumina a humanidade terrícola, assim como acontece de modo semelhante com os demais Cristos planetários de Júpiter, Marte, Saturno e outros orbes. Em linguagem algo rudimentar, diríamos que os Cristos planetários são uma espécie de "transformadores" Arcangélicos, que baixam a frequência da Luz Cósmica do Criador, ou seja, a energia cósmica da Usina Divina, até reduzir a frequência e torná-la compatível com as necessidades de vivência das humanidades dos orbes físicos.

Ainda noutro exemplo rude, verificamos que a energia elétrica, embora seja sempre a mesma usada nas vossas atividades materiais, tanto precisa ser graduada na alta frequência para movimentar uma indústria gigantesca, como na voltagem menor a fim de mover um singelo barbeador sem danificá-lo. Assim, entre a usina de força e o modesto barbeador devem interpor-se os mais variados tipos de transformadores apropriados para amenizar e graduar a carga elétrica demasiadamente vigorosa, até se ajustar à frequência da capacidade e da resistência da instrumentação mais delicada. Os Cristos ou Logos Planetários são os refulgentes espíritos de arcanjos, sublimes transformadores que também ajustam a Luz Cósmica de Deus, conforme as necessidades de cada orbe físico e suas humanidades. Há uma hierarquia divina, lógica e sensata, subordinada aos Cristos

---

[34] "Mas vós não queirais ser chamados Mestres, porque um só é o vosso Mestre, e vós sois todos irmãos. Nem vos intituleis Mestres; porque um só é o vosso Mestre — o Cristo!" (Mateus, 23:8 e 10). Verifica-se, claramente, a distinção que Jesus faz de si e do Cristo.

Hemisféricos, Galaxiais e Constelares, eleitos conforme o seu desenvolvimento consciencial. Através desses munificentes e soberanos Espíritos, o Criador flui e adapta a sua Luz Original a cada orbe na voltagem adequada às necessidades e à receptividade de seus filhos.

PERGUNTA: — Em face de Jesus não ser o próprio Cristo, então poderíamos considerá-lo apenas um homem nomeado para uma tarefa espiritual incomum?

RAMATÍS: — Jesus não foi nomeado um tarefeiro incomum, mas eleito[35] pela sua elevada sabedoria e excelso amor, tratando-se da única entidade ainda no comando de vossa humanidade, capaz de servir de intermediário eficiente e correto da inalterável mensagem de Amor do Cristo Terráqueo. Jesus foi o sublime médium da entidade arcangélica responsável pela consciência espiritual do vosso orbe; espécie de elo vibratório, proporcionando a fluência do amor crístico até a maior capacidade de assimilação da humanidade terrena. No entanto, o próprio Jesus é atualmente o governador de toda atividade espiritual, social e mesmo científica da Terra, cabendo-lhe a imensa responsabilidade de traçar os rumos e os destinos dos homens, sob o incentivo libertador do Evangelho. Lembrando a honestidade e retidão de um mestre amoroso e leal, Jesus há dois mil anos decidiu-se pelo sacrifício estóico, num corpo físico, a fim de despertar os seus tutelados para o amor, embora ainda tratando-se de homens primários.

Mas em sua sabedoria sideral, ele compreendia perfeitamente a natureza psíquica de vossa humanidade, pois os "pecados" dos homens eram frutos de sua imaturidade espiritual. Ele não sofreu pelos insultos, pelas traições, incompreensões e crueldades humanas, porque reconhecia nas criaturas terrenas mais ignorância do que propriamente maldade. Os professores conscientes e bem preparados jamais se ofendem com as estultícias e travessuras dos alunos que ainda frequentam os jardins de infância e, mesmo, os cursos primários de alfabetização. Eles não consideram injúrias ou crimes aquilo que ainda é próprio da irresponsabilidade infantil. Embora se tratasse de um anjo do Senhor, a Lei Sideral obrigava-o a dobrar suas asas

[35] Vide a obra *Do País da Luz*, cap. IV, 1° volume, psicografada por Fernando Lacerda, em Portugal, na qual o espírito de Napoleão diz o seguinte: "O Eleito é sempre escolhido; mas o escolhido não é eleito. O eleito foi escolhido por Deus para fazer o Bem pelo Bem; o escolhido pode ser para fazer o Bem pelo Mal. O eleito foi Jesus. Eu fui escolhido". Nesta comunicação, Napoleão compara a sua existência turbulenta e ambiciosa, com a missão terna, pacífica e amorosa de Jesus.

O Evangelho à Luz do Cosmo 149

resplandecentes e percorrer solitariamente o longo caminho da "via interna", até vibrar na face sombria do orbe terráqueo e entregar pessoalmente a sua Mensagem de Amor. Após ajustar o seu corpo mental e reativar o mecanismo complexo do cérebro perispiritual, Jesus, então, revitalizou o corpo astralino já inativo pela ausência das emoções e paixões humanas, a fim de vibrar novamente ao nível das atividades físicas. Integrou-se definitivamente na atmosfera do mundo físico nessa "descida vibratória" e transcorreu um milênio até corporificar-se, mais tarde, no mais encantador menino que a Terra já havia conhecido.

Portanto, Jesus não pode ser considerado um "homem nomeado" para uma tarefa incomum, mas um "anjo" eleito para transfundir no sacrifício de sua paixão iniciática a luz do Cristo. Coube-lhe iluminar os desvãos sombrios das almas ainda petrificadas pelas crostas residuais das paixões e dos vícios animalescos.

PERGUNTA: — Qual é a diferença existente entre um "anjo" e um "arcanjo"?

RAMATÍS: — Na realidade, essa preocupação de se definir o "anjo" e o "arcanjo" é mais propriamente humana, através de um tradicionalismo religioso, em que os sacerdotes procuraram fixar algo da presumível hierarquia sideral dos prepostos e componentes da corte Divina. Assim, os termos Avatares, Devas, Logos e outros títulos, mais ao gosto da filosofia espiritualista do Oriente, também referem-se à idêntica terminologia mais usada no Ocidente. Em consequência, e mais atendendo aos limites da mente humana, buscaremos explicar-vos o tema de vossa pergunta de modo mais objetivo possível, embora nem sempre a realidade espiritual deva ajustar-se aos nossos termos tradicionais. Um anjo, como é a graduação de Jesus, é uma entidade espiritual que ainda pode recompor a sua "matriz perispiritual", de modo a vincular-se a um organismo carnal, através da gestação no ventre materno. Aliás, a própria Bíblia retrata essa possibilidade de os anjos ainda renascerem na matéria, quando há necessidade evolutiva dele ou de uma humanidade, conforme simboliza a parábola dos sete degraus da escada de Jacó, onde os anjos sobem e descem no simbolismo das reencarnações.

Mas um arcanjo não pode mais vestir a roupagem carnal, porque a sua frequência espiritual ultrapassa o campo de qualquer atividade num corpo físico. O Logos ou Cristo é o Arcanjo que já abandonou, em definitivo, todos os veículos intermediários dos campos vibratórios de menor frequência que lhe facultariam a ação no mundo material. Seriam precisos alguns milênios do calendário terreno, a fim de um arcanjo conseguir modelar novamente o conjunto perispiritual suficiente para o vincular à vida física. Sem dúvida, o imenso desgaste que seria despendido para o êxito de tal realização não compensaria a eleição de um arcanjo para cumprir uma tarefa incomum e libertadora dos humanos. Isso representa o próprio princípio de economia cósmica, pois a Técnica Sideral jamais cria dispêndios e onera o campo energético de modo insensato ou improdutivo. O arcanjo não mobiliza forças cósmicas para realizar um trabalho que outras entidades podem fazer com o mesmo sucesso e menor desgaste, uma vez que se trata de um campo de atividade menos importante.

O termo arcanjo define a nomenclatura sideral do espírito completamente liberado das contingências encarnatórias, o qual já esgotou a tradicional "onda de vida", tão conhecida dos mestres orientais e capaz de facultar o ajuste "psicofísico" do mundo espiritual à matéria. Em sua intimidade sideral extinguiu-se a convenção das formas limitadas, a ideia de nascer, ou morrer fisicamente, pois ele pulsa absolutamente fora do tempo e do espaço. O Arcanjo já é, realmente, um estado de espírito venturoso e duradouro, um "realizado" em definitivo, que usufrui de um êxtase ou "samadhi" eterno e ilimitado. O metabolismo do Arcanjo é Amor Puro, como um sublime condensador do Amor de Deus, o qual se renova e se rejubila pela incompreensível e incessante doação de si mesmo a outrem.[36]

PERGUNTA: — Os teosofistas dizem que os arcanjos são entidades oriundas de uma linhagem à parte e jamais viveram na face da matéria, e cuja evolução ainda segue diretrizes diferentes dos homens. Isto é exato?[37]

RAMATÍS: — Seria equivalente a existirem dois sistemas diferentes no plano da Criação e da manifestação do Espírito em peregrinação, para adquirir sua consciência individual. A observação e a lógica demonstram a existência de um único Sistema criativo dos espíritos individualizados no seio de Deus. A cente-

[36] Assim como a planta humilde fincada na terra germina e, na sua maturidade, abre-se em flores odoríferas e atraentes sem qualquer exigência ou compensação, apenas movida por um oculto instinto de amor, o Arcanjo é o Amor permanente, que mais se vitaliza quanto mais ama. (N. de Ramatís.)

[37] Vide a obra *Fraternidade dos Anjos e dos Homens*, de George Hogdson, que defende essa tese. Obra editada pela Livraria Editora O Pensamento.

O Evangelho à Luz do Cosmo

lha espiritual surge simples e ignorante em todas as latitudes do Cosmo e, lentamente, através de incontáveis passagens e vivências ela irá evoluindo gradativamente, até onde a nossa mente humana é incapaz de vislumbrar ainda nos primeiros degraus de sua individualização.

O esquema evolutivo determinado por Deus é um só: a sensação do animal, a emoção do homem, a sabedoria e o amor do anjo e a criação plena do arcanjo. São condições inerentes a todos os espíritos, porquanto Deus não modifica o processo de sua criação fora do tempo e do espaço. Não existem duas espécies de processos evolutivos, em que uma parte dos espíritos progride exclusivamente no "mundo interno" e a outra inicia-se pelo "mundo externo". A matéria, conforme prova a ciência moderna, é apenas "energia condensada"; em consequência, não há mérito para o ser evoluir apenas no seio da "energia livre" ou qualquer demérito em submeter-se aos grilhões da "energia condensada".

A evolução é fruto de uma operação espontânea, um impulso ascendente, que existe no seio da própria centelha por força de sua origem. À medida que se consolida o núcleo consciencial ainda no mundo do Espírito, a tendência expansiva dessa consciência primária é de abranger todas as coisas e formas e, por esse motivo, ela não estaciona, num dado momento, no limiar da fenomenologia física, mas impregna-as impelida pelo impulso criador de Deus. Assim, o mais insignificante átomo de consciência espiritual criado no seio do Cosmo, jamais poderá cercear o ímpeto divino que o aciona para o aperfeiçoamento, e, consequentemente, para a própria condição angélica. Isso é fruto da legislação global do Universo, que se exprime pela igualdade, sem quaisquer privilégios ou diferenciações na escalonada do Espírito em busca de sua eterna ventura. Todo arcanjo já foi homem; todo homem será arcanjo — essa é a Lei.

Aliás, a importância da vida e o aperfeiçoamento do Espírito não reside na organização provisória e usada para despertar a sua consciência; mas, sim, no autodesenvolvimento que pode ser alcançado habitando a Terra ou o Espaço. Não há milagres nem subterfúgios da parte de Deus; nenhuma entidade espiritual, malgrado ser um Logos Solar, poderá ensinar, orientar ou alimentar humanidades encarnadas, caso não se trate de uma consciência absolutamente experimentada naquilo que pretende realizar. Não havendo graças imerecidas, nem privilégios divinos, obviamente, os arcanjos também fizeram a sua escalonada sideral sob o mesmo processo extensível a todas as criaturas em seu eterno e infindável aperfeiçoamento. Se um Arcanjo ou Logos Planetário pode ligar-se ao espírito de um medianeiro, como o Cristo uniu-se a Jesus e sendo incessante o progresso espiritual, mais cedo ou mais tarde o próprio Jesus alcançará a mesma frequência e condição arcangélica. E quando o espírito do homem alcança a condição de Arcanjo, ele é, então, chamado o "Filho Sideral"; é um Cristo, cujo estado espiritual absoluto é o Amor, expressão humana de poder criador, como a essência eterna e ilimitada de Deus.

PERGUNTA: — Em face de tratar-se de um assunto tão transcendental, poderíeis fornecer-nos outros esclarecimentos para a nossa melhor compreensão humana, sobre Jesus e o Cristo?

RAMATÍS: — Repetimos: Jesus não é o Cristo, porém, a consciência angélica mais capacitada, hipersensível e credenciada para comunicar a vontade, o amor e a fulgência de Luz desse sublime Logos ou Arcanjo Planetário. O Divino Mestre, em sua missão incomum, foi o porta-voz humano difundindo até nas sombras da Terra as normas evolutivas do Cristo Planetário. Através de sua vida, Jesus deixou esquematizado no cenário do mundo terreno, como intermediário da Entidade Arcangélica do vosso orbe, o programa de libertação dos terrícolas. Os homens que viverem em si mesmos todo o roteiro exemplificado por Jesus, ajustam-se perfeitamente à frequência sideral do "seu" Cristo, pois adquirem a sua carta de alforria espiritual dos ciclos tristes e mortificantes das encarnações nos mundos transitórios.

O Arcanjo, Logos ou Cristo Planetário da Terra, cuja luz e essência vital manifesta-se em perfeita sincronia e sintonia com a vontade e o plano criador de Deus na construção do Universo, é o alimentador da humanidade terrestre. Na sua característica sideral de transformador ou intermediário entre o humano e o divino, o Arcanjo então é o "Caminho, a Verdade e a Vida", porque o espírito do homem só alcança a sua libertação da matéria depois que atinge uma frequência espiritual elevada. E quando Jesus advertiu, que "Ninguém irá ao Pai senão por mim", esotericamente explicava que enquanto o homem não viver e não fizer o que ele fez, também não poderá vibrar com o Cristo do orbe, pois ainda não encontrou o "Caminho, a Verdade e a Vida".[38]

---

[38] "E eu ouvi uma grande voz no céu, que dizia: "Agora foi estabelecida a

O Evangelho à Luz do Cosmo   153

PERGUNTA: — Por que Jesus é chamado o "Salvador", além de expor as leis do Cosmo através do Evangelho?

RAMATÍS: — Jesus é considerado pela escolástica religiosa o "Salvador", porque até o momento de ele exaurir-se na cruz, o vosso orbe ainda vibrava sob a intensidade quase absoluta do signo da animalidade. Malgrado a tarefa superior e anterior de outros instrutores, como Fo-Hi, Hermes, Buda, Krishna e outros, que expuseram as normas corretas do progresso espiritual, Jesus foi o sintetizador absoluto de todas as fórmulas salvacionistas, além do mais perfeito e fiel comunicador da Luz do Cristo Planetário à Terra. Após a desencarnação de Jesus, o orbe terráqueo vibrou ainda mais sensível à causa espiritual, porque através do seu holocausto transfundiu-se mais a luz crística da intimidade até a periferia do orbe, tornando as trevas menos densas. O Divino Mestre abriu clareiras de luminosidade na face da Terra, enquanto plasmava o "Código Moral" da humanidade terrena através da sua mensagem salvadora. Por isso, merece e corresponde perfeitamente ao cognome de "Salvador", porque do seu exemplo e do sacrifício de sua vida é que o homem terreno pode encetar a sua libertação da prisão educativa carnal.

PERGUNTA: — Os terrícolas poderiam sentir algo da natureza vibratória do "seu" Cristo planetário?

RAMATÍS: — Os homens vivem embebidos na essência sublime do "seu" Cristo e o sentem em sua intimidade, quando em oração ou meditação na fuga da matéria para o reino do Espírito Imortal. As criaturas mais sensíveis, como os médiuns, iniciados, clarividentes, iogues e esoteristas disciplinados, seres habituados às meditações e auscultações psíquicas, às vezes, identificam essa "voz oculta", ou a tradicional "voz sem som", que lhes fala silenciosa e ternamente nas belezas edênicas após o desenlace do corpo carnal.

Mas o Cristo Planetário, em face de sua imensa energia, não poderia reduzir-se ao ponto de se ajustar à mediocridade da mente humana e à precariedade de um corpo carnal. Conforme já vo-lo dissemos, cada orbe tem o seu Logos ou Cristo planetário, seja Terra, Marte, Júpiter, Saturno ou Plutão, cujos arcanjos

---

salvação, e a fortaleza, e o reino de nosso Deus e o poder do seu Cristo, porque foi precipitado o acusador de nossos irmãos, que os acusava dia e noite diante de nosso Deus". (Apocalipse, 12:10). Evidentemente, João referia-se ao Cristo Terráqueo, ao Arcanjo da Terra, pois o Satanás enxotado simboliza a própria comunidade de espíritos, rebeldes ao Amor do seu Cristo Planetário, em face de suas diretrizes exclusivas em detrimento da coletividade.

munificentes e planetários operam vinculados ao Arcanjo ou Logos Solar que, então, atua no centro de cada agrupamento de astros. Conforme a graduação espiritual da humanidade de cada orbe, dela também se irradia uma aura espiritual em sintonia e conjunção com o "seu" Cristo Planetário. Daí certa validez da astrologia, quando assinala a presença benéfica ou mesmo maléfica de certo astro no roteiro do céu, cuja boa ou má influência é fruto do campo espiritual sublime ou nocivo dos seus próprios habitantes. Aliás, quanto mais evoluída é a humanidade de um orbe, ela irradia melhor fluido, porque também é mais sensível à vibração sublime do seu próprio Arcanjo Planetário.

O demasiado apego à existência física, fruto de sensações inferiores, imanta as criaturas às formas e aos bens do mundo, e mais isoladas da vibração sutilíssima do seu Arcanjo. O cenário de um orbe físico é equivalente ao de uma escola, pois mesmo os reinos mineral, vegetal e animal significam tanto para os espíritos encarnados, quanto o lápis, livro, quadro-negro ou a borracha para os alunos de uma escola. Assim como o aluno analfabeto não adquire o domínio sobre a linguagem escrita, caso despreze a escola e os seus objetos didáticos, nenhum espírito adquire consciência angélica e arquiangélica, caso também se recuse a aceitar as lições dos orbes físicos. Não há evolução exclusiva ou somente no mundo interno do espírito, mas qualquer centelha, emanada do seio de Deus, só consegue despertar a noção de existir após o seu psiquismo efetuar o curso total através dos reinos mineral, vegetal, animal e hominal, em ação positiva na superfície dos orbes cada vez mais adequados à sua graduação sideral. Todo homem é um deusinho em potencial, possuindo em si mesmo a miniatura do poder, amor e da sabedoria do seu Criador. O iniciado é o que procura o Cristo e o iluminado é o que achou o Cristo.

PERGUNTA: — Surpreende-nos o acontecimento do espírito de um homem poder alcançar a indescritível condição espiritual de um Cristo ou Arcanjo Planetário, que interpenetra um orbe e alenta a intimidade global de sua própria humanidade.

RAMATÍS: — A importância da vida do Espírito não reside somente na contextura do organismo físico, que é simples veículo provisório e serve para despertar e desenvolver-lhe a consciência psíquica. O espírito na matéria continua com todos os seus atributos siderais, embora reduzidos em sua plenitude pela força do campo denso em que atua. Da mesma forma, o pintor não se vulgariza quando manuseia as tintas grosseiras na tela física, no intuito de plasmar a sua mensagem de beleza e ternura. Durante o seu despertamento, o espírito pesquisa, acumula e desenvolve em si mesmo o conhecimento e o poder criativo, quer habite a Terra, na convenção de energia compactada, como é conhecida a matéria, quer seja no Espaço, no seio da energia livre com plena liberdade. Em face de Deus não proporcionar milagres, nem conceder graças e privilégios extemporâneos a quaisquer filhos preferidos, nenhum espírito, quer seja um Logos Planetário ou Cristo Solar, poderá orientar e nutrir espiritualmente as humanidades encarnadas, caso ainda não possua uma consciência absolutamente experimentada e integralmente desperta para, então, cumprir a sua tarefa sideral superior. Todos os arcanjos efetuam a escalonada sideral sob o mesmo processo educativo, que é extensível a todos os espíritos em busca de sua ventura. Sob o esclarecimento do próprio Jesus, quando afirmou que "o reino de Deus está no homem", corroborando, também, a revelação do Gênese, de que "o homem foi feito à imagem de Deus", toda centelha espiritual ignorante e simples só alcança a condição incomum de Arcanjo Planetário após cumprir integralmente os cursos evolutivos, através de prosaicas formas de vida nas faces dos orbes físicos.

Assim como a chama ilumina e pode aumentar a sua capacidade de transmitir maior cota de luz, em função da quantidade de energia que é transformada, a consciência humana expande-se panoramicamente em todos os sentidos do Universo, tanto quanto abrange maior área de autocomando e autoconsciência, porque o reino de Deus, realmente, está no próprio homem.

PERGUNTA: — Quereis dizer que tanto Jesus, como todos os espíritos encarnados, ou desencarnados, ainda serão arcanjos, no futuro?

RAMATÍS: — Repetimos: Sob os conceitos de Justiça, Sabedoria e Amor de Deus, em que não há graças nem privilégios, Jesus é o anjo resultante do seu próprio esforço e conscientização, através de milenárias experiências nos ciclos das vidas físicas. Ele já foi uma entidade primária, cujos primeiros passos evolutivos tiveram início nas cavernas dos trogloditas.

Cada espírito possui uma idade sideral correspondente ao seu tempo de "conscientização" no Cosmo. Assim, o selvagem que mal ultrapassa a linhagem animal organizando os primeiros sons da palavra humana, ainda é um ser primaríssimo e brutal, comparado à figura de um homem comum civilizado. Todo espírito virgem e ignorante de sua própria origem cósmica e divina, num certo dia, inicia a sua própria conscientização de existir e, dali por diante, prossegue incessantemente desenvolvendo e aperfeiçoando a personificação espiritual. Embora qualquer espírito, quando adquire noção de existir ao se individualizar no seio da Energia Divina, parta de um momento dado, iniciando a diferenciação de sua consciência, daí por diante ele jamais será destruído ou desintegrado por toda a eternidade. Frisamos, pois, que todo espírito um dia "nasce" no seio do Cosmo, passando a vibrar como um ser distinto e com noção de sua própria existência pessoal. Em face de ser criado da essência de Deus, que é eterna, jamais desaparecerá depois de iniciar a sua própria individualidade. Sob rude exemplo, diríamos que o espírito de cada homem é como a gota do oceano, mas que um dia começou a ter noção pessoal de ser uma gota, embora sem desvincular-se do imenso oceano em que vive.

O processo de nascimento, desenvolvimento e emancipação consciencial é absolutamente único e, por esse motivo, o santo de hoje já foi o diabo de ontem, assim como o diabo de hoje será o santo de amanhã. Consequentemente, Hitler ainda será Gandhi, porque Gandhi poderia ter sido um Hitler, e Nero será um Francisco de Assis, porque Francisco de Assis poderia ter sido um Nero. Isso porque é o método de educação e conscientização do espírito no Cosmo, baseado no Amor e na Sabedoria, para atingir a beleza criadora.

É evidente que se o Cristo Planetário da Terra pode atuar espiritualmente sobre o seu sublime medianeiro humano, que foi o Mestre Jesus, sob a implacabilidade do processo evolutivo, que transforma homens em anjos e anjos em arcanjos, Jesus ainda alcançará a graduação sublime de um futuro arcanjo. Também há de ser um Cristo, cujo estado espiritual indescritível é o Amor Absoluto, o qual, então, dinamiza a intimidade oculta da humanidade do seu orbe para a fusão definitiva com Deus.

PERGUNTA: — Existe alguma referência bíblica que nos indique serem Jesus e o Cristo entidades distintas?

RAMATÍS: — O divino Logos da Terra, o Cristo, que interpenetra espiritualmente o vosso orbe, já atuou especificamente através de outros instrutores espirituais humanos, embora tenha sido Jesus de Nazaré o melhor canal. Manifestou-se por intermédio de Antúlio, o líder e filósofo da Paz, na Atlântida, Anfion e Numu, pioneiros de revelações espirituais nas regiões onde, hoje, se constitui a Mesopotâmia; intuiu Fo-Hi, Lao-Tsé, Confúcio, orientando os prenúncios da religiosidade entre os chineses; incentivou Moisés na organização dos Dez Mandamentos e Maomé, para compor o Alcorão. O Cristo ainda inspirou Hermes, no Egito, Zoroastro, na Pérsia, Krishna, na Índia, e Buda na Ásia, sugerindo novos rumos à humanidade e situando modificações conforme o entendimento e a sensibilidade psíquica dos homens. Mas é imensa a diferença da tarefa de um Moisés, expondo a Justiça Divina sob ameaças e castigos de Jeová, ou de Maomé, convocando o povo sensual, belicoso e glutão para exercícios de fé, comparativamente a Buda, que pregava o domínio das paixões e a extinção dos desejos. Todos esses instrutores realizaram de modo satisfatório as suas tarefas delineadas pelo Arcanjo da Terra; mas só Jesus de Nazaré foi o missionário excelso e incomum, porque escreveu a mensagem libertadora do Amor incondicional.[39]

PERGUNTA: — Ainda poderíeis considerar algo sobre a impossibilidade de um Cristo ou Arcanjo Planetário não poder agir diretamente no mundo físico, mas só através de um Messias, como foi o caso de Jesus?

RAMATÍS: — Jesus manifestou-se fisicamente no vosso orbe há dois milênios, porque ainda podia mentalizar e construir os seus veículos intermediários nas energias adjacentes ao campo da vida material. Ele ainda é um espírito capaz de ter contato com a carne, embora sob extrema dificuldade e sofrimento, como ocorreu na sua última descida sacrificial. No entanto, o Cristo terráqueo, ou seja, o Arcanjo Planetário da Terra, é um potencial vibratório de tão alta "voltagem sideral", que não consegue aglutinar as energias inferiores dos planos etereofísicos, porque as desintegraria e, assim, é impossível ele situar-se na

---

[39] Em verdade, os vocábulos Cristo, crístico ou cristificação, identificam sempre na linguagem sidérea o Amor integral e incondicional, que se constitui num estado espiritual definitivo de toda alma já beatificada e liberada dos ciclos encarnatórios dos mundos materiais. Assim, o Amor do Cristo fluiu mais intensamente pelo canal humano de Jesus de Nazaré, de cuja união messiânica resultou o extraordinário benefício aos terrícolas, que assim assimilaram mais luz em sua intimidade e elevaram sua frequência acima das forças escravizantes animais. Isso, enfim, é já o princípio da "segunda vinda" do Cristo, o que será feito pela porta íntima do coração, jamais noutra vivência, física dramática. (N. de Ramatís.)

figura diminuta do corpo humano, a fim de comandar diretamente um cérebro carnal. A sua vibração altíssima não se ajusta a um descenso vibratório capaz de alcançar as letárgicas vibrações da matéria. Ademais, isso acontecendo, ainda, lembraria o exemplo que já vos demos alhures, do efeito fulminante de 50.000 volts projetados diretamente da usina sobre um minúsculo aparelho de 110 volts.

PERGUNTA: — Poderíamos supor que a Terra só recebeu alguma luz depois que Jesus foi o medianeiro do Cristo?

RAMATÍS: — Indubitavelmente, o planeta Terra nunca deixou de pulsar impregnado pela luz e pelo Amor do seu Cristo. Mas o advento de Jesus, em sua missão sacrificial, significou a presença de um poderoso catalisador da luz crística a elevar a frequência inferior do orbe e ativar-lhe a essência divina. Lembra algo da lâmpada comum que, após sofrer uma ampliação em sua capacidade, também passa a absorver mais energia da usina e oferecer mais iluminação. Sob a catalização dinâmica de Jesus, quase exaurindo-se psiquicamente em direção ao Cristo, os poros da Terra absorveram e fluíram mais luz crística para a sua periferia. Assim, os seus habitantes sentiram, num novo estímulo de ascese espiritual, um convite oculto, que anteriormente não existia por força da rudeza e densidade do primarismo animal.[40]

PERGUNTA: — Mas por que motivo a tradição, e mesmo os Evangelhos, afirmam que Jesus era o próprio Cristo?

RAMATÍS: — Realmente, Jesus foi o revelador do Cristo, isto é, o medianeiro mais credenciado para divulgar o Amor Absoluto no vosso mundo. Pela sua Consciência Espiritual, fluiu e se fixou vigorosamente nas sombras terráqueas a Luz Crística, aflorando, então, à superfície da Terra e tornando-se o "Caminho, a Verdade e a Vida".

Quando o Mestre afirmou: "Eu e meu Pai somos um", e "Ninguém vai ao Pai senão por mim", era o Cristo Planetário,

---

[40] Trecho extraído da obra *Boa-Nova*, cap. I, ditada por Humberto de Campos a Chico Xavier, edição da FEB: "Esqueceram-se de que o nobre Otávio era também homem e não conseguiram saber que, no seu reinado, a esfera do Cristo se aproximava da Terra, numa vibração profunda de amor e beleza. É por essa razão que o ascendente místico da era de Augusto se traduzia na paz e no júbilo do povo que, instintivamente, se sentia no limiar de uma transformação celestial. Ia chegar à Terra o Sublime Emissário. Sua lição de verdade e de luz ia espalhar-se pelo mundo inteiro, como chuva de bênçãos magníficas e confortadoras. A humanidade vivia, então, o século da Boa-Nova. Era a "festa do noivado" a que Jesus se referiu no seu ensinamento imorredouro".

O Evangelho à Luz do Cosmo

que atuava e transmitia o seu Pensamento por intermédio de Jesus atuando no plano físico. O Ungido, o Escolhido ou o Eleito, para materializar o Verbo em vocábulos ou idéias acessíveis à mente humana, sob a égide do Arcanjo Planetário, foi realmente o Homem-Luz, retratado na figura magnética de Jesus de Nazaré.

PERGUNTA: — Sob o entendimento humano ficamos com a impressão de que o Arcanjo Solar e o Arcanjo Terráqueo reencarnam-se na matéria dos seus sistemas solares ou planetários? É isso mesmo?

RAMATÍS: — Do mesmo modo que o vosso espírito comanda a indescritível rede microcósmica de sistemas solares e galáxias constituídos de elétrons, átomos, moléculas, células, tecidos e órgãos do corpo físico, os arcanjos comandam os seus sistemas solares sem necessidade de neles se reencarnarem. Não deveis considerar essa atuação ao "pé da letra" das encarnações humanas, porquanto os Espíritos Arcangélicos atuam noutras dimensões e não ficam sujeitos às vicissitudes e à dor comum da vossa carne. Assim que se findar o "Grande Plano" ou "Manvantara", de que participais atualmente, então se desintegrará a substância visível do vosso sistema planetário, sem que por isso desapareça o Logos Solar sustentador do agrupamento de astros, o qual, então, sentir-se-á ainda mais livre em seu dinamismo sideral e na plenitude do gozo de sua Consciência Cósmica. Embora reconhecendo a impossibilidade de vos definir esse indescritível acontecimento, que ultrapassa qualquer concepção e imaginação humana, diríamos que o Arcanjo desvencilha-se de sua divina missão de despertar as consciências humanas, que "nascem" e "crescem" incessantemente sob o alento criador de Deus. Sem ficarmos num termo absoluto, lembraríamos a ideia de que tão majestoso Espírito também usufrui de certo repouso espiritual, quando no desfazimento do Universo-Matéria ele se recolhe à sua absoluta intimidade sideral.

PERGUNTA: — Como se processará a "segunda vinda" do Cristo, o qual, no entanto, já se encontra integrado na intimidade do nosso orbe físico?

RAMATÍS: — Desde que Jesus não foi o Cristo, mas tão-somente o seu medianeiro encarnado no orbe terreno, é evidente que a "primeira vinda" do Cristo se fez indiretamente pelo corpo físico de um missionário sacrificado na cruz. Obviamente, a "segunda vinda" do Cristo também deverá ser através de novos homens ou intermediários encarnados.

Mas, conforme diz certo adágio terreno, "o trinco do coração só se abre por dentro" e, por esse motivo, a "segunda vinda" do Cristo há de ser exclusivamente através da intimidade oculta do coração de cada homem. Assim que tiver assimilado os ensinos evangélicos transmitidos por intermédio do sacrifício de Jesus, e vibrar no estado de amor puro, é evidente que a criatura receberá o Cristo em "si mesma", transformando-se num médium potencialmente aprimorado para a "segunda vinda".

Há dois mil anos, o Cristo manifestou-se na Terra através de um ser humano, chamado Jesus de Nazaré, mas prometeu retornar no tempo profético de "Fim de Tempos", ou "Tempos Chegados", o qual já viveis atualmente. Sem dúvida, o Cristo manifestou-se incessantemente por intermédio de outros medianeiros ou de vários homens, diferentes de raças, cor e situações geográficas do orbe. E isso acontece porque todo ser que se ilumina pelo Amor e santifica-se pelo sentimento, recebe o Cristo na própria alma e se elege como seu indefectível medianeiro. A primeira vinda do Cristo foi difícil para a Técnica Sideral, que devia fixar um facho de luz crística ao âmago da Terra animalizada e saturada de sombras. Isso exigiu a renúncia, o preparo e o sacrifício de um espírito de luz,[41] para o êxito de missão tão esclarecedora e aparentemente impossível. Mas Jesus desempenhou essa missão transcendental, carregando em seus ombros o fardo sacrificial do "Código Moral" de libertação da humanidade terrícola. Através do seu sofrimento, que findou no holocausto da cruz dos criminosos, o Amado Mestre esquematizou o roteiro certo para o advento da "segunda vinda" do Cristo, e que deve ser vivida por todos os homens, depois de assimilarem os ensinos evangélicos da manifestação crística de Jesus.

PERGUNTA: — Poderíeis indicar-nos mais algumas passagens bíblicas, que mencionem a distinção entre Jesus, o homem, e o Cristo, o Espírito Planetário?

RAMATÍS: — É muito significativo o diálogo que se sucede entre Jesus, Simão Pedro e os demais apóstolos, quando ele lhes indaga: "E vós, quem dizeis que eu sou?" E Pedro responde-lhe:

[41] Enquanto o Arcanjo Planetário terráqueo é o espírito que transfunde ao orbe a sua luz criativa e purificadora, Jesus é o Governador Espiritual da Terra, entidade responsável pelo processo cármico, pela disciplina e liberação da humanidade das sombras da animalidade, conduzindo-a para a conscientização de sua própria Individualidade.

O Evangelho à Luz do Cosmo

"Tu és o Cristo, o Filho de Deus vivo". Finalmente, depois de certa reflexão, Jesus, então, mandou aos seus discípulos que a ninguém dissessem que ele era Jesus, "O Cristo". (Lucas, 9:20, 21; Mateus, 16:15,16 e 20).

Neste relato, Jesus admitiu o fato de representar outro ser, além de si, o Cristo, que havia muito tempo já inspirava e fora percebido intuitivamente por Simão Pedro. Falando mais tarde às turbas e aos apóstolos, o Mestre Jesus esclarece a sua condição de medianeiro do Cristo, quando sem qualquer dúvida expressa-se do seguinte modo: "Mas não queirais ser chamados Mestres, porque um só é o vosso mestre, e vós sois todos irmãos. Nem vos intituleis Guias; porque um só é vosso Guia, o Cristo!" (Mateus, 23:8 e 10). É evidente que se Jesus falou na primeira pessoa e referiu-se ao Cristo na segunda pessoa, ele tinha o propósito deliberado de destacar o Espírito Planetário do orbe terráqueo e a sua própria identidade humana, uma vez que, em face de sua reconhecida humildade, jamais ele se intitularia um Mestre. Aliás, inúmeras passagens do "Novo Testamento" fazem referências a Jesus, e chamam-no o Cristo (Mateus, 27:17 e 22), pressupondo-se que, mais tarde, realmente, ele chegou a admitir-se como o Cristo, o Ungido ou Enviado.

Jesus não esclarece melhor esse assunto, em virtude de os apóstolos não poderem assimilar e entender, na época, a complexa realidade de ser ele uma entidade e, ao mesmo tempo, outra que então seria o Cristo, o Arcanjo Planetário. Evidentemente, a falta de cultura, a limitação religiosa dos judeus, não lhes permitia raciocínios tão profundos como a ideia de um espírito planetário.[42]

PERGUNTA: — Como poderíamos sentir a presença do Cristo Planetário, em nossas vidas, malgrado ainda não oferecermos as condições psíquicas ou espirituais necessárias para ocorrer tal evento?

RAMATÍS: — No próprio Evangelho, diz Jesus assim, em certa passagem: "Eu estou convosco todos os dias até a consumação dos séculos". Sob tal conceito, deduzimos que existe uma

---

[42] Vide a leitura do capítulo "Os Engenheiros Siderais e o Plano da Criação", da obra *Mensagens do Astral*, de Ramatís, que explica minuciosamente as particularidades dos Cristos Planetários e Constelares e, também, a obra *Que Vos Parece do Cristo*, Sabedoria Liv. Ed. 1970, págs. 24 a 28, de Huberto Rhoden, quanto ao capítulo "Ninguém vai ao Pai a não ser por mim", em que o autor, paralelamente a Ramatís, faz proficiente estudo sobre a diferença entre o Cristo e Jesus.

presença espiritual incessante e eterna, porquanto não haverá consumação dos séculos no sentido de eternidade, mas apenas quanto à vida material. Há que distinguir, também, que embora Jesus seja um espírito de considerável amplitude consciencial, capacitado para abranger psiquicamente um vasto campo de pensamento e intenções dos homens terrenos, é necessária uma presença permanente e insofismável, como é o Cristo, o Espírito Planetário, a interpenetrar integralmente todos os átomos físicos do vosso orbe e o campo psíquico de vossa humanidade. Então, o Cristo poderia afirmar pelos lábios de seu medianeiro Jesus, o seguinte: "Onde dois ou três estiverem reunidos em meu nome, lá estou no meio deles". Evidentemente, quando os seres vibram pela mente e pelo sentimento, sob a frequência superior do amor fraterno e puro, ali também vibra mais sensível e íntimo o Cristo, que é o Amor Incondicional.

Jesus foi o instrutor humano mais perfeito e sensível, capaz de captar e transmitir a Luz e o Amor incondicionais do Cristo às penumbras do orbe terráqueo. Por isso, o amor que o Cristo pôde manifestar através de Jesus, também vive espiritualmente em nós e pode assinalar a sua presença, caso nos tornemos, também, num instrumento medianeiro capaz de O sentirmos pela nossa sublimação incessante. O Cristo, que se manifesta internamente na alma do homem, ilumina-lhe, purifica-lhe todos os interstícios da própria indumentária carnal externa, assim como a energia da usina refulge através da lâmpada límpida e translúcida.

PERGUNTA: — Porventura, só depois que Jesus recebeu o Cristo e se manifestou na cerimônia do batismo, é que se positivou o ensino de que "Ninguém vai ao Pai, senão por mim", exposto por Jesus?

RAMATÍS: — Considerando-se que "só pelo amor se salva o homem" e que o Cristo Planetário é o campo, a síntese e o reservatório pulsátil do Amor Puro, ninguém poderá chegar a Deus, lograr a perfeição ou a ventura eterna, sem primeiramente passar pelo "caminho" do Amor absoluto. O Amor Crístico só se manifesta depois que o "homem velho" livra-se dos seus instintos animalescos e vai manso e passivo ao holocausto da cruz do amor desinteressado, e ressuscita na figura do "homem novo" cristificado, assim como a semente perde a sua velha forma egocêntrica no seio da terra, para ressurgir em seguida na "figura nova" da árvore.

O Evangelho à Luz do Cosmo

A personalidade humana, tão ciosa dos seus direitos e valores relativos a um mundo transitório, então deve desaparecer ou extinguir-se pela absoluta renúncia a qualquer afirmação, interesse ou especulação no mundo de César. O "homem velho", caldeado pela linhagem animal e apegado aos bens do mundo da carne, deve morrer e desintegrar a belicosidade que lhe é peculiar, pela própria agressividade destruidora do mundo físico.

Jesus, depois de se sensibilizar, através da vivência opressiva da vida humana, sentiu a aura magnética e amorosa do Cristo Planetário, passando a comunicar aos homens que ele era o "Caminho, a Verdade e a Vida", e que "Ninguém vai ao Pai a não ser por mim". Realmente, o vínculo entre Deus e o homem terreno é o Cristo Planetário e, em nosso caso, a entidade que vibra mais próxima da vivência humana. Através de Jesus, o magnífico medianeiro humano, o Cristo pôde transmitir mais fielmente as normas para o homem desprender-se definitivamente de um mundo útil como educativo, porém, transitório e dispensável após a emancipação espiritual. Assim que o espírito alcança sua conscientização espiritual e deixa de ser dominado pelos instintos, libera-se do educandário físico, por ter devolvido à terra o "quantum" da animalidade que o imantava aos ciclos compulsivos das existências carnais.

E quem não realizar esse programa e não cumprir o esquema ascensional, esforçando-se para se libertar do jugo da matéria, também não logrará a união consciencial e definitiva com Deus, ou o "Nirvana", conforme a concepção dos orientais.[43] Sem dúvida, não irá ao Pai, quem não conseguir acompanhar Jesus no roteiro que viveu com absoluto desprendimento e consciência perfeita da missão, em demonstrar o caminho crístico do Amor para libertar as almas dos ciclos tristes das vidas transitórias na matéria. No madeiro da cruz, o símbolo do corpo físico, Jesus, o melhor ser do mundo, glorificou-se renascendo em "Espírito" e "Verdade", e pela libertação definitiva do instinto de conservação da personalidade humana abriu a clareira de luz para a salvação de todos os homens.

A vida e a paixão do inolvidável Mestre Jesus, em sua renúncia suprema e sob a inspiração do amor crístico, selaram sobre a face da Terra a síntese do curso sideral exato, que o espírito

---

[43] Nirvana é um estado perene de consciência desperta, o autoconhecimento que liberta. Não é um modo de aniquilamento do ser, como a gota de água se funde no oceano, porém, condição de plena consciência espiritual; é a vida do espírito liberto das limitações do tempo e do espaço.

ignorante e simples deve cumprir na sua vivência didática, sob a pedagogia da vida carnal. Assim, ele demonstrou, pela sua origem pobre e simples, que a mais paupérrima criatura ainda pode ter, no futuro, uma realização espiritual angélica, bastando para isso integrar-se na vivência esquematizada pelo Evangelho. Toda a vida de Jesus resume-se em atos, pensamentos, comportamentos e serviços realizados pela dignidade, sabedoria e amor, configurando as atitudes e atividades corretas, que devem dominar o espírito na sua peregrinação evolutiva pelo mundo de formas. Daí a sua afirmação definitiva e insistente, de que era o "Caminho, a Verdade e a Vida", porquanto ele significava o próprio curso vivo de toda a pedagogia evolutiva espiritual na matéria.

PERGUNTA: — Evidentemente, uma das normas de maior proficiência para o homem ajustar-se ao Evangelho de Jesus é o sentimento da humildade. Não é assim?

RAMATÍS: — Jesus ensinou as reações mais afins à libertação espiritual, quando assim exclamava: "Se te tirarem a túnica, dá-lhe, também, a camisa", "Ama o próximo como a ti mesmo", "Faze aos outros o que queres que te façam" e "Se teu adversário obrigar-te a andar uma milha, vai mais uma com ele". Assim, esquematizou perfeitamente o desprendimento total e necessário das nossas concepções comuns e egoístas do mundo físico, demonstrando a conduta imprescindível para o espírito poder libertar-se do jugo fascinante, mas ilusório da matéria.

Não basta essa vivência tão sacrificial e desprendida, mesmo que o homem doe tudo de si a outrem, caso ele ainda não esteja possuído de tanta humildade, que possa perdoar a todos os seus adversários e autores de sua própria infelicidade. Zombado, acanalhado, caluniado e infamado pelas ingratidões de amigos mais estimados, dominados pelo orgulho, vaidade, ciúme, ambições, inveja e avareza, ainda é preciso que o iniciado na didática do Evangelho tenha consciência do benefício e do seu martírio, opondo a sua chancela límpida de ressentimento, de perdoar tanto quanto o Cristo perdoou.

Sem dúvida, essa não é a humildade que se confunde com servilismo, mas que liberta o espírito da matéria, pois quando Jesus enunciou que os "humilhados serão exaltados", referia-se à humildade consciente, ao estado de apercebimento mais profundo e intuitivo da vida, em que a criatura cede espontaneamente para não agredir e tolera para não impor.

O Evangelho à Luz do Cosmo

165

A humildade não é tão simplesmente uma virtude que se deve cultivar deliberadamente no sentido de se galardoar espiritualmente. A Terra, com suas dores e vicissitudes, em vez de mundo expiativo e indesejável, pode ser considerada escola de alfabetização espiritual, ou valioso laboratório de enriquecimento e embelezamento da alma. Em consequência, o homem humilde é o aluno paciente, conformado e satisfeito, que melhor aproveita as lições do mundo, uma vez que ele é sempre quem mais se apercebe da realidade espiritual, em face de ouvir sem protestar, solicitar sem exigir, aprender sem pontificar.

PERGUNTA: — Finalmente, cabe ao sofrimento e à morte o polimento final para o espírito ultimar o seu curso evolutivo?

RAMATÍS: — O sofrimento e a morte não são desdouros nem punições, nem mesmo o fundamento principal da evolução e aperfeiçoamento do espírito. Em verdade, ambos são apenas a resultante da vida, fruto da reação natural da técnica usual para a conscientização do espírito no seu atrito com as asperezas e imperfeições das formas físicas. Assim, enquanto o estudo, o labor e o serviço ao próximo é que realmente despertam e ativam o núcleo refulgente do espírito imortal, no seu contato educativo com a matéria, o processo da dor e do sofrimento desbastam e eliminam o residual inferior, funcionando no mesmo esquema ou "operação-angelitude".

PERGUNTA: — Finalmente, podemos crer que o Mestre Jesus já era uma entidade consciente e angélica, antes mesmo da materialização do nosso planeta Terra?

RAMATÍS: — Aliás, é o próprio Jesus, que em certo momento se dirige significativamente a Deus, assim exclamando: "Glorifica-me, ó Pai, com aquela glória que eu tinha em ti, antes que o mundo fosse feito". É óbvio e implícito que se Jesus mencionou a "glória que ele tinha em Deus", evidenciava que antes de ele existir na Terra, como entidade carnal, o seu espírito já vivia na glória de Deus. Era, portanto, um realizado sideral, muito antes de se encontrar encarnado na Terra; um Mestre que descera ao mundo físico, eleito para elevada missão, pois, certamente, não viera cumprir nenhuma dívida cármica pelo sacrifício da vida humana, mas apenas ensinar o que já assinalara e realizara anteriormente.

Jesus era um espírito glorificado muito antes de nascer fisicamente no mundo terreno. Quem transmitiu mensagem tão gloriosa e morreu pelo Amor, só podia ter vivido anteriormente na glória de Deus, do qual foi arauto espiritual como sublime transmissor físico. Nascido no mundo carnal, mas alimentado em espírito pelo Amor Universal, que se derramava, através de sua configuração humana, Jesus burilou e sensibilizou de tal modo a sua própria organização "psicofísica" que, ao eclodir em si o Cristo, que nele vivia latente, mesmo antes de nascer no mundo, pôde traçar no cenário da Terra o organograma sideral da salvação do homem. Deixou-nos o mais perfeito esquema de libertação da individualidade terrena, proporcionando a metamorfose do "homem velho", da vivência animal, no "homem novo" da glorificação espiritual.

Sob a ação centrípeta do Amor do Cristo, que vive latente no âmago de todos os homens e eclode tanto mais intenso quanto se fizer a limpidez da lâmpada perispiritual, rasgam-se as cortinas do céu naqueles que sabem "despertá-lo" em si. Eis por que Paulo costumava dizer, "que ele não vivia, mas o Cristo é que passou a viver nele", assim como Jesus dizia: "Eu não vivo em mim, porém, é o Pai que me enche de vida".

E "Ninguém irá ao Pai, a não ser por mim", porquanto ninguém se libertará do jugo da matéria, enquanto não tiver realizado em si mesmo a morte das paixões e o renascimento para a vida sadia do Espírito. E, então, cumprir-se-á a promessa de que "A este será dado o dom da Vida Eterna".

O Evangelho à Luz do Cosmo

9. "Meu reino não é deste mundo"
(João, 18:36)

PERGUNTA: — *Qual é o fundamento principal do conceito enunciado por Jesus, que assim diz: "Meu reino não é deste mundo"?*

RAMATÍS: — Insistimos em dizer-vos que, em todos os seus ensinamentos, parábolas e conceitos evangélicos, Jesus sempre se referia à vida do espírito imortal. Ele atuava inegavelmente como o avançado instrutor espiritual, que jamais devia desperdiçar o seu precioso tempo demorando-se no exame da vida transitória na face do orbe físico.

O Evangelho, além do Código Moral da humanidade terrícola, ainda é o mais eficiente e autêntico curso educativo para o homem alcançar a sua cidadania sideral. Embora o Mestre Nazareno se servisse comumente de símbolos, das imagens e premissas tradicionais extraídas da existência física, ele o fazia apenas como base comparativa para identificar e alicerçar os motivos definitivos da natureza imortal do ser. Usava o princípio didático do próximo para o remoto, e do conhecido para o desconhecido. Sob o invólucro poético e pitoresco de suas parábolas, oculta-se a verdadeira "senda" para a vida do espírito imortal. Assim, no fundamento principal do seu conceito evangélico, "Meu reino não é deste mundo", Jesus fixou a própria natureza dos seus ensinamentos, esclarecendo que viera expor e ensinar o esquema da vida eterna, ou seja, da libertação do espírito do campo da energia condensada para o campo da energia livre.

PERGUNTA: — *Porventura, Jesus não teria anatemati-*

zado a nossa vida material, ao demonstrar que só lhe interessava e era importante a vivência espiritual?

RAMATÍS: — Jamais o Mestre Jesus faria tal condenação, o que desmentiria a sua genial sabedoria e ternura espiritual. Ele apenas procurou distinguir quanto à natureza transitória da existência material, em confronto com a eternidade e liberdade da vida espiritual. Em sua pedagogia evangélica, ficou comprovado quanto à sensatez do homem usufruir da vida terrena como uma escola de aprimoramento moral e científico, jamais com o fim de satisfazer os instintos. Assim como os alunos não devem apegar-se avaramente aos objetos e coisas que servem de base para a sua alfabetização, porque, caso não sejam reprovados, de nada lhes servem no ano seguinte; o espírito do homem também não deve imantar-se aos valores, tesouros materiais, cujo objetivo é favorecer provisoriamente para a sua educação e desenvolvimento consciencial na face dos orbes físicos, e os quais nada lhe significam na futura vivência angélica.

Embora salientando a importância de o espírito encarnado viver na matéria, aconselhou ao homem o estudo, a paciência, tolerância, humildade, o amor e o trabalho, acrescido de um serviço desinteressado aos seus irmãos, como os fundamentos específicos para a mais breve promoção angélica. É de senso comum que ninguém pode alfabetizar-se na escola primária, caso despreze as lições dos professores, destrua compêndios e os instrumentos do seu aprendizado. Embora insistindo sobre a superioridade da vida angélica, o Cristo-Jesus não desprezou nem condenou a existência humana na Terra, mas apenas distinguiu-a como um "curso transitório", funcionando como um meio e não como um fim.

PERGUNTA: — Porventura, para além do tema enunciado por Jesus, de que o seu "reino não é deste mundo", isto é, diferente do nosso mundo físico, ainda existe algum outro acontecimento oculto?

RAMATÍS: — Convém repetirmos que todo ensinamento evangélico de Jesus sempre oculta alguma ação legislativa do Cosmo. Examinando-se as parábolas e os conceitos instrutivos do Amado Mestre, sob o raciocínio mental e os eventos científicos do século XX, é possível à própria ciência acadêmica identificar determinadas regras e leis, que atuam ocultamente no âmago dos enunciados evangélicos. Inúmeras elucidações, ainda incompreensíveis na época messiânica cristã, hoje podem ser observadas e compreendidas, graças ao progresso científico e técnico do mundo moderno.

Aliás, como a Lei Única do Cosmo e seus derivados disciplinam todos os fenômenos e operações no metabolismo da vida material, obviamente, coordenam e disciplinam desde o nascimento até a decadência dos envoltórios físicos, que servem para a manifestação do espírito no curso educativo das encarnações planetárias. A matéria, em consequência, é o meio educativo e de expressão para o espírito simples e ignorante ampliar a sua consciência individual. Mas isso deve ser realizado sem discrepar das leis morais e espirituais, porque elas disciplinam os fenômenos da matéria dentro da Unidade Cósmica.

PERGUNTA: — Poderíeis fornecer-nos algum exemplo mais objetivo?

RAMATÍS: — Qual é o estado normal do ar? Sem dúvida, é o de livremente se expandir. Mas quando o ar é comprimido em recipientes materiais, seja para encher um pneumático de automóvel ou para expelir o líquido perfumado de um "spray", ele então suporta uma condição anômala e contrária à sua verdadeira natureza. Diríamos que o ar comprimido, opresso e limitado aos contornos do recipiente que o contém, permanece numa condição antinatural.[44]

Sob igual dedução, também diríamos que o estado anômalo, que a energia livre sofre condensada e aprisionada nos cárceres das formas físicas, também é uma situação transitória. A radioatividade, por exemplo, é a fuga desesperada da energia encarcerada e compactada em certos elementos químicos, no esforço titânico para readquirir a sua liberdade absoluta e natural. O fragmento de rádio, que se transforma incessantemente em chumbo, libertando energias, os raios Beta e partículas mais simples, podem ser comparados à ânsia espiritual de o ser imortal libertar-se do chumbado peso do mundo da matéria.

É evidente que Jesus também enunciava um fato científico, ao advertir que "meu reino não é deste mundo", isto é, de um

---

[44] N. do M. - Ramatís aborda esse tema de energia livre também no cap. "Sede Perfeitos", em face de sua preocupação de melhor esclarecer os assuntos complexos da vida espiritual. Aliás, é de sua apreciação costumeira, sempre retornar com novas considerações sobre os mesmos temas e conceitos já manuseados em obras ou capítulos anteriores, como aqui ocorre, a fim de tornar melhor compreensível o fundamento de suas mensagens mediúnicas, mais didáticas do que propriamente especulativas.

mundo material e transitório. O seu reino é real, indestrutível e ilimitado, como é o reino superior da energia espiritual. O "mundo de César" é o mundo efêmero existindo sob breve compactação energética, se considerarmos o tempo infinito, cujas formas, visíveis aos sentidos físicos, tendem a se volatilizar em partículas desaparecendo do exame real dos mesmos sentidos carnais.

PERGUNTA: — Embora Jesus tenha distinguido perfeitamente o mundo da energia comprimida, em comparação com o reino da energia livre, ou seja, o "mundo de César" e o "reino de Deus", ainda há mais algum ensinamento além desse aspecto?

RAMATÍS: — Na época de Jesus os homens ainda não podiam compenetrar-se do sentido oculto de suas elucidações sobre uma vivência superior, cuja possibilidade de entendimento ultrapassava a compreensão da existência humana tão primária. O Amado Mestre servia-se das imagens e das coisas, que aconteciam sobre a vida cotidiana, a fim de firmar e ativar os preceitos próprios da doutrina oculta. Tratando-se de um notável e sábio profeta sideral, conhecedor profundo do metabolismo da vida do Espírito Eterno, Jesus preparava a mente do homem de sua época, com os objetos e fenômenos do mundo sensível e transitório, para depois sensibilizá-lo até aperceber-se da realidade do estado angélico. Mas, em face do progresso técnico e das descobertas científicas, pela pesquisa intensa no próprio campo de forças ocultas da energia, a humanidade terrena já pode vislumbrar, atualmente, entre o "que Jesus disse" e, realmente, "por que ele disse".

Na oferenda sacrificial de sua vida, Jesus demonstrou o seu total desapego ao mundo material, assim, salientando até o extremo possível, no que se constitui o processo libertador de encarnação por encarnação. Somente os tolos persistirão em viver apegados ao artificialismo da vida ilusória da matéria, depois de conhecerem, moral e cientificamente, o que é real, autêntico e definitivo ensinado por Jesus. Cumprindo a sua missão sublime de mentor e psicólogo sideral, e conhecedor atuante em todos os campos da vida, Jesus dizia e vivia os seus ensinos morais, modelando-os como devem ser na vivência espiritual, e o fez nas condições mais honestas e estóicas realizadas na matéria, para o esclarecimento angélico da humanidade. Atualmente, os exegetas já podem distinguir e identificar que, sob

O Evangelho à Luz do Cosmo

os seus postulados de moral espiritual, existem e permanecem os fundamentos científicos derivados da própria Lei do Cosmo. Consequentemente, uma porcentagem diminuta da humanidade tem procurado cumprir os ensinos "que Jesus disse", mas, doravante, deve cientificar-se de qual o motivo "por que ele disse". Em sua tarefa messiânica, Jesus expôs como deve ser a moral do espírito angélico; e, através da pesquisa científica moderna, o homem do século XX saberá descobrir a estrutura que sustenta a miniatura do Cosmo.

PERGUNTA: — Em face da profundidade do tema de que o Evangelho, na exposição de seus princípios e conceitos, lembra a própria Lei do Cosmo, ainda poderíeis estender-vos sobre assunto tão elevado?

RAMATÍS: — O homem antigamente aceitava a verdade de que o "reino do Cristo" não era o mundo material, porque isso era dito por um instrutor espiritual reconhecido como um elevado líder da humanidade. Mas, hoje, após os eventos científicos da eletrônica, o domínio do átomo e da energia nuclear, o intercâmbio lunar, o conhecimento e a identificação dos raios cósmicos e a era dos computadores e robôs, além da auscultação pulsativa das galáxias, então já é possível verificar-se o fabuloso poder criativo que existe no mundo das energias ocultas superando a aparente letargia da matéria. Em consequência, também é viável a perfeita distinção entre o mundo físico de César e o mundo dinâmico espiritual de Deus, ou seja, o transitório e inferior, do autêntico, eterno e superior.

O certo é que Jesus conhecia isso em sua época messiânica, embora revestisse o seu conteúdo esotérico de palavras simbólicas e parábolas adequadas para a época. Ele se engrandece e a sua figura avulta-se, dia a dia, mais pelo que os sábios terrenos comprovam de sua sabedoria e do cientificismo inalterável do Evangelho, do que mesmo pela sua pregação incomum de avançado instrutor moral da humanidade. Pouco a pouco, o homem perspicaz e sensato apercebe-se de que já é uma estultícia viver sem o Cristo, porque o Cristo permanece na intimidade de todos os pensamentos, idéias, atos místicos, religiosos, filosóficos e morais. O homem de inteligência comum já se apercebe que o Cristo, realmente, é o "Caminho, a Verdade e a Vida". Todas as verdades descobertas pela ciência terrícola, em qualquer latitude geográfica ou campo de atividade humana, evidenciam em sua intimidade o selo característico do Cristo, indicando que a única solução capaz de pacificar o mundo e unir os homens ainda é através do Amor incondicional.

Líder e Mestre incontestável, induz-nos a crer nela com segurança e seguir os seus ensinamentos, por ser a única maneira de o homem libertar-se dos ciclos encarnatórios. Em vez de os homens estagnarem no artificialismo da vida material transitória, enquanto destroem a civilização pelas forças enfermiças do ódio, eles poderiam criar a ventura humana, através das energias sublimes do Amor. O Amor, que salva e redime o homem, é a saúde espiritual dos que reinam e se conformam com as vicissitudes e as dores da carne, sem desejos de vingança; o ódio, que destrói e intoxica, é a enfermidade da alma sob a imantação do atavismo animal.

Por isso, o Evangelho do Cristo é, especificamente, um tratado da saúde da alma, porque modificando o campo moral do ser, muda, também, a frequência vibratória do espírito e o ajusta cientificamente à pulsação harmoniosa e eterna do próprio Cosmo. Em consequência, o Evangelho, além de Código Moral é, também, um tratado profundamente científico das leis cósmicas, que operam na intimidade de cada ser, conforme a sua frequência vibratória e graduação espiritual.

PERGUNTA: — Quando Jesus menciona que "meu reino não é deste mundo", isto ajusta-se à mesma interpretação doutrinária, caso ele dissesse: "meu reino não é deste reino" ou meu mundo não é deste mundo"?

RAMATÍS: — Alhures vos temos dito que Jesus não empregava uma vírgula a mais ou a menos nas suas máximas evangélicas. Em sua autenticidade angélica, jamais ele se serviria de vocábulos imprecisos ou substituíveis, para expor o seu pensamento definitivo e correto. Ademais, não usava de qualquer artificialismo ou eloquência rebuscada para ressaltar a sua pregação como é muito comum entre os oradores do mundo profano. Num punhado de vocábulos familiares, expunha o esquema de uma virtude ou a revelação de um estado de espírito angélico. Cada vocábulo e cada frase possuíam a força estrutural do alicerce do seu pensamento, em ebulição e a firmar os fundamentos do edifício evangélico.

Só as criaturas primárias ou melodramáticas são verborrágicas, pois desperdiçam palavras sem qualquer motivação íntima.

O Evangelho à Luz do Cosmo

173

Os indecisos e insensatos é que oferecem uma frase gráfica ou verbal, sob a vestimenta rota das palavras e dos vocábulos inadequados, para então expressar a natureza dos seus pensamentos. Os verdadeiros sábios são singelos e comunicativos na sua exposição mental; só o homem presunçoso apela para a excentricidade, frases complexas e acadêmicas para tornar mais difícil o que diz, crente de que o julgam mais sábio, por ser mais difícil de se fazer entender. Isso é tão frequente pela demonstração medíocre e a verbosidade vazia de líderes de grupos e facções políticas, que se verifica no curso das ambições dos homens atuais.

Há, portanto, grande diferença de sentido entre o vocábulo "mundo" e "reino" com que Jesus vestiu tão corretamente o seu enunciado espiritual. A palavra "mundo" expressa o universo físico criado, o qual pode ser concretizado pelos desejos e sentidos humanos. O mundo é para todos e a Terra, portanto, é para todos os terrícolas, ou seja, é o mundo dos homens terrenos. Quando dizeis, aí na Terra, que "Fulano" é um homem do mundo, isso se refere ao indivíduo dado aos prazeres e à satisfação de todos os desejos, o qual vive de modo exclusivamente físico e ávido de gozo incessante. Ele é, então, um homem do mundo, mas esse mundo é de todos e, o que é pior, o mundo transitório.

A palavra "reino", enunciada e distinguida por Jesus, refere-se mais propriamente à ideia de um estado, diríamos, equivalente àquilo que a ciência moderna chama de teoria de campo. Esse reino ou campo, uma forma de energia e o conjunto de leis e princípios, que governam todos os fenômenos ali ocorridos. Somos todos vassalos das leis e princípios do "reino de Deus", desse "campo universal" sublime de que seremos futuros participantes quando lograrmos as condições necessárias para o habitarmos. É, enfim, uma comunidade algo aristocrática e disciplinada por um comando supremo acima de tolas vulgaridades do mundo humano. Os próprios reinos mineral, vegetal e animal, nos seus agrupamentos de corpos e seres, são disciplinados e governados intimamente por leis, que os conduzem para expressões cada vez mais requintadas.

Evidentemente, Jesus referiu que "o meu reino", onde ele vive, é um estado diferente, em que o espírito cria, porque já obteve a sua vitória completa sobre os instintos escravizantes.

Subentende-se que o "reino" é definitivo e o "mundo" transitório, em que o primeiro vibra sob o governo e exige uma eletividade específica para habitá-lo, e o segundo é de quem mais sabe impor-se pela sua força, astúcia ou condição pessoal. É de senso comum que o maior conquistador do mundo não é quem derrota muitos homens ou povos, porém, quem primeiro derrota as suas próprias mazelas e paixões. No conceito "meu reino não é deste mundo", Jesus procurou focalizar-nos a imagem diferencial, em que o mundo é a matéria transitória e o reino um estado real e inalterável, porque se constitui da energia, sob o controle das mentes, cuja vontade e amor já se desenvolveram ao ponto de só proporcionarem a ventura alheia.

PERGUNTA: — Qual seria o sentido mais evidente ou particularizado, quando Jesus assim responde a Pilatos: "Meu reino não é deste mundo"? Ele ainda teria insinuado algo além do conceito do reino na energia livre do espírito, em contraste com o mundo comum da matéria, ou da energia compactada?

RAMATÍS: — Narra o Evangelho de João que, tendo Pilatos entrado no palácio e feito vir Jesus à sua presença, então perguntou-lhe: "És o rei dos judeus"? Respondeu-lhe Jesus: "Meu reino não é deste mundo. Se meu reino fosse deste mundo, a minha gente houvera combatido para impedir que eu caísse nas mãos dos judeus; mas o meu reino não é daqui". Disse-lhe Pilatos, então: "És, pois, rei?" Jesus lhe respondeu: "Tu o dizes; sou rei; não nasci e não vim a este mundo senão para dar testemunho da verdade. Aquele que pertence à verdade escuta a minha voz".[45]

É evidente que nesse curso de palavras Jesus distingue, um "reino" ou vivência superior, disciplinada e dirigida, convenientemente, tal qual uma nação terrícola é amparada por certo governante. Em oposição, ele figura o "mundo" habitado por todos os homens e concitados por paixões, interesses, competições e vícios, uma vivência indisciplinada sob o egoísmo individual. Mas num reino vivem os que pelo progresso espiritual foram "escolhidos" sob uma proteção; e para todos basta que a espontaneidade de alma tão sublimada de cada um seja a garantia da ventura geral. Mas o mundo subentende-se um local de satisfações, gozos, paixões imediatas e indisciplinadas, as quais se manifestam conforme a índole e a graduação de cada homem.

Respondendo a Pilatos, que era rei, Jesus servia-se do sentido figurativo do próprio vocábulo para enunciar sua hierarquia de espírito liberto das contingências humanas, embora decidido

---

[45] João, 18:33, 36 e 37.

O Evangelho à Luz do Cosmo   175

a cumprir até o final a sua missão sacrificial para a libertação dos homens. Só o rei governa-se a si mesmo, porque ele é um soberano, com o direito ao poder supremo e absoluto dado pelas leis. Jesus, portanto, como espírito emancipado e anjo de alto galardão, credenciado para o livre trânsito no Universo, podia ser perfeitamente comparado ao rei com poder absoluto, porque ele governava como um soberano a sua própria individualização espiritual. Aliás, ainda adverte: "Sou rei; não nasci e não vim a este mundo senão para dar testemunho da Verdade", ajuizando que só o espírito é que não nasce, não cresce, nem morre, porque, sendo eterno, preexiste e sobrevive à transitória organização carnal.

Jesus acentuava ser um rei espiritual, indestrutível e emancipado, não um "rei-homem", ainda limitado pelo nascimento e depois destruído pela morte física. Ele se afirmou um soberano do reino de Deus, um "emancipado", completamente livre do "Maya", ou da ilusão do mundo material. Era, então, o próprio "Caminho, Verdade e Vida" e podia afirmar: "Aquele que pertence à Verdade, escuta a minha voz", demonstrando a sua identificação como um soberano de si mesmo, um monarca do reino espiritual vibrando em igual frequência sublime. Além de expressar a diferença entre o "reino espiritual" ou da "energia livre", em confronto com o "mundo material" da energia escravizada nos contornos e limites das formas, Jesus identifica-nos a vida real e autêntica do Espírito Imortal. Ele distingue o rei como a própria identidade soberana do espírito liberto, não um vassalo de paixões menos nobres, mas o programador do seu próprio destino e autor de sua própria felicidade.

É a entidade que se descobriu a si mesma, livre do tempo e do espaço, vencedora dos desejos e paixões, do tédio e das insatisfações. Jesus, então, conforta o homem e semeia esperança na humanidade, ao informar sobre a vida futura, numa vivência de completo domínio espiritual. O espírito feliz autogoverna-se, sem qualquer preocupação da humanidade sideral, porque a sua contextura íntima já se ajusta à frequência da realidade, acima de qualquer ato ilusório, egoísta ou evidência espiritual. O Espírito sublimado pode fazer o que quiser e o que lhe convier, após a sua libertação e emancipação dos ciclos reencarnatórios. Ele já descobriu a Verdade e identificou-a em si mesmo e, por esse motivo, jamais cometerá erro ou quaisquer equívocos em prejuízo de outrem. Essa Verdade é arte de si mesmo, isto é, um fragmento do próprio Deus no homem.

PERGUNTA: — Poderíeis definir-nos algo dessa ventura no reino de Deus?

RAMATÍS: — A conceituação do Cristo-Jesus convidando o homem a ser perfeito, como perfeito é o Pai, indica-lhe a meta definitiva e venturosa, pois há de ser tão feliz como feliz deveríamos conceber a natureza divina. Embora não possamos dizer que Deus é feliz, porque não dispomos de uma unidade de medida exata, que nos proporcione a ideia do oposto "infeliz", sabemos, através de Jesus, que o "homem perfeito" é o homem absolutamente feliz, porque ele já desenvolveu em si mesmo o fundamento divino de Deus.

Enquanto o espírito do homem não alcançar essa perfeição e o conhecimento da Verdade, ele ainda opera no plano dos contrastes e sujeito a medidas, limites dados pelo tempo e espaço, que o obrigam a um incessante desgaste energético e a uma instabilidade insatisfatória. Mas assim que atinge a realeza notificada por Jesus, quando passa a atuar absolutamente livre de quaisquer contingências ou coações exteriores, então é o anjo tendo à sua disposição um campo de energias sutilíssimas, que jamais se desgastam ou se modificam sem a sua própria vontade. Sem dúvida, as energias, quanto mais puras e sutis, também são mais afins ao espírito mais eletivo às vibrações criativas de Deus.

No reino de Deus, ou no seio da Verdade absoluta, que é a fonte da vida em todo o Universo, a ventura é um "estado de espírito", e não fruto da posse ou propriedade particular. No primeiro caso, é preciso o espírito adquirir, treinar e afinar o seu estado íntimo no uso dos objetos e no intercâmbio do mundo físico; no segundo caso, o estado de posse é precário, satura logo, porquanto a retenção de um lote de terra, uma fartura de ouro ou luxuoso veículo, malgrado a diferença ilusória do ser, é sempre um estado de espírito transitório e sem valor definitivo, porque é tão-somente *posse* ou poder precário.

Através de todos os fenômenos e acontecimentos com que o espírito do homem entra em contato com a faculdade dos cinco sentidos físicos, vale tão-somente a concentração, intensificação e catalisação energética, que lhe proporcione um sentido ou faculdade incomum cada vez mais sublime. Não é a extensão e o valor dos bens, que mobiliza e administra, o que lhe produz favorecimentos e venturas, caso se trate exclusivamente da escravidão peculiar da posse. A posse é um estado de espírito, que converge numa falsa ventura para determinado objeto, coisa ou ser no mundo transitório. Portanto, a posse diminuta ou imensurável não significa ventura, pois as coisas inanimadas ou provisórias, jamais podem proporcionar a felicidade para quem é eterno.

Não é duradoura a ventura que depende da existência de objetos, coisas ou seres, para proporcionar alegria e satisfações. Essas coisas têm uma existência própria e limitada, mas não podem transmitir qualquer prazer duradouro, além do que nós mesmos a elas nos condicionamos.[46] Em consequência, a verdadeira alegria e o júbilo do espírito hão de ser firmados e derivados de um estado de absoluta libertação de quaisquer fatores ou valores ainda determinados pelo tempo e espaço. Há de ser, pois, o que o espírito realiza em si mesmo e através do manuseio e comando dos fatores autênticos e jamais modificáveis. Uma libertação absoluta não pode depender de nenhum valor "alfa" ou "ômega" no Universo. Não é o que existe além de si mesmo que causa a felicidade, porém, o que existe e jamais se fragmenta na própria intimidade, o espírito. A ventura do reino de Deus é um estado do espírito de "absoluta libertação" sem qualquer vislumbre de posse, aquém ou além de si. A beatitude ou o nirvana da tradição oriental não é a imobilidade ou fusão com o Espírito Cósmico de Deus; porém, o poder absoluto sem a posse; a liberdade absoluta sem o desejo; a paz de existir sem ferir-se ou ferir. A paz do espírito da consciência divinizada é como uma lâmpada translúcida, jorrando eternamente a luz do Senhor. A ventura impossível de ser delineada sob a veste das palavras humanas, é a inconcebível doação criativa incondicional, num eterno ser pulsando na mesma diástole e sístole do Criador.

---

[46] Os objetos e as coisas materiais tornam-se prolongamentos vivos do ser, proporcionando uma espécie de sensibilidade extracomum, e que faz o seu possuidor sofrer. O homem apegado ao seu veículo ou à sua coleção de selos, reage, apreensivo e irritado, se alguém toca na coisa ou posse, em face do receio de que ocorra algum prejuízo ou diminuição de valor.

10. "Não se pode servir a Deus e a Mamon"
(Lucas, 16:13)

PERGUNTA: — Qual é o sentido e a ação da lei, em relação ao conceito evangélico de Jesus que assim enuncia: "Não se pode servir a Deus e a Mamon"?

RAMATÍS: — Apesar da existência de uma só Unidade Divina, ou seja, a Suprema Lei do Universo, que governa e disciplina os fenômenos da vida espiritual e física, o espírito do homem parte da dualidade, ou do contraste, para, então, se ajustar conscientemente ao monismo de Deus. Ele desperta a sua consciência individual percorrendo a senda da evolução espiritual, baseado no conhecimento e domínio das formas, mas sempre balizado pelo dualismo das margens opostas. A sua noção de existir, como alguém destacado no seio da Divindade, firma-se, pouco a pouco, nas convenções de positivo e negativo, branco e preto, sadio e enfermo, masculino e feminino, direito e torto, acerto e erro, virtude e pecado. É a chamada lei dos contrários, tão aceita pelos hermetistas.

Conforme já explicamos alhures, embora Jesus tenha firmado os seus ensinamentos evangélicos nos acontecimentos e nas configurações físicas da vivência humana, em suas parábolas oculta-se a síntese das leis eternas que disciplinam criativamente o Cosmo. Assim, no enunciado evangélico de que "Não se pode servir a Deus e a Mamon", Jesus expressa, intencionalmente, nesse contraste, as leis que regem ambos os mundos espiritual e material. O reino de Deus, configurando que a verdadeira vida do espírito imortal é uma resultante do mundo material e se rege por outras leis infinitas e imutáveis; apesar do dualismo, pela unidade. O homem consegue a libertação vivendo na matéria, conforme as leis espirituais expressas por Jesus em sua romagem terrena. É matriz original, que plasma o cenário de formas do mundo de Mamon, como um invólucro exterior, mas provisório e conhecido como Universo físico, o qual se constitui por galáxias, constelações, astros, planetas, satélites e asteróides. É o palco educativo, para os espíritos virgens, simples e ignorantes modelarem e organizarem a sua consciência individual, até possuírem a noção de existir no seio de Deus.

PERGUNTA: — Mas esse ensinamento evangélico de que "Não se pode servir a Deus e a Mamon", não implica uma rasa separação de dois mundos conflitantes e opostos, onde apenas se valoriza o reino do espírito, mas se condena o desprezível mundo da matéria?

RAMATÍS: — Já vos dissemos que Deus é único e o Universo monista. Assim, jamais pode haver conflitos na concepção de dois mundos, os quais permanecem constituindo o mesmo Cosmo. Trata-se apenas de um propósito educativo e conciliador, concebido pelos próprios líderes espiritualistas, a fim de se distinguir as diferentes operações legislativas que atuam em pólos opostos, mas visando sempre o melhor conhecimento da Unidade Divina. Não há separação absoluta entre o "reino de Deus" e o "mundo de Mamon", mas apenas se distinguem dois modos de vivência aparentemente opostos, entre si, e que, no entanto, não modificam a Unidade Fundamental da Vida Cósmica. Trata-se mais de um ponto de apoio mental humano, cujo contraste permite ao espírito limitado do homem efetuar pesquisas, análises e conclusões, que lhe são favoráveis para o mais rápido modelamento da própria consciência individual.

O espírito trabalha, objetivamente, no mundo de Mamon, numa pesquisa e observação centrípeta, a fim de ao mesmo tempo, organizar e aperfeiçoar a forma; mas, por intuição, ele sente cada vez mais e melhor a natureza centrífuga e real de Deus. O instinto animal, que opera através das leis fisiológicas, mas é excessivamente cego, modela o organismo carnal para o espírito poder atuar no mundo de Mamon, exercendo a sua ação de modo particular e condicionado. Em consequência, na sua focalização humana no cenário do mundo físico, o espírito precisa lutar, veemente e sacrificialmente, para poder impor os seus princípios espirituais superiores sobre as tendências animais instintivas inferiores. É como o cavalo selvagem bravio, que tem de ser domado para, então, ser utilizado na tração útil de carros ou como montaria.

Sob a força do instinto animal de conservação do indivíduo, o espírito arrecada e acumula bens e valores, aliciados incessantemente no mundo exterior, a fim de ativar e compor o núcleo de sua consciência pessoal, que é preenchida pelas experiências e conclusões no educativo intercâmbio "psicofísico". Apercebendo-se das leis e dos motivos que regem o equilíbrio das vidas planetárias, pode concluir sobre a Inteligência Suprema, que é na realidade o agente causal e disciplinador dos fenômenos e acontecimentos exteriores. O homem sente intimamente a presença de Deus, como a fonte sublime e infinitamente sábia que criou, cria e governa o Universo. Sob o domínio das leis rudes e draconianas do mundo de Mamon, que o acicatam sem descanso para compor e plasmar a sua consciência individual, é incessantemente sensibilizado por esse intercâmbio psíquico. Então, se apercebe, pouco a pouco, da presença divina oculta, mas diretiva para o próprio aperfeiçoamento, que lhe atua na intimidade humana elaborando a metamorfose angélica.

Sem dúvida, enquanto o espírito serve no mundo educativo e transitório de Mamon, ele ainda não pode distinguir lucidamente quanto à realidade do "reino de Deus", o qual é a vida autêntica na Espiritualidade. Não há razão de separação entre os dois mundos espiritual e material; pois o homem é tão-somente um espírito materializado na face física da Terra, orbe que também não passa de um "quantum" de energia universal ali compactada. O espírito encarnado ausculta, mas não se apercebe de sua realidade divina, porque ainda não desenvolveu os sentidos espirituais adequados para desfrutar desse evento superior.

PERGUNTA: — Mas em que sentido devemos entender a advertência de Jesus, de que "Não se pode servir a dois senhores"? Porventura, essa explicação não implica numa concepção marcadamente pecaminosa do mundo material?

RAMATÍS: — Esse ensino de Jesus aborda uma questão de ordem emanada da própria Lei única, governante do Universo, porque o espírito, como um fragmento lucífero da Divindade, não pode, ao mesmo tempo, servir ao mundo exterior e transitório de Mamon e ao reino interno e definitivo, que é o Espiritual. Entre

O Evangelho à Luz do Cosmo

ambos existe inconcebível diferença vibratória e de sentido criador, pois o mundo de Mamon é a vida transitória, em contínuo desgaste pela fuga da própria energia ali condensada nas formas físicas, enquanto o reino divino de Deus compreende a energia livre e atuante na sua origem normal e criativa. Os mundos físicos são invólucros transitórios aprisionando a energia na sua expressão "compactada". Eles parecem reais e concretos para os sentidos humanos, mas não passam da vestimenta exterior de Deus a mudar em cada "Grande Plano" ou "Manvantara".

Mas o homem só consegue êxito e poder no ambiente onde vive, depois que ele conhece as leis governantes dos próprios fenômenos sob sua observação e posterior controle. Assim, ele esgaravata, pesquisa, pesa, examina, analisa e avalia, para concluir sobre tudo o que o cerca e aumentar o seu conhecimento na penetração cada vez mais profunda das bases da vida real. É a eterna procura do infinito de onde procede, enquanto, simultaneamente, amplia o acervo de sua própria individualidade.

Depois de sua conscientização completa e aprimoramento no mundo de Mamon, onde também deve contribuir para o progresso de sua moradia física ou educandário espiritual, então, faz jus ao ingresso em curso mais avançado da organização planetária, para a busca da Realidade Divina. Após aperceber-se da composição e dos motivos das formas físicas transitórias, ao término de um curso fatigante, doloroso, mas compensador, o espírito possui a hipersensibilidade de sentir a consciência e entender a autenticidade da vida espiritual eterna.

PERGUNTA: — O espírito do homem não poderia promover a sua própria conscientização, sem "gurus" ou orientadores, quando ele já possui em si mesmo a orientação miniatural do "reino divino", pelo fato de ter sido gerado "à imagem de Deus"?

RAMATÍS: — O homem, em sua imaturidade espiritual, ainda necessita de guias e orientadores, que lhe indiquem as atividades e os valores mais importantes para cultivar no seu aprendizado da matéria, tanto quanto os alunos primários carecem de professores para ajudá-los na sua alfabetização. Sob a orientação superior, o espírito aprende a mover-se corretamente no labirinto das formas físicas sempre estimulado para as realizações maiores e incentivado para a libertação espiritual. O homem é quase um cego, na Terra, em relação às coisas defi-

Ramatís / Hercílio Maes

nitivas e imponderáveis da vida superior. Ele necessita que a Administração Divina o socorra incessantemente e, por esse motivo, surgem periodicamente na Terra os instrutores siderais, com a missão de revelar e divulgar em todas as latitudes geográficas as leis imutáveis e os valores definitivos do reino divino. Assim, em épocas oportunas, surgiram no vosso orbe os grandes instrutores da humanidade, como Fo-Hi, Confúcio e Lao-Tsé, na China, Antúlio, na Atlântida, Moisés, na Hebréia, Orfeu, na Grécia, Krishna, na Índia, Hermes, no Egito, Maomé, entre os árabes, Buda, na Ásia, e, finalmente, Jesus, o sintetizador dos ensinamentos de todos os seus precursores enfeixados no sublime Código Moral do Evangelho.

Assim, examinando-se os postulados e as revelações esclarecedoras de todos os mestres da Espiritualidade, deparamos sob o invólucro dos seus ensinamentos libertadores e apropriados a cada raça, o mesmo sentido legislativo e sideral, esclarecendo que o homem não pode servir a dois senhores, simultaneamente. O Mestre Jesus não proclamou, textual e peremptoriamente, assim: "Não deveis servir a Mamon", mas enunciou, com demasiada clareza, que "não se deve servir a dois senhores ao mesmo tempo". É algo parecido ao velho adágio da sabedoria popular, que assim diz: "Não se pode tocar flauta e, ao mesmo tempo, assoviar". O Mestre não condenou o modo de vida material, nem sequer advertiu para o homem devotar-se exclusivamente ao mundo espiritual, mas predicou quanto à sensatez de ele libertar-se do mundo de Mamon, o qual é fruto da necessidade pedagógica para a sua graduação consciencial. Advertiu sobre o desgaste e a confusão do espírito, quando ele ainda se deixa escravizar pelo mundo educativo e transitório de Mamon, quando já poderia cultuar e viver os valores preciosos e definitivos do "reino divino".

PERGUNTA: — Poderíeis expor-nos outras considerações sobre essa noção de o homem poder cultuar o "reino divino", mas ainda se escravizar ao mundo de Mamon?

RAMATÍS: — O mundo terreno, que significa a vestimenta externa de Deus, é semelhante a uma escola primária, onde os óbices e valores de sua natureza provisória funcionam como instrumentos para o aluno espiritual alfabetizar-se e promover-se para outro educandário mais evoluído. A incoerência se verifica, quando o espírito já manuseou toda a matéria do curso pedagó-

O Evangelho à Luz do Cosmo

183

gico transitório da matéria, mas ainda se obstina em apegar-se ambiciosamente ao mesmo ambiente e às lições dispensáveis e ultrapassadas.

Lembraria o caso dos alunos de escolas primárias terrenas que, depois de alfabetizados convenientemente, ainda teimam em carregar, simultaneamente, lápis, borracha, ardósias e livros obsoletos, só pelo prazer de ver e rever as mesmas figurinhas e histórias que os encantavam nos primórdios do seu aprendizado. O homem deve apurar o conhecimento obtido na face dos mundos materiais, à luz da intuição e da inspiração que lhe vêm, incessantemente, de seu íntimo. Deve saber ouvir a "voz do silêncio", que lhe vibra no âmago do espírito, o convite divino para a sua mais breve libertação do jugo atávico das formas do mundo provisório. Quem já pressente a realidade da verdadeira vida do espírito imortal, é sempre um infeliz, se ainda persiste na vinculação aos interesses inferiores do mundo ilusório de Mamon. Então, isola-se prejudicialmente da sublime atração do reino angélico, aquele que se prende com unhas e dentes às especulações inferiores das competições humanas pelos bens que "as traças comem e a ferrugem rói".

Em consequência, Jesus preocupou-se fundamentalmente em esclarecer quanto ao equívoco de alguns servirem ao mesmo tempo a Deus e a Mamon, a fim de evitarem a confusão do culto a duas naturezas opostas, como são o espírito e a matéria. Embora as leis da matéria sirvam para a evolução do espírito, pouco lhe adiantam na vida espiritual, salvo sabendo aproveitá-las no sentido libertador que ensinou o Mestre Jesus. Sob sua ilação filosófica, "ninguém pode servir a dois senhores ao mesmo tempo, porque ou odiará a um e amará a outro, ou se prenderá a um e desprezará o outro". Por isso, Jesus Cristo insiste quanto à incoerência do espírito, ciente do reino definitivo e real de Deus, mas que ainda desperdiça o seu tempo e o precioso acervo espiritual no intercâmbio e entretenimento de bens e valores transitórios do mundo material de Mamon. É tolice o espírito encarnado ainda se escravizar fanaticamente aos valores e às riquezas efêmeras do mundo material, quando já pode cultuar o reino da realidade definitiva, que é Deus. A lagarta, depois que se transforma em irisada borboleta, jamais deve retornar de rastos pelo solo, porém alçar-se e insistir em vôos cada vez mais amplos e venturosos.

PERGUNTA: — Qual é o ensinamento de Jesus na pará-bola onde o mancebo afirma "que chegara à mocidade após haver guardado todos os mandamentos de Deus, conforme pregara Moisés, e, então, o que ainda lhe faltava?" E Jesus lhe respondeu: "Se queres ser perfeito, vai, vende tudo que tens, dá-o aos pobres e terás um tesouro no céu. Depois, vem e segue-me"?[47]

RAMATÍS: — Todos os conceitos de Jesus devem ser examinados sob os diversos sentidos educativos e legislativos, em todas as épocas da vida humana. Tudo que o Mestre Jesus pregava e ensinava guarda sempre o sabor definitivo das coisas eternas. Nas entrelinhas de suas palavras, permanece vivo o espírito das leis, que coordenam cada gesto, movimento, ato e fenômeno acontecível tanto no "microcosmo", como no "macrocosmo". Embora a letra de suas palavras se endereçasse particularmente aos acontecimentos da existência física transitória, na sua intimidade era o esclarecimento específico da vivência espiritual.

O mundo de Mamon, portanto, deve ser conhecido, pesquisado e analisado pela sabedoria do próprio espírito encarnado. Mas, assim que desenvolve o seu talento e adquire o tirocínio necessário para saber aplicar os valiosos bens do espírito, deve, então, buscar o "reino de Deus". Mamon, o mundo de formas, pode também ser um alvo do interesse espiritual, mas só depois de renunciá-lo é que o espírito pode voltar-se para o culto do "reino de Deus", que é a definitiva e autêntica vivência dos "filhos de Deus".

No ensinamento do conceito evangélico, em que o mancebo havia dito a Jesus ter "guardado todos os mandamentos do Senhor e, assim, chegara à mocidade", mas, indagando depois, " o que ainda lhe faltava", Jesus, em resposta, convocou-o ao "reino de Deus". Evidentemente, o moço assegurava ao Divino Mestre que já havia completado o seu curso aperfeiçoador no mundo de Mamon, pois sabia e guardara todos os mandamentos, uma vez que quem sabe cumpre, e quem cumpre sabe. Em consequência, quem já se afirmava um entendedor e cumpridor absoluto dos mandamentos divulgados por Moisés, como "não matarás, não cometerás adultério, não furtarás, não darás falso testemunho" e, evidentemente, também deveria "honrar pai e mãe, não cobiçar a mulher do próximo e amar a Deus sobre todas as coisas", era já uma criatura regendo-se por princípios superiores e deveria ter

[47] Mateus, 19:16-24.

atingido uma boa graduação espiritual na existência física. Evidentemente, ele estava pronto para assimilar e praticar os demais ensinamentos da vida espiritual, completamente liberto de quaisquer mazelas e injunções da vida material.

E como não se deve servir a Deus e a Mamon, isto é, a dois senhores, simultaneamente, mas a cada um dar-lhe o serviço em tempo certo, justo e disciplinado, Jesus propôs ao jovem condições para ele cultuar um só Senhor, e assim o convidou: "Se queres ser perfeito, vai, vende tudo o que tens, dá-o aos pobres e terás um tesouro no céu. Depois, vem e segue-me".

Sem dúvida, não bastava ao jovem afirmar a Jesus que se encontrava pronto para ingressar no reino de Deus, pois ele havia entendido e cumprido as leis menores, apresentar-se como pronto e liberto em espírito para cumprir a vivência da Lei Maior e única do mundo espiritual. Mas ele ainda teria de provar a sua afirmação, demonstrando pela ação positiva, que, realmente, superara o jugo das formas e dos valores transitórios, logrando a definitiva libertação do mundo material de Mamon. Cumpria-lhe vender tudo o que possuía e retornar para junto de Jesus, que servia, exclusivamente, ao "reino de Deus". Em seguida, palmilhar-lhe os passos e, se preciso, deixar-se imolar na cruz da abnegação, do amor e da absoluta renúncia e tolerância, consagrando-se cidadão angélico pela realização prática do que já sabia e julgava cumprir.

PERGUNTA: — Diz o conceito evangélico que, após essas palavras de Jesus, o moço ficou tristonho, porque possuía grandes haveres. E, então, Jesus disse a seus discípulos: "Digo-vos, em verdade, que bem difícil é que um rico entre no reino dos Céus". Não seria essa advertência do Mestre um novo anátema e incoerência contra o pecado de o homem ser rico? Porventura, a riqueza também não é uma condição inerente à lógica e utilidade do curso físico do mundo de Mamon?

RAMATÍS: — O Mestre Jesus não condenou a riqueza, mas advertiu quanto ao perigo de o homem rico tornar-se um escravo da fortuna. Ele demonstrou, plenamente, quão difícil é para o rico renunciar a sua riqueza; jamais o censurou pelo pecado de possuí-la.

O rico não pode entrar no reino dos Céus, porque rico é o homem que possui muitos haveres no mundo de formas e, comumente, deixa-se escravizar pela posse insensata dos valores que "as traças roem e a ferrugem corrói". A riqueza é um louvável bem, mas transitório e perigosamente imantador, dificultando ao espírito fraco a ventura e o prazer definitivos nos céus. Ademais, o homem rico não é um proprietário na expressão da palavra, mas apenas um meeiro do Senhor, cuja função é administrar os bens terrenos que lhe são emprestados, de modo a não causar prejuízos à comunidade. Quando o rico desencarna precisa deixar aos outros homens os bens que manuseou durante a vivência física e, conforme tiver sido o bom ou mau investimento no mundo, também lhe serão creditados os lucros ou debitados os prejuízos na contabilidade divina. Há ricos que desviam toda a fortuna que lhes é concedida na vida física, graças às inspirações especulativas do Alto, para a posse exclusiva do "clã" familiar, numa operação injusta, avara e incorreta, em que são lesados os demais companheiros da mesma jornada educativa na matéria.

Em face do primarismo espiritual do terrícola, cuja tolice o faz acumular para viver milênios, quando mal consegue viver algumas dezenas de anos da existência física, ainda é muito rara a paz de espírito para o rico e o farto do mundo, porque ele fica demasiadamente apegado aos interesses e valores transitórios da vida física. Assim como a ave não pode voar livremente, quando ainda presa a um singelo fio de seda no solo, o rico não pode elevar-se aos céus, se ainda permanece escravizado aos "fluidos gravitantes" dos objetos e bens a que se viciou na matéria. Daí a significativa advertência de Jesus, de que "não se deve servir a dois senhores ao mesmo tempo", porque é impossível alcançarmos o reino de Deus, enquanto ainda estamos imantados ao mundo de Mamon. Ademais, a riqueza, quase sempre, é fruto de especulação inescrupulosa dos mais astutos sobre os mais ingênuos, ou, também, de pilhagem conseguida através de processos em que a força quase sempre empalidece a lei do direito.

PERGUNTA: — Gostaríamos de mais exemplos quanto a essa imantação das riquezas sobre o rico ou farto. É possível?
RAMATÍS: — Jesus apenas enunciou uma lei especificamente científica, a qual age de modo magnético no campo perispiritual do homem. O mundo poderoso de Mamon, através do campo de forças primárias, atua vigorosamente e prende o "dono" ao seu "objeto", caso não tenha prudentemente se libertado dessa atração.[48] É bem difícil o rico entrar no "reino dos

[48] Trecho extraído da obra *Voltei*, do espírito de Irmão Jacó por intermédio da

Céu", advertiu Jesus aos judeus, porque se referia esotericamente ao que os espíritas conhecem como "imantação magnética" que sofre todo "possuído" e não "possuidor" dos bens da Terra. Assim, por força de sua avareza e apego aos valores transitórios do mundo físico, o espírito fica preso às regiões do mundo astralino inferior, curtindo angústias e sofrimentos incessantes, ante o medo de perder o que ainda lhe significa o maior bem da vida.

O "reino dos Céus" é imponderável em relação ao mundo compacto gravitacional e escravizante de Mamon. Os homens palmilham a face do seu orbe e não podem elevar-se por si mesmos, porque são escravos dessa atração gravitacional e, por esse motivo, eles constroem aparelhos mecânicos e com recursos aviatórios, mas sujeitos ao limite do gasto de combustível. No entanto, nos mundos espirituais, onde predominam os estados de espírito mentais, e, portanto, imponderáveis, e não as pressões do meio ambiente, todos se movem libertos de qualquer atração exterior opressiva. Poder-se-ia dizer que o anjo é completamente isento de qualquer ação gravitacional do "mundo de Mamon", e transita livremente pelas regiões paradisíacas sem qualquer óbice inquietador. Só o espírito completamente purificado da ganga material do mundo físico pode manter-se em absoluto e perfeito equilíbrio no ambiente da vida eterna espiritual. Em consequência, o pobre deserdado e despojado de qualquer bem do mundo, mais facilmente penetra no "reino dos Céus", porque nada mais o imanta na face dos orbes físicos, pois sua vida deserdada foi uma incessante expulsão do campo gravitacional das especulações e dos interesses inferiores. Sem dúvida, tudo isso lhe será de favorecimento incondicional, caso ele tenha se desprendido dos "tesouros da vida física", sem queixas, inveja, despeitos ou qualquer insatisfação.

Infelizmente, o homem rico ainda é um escravo dos bens e valores, que manuseia com acentuada avareza, numa vivência enleada e imantada ao vórtice dos interesses de uma existência física inferior e transitória. Desgasta-se fanaticamente a fim de aumentar e multiplicar os valores do mundo de Mamon e, enga-

---

psicografia de Chico Xavier: "Não era possível efetuar a separação do organismo espiritual com maior rapidez. Esclareceu também que o ambiente doméstico estava impregnado por certa substância que classificou por "fluidos gravitantes", desfavorecendo-me a libertação. Mais tarde, vim a perceber que os objetos de nosso uso pessoal emitem radiações que se casam com as nossas ondas magnéticas, criando elementos de ligação entre eles e nós, reclamando-se muito desapego de nossa parte, a fim de que não nos prendam ou não nos perturbem". Capítulo: "Entre Amigos Espirituais". Obra editada pela Livraria da Fed. Espírita Brasileira.

nando-se a si mesmo num serviço religioso e contemporizador, julga cultuar "o reino de Deus", mas ainda ligado às especulações imantadoras da existência propriamente física. Então, sofre o tremendo desengano, após a morte carnal, ao comprovar em sua própria fibra espiritual, a verdade de que "não se pode servir a dois senhores, porque se amar a um desprezará o outro, ou se prenderá a um e desprezará o outro". Evidentemente, há o rico justo e que vibra espiritualmente em favor dos seus dependentes e assalariados que, administrando a fortuna terrena, age, realmente, como um procurador honesto e escrupuloso sob a outorga do Senhor.

PERGUNTA: — Qual é a interpretação mais exata do enunciado de Jesus, quando assim refere: "É mais fácil que um camelo passe pelo buraco de uma agulha, do que entrar um rico no reino dos Céus"?

RAMATÍS: — Através das imagens do camelo e do buraco de agulha, em que ambas se constituem num poderoso contraste, o Divino Mestre procurava demonstrar a enorme dificuldade de o rico entrar no céu, quando ainda aferrado aos bens da matéria. Ante a pequenez dos buracos cavados nos muros de Jerusalém, e que servem de pequenas entradas para os caravaneiros e peregrinos retardatários penetrarem de rastos, Jesus configurava a ideia objetiva do difícil problema do rico penetrar no céu. Então, mostrava ser bem mais fácil um camelo penetrar na cidade de Jerusalém, através do "buraco de agulha" dos muros protetores, embora o camelo fosse um animal de grande porte, do que o rico entrar no reino dos Céus, em face de sua natural imantação aos bens provisórios do mundo físico.

Assim, o Mestre Nazareno destacava que o rico, por ser um homem de muitas posses e de muitos bens e tesouros no mundo de Mamon, também deveria viver preso a muitas raízes imantáveis da vida física, sendo-lhe bastante difícil desprender-se espontaneamente de tais valores e elevar-se às regiões superiores e sublimes do céu. O camelo, símbolo de um ser que nada possui, pois é tão-somente veículo e escravo do seu dono, podia atravessar o buraco de agulha dos muros de Jerusalém, porque, não sendo rico, nada o prende fora dos muros da cidade. Em exemplo semelhante, o pobre, que soube aceitar a prova das dificuldades financeiras e desfavorecimentos econômicos, é mais venturoso após a morte, porque nada possuindo, nada o imanta ao mundo físico.

O Evangelho à Luz do Cosmo

PERGUNTA: — Qual é o mais vivo e profundo contraste entre Mamon e Deus, que considerais na configuração evangélica pregada por Jesus?

RAMATÍS: — O mundo de Mamon, com sua massa planetária dividida em mundos e orbes de natureza física, é tão-somente o curso educativo e transitório, que serve para os espíritos efetivarem a sua alfabetização sideral. O "reino de Deus" definitivo é um outro campo diferente do mundo de Mamon, porque compreende o da vida do espírito puro, iniciático e ilimitado, enfim, ao Universo espiritual eterno. Quem adora Mamon, sem extrair lições superiores da forma, certo de cultuar um bem definitivo e supremo, desperdiça o seu precioso tempo entretido e iludido com a natureza de uma vida efêmera e fugaz.

Mamon é o mundo, cujos valores intrínsecos de natureza física são preciosos e cobiçados, como o ouro, as pedras preciosas, bens de raiz, prazeres imediatos, confortos epicuristicos, paixões e sensações, mas representam apenas os objetos escolares para o aprendizado elementar das criaturas; o resto são frutos das convenções humanas ou de ardilosas especulações provisórias. Servem por pouco tempo, enquanto o espírito imortal vive encarnado em cada existência física; são espécies de enfeites, reservas de manuseio especulativo, que excitam, treinam e ensinam ao homem o domínio das paixões animais, que o imantam à matéria, tanto quanto o homem se envolve nesse culto infantil.

As cores e os odores, as formas florais e as cintilações fascinantes das pedras preciosas, a imensidão do oceano, a beleza tranquila das campinas, a majestade das matas seculares, a policromia dos raios solares na alvorada ou no poente, as fulgurações atemorizantes dos relâmpagos e o estrondo sonoro dos trovões nos dias tempestuosos, e a dádiva das chuvas benfeitoras, compreendem apenas os elementos que devem proporcionar ao espírito encarnado os ensejos para ele vibrar, estudar e afinar a sua mente nessa vida transitória e com destino à vida eterna. Mas é apenas um "meio" ou processo para o espírito catalisar e sintetizar os fundamentos da consciência, até eleger-se para viver definitivamente no "reino divino".

Mamon é a inteligência do homem transitório; Deus é a Sabedoria integral e eterna do Universo. Não pode o homem servir a dois senhores, simultaneamente, pois enquanto ele não completar o serviço do primeiro, que é Mamon, jamais fará obra perfeita ao segundo, que é Deus. No entanto, assegura Jesus, o equívoco é o fato de o homem ter já aprendido e conhecido a natureza ilusória do mundo de Mamon, mas ainda continuar a servi-lo fanaticamente e, ao mesmo tempo, pretender conjugar em sua vida as atividades que pedem renúncia e são próprias do "reino de Deus". Indubitavelmente, o Mestre Nazareno advertiu do censurável farisaísmo, em que o homem cultua ardorosamente os bens de Mamon e no sofisma de iludir a Divindade, negaceia astuciosamente com os valores do "reino divino". O espírito encarnado pode viver a estatura do anjo liberto da forma e, ao mesmo tempo, apegar-se às riquezas do mundo transitório. Mas só o espírito absolutamente liberto de qualquer imantação física, sem influenciar-se pelo mais insignificante elo físico, consegue a sua definitiva alforria espiritual.

PERGUNTA: — Qual é o proveito que o espírito do homem encarnado adquire, em definitivo, na sua atividade no mundo de Mamon?

RAMATÍS: — Mamon, ou o mundo material, além de proporcionar ao espírito encarnado o ensejo para ele despertar e desenvolver a sua natureza criadora, ainda serve de cenário para o homem treinar o amor através das lutas e vicissitudes nas próprias competições humanas.

Uma vez que Deus é Amor, Ele intenta despertar e aprimorar o amor nas criaturas, porque é a essência da própria vida. Todos os seres, como produtos criados pelo Amor de Deus, possuem, latente e indestrutível, o fundamento perfeito do amor em sua própria intimidade. O espírito, quando inconsciente de sua fidalguia sideral, então, persiste no culto à matéria por ignorar a sua maravilhosa realidade imortal. Mas assim que ele vibra no limiar da conscientização angélica, e descobre os valores preciosos da vida imortal, se desliga naturalmente das algemas físicas. É o cidadão aposentado, que encerra os seus negócios no mundo planetário, mas decidido a fixar-se definitivamente no cenário das atividades venturosas do reino divino.

A fim de sobreviver na luta para adquirir o combustível do estômago, atemorizado incessantemente pelo espectro da morte e preso inteiramente ao instinto animal, o homem ainda se julga uma criatura feliz nos prazeres e paixões inferiores, desapercebido de que o residual inferior adere à sublime contextura do seu corpo perispiritual. Mas, apesar do primarismo e do apego

O Evangelho à Luz do Cosmo

ao ilusório mundo de Mamon, sob a inspiração divina, o espírito encarnado sempre busca o melhor da vida, quer seja para si, como para o seu "clã" familiar. Inconscientemente, ele busca o próprio Deus, porque Deus é justamente o melhor do Universo. Embora o homem ainda busque o melhor pelos atalhos do ódio, da cobiça, da violência e da crueldade, na sua consciência mal desperta e condicionada ao meio feroz e brutal onde vive, ele ainda se move na tentativa de sintonizar-se ao mundo divino, que pressente vibrando no âmago de sua estrutura espiritual. Sob o impulso espiritual interior, o homem atravessa a existência física nos experimentos de venturas e desventuras, equívocos e acertos, delinquência e santificação, mas sempre tentando orientar-se para o Norte da Felicidade Eterna. Quem preferisse, especificamente, a desventura e a desgraça, sem dúvida, não poderia possuir em sua intimidade a essência de Deus que é Felicidade Imortal.

PERGUNTA: — O mundo material de Mamon, que serve para despertar e desenvolver o espírito lançado na corrente da evolução, é tão-somente um palco de lutas educativas para a alfabetização espiritual? Ou o próprio orbe também deve aprimorar e refinar a sua própria natureza para atingir condições planetárias superiores?

RAMATÍS: — Após Einstein assegurar e comprovar que a matéria não passa de "energia condensada", é óbvio que não existe a matéria propriamente dita, mas apenas a energia aprisionada conforme as matrizes ocultas, que constituem e compõem as formas físicas. O mundo de Mamon, portanto, é o mundo da energia condensada, que ali permanece segundo as suas características vibratórias, comprimida e ocupando as formas que modelam o Universo exterior. Mais uma vez a ciência acadêmica do Ocidente comprova a exatidão e sensatez dos postulados da velha filosofia oriental, quando os Vedas já afirmavam que Maya, o mundo físico, é tão-somente uma ilusão, a sombra de Brahma, que se desfaz em cada Manvantara ou Grande Plano.

Após a conhecida fase do "Dia de Brahma", tão tradicional da escolástica hindu, verifica-se o período de desvestimento ou desintegração do estado-matéria, no fenômeno regressivo de libertação energética na fase da "Noite de Brahma", para a sua natureza sadia e livre.[49] Modernamente, a ciência astronômica

---

[49] O Sol faz a cobertura astrológica de um signo zodiacal no prazo de 2.160 anos

já admite a teoria do Universo Oscilante ou Pulsante, conforme a tese do cientista George Gamow, e que muito se aproxima do esquema tão tradicional e milenário dos "Manvantaras" da velha escolástica hindu.[50]

Sucessivamente, após cada "Manvantara" ou "Grande Plano", a própria energia nesse incessante fluxo e refluxo de diástole e sístole cósmica divina sofre um impacto renovador, que a sublima para compor e plasmar novos Universos-Matéria, em modelações cada vez mais encantadoras e atraentes. A matéria se requinta na sua morfologia tradicional, oferecendo progressivamente mundos que vibram mais intimamente com as suas novas humanidades, em face do impulso íntimo do psiquismo divino. Assim, o atual Cosmo físico apresenta um aspecto bem melhor do que os que foram extintos na efetivação dos "Grandes Planos" anteriores. Os planetas mais evoluídos e mais envelhecidos do que a Terra já apresentam uma polarização luminosa, que é possível se verificar a olho nu, quando todas as coisas e seres vibram num desfazimento mais acelerado e de acentuada radiação.

PERGUNTA: — Poderíeis estender-vos mais sobre o tema anterior, em que o homem busca Deus, mesmo quando opera por caminhos odiosos ou ama o impuro?

RAMATÍS: — Mas é evidente que todas as coisas na Terra, e noutros mundos, buscam Deus, porque Deus é alfa e ômega de toda vida e, portanto, o início e o alvo definitivo de todos os seres. Não há criatura, por mais desprezível ou sórdida, que não ame alguma coisa, mesmo quando esse amor possa ser devotado a algo, também, detestável. Sob qualquer circunstância, é o impulso do amor latente no ser provindo de Deus, que é a causa determinante do desejo, da cobiça e da posse. Malgrado até parecer odioso o primeiro exercício de afeto brutal, é o primeiro fluxo selvático do amor puro, embora para o homem requintado seja um desejo aviltante e sórdido, entretanto, há de se manifes-

exatos; um grande ano astrológico é a passagem do Sol por doze signos, perfazendo 25.920 anos. Dois milhões de signos somam exatamente o total de 4.320.000.000 de anos terrestres, ou seja, o tempo exato que ocorre um "Manvantara", "Grande Plano", ou "Pulsação de Brahma" da criação exterior de Deus. No "Dia de Brahma", Deus desce vibratoriamente e cria o Universo Exterior Físico, e na "Noite de Brahma", é o desfazimento total.

[50] Vide o artigo "Universo em Expansão", de Mendel Creitchmann, publicado no jornal *O Estado do Paraná*, de domingo, dia 17 de janeiro de 1965, ou o cap. IV, "Considerações Sobre o Grande Plano e o Calendário Sideral", e respectivas notas, da obra *O Sublime Peregrino*, de Ramatís.

O Evangelho à Luz do Cosmo

tar transbordante de beleza e ternura na configuração do futuro anjo, que é a matriz de todo homem. Se assim não fora, Jesus, então, teria mentido quando afirmou que "nenhuma ovelha se perderá do aprisco do Senhor". Nenhum só filho há de se perder, porque o espírito inicia a sua vivência de indivíduo destacado no seio da Divindade, primeiro egoísta, egocêntrico, mesquinho e feroz, para depois amar em toda a sua amplitude. De início, ele busca apenas saciar o seu instinto na posse, para depois cultuar somente as delícias do espírito, cujo amor incondicional é um campo de magnetismo divino em incessante renovação venturosa.

A lagarta apega-se ao detrito do solo, que lhe proporciona a sobrevivência. Em tal condição, ela ama as coisas grosseiras, feias e impuras no seu mundículo primário e nauseabundo; mas, aos poucos, ensaia os primeiros impulsos da afeição pura. Assim, quando ela se desvencilha do invólucro viscoso e repugnante, e se transforma na rutilante borboleta, não só substitui a antiga alimentação grosseira obtida dos detritos do solo, pela nutrição delicada com o néctar das flores odoríferas, assim como o vôo livre simboliza o amor sem peias do instinto escravizante. A lagarta, então, modifica o metabolismo do amor primário e exclusivo ao solo agreste, para vibrar em frequência mais excelsa e esvoaçar sobre rosas, jasmins, papoulas e os ranúnculos dos jardins. Liberta do seu mundículo, onde se servia arrastando-se dificilmente pelo solo e adaptada àquele nível inferior, é evidente que ela também há de modificar a sua preferência e sublimar o seu afeto ao ingressar no reino alado de maior beleza e alegria.

Admitindo alguma comparação esclarecedora, seria tolice e insensatez que a borboleta depois retornasse a cingir-se ao solo antigo e servir-se dos mesmos elementos anteriores de sua vida inferior, quando já conhece e vive no reino colorido das flores e dos perfumes. Sob igual modo, o espírito do homem também não pode servir simultânea e coerentemente ao mundo de Mamon, cujo tributo inferior exige a mobilização de sentimentos egoístas, utilitaristas na especulação cotidiana e, ao mesmo tempo, ao reino de Deus, que requer todo o amor puro e incondicional na mais sublime doação pessoal. Seria viver jungido ao solo dos detritos desagradáveis do mundo físico, quando já sente pulsar em sua intimidade espiritual a natureza sublime do "reino de Deus". Assim foi a verdadeira paixão de um Cristo, Buda, Krishna e, porque não, de um Francisco de Assis?

PERGUNTA: — Em vossas palavras, concluímos que não há separação nem delimitação absoluta entre o mundo de Mamon e o reino de Deus. Não é assim?

RAMATÍS: — Realmente, já o dissemos, a Unidade é indissolúvel e, como Deus é único, jamais poderia ser parcelado. Apenas no exercício disciplinar de conscientização e auto-suficiência criadora, o espírito do homem precisa amparar-se em contrastes e concepções limitadas, dualísticas e polimorfas, porque ainda é incapaz de vislumbrar a realidade imensurável além da sensibilidade humana. Mas, através da própria dualidade, o homem termina por aperceber-se da Unidade, assim como o vapor de água e a água sob a forma líquida, são apenas aspectos diferentes da mesma substância. O Universo único está imanente em cada partícula, pois tudo é feito de uma única matéria-prima oculta.

Uma gota de água dos oceanos, analisada, demonstra o que é o Todo, assim como Deus existe no homem, porque sentimos que as mesmas leis que regem a vida dos protozoários atuam em cada célula da criatura humana e nos induzem às leis consequentes do Macrocosmo. Em consequência, Deus se manifesta em todos os Seus componentes pela Onipresença, vibrando no musgo, na teia de aranha ou no fragmento de rubi ou cascalho.

Assim, avançando do mundo transitório de Mamon, ou da consciência relativa para a consciência do espírito de luz com a visão panorâmica de Deus, o espírito em individualização lembra o viageiro, que ainda não podendo abranger na sua mente finita a imensidade do Cosmo, só lhe resta investigar e analisar, mesmo à longa distância, os planetas do nosso sistema solar, a fim de extrair as melhores e mais certas ilações sobre a constituição do Universo. Aliás, o Universo não é um palco com cenários, que devem ser desmontados após a representação teatral de cada "Manvantara", ou "Grande Plano", após o abandono dos seus atores já promovidos.

Mas assim como a água, sob intenso calor, decompõe-se nos seus elementos puros constituintes, oxigênio e hidrogênio, também sob a ação do Princípio Universal renova-se fora do tempo e do espaço o imenso Universo, que é eterno e inesgotável viveiro de consciências incessantemente criadas para a ventura espiritual.

O Evangelho à Luz do Cosmo

11. "Cada um será julgado segundo as suas obras"

PERGUNTA — *Há alguma relação científica com as leis do Cosmo, no conceito evangélico que diz: "A cada um será dado segundo as suas obras"?*

RAMATÍS — Assim como o Espírito cósmico de Deus é o regente absoluto de todas as atividades do Universo, revelando-se através de leis inteligentes e imutáveis, o homem é o microcosmo divino que evolui no comando das ações e reações das atividades educativas do mundo físico. Além da conceituação moral dos ensinamentos do Mestre Jesus, há, também, o fundamento derivado das próprias leis do Universo. Jesus não foi apenas um instrutor espiritual, sociólogo ou expositor de um "Código Moral", mas, acima de tudo, um avançado espírito, que já tinha sintetizado num único conceito os demais conceitos de filosofia, ciência e religião, num processo incomum no cenário do vosso orbe. Sob a vestimenta das parábolas evangélicas, transparecem nos seus ensinos os princípios científicos de bem viver, como base da libertação do espírito encarnado.

PERGUNTA — *Assim, o conceito de "cada um colhe o que semeia" é, então, uma lei científica, malgrado a sua expressão de ensino moral ou advertência espiritual?*

RAMATÍS — Sem dúvida o conceito de Jesus de "cada um colhe o que semeia", em equivalência com outras máximas, "a cada um segundo as suas obras", "quem com ferro fere, com ferro será ferido" ou, ainda, "pagarás até o último ceitil", evidencia a presença de um princípio, legislativo de "causa" e "efeito", que decorre da própria Lei única de "ação" e "reação" do Cosmo.

O conceito de que devemos "colher conforme a semeadura" demonstra a existência de leis disciplinadoras e coordenadoras, que devem proporcionar o resultado efetivo conforme a natureza e intensidade de causa fundamental. Evidentemente, quem semeia "cactos", jamais há de colher "morangos", assim como quem movimenta uma causa funesta também há de suceder-lhe um resultado funesto. O efeito destrutivo de um projétil depende exatamente do tipo da intensidade da força que o impeliu. Todas as causas ocorridas no mundo material agrupam, atritam e movimentam elétrons, átomos e moléculas de substância física. Da mesma forma, quando o homem mobiliza e gasta combustível espesso, lodoso e quase físico do mundo astralino para vitalizar as suas atividades mentais inferiores, ele se torna o centro da eclosão de tais acontecimentos negativos e censuráveis, porque deve sofrer em si mesmo o efeito nocivo e danoso da carga patológica acionada imprudentemente. Mas se eleva o seu campo mental e emotivo vibratório à frequência mais sutil, a fim de utilizar energia superior para nutrir bons pensamentos e sentimentos, esse combustível sublimado, então, se metaboliza no perispírito sem deixar-lhe resíduos enfermiços. Após o desencarne, o espírito densificado pelo fluido espesso é atraído pela sua compacticidade astrofísica e cai nas regiões astralinas purificadoras, vitimado pela própria atuação danosa aos outros e sobretudo a si mesmo.

O homem movimenta forças em todos os planos de vida, desde a mais sutil vibração de onda do reino espiritual até atingir a compacticidade do mundo físico. Assim, o mínimo pensamento e a mais sutil emoção do espírito encarnado pela sua conexão ao corpo físico exigem o gasto energético proporcional à intensidade e natureza das emissões mentais e ações emotivas, que repercutem plano por plano até atingir o campo da vida material. De um modo geral, este conceito tem o seu equivalente nas conhecidas leis de reflexão da luz, do som, cujo nome transcendental é a lei do retorno e bastante conhecida no processo cármico e atuação no ciclo das encarnações.

PERGUNTA — Poderíeis dar-nos algum exemplo mais concreto dessa mobilização científica de elétrons e átomos, de que o espírito se utiliza para manifestar uma virtude ou cometer um pecado?

RAMATÍS — Quando o artista pensa em pintar um quadro

O Evangelho à Luz do Cosmo

de rosas na sua mais bela florescência, essa concepção é real na sua mente, porque a tela florida em projeto só se delineia mentalmente, graças à rapidíssima aglutinação de elétrons e átomos específicos, para compor os polipeptídios básicos da memória do cérebro físico, com transformações energéticas para o espírito modelar o pensamento. O certo é que na mente física há modificações, com perda e ganho de energia, para sustentar e evoluir a ideia fundamental da futura pintura física, que então será visível aos sentidos humanos. Em verdade, a tela reproduz tão-somente a "materialização" à luz do dia, daquilo que já existia vivo no campo mental do pintor. No mundo das idéias, tudo é real e possível num plano superior, graças ao eletromagnetismo dos átomos e das moléculas, que apesar de sua elasticidade e instabilidade, aglutinam-se nas substâncias mais variadas sob o comando do espírito, assim como se fixam as tintas na tela física.

Em consequência, é a manifestação ideal do espírito, superior e mais real do que a do corpo carnal, que é transitório, porquanto tudo o que é pensado registra-se no campo etérico do Universo por toda a eternidade.[51] Considerando-se que a vida espiritual é a original e definitiva, obviamente, são mais definidos, vitais e positivos os planos intermediários, que vinculam a entidade sideral à matéria no chamado "descenso vibratório". Assim, o plano espiritual é o mais real e importante e, em seguida, o plano mental, onde o espírito corporifica primeiramente o seu pensamento e, sucessivamente, os planos: astral, da emoção e sentimento; o etérico da vitalidade e usina da vida física; e o carnal, que é justamente o mais inferior e transitório.

Quando o homem pratica um ato pacífico ou produtivo, em favorecimento do próximo, ele apenas revela em público e através das diversas fases ou escalas descendentes, que separam o espírito da matéria, o que realmente se sucedeu de modo positivo no seu mundo mental e a consequente repercussão na esfera do sentimento. Não é o ato puramente físico que lhe retrata a boa obra ou bondade interior, mas, tal sentimento foi acionado primei-

---

[51] N. do M. - Extraído da obra *O Aqui e o Além*, de Ruth Montgomery, edição da Record: "Em transe, Edgard Cayce podia aparentemente recorrer à consciência cósmica e ler os registros akáshicos, nos quais está supostamente lançada a história de cada vida desde o começo dos tempos. Akasha é uma palavra sânscrita para a qual não há equivalente em português". Desde que todos os pensamentos, atos e fatos são gravados na superfície do tempo e do espaço, o indivíduo pode, através da meditação, desenvolver a arte de sintonizar esses registros akáshicos, quase da mesma maneira como podemos reproduzir velhas fitas gravadas. Idem pág. 135 e 95. Vide o rodapé n° 1 da pág. 15, da obra *O Sublime Peregrino*, de Ramatís.

ramente no campo definitivo da mente, isto é, da principal instrumentação do espírito imortal. Assim, a sequência é perfeitamente científica e disciplinada num prosseguimento matemático, que opera gradativamente em cada plano da manifestação do espírito. A prática da mais singela virtude no mundo físico, movimenta cientificamente leis de controle criativo em todos os planos ou campos da vida etérea, astral, mental e mesmo espiritual. Lembra, rudimentarmente, a nuvem invisível de vapor de água que, pouco a pouco, se condensa sob condições adequadas de temperatura e pressão que regem os princípios da física. Isso acontece desde o plano imponderável até formar a mesma nuvem, que em suspenso e pejada de líquido, daí por diante e pelo aumento de peso sofre mais intensamente os efeitos gravitacionais do mundo físico até se transformar na nuvem benfeitora.

Sob o sol mais rutilante e o céu mais límpido e mais azul, a tempestade gera-se, gradativamente, até eclodir impressionando os sentidos físicos do homem. Mas isso só acontece depois de obedecer às leis e aos princípios imperceptíveis aos sentidos humanos.

PERGUNTA — Quereis dizer que o carma do homem funciona também sob sequências científicas e específicas a cada caso, que abrangem desde a sua natureza espiritual e moral até a sua atividade física? Não é assim?

RAMATÍS — Realmente, Deus não patrocina nem administra propositadamente nenhuma instituição punitiva ou departamento específico de correção espiritual. Em verdade, toda consequência ou efeito desagradável, trágico, doloroso e infeliz do homem é sempre fruto do seu descaso aos ensinamentos e às advertências dos instrutores espirituais. A sua violência ou rebeldia aos princípios salutares e evolutivos decorrentes da Lei Maior, que regula o equilíbrio, a harmonia e a coesão do Cosmo, é que, então, produzem as consequências indesejáveis futuras. Ninguém é castigado porque "peca", assim, como ninguém é premiado porque é "virtuoso", mas todo desvio do ritmo eletivo e da ascensão do ser espiritual resulta em atrito e reação retificadora da entidade imortal existente em cada ser. O estado de erro é vitalizado pelo consumo de energias de baixa vibração, porque são forças oriundas do reino animal primário e que sustentam o campo instintivo inferior. Após o gasto do combustível primário, então resta a fuligem aderida ao perispírito, que é resultante da

O Evangelho à Luz do Cosmo

movimentação dos desejos inferiores ou da violência mental e astral do homem.

Quando o homem enverga um terno de linho branco, convém-lhe distanciar-se da proximidade de ambientes graxentos, a fim de evitar uma possível poluição. No entanto, a mesma graxa, que pode ser um "pecado" ou nódoa no terno de linho branco do turista, é louvável "virtude" como um símbolo de labor no macacão do mecânico diligente. A virtude e o pecado refletem apenas cada coisa no seu lugar certo, e cada ação visando um efeito útil no seu devido tempo e necessidade circunstancial. O que já foi virtude, como glória e consagração para a tribo de antropófagos, que devorava a carne do guerreiro vencido e valente, para herdar-lhe o heroísmo, hoje é um pecado ignominioso e crime à luz da civilização. A virtude de ontem pode ser reprovada hoje, assim como o fato de o homem do século **XX** ainda devorar um frango assado em virtude das famigeradas proteínas, há de ser um fato censurável, se ocorrer no seio das humanidades evoluídas de outros planetas, que se alimentam exclusivamente de frutas e legumes.

PERGUNTA — Como atua o processo do "carma" nessa motivação científica e independente de castigo, mas que constrange os espíritos faltosos à retificação compulsória?

RAMATÍS — Em face dos acontecimentos dolorosos e indesejáveis, que ocorrem na vida humana, os reencarnacionistas afirmam que as criaturas em sofrimento físico ou moral estão "pagando dívidas" ou "sofrendo" o seu carma passado. Na realidade, o espírito sofre em si mesmo o efeito censurável que movimentou no passado, quando contrariou, violentou ou desprezou o ritmo disciplinado e criativo, em que as leis menores e derivadas da Lei única governam a vida em todos os planos e campos de sua manifestação. Eis o motivo por que o Evangelho do Cristo, com seus princípios e conceitos de aperfeiçoamento do deusinho em miniatura, que é o homem, também é a síntese "microorganograma" da Lei Suprema do Macrocosmo.

A Lei do Carma, que controla a "ação" e a "reação" do Cosmo, diversifica-se em leis e princípios menores, que determinam e disciplinam o movimento e a função das galáxias, constelações e orbes, de modo a existir o perfeito equilíbrio e harmonia universal. Em rude analogia, caso o planeta Marte se rebelasse contra essa Lei, pretendendo mudar a sua trajetória ou decidir-se por uma vivência planetária isolada, ele sofreria de imediato o impacto vigoroso e um efeito catastrófico corretivo, resultante da ação da Lei única agindo através das leis menores. Seria apenas uma correção técnica sideral, jamais uma punição divina, em que a legislação cósmica apenas evitaria maior catástrofe e repondo no rumo certo o orbe desgarrado do equilíbrio planetário. Em sua natureza disciplinadora, a Lei do Carma evita prejuízos indevidos e deformações no progresso incessante nas coisas e seres, adotando, de imediato, as providências que se fazem carentes no sentido de permanecer a harmonia da manifestação criativa da vida.

É de advertência cármica que quem se isola será isolado, quem destrói sofrerá a destruição, quem calunia será caluniado, quem menospreza será menosprezado, "quem com ferro fere, com ferro será ferido", quem semeia ventos, colhe tempestades. É a perfeita entrosagem funcional da ação e reação equivalentes, como lei que regula o efeito à causa em qualquer condição de vida ou latitude do Universo.

PERGUNTA — Desde que a legislação cármica educativa não é propriamente uma resolução punitiva, mas apenas uma decorrência de ações científicas, como esse dispositivo científico pode produzir efeitos morais corretivos, provenientes de causas morais censuráveis?

RAMATÍS — O homem que se compromete conscientemente a sustentar e amparar uma esposa e seus filhos pratica uma crueldade ou ato moral censurável quando os abandona obcecado por outra paixão irregular, ou mergulha no vício transformando-se num marginal improdutivo. Mas sob o cientificismo das leis criativas e disciplinadoras de cada plano de vida em ação nos diferentes estados energéticos cada vez mais densos, o homem, para concretizar o ato imoral de abandonar a esposa e filhos, gasta energias mental, astral e etérea, consumidas dos diversos planos equivalentes até se materializar no fato físico de "abandono" à família. É evidente que antes gera-se no espírito do homem a vontade ou decisão de ele abandonar a família e, secundariamente, isso adquire forma e força pelo revestimento energético no corpo mental, incorporando-se na condição de prazer ou alívio no corpo astral dos desejos e sentimentos para depois ser vitalizado no campo do duplo etérico, que é o intermediário entre o perispírito e o organismo carnal.[52]

---

[52] Em breve resumo, sabemos que o Espírito, ou a chama imortal, atua no mundo

Consequentemente, para que se efetue o simples ato de fuga do homem aos deveres conjugais e paternos, movimenta-se um processo científico e gradativo desde a matriz do seu Espírito sediado no plano espiritual, cuja ideia "imoral" impregna-se de energia mental e no seu prosseguimento subdinâmico, para baixo, deve revestir-se da energia astralina e refletir-se no campo das emoções. Finalmente, já no limiar do mundo físico, a ideia do abandono censurável projetada pelo Espírito, dinamizada mental e astralmente, então se vitaliza pela energia "etereofísica" do plano intermediário, que liga o mundo oculto e o físico, até se reproduzir "materialmente" num ato censurável sob as leis e a moral do mundo físico.

Em tal caso, o homem faltoso incorreu num ato "pecaminoso", porque serviu-se maldosamente das forças criativas da vida correta e vinculada pelo amor, como são as energias mentais, astralinas e etéricas, para vivificar sob a supervisão divina a sua união a outros seres, traindo depois os vínculos de amparo e responsabilidade. Usou energias de todos esses planos para cometer um ato irregular ao trair votos conjugais; e a fim de praticar um ato "imoral", mobiliza científica e tecnicamente as forças criativas do próprio Cosmo. Em consequência, ficou culpado sob a lei cármica de todos esses planos, cabendo-lhe corrigir o desvio praticado no mau uso das forças arregimentadas num ato irregular no mundo físico, e que fará num processo retroativo de compensação energética.

As causas perturbadoras geradas pelo homem imoral nos diversos planos da vida oculta, que vinculam o espírito à matéria também hão de gerar-lhe efeitos idênticos e perturbadores, no momento de sua retificação cármica. Sob o julgamento humano e os preconceitos sociais do vosso mundo, o abandono da família é tachado como ato censurável, ou acontecimento exclusivamente punível na esfera da ética humana. É apenas a atitude censurável e comum de um pai de família que abandona o lar por vício, vagabundagem ou aventuras ilícitas pecaminosas, onerando o equilíbrio social e agravando a economia coletiva. Mas para a Lei do Carma humano, que se deriva intimamente da Lei Cármica do Cosmo, sob o mesmo ritmo e a pulsação energética de que

---

espiritual através do organismo conhecido por perispírito, o qual é constituído pelos corpos ou sistemas mental e astral, bases do pensamento e sentimento. Entretanto, a fim de vincular à matéria no fenômeno de encarnação, o Espírito materializa o perispírito na configuração do organismo carnal, servindo de uma ponte intermediária, que é o duplo etérico, muito conhecido dos esoteristas, iogues e ocultistas.

"a semeadura é livre, mas a colheita é obrigatória", ela abrange toda a escala da perturbação, que decorre desde o mundo oculto e altera a estabilidade do *ritmo, equilíbrio* e *harmonia*, em todos os planos subsequentes. Há uma correção científica desde a atividade espiritual até a atividade física, que gera um efeito disciplinador moral partindo de uma causa científica. A intenção fundamental da lei perturbada é indenizar vibratoriamente todas as deformações ocorridas e ajustar o equilíbrio e a harmonia, que são violentados nos vários setores de sua ação e reação. E sob a própria lei do bom senso, serve-se do próprio autor nocivo para ele reajustar o ritmo perturbado na sequência da reação e equilibra a ação que foi alterada.

PERGUNTA — Qual é, enfim, o carma fundamental de cada espírito encarnado?

RAMATÍS — Em verdade, o carma fundamental de cada espírito é a condição a que ele fica subjugado, inapelavelmente, sob um destino determinado pela natureza do próprio planeta ou meio, onde deve efetuar a sua nova experiência espiritual.[53]

Embora seja um espírito de alto gabarito espiritual, ou apenas um tipo primário, pouco importa se merece renascer em tal ambiente, pois fica inapelavelmente sujeito às injunções naturais e próprias do orbe onde tiver de habitar. Seria bastante absurda a exigência de se modificar de imediato a composição geofísica de certo orbe, só porque lá se encarnou determinado espírito, cuja graduação espiritual não aprova tal ambiente onde deve viver. Assim, há muita diferença entre o "carma fundamental" do espírito que se encarna em Marte, planeta agradável, tranquilo e saudável, pelo fácil controle climático e topográfico conseguido pelos marcianos, que proporciona existência física venturosa, comparada à natureza hostil e instável da Terra. O planeta Terra, pela sua instabilidade geológica, natureza agressiva e rude, moradia de humanidade primária daninha, violenta, cruel, vingativa e destruidora, qualquer que seja o grau evolutivo e a sensibilidade do espírito superior ali encarnado, jamais poderá fugir das consequências "naturais" e próprias do meio primário onde precisa ou decidiu-se de habitar. Em consequência, quer o espírito seja

---

[53] Assim como um campeão de natação nem por isso fica livre das más consequências de nadar num rio infestado de jacarés, um espírito santificado terá de sofrer as injunções do clima, da pressão, da instabilidade geológica e do solo geográfico do orbe onde ele tiver de se encarnar. Em consequência, se a Terra é um planeta primário, os espíritos que nela se encarnam também são alunos primários sob um processo educativo algo rude e incômodo, como ainda é a natureza dessa escola planetária.

O Evangelho à Luz do Cosmo

mau ou bom, sadio ou enfermo, ignorante ou sábio, o seu "carma fundamental" deriva-se intrinsecamente da natureza e reação de cenário físico que lhe emoldura a vivência humana.

Daí o motivo por que um espírito do quilate de um Francisco de Assis, que era absoluta renúncia, ou mesmo de Jesus, sacrificado até a última gota de sangue pelo seu amor aos homens, ainda sofreram mais do que o homem comum terrícola, porque este defende-se com unhas e dentes pela melhor sobrevivência e não alimenta os escrúpulos e a tolerância das almas sublimes. Malgrado o seu elevado gabarito sideral, os santos não podem livrar-se da agressividade da natureza primária de um planeta como é a Terra, nem da ferocidade dos seus habitantes, recém-saídos das cavernas da idade da pedra, e que só entendem as especulações do mundo de César, mas descrêem da fantasia e duvidosa felicidade do "reino de Deus". Obviamente, Jesus não deve ter padecido na Terra o efeito cármico de ter promovido a crucificação no pretérito; mas, para ele ministrar o "Código Moral" do Evangelho aos alunos terrícolas, obrigou-se, conscientemente, a sofrer as injunções da escola primária em que viera lecionar, cujos alunos primários e rebeldes, daninhos, desrespeitosos e cruéis, o crucificaram dominados pela sua irresponsabilidade espiritual.

Jesus enfrentava imensa desvantagem na vivência terrena, porque, na competição humana e feroz dos terrícolas, ele só reagia "dando a camisa a quem lhe furtasse a túnica" ou "oferecendo a face direita a quem lhe batesse na esquerda". Entre a pomba que não se defende do gavião cruel, apenas interessado no seu bem-estar, é óbvio que a pomba será sacrificada. Num mundo tão agressivo e primário, ainda nos primórdios do seu aperfeiçoamento, como é a Terra, os seus habitantes são espiritualmente analfabetos e só reconhecem o poder da força, jamais a ternura e a renúncia. Em qualquer nível de vivência intelectual, moral e emotiva do plano físico terrícola, só leva vantagem quem se defende protegido pelas mesmas leis primárias e instintivas desse mesmo mundo inóspito. Mas será derrotado, implacavelmente, o santo que, impelido por princípios espirituais inerentes à vida de um reino superior, pretenda viver, pacífica e amorosamente, entre os "trogloditas" de casimira e barba rapada, onde as leis e as regras de sobrevivência ainda evocam a era do "sílex" das cavernas.

Num mundo de natureza agressiva e própria dos seres ferozes impiedosos, tanto quanto mais delicado for o homem, mais facilmente ele será ferido pelo impacto violento e destruidor do meio.[54] Daí o motivo por que ao afirmar que era o "Caminho, a Verdade e a Vida", Jesus também advertia que o homem teria de apanhar a sua própria cruz e submeter-se, pacífica e resignadamente, a toda sorte de sofrimentos e dores, caso desejasse realmente alcançar o "reino de Deus".

PERGUNTA — Que significa Libertação do "Maya", da tradição oriental?

RAMATÍS — O espírito do homem só conseguirá libertar-se do "Maya"[55] que o prende à roda das encarnações humanas, quando ele espontânea e corajosamente extinguir todos os desejos e atividades do mundo físico, para aspirar exclusivamente à vivência no mundo angélico. Já dizia Paulo de Tarso que somente depois de "morrer" o homem velho e renascer o "homem novo", o espírito consegue alçar o seu vôo para os planos de ventura sideral eterna.

Jesus frisou, categoricamente, quanto à imensa diferença que existe entre o plano espiritual do "reino de Deus" e o "mundo de César" da existência humana, com todas as suas fascinações, ciladas e desejos, que aprisionam o espírito nas teias sedutoras das vidas transitórias e fundamentalmente inglórias.

O reino de Deus significa a vivência liberta do espírito imortal, em que tudo é definitivo, certo e venturoso, cujos seres felizes jamais se turbam pelo medo, angústia e aflições próprias dos mundos transitórios, onde o homem se desgasta no uso indiscriminado dos cinco sentidos físicos e, ainda, sofre a influência extra-sensória do mundo oculto, que é condizente com o mundo físico criado pelo próprio homem.

O homem que busca o "reino de Deus" e enseja a sua libertação dos ciclos encarnatórios só consegue livrar-se do jugo carnal, após exterminar qualquer interesse ou paixão pela matéria. Enquanto existir o mínimo desejo sobre os valores e prazeres físicos, malgrado os esforços de ascese sideral, o espírito lembra a águia que, ao sulcar a amplidão dos céus, ainda se aflige pela necessidade de mitigar a sede e matar a fome no solo físico. Essa

[54] Diz Ramatís, na obra "O Sublime Peregrino": "O traje de seda do príncipe rasga-se mais fácil e rápido entre os espinheiros, do que o vestuário de couro do aldeão".

[55] "Maya", vocábulo tradicional do sânscrito, que significa a "ilusão" da vida física, o que se transforma, envelhece e desaparece; o que não persiste e o homem se enleia como na teia de aranha, imantado pela força atraente das formas físicas e por elas aniquilado.

O Evangelho à Luz do Cosmo

libertação há de ser cruciante, mas definitiva, um rompimento implacável dos valores e bens do mundo material, assim como fizeram os grandes luminares da espiritualidade.

O príncipe Sakia Muni, que dispunha do poder de vida e de morte sobre os seus vassalos, cujo corpo era decorado com as jóias mais finas e impregnado com os perfumes mais raros, percorrendo as suas terras em carruagens douradas, cujos desejos eram ordens implacáveis, quando pressentiu a realidade do espírito eterno despojou-se de todos os bens e riquezas do mundo para alcançar a sua libertação. Em seguida, trocou os ricos trajes de seda pela vestimenta de estamenha dos mendigos e, procurando ser o último dos homens transformou-se no consagrado Buda, o líder espiritual da Ásia.

Antes, pesava-lhe sobre a cabeça a coroa de príncipe reinante, com as responsabilidades complexas da saúde, educação e alimentação do seu povo, o que também é louvável para Deus, mas escravizante para o espírito. Depois, despertando, libertou-se dos valores e das competições do mundo, consagrando-se num habitante natural da comunidade sidérea e feliz do reino do espírito imortal. Sem dúvida, dali por diante, ele começou a ter desvantagens em qualquer especulação do mundo, desligando-se dos interesses e das cobiças da vida humana, a fim de deixar a sua mensagem vivida pessoalmente e roteiro exato de promoção do homem para o reino eterno e autêntico do Senhor. No entanto, sob tal condição, ele libertou-se de Maya, a ilusão da vida física.

PERGUNTA — Mas a Lei de Moisés, em que era lícita a desforra de "dente por dente e olho por olho", porventura também não significa um princípio ou regra cármica?

RAMATÍS — A lei mosaísta e vingativa de "olho por olho e dente por dente" era apenas a regra humana modelada para se conter um povo, cujo temperamento e entendimento espiritual ainda eram rudimentares, e nada mais concebiam do que o mesmo pagamento para igual delito. Os pagãos costumavam devotar os seus desejos cruéis, atirando os filhos tenros nas fornalhas ardentes de Moloch, sob a mesma ilusão de que Deus se rejubilava com o sangue humano, assim como hoje os fiéis solicitam favores divinos, através do incenso, das flores e das velas na liturgia moderna, muitas vezes rogando ao Senhor que extermine os seus "inimigos" nas lutas fratricidas. A fim de controlar o primarismo brutal da época em que as paixões e as violências humanas não podiam ser disciplinadas pelas exortações religiosas de acenos do Paraíso, Moisés estabeleceu e decretou a lei de "olho por olho e dente por dente", procurando diminuir crimes e pilhagens ante o direito da vítima de também punir o seu algoz ou desafeto, tanto quanto tenha sido o mal praticado.

Mas entre o princípio e o direito de o homem ser o próprio justiceiro dos prejuízos sofridos, capaz de exorbitar dessa concessão e punir um delito menor com outro crime mais cruel, justifica-se a Lei do Carma, implacável, justa e impessoal, que além de indenizar a vítima corrige e redime o criminoso. Sob a lei pessoal de "olho por olho e dente por dente", o homem agraciado pelo direito de punir pode abusar da desforra, ultrapassando sadicamente o montante do débito da cobrança. Mas sob a Lei do Carma, em sua função técnica e impessoal, a liquidação da dívida pregressa ainda proporciona investimentos benfeitores para o futuro do próprio culpado.

PERGUNTA — Mas, em essência, o que se deve entender por Lei do Carma?

RAMATÍS — A palavra "Karma" é originária do sânscrito, antigo idioma hindu consagrado nos templos iniciáticos; ela procede da raiz "Kar" (fazer ou agir) e do sufixo "Ma" (o efeito e a ação). Assim, o "Karma" significa a lei em que toda causa gera efeito semelhante, que abrange o próprio destino dos homens, quando todos os atos e todas as causas vividas pelos espíritos em existências físicas anteriores ficam posterior e hermeticamente vinculados aos seus efeitos semelhantes no futuro. "Karma", portanto, é essencialmente a "causa" e o "efeito", enfim, o controle dos acontecimentos originais aos seus resultados posteriores. Sob o mecanismo cármico ocorre a retificação que equilibra, esclarece, segrega, mas fortifica, pois obriga o devedor à liquidação mais breve de sua dívida pregressa, mas também o liberta para decidir quanto ao seu futuro.

Não é uma lei especificamente punitiva, pois se disciplina rigorosamente, também premia generosamente o bom pagador, comprovando a lei de que será dado "a cada um conforme as suas obras". O carma, que deriva da Lei Divina ou da pulsação da própria Lei Cósmica, também regula o "livre-arbítrio", pois concede maior liberdade de ação e poder ao homem, tanto quanto ele adquire mais sabedoria e se torna, espiritualmente, mais

O Evangelho à Luz do Cosmo

responsável. Assim como os pais afrouxam a liberdade dos filhos à medida que eles se tornam mais cuidadosos, experientes e adultos, a Lei do Carma amplia o campo de ação e responsabilidade do espírito, tanto quanto ele se emancipa e se conscientiza no curso educativo da vida.

PERGUNTA — Que se deve entender por "queimar" o carma, conforme é tão familiar nos ensinamentos orientais?

RAMATÍS — Todos os pensamentos, sentimentos e ações do espírito encarnado geram um tipo de "carma" para o futuro, ou seja, produzem uma soma de efeitos bons ou maus, perfeitamente vinculados aos atos praticados pelo espírito em vidas anteriores. Em consequência, chama-se "queimar" o carma, quando os seus próprios autores resgatam as dívidas ou "efeitos" assumidos pelas causas culposas do passado. Mas em face de cada "causa" ou ação boa ou má de hoje também produzir um efeito bom ou mau nas vidas futuras, o espírito encarnado reduz as suas dívidas pregressas e, ao mesmo tempo, gera um novo carma bom ou mau, através dos atos atuais e cujos efeitos devem ser vividos na próxima existência.

PERGUNTA — Jesus, porventura, também se referia em sua advertência e admoestações evangélicas a essa "causa" e "efeito", que é a engrenagem do carma?

RAMATÍS — O Divino Mestre, como abalizado instrutor espiritual, conhecia perfeitamente o mecanismo e a razão da Lei do Carma, que preside e disciplina o destino dos espíritos encarnados. Sem dúvida, ele não podia expor claramente o mecanismo cármico ao povo de sua época em face do primarismo dos seus conterrâneos e, sobretudo, para não contrariar os dogmas do judaísmo que não tardaria em protestar contra tal ensino inusitado. Mas podemos identificar em sua obra esse conhecimento, através de símbolos e parábolas, bastando-nos examinar a sua conceituação evangélica. Os conceitos de "quem com ferro fere, com ferro será ferido", a "cada um será dado, segundo as suas obras" ou ainda "o homem pagará até o último ceitil", são princípios insofismáveis da "Lei do Carma", tanto quanto os aforismos e ditos populares do povo, nesse particular, que advertem "Quem semeia ventos, colhe tempestades" ou "O mal que se planta à noite, colhe-se de dia".

Assim, quando Jesus aconselhava que o maior dos mandamentos é o "Ama ao próximo como a ti mesmo" e, também,

"Faze aos outros o que queres que te façam", a sua intenção era realmente orientar o homem para evitar um "mau futuro", libertando-se da severidade do carma inflexível e da imantação nas faces dos orbes físicos.

PERGUNTA — Considerando-se que o conceito de "cada um colhe o que semeia" é um princípio da Lei do Carma, não seria uma aberração os espíritos encarnarem-se na Terra, já estigmatizados por destinos fatalistas e que lhes cerceiam o "livre-arbítrio"?

RAMATÍS — Embora cada espírito deva renascer na vida física com o seu programa previamente esquematizado pela Administração Sideral da Terra, isso também se conjuga ao carma da raça e ao carma do próprio planeta de provas. Assim, há o carma individual do espírito reencarnante, o qual se conjuga ao carma da família em que ele ingressa, inclusive ao carma do povo ou da raça de que ele vai participar. É uma conjugação perfeita de valores positivos e negativos, que não podem exorbitar das regras e dos princípios disciplinadores da Lei do Cosmo, no esquema corretivo e indenizador das coletividades e dos indivíduos em suas inter-relações pessoais.

A família terrena é constituída por espíritos dos mais variados tipos e graus evolutivos, os quais se digladiam há milênios no curso das vidas humanas e sujeitos ao carma coletivo do próprio conjunto familiar espiritual, povo, raça e da própria humanidade na sua eleição planetária. Sob a vestimenta carnal dos mesmos ascendentes biológicos, disfarçam-se espíritos amigos e inimigos, vítimas e algozes, credores e devedores, que ali se aproximam e se ajustam, sob a condição contemporizadora e convencional do lar humano. No seio da mesma família terrena, tanto vivem os espíritos amigos e unidos pelo amor, assim como as almas inimigas e adversas imantadas pelo próprio ódio que geraram no passado. Durante o treino afetivo e os interesses em comum, que unem os membros da mesma família, amainam-se ódios pregressos e cessam os impulsos irascíveis, e que ainda ficam mais fortalecidos pelo sentimento da partida para o Além.

Afora sua retificação individual, cada espírito encarnado ainda fica na dependência da correção do conjunto de espíritos afins, família, que é também uma espécie de membro de cada povo, raça, e, consequentemente, da própria humanidade terrícola, compondo a síntese do carma do próprio orbe onde vivem.

O Evangelho à Luz do Cosmo

Sob dores, sofrimentos, necessidades econômicas, vicissitudes morais e dramas da família, os espíritos reunidos pelo mesmo tipo de delitos, culpas e dívidas cármicas, então precisam amparar-se contra a agressividade do mundo exterior, enquanto isso os ameniza em suas próprias mágoas e ressentimentos recíprocos do passado. Ademais, as alegrias e os sucessos dos membros da mesma família, quando se projetam nas esferas da arte, política, social, intelectual ou mesmo desportiva, carreiam louvores e exaltações que lembram indenizações dos maus entendimentos pregressos. A euforia do conjunto, uma vez que a ventura de um familiar também se reflete no todo da parentela, aumenta a satisfação recíproca e extingue mais breve as animosidades cármicas pregressas.

Em face de cada família terrena compor-se pela afinidade espiritual, atração e simpatia pelo afeto recíproco do passado ou, então, sob a injunção cármica de dívidas e culpas, existem famílias tradicionalmente felizes, as quais passam pelo mundo deixando um rasto de júbilo, sucesso e venturas por parte de todos os seus componentes. No entanto, outras famílias carregam certo estigma doloroso, uma atmosfera trágica desde a sua formação, que surpreende a própria história.[56] Há famílias totalmente agressivas, egocêntricas, degeneradas, inescrupulosas, vingativas, perversas, trágicas ou desventuradas, cujos membros e descendentes findam suas vidas sob o mesmo tipo de "carma", que os estigmatizam em consequência de vidas anteriores. Aliás, verifica-se, também, que em certas famílias os seus membros extinguem-se sob um mesmo tipo de enfermidade, desde a tuberculose, lepra, cânceres ou forma de aleijamento, surdez, perturbações mentais, que surpreendem os próprios médicos, uma vez que há falecimento da maioria por moléstia idêntica e não contagiosa, ou mesmo hereditária, cuja explicação científica induz alguma predisposição atávica, mas na realidade é o carma coletivo.

Em verdade, a Lei Cármica reúne sob a mesma vestimenta

---

[56] Embora guardando o sigilo fraterno, conhecemos, em Curitiba, alguns casos que confirmam perfeitamente essa observação de Ramatís: a família X, composta de cinco mulheres e quatro homens, resultou na seguinte liquidação desventurada: a progenitora, de origem algo fidalga, desgastou-se no vício do álcool, o esposo foi assassinado no recinto de trabalho, três filhos pereceram em antros de prostituição, duas filhas foram assassinadas como aliciadoras de jovens imprudentes. Finalmente, os dois rapazes restantes, um deles, proxeneta, liquidado numa boate, e o outro, atualmente preso por delinquência de tóxicos e roubos. As mais jovens, sobreviventes, viciadas em tóxicos, álcool e degradação, são notícia de jornal.

carnal e influenciados pelos mesmos ascendentes biológicos, espíritos afins, por força de culpas, deslizes, dívidas e mazelas semelhantes, compondo estigmas trágicos sob a dependência da mesma indenização espiritual pretérita.

PERGUNTA — Poderíeis exemplificar-nos quanto à natureza das culpas ou pecados de vidas anteriores, que agrupam espíritos afins às provas semelhantes na mesma família?

RAMATÍS — Comumente, uma família, cujos membros sofrem acidentes ou se extinguem sob armas de fogo, às vezes de modo surpreendente, morrendo aparentemente sem culpa, atingidos por uma bala sem rumo, ou por examinar uma pistola ou fuzil, trata-se de um conjunto de espíritos em prova semelhante e provavelmente de ex-caçadores, que no passado divertiam-se em acabar com os pássaros nas florestas. Há o carma de vários componentes de um agrupamento familiar, e que coincidem de morrer de câncer. Isso constitui um enigma para a ciência profana, no entanto, são comparsas que operaram em desfavor do próximo por ações negativas de magia, maledicência, calúnias, prejuízos ou extrema inveja. Em outros eventos, verifica-se que os descendentes de certa família desencarnam por afogamento, cumprindo o carma de pirataria, quando lançavam ao mar os tripulantes dos barcos apreendidos. Outras vezes, pais infelizes curtem a desdita angustiosa de só gerarem filhos retardados, mongolóides, hidrocéfalos ou esquizofrênicos, ignorando que foram responsáveis pelo vício da cocaína, morfina ou ópio, nos espíritos dos seus próprios descendentes atuais.

Enquanto a Humanidade ignorar o conceito evangélico de que "a cada um será dado segundo as suas obras", jamais o homem alcançará a ventura de uma existência tranquila. Sob a regência do "livre-arbítrio", que permite ao espírito organizar a sua vivência nos mundos físicos, ele ainda fica enquadrado no esquema retificador do seu carma, o qual, sem dúvida, foi também uma causa que termina por reduzir a própria ação desse livre-arbítrio. O espírito deve sempre pesar e balancear quais serão os prejuízos que poderá causar ao próximo, toda vez que se movimentar para atender a satisfação das próprias necessidades e prazeres. Sob o conceito de senso comum, em que "a semeadura é livre, mas a colheita é obrigatória", o homem deve medir rigorosamente o efeito dos seus passos na senda humana,

O Evangelho à Luz do Cosmo

porquanto "há de pagar até o último ceitil", toda culpa ou prejuízo causado a outrem.

PERGUNTA — Poderíeis explicar-nos melhor essa questão de carma individual, de um povo, ou de um planeta?

RAMATÍS — Repetimos: há o carma do indivíduo e, depois, o carma da família, que se constitui na soma do ativo e passivo de todos os espíritos ali congregados para compor o grupo doméstico. Igualmente, há o carma de uma cidade, que compreende o carma dos membros de todas as famílias ali residentes. A soma do carma das cidades, então, é a do país, e a soma do carma de todos os países é o resultante do continente, até que a soma do carma de todos os continentes é a do próprio orbe.

Considerando-se os vários tipos de planetas do sistema solar e as suas funções, como orbes educativos primários, ginasiais, secundários ou acadêmicos, a Terra é um mundo de carma bem mais rude do que Marte, o qual é um grau sideral superior. Daí o motivo por que a base fundamental do tipo de carma de cada espírito reside, especificamente, nas condições mesológicas do próprio planeta onde é chamado a residir ou renascer. Só pelo fato de qualquer espírito reencarnar-se na Terra, ele já fica condicionado a um carma mais doloroso, por ser um orbe de natureza hostil e primária, portanto, mais desventurado do que outro espírito que renasce em Marte, planeta que é mais sublimado do que o mundo terreno.

PERGUNTA — A fim de apreciarmos melhor os valores cármicos escalonados em cada planeta, por que a Terra é considerada um planeta mais inóspito e carmicamente inferior?

RAMATÍS — A Terra é uma escola de educação espiritual ainda da série primária, portanto, um planeta de carma, sobretudo, corretivo, ou seja, de finalidade purificadora. É um orbe de natureza física instável, sujeito às inundações, tufões, secas, frio e calor extremos; suas florestas são povoadas de insetos, répteis de toda sorte, de animais perigosos e selvagens, enquanto todo o meio ainda é poluído de germens patogênicos nas imensas regiões pantanosas, ou de depósitos de detritos humanos, provocando o envenenamento químico do próprio ar na evasão de gases nauseabundos. Em consequência, geram-se epidemias mortais ou de efeitos deformantes, com a proliferação de vírus e ultravírus, além dos intempestivos acidentes geográficos, que não permitem uma vivência de absoluta tranquilidade.

Na sua composição primária, e para efeito de polimento espiritual, os vulcões são verdadeiras válvulas de pressão da massa ígnea interna, e geram tragédias lamentáveis entre os povos, cujos espíritos muito endividados situam-se justamente nas áreas vulcânicas ou de instabilidade geológica. Os pólos, atualmente sem serventia para uma produção nutritiva, serão no futuro uma espécie de reservatório, em que o gelo conserva as terras nutritivas para serem expostas ao sol no próximo milênio, após a verticalização profética da Terra.

Assim como as escolas primárias do mundo são destinadas aos alunos incipientes, analfabetos e rudes, o planeta Terra é o lar físico de espíritos primários, defeituosos e rebeldes, cujo conteúdo psíquico ainda bruto como o diamante extraído do solo, principia a ser desbastado para a louvável escultura do futuro brilhante espiritual.

O Alto seria bastante incoerente, caso povoasse a Terra, que é um curso primário espiritual, com entidades de alto gabarito e de melhor frequência sideral. Assim como a lixa amacia a madeira do tampo da mesa rústica, o ácido limpa a vidraça gordurosa ou o calor apura o ferro até a condição louvável de aço mais resistente, um planeta como a Terra serve para desbastar as arestas grosseiras dos espíritos aí encarnados e prepará-los para outras vivências mais sublimes.

PERGUNTA — E quais são as características fundamentais que indicam os tipos espirituais para habitar planetas primários semelhantes à Terra?

RAMATÍS — Sem dúvida, um planeta primário, cuja estrutura geológica instável oferece pouco conforto no seu ambiente físico, só pode servir de palco ou moradia educativa, para espíritos de características psíquicas primárias ou deficientes, ainda necessitados de corretivos redentores, como as intempéries, as mudanças climáticas e os cataclismos geológicos.

Os alunos ignorantes, rebeldes, instintivos, daninhos e briguentos, que frequentam as escolas primárias de alfabetização do mundo, são naturalmente desordeiros e irresponsáveis, pois destroem sanitários, entopem tinteiros, quebram torneiras, sujam assoalhos, aniquilam jardins, desmontam janelas, riscam portas e carteiras, retalham bancos, rasgam livros, furtam dos

O Evangelho à Luz do Cosmo

companheiros, escrevem obscenidades nas paredes, zombam dos professores, gazeiam as aulas, vivem aos pontapés e socos, malcriados e desbocados para com os próprias colegas.

Comparativamente, quais são os tipos de espíritos, que anualmente habitam a Terra e foram atraídos pela mesma afinidade primária, para encetar o aperfeiçoamento espiritual sob a rudeza de um mundo agressivo e inferior? Os terrícolas, muitos semelhantes às crianças analfabetas e ignorantes que frequentam as escolas primárias do mundo, também são daninhos, irresponsáveis, orgulhosos, avarentos e destruidores. À guisa de alunos perversos, vândalos e brutos arrasam cidades com bombas atômicas, destroem bibliotecas, igrejas, templos, escolas, teatros, hospitais, institutos de cultura, centros de saúde e estâncias de recuperação física. Lançam bombas incendiárias e queimam campos, florestas, pomares e jardins, aniquilando as reservas de alimento da própria humanidade. São tipos de almas primárias tão insensatas, que se embriagam de álcool até a morte liquidá-los nas valetas ou nos hospitais psiquiátricos; loucos e desajustados, atiram os seus veículos contra postes, muros, casas, animais e pedestres, ou despenham-se colinas abaixo em abismos insondáveis, onde perecem tragados por trágicas fogueiras.

Malgrado serem criaturas adultas e com pretensos foros de civilização, elas sugam o fumo fétido e carbonizado de cigarros, charutos ou cachimbos em ridícula competição com os bugres infantis. Noutro sentido, apesar da fartura de legumes e cereais, que Deus derramou pela Terra, os terrícolas devoram rins, nervos, miolos, fígado, estômago, tripas e chouriços manufaturados com o sangue dos animais inocentes massacrados nos frigoríficos e matadouros, construídos sob os mais avançados recursos da técnica e da ciência terrena. Ainda são tão cruéis, que prostituem as próprias "colegas" do educandário terrícola e deixam-nas apodrecer nos catres de hospitais de indigentes, à guisa de lixo humano, ou exaurem-nas junto à tina de lavar roupa para sustentarem os filhos frutos de amores ilícitos, ou de irresponsabilidade espiritual.

Os homens mais imprudentes viciam-se em entorpecentes e degradam o corpo sensível sob a ação alucinógena dos psicodislépticos; os mais desatinados matam-se em batalhas sangrentas por defender retalhos de panos coloridos que simbolizam as pátrias situadas entre limites de terras pertencentes exclusivamente ao Criador. Os mais fanáticos massacram-se sob o rótulo de católicos, protestantes, hindus, budistas, muçulmanos ou judeus e ensanguentam o solo do orbe em defesa do "seu" Deus. Outros promovem cruzadas piedosas e homicidas, fogueiras de inquisição e atos de fé, onde esturricam os irmãos componentes da mesma família humana planetária. Os seres mais astutos enganam os colegas e vendem-lhes bens inexistentes ou jóias falsas, carros furtados ou emitem cheques sem garantia. Os mais hábeis e eloquentes iludem os seus eleitores em campanhas políticas interesseiras e mistificadoras; os academizados defendem o direito fazendo chicanas, alguns constroem edifícios que desmoronam ante a má-fé edificativa e a ambição de lucros fáceis; outros industrializam a "dor humana", mutilando órgãos sadios de pacientes histéricos, a fim de liquidarem as prestações do luxuoso veículo da moda e manter as aventuras licenciosas. Finalmente, há beócios que deixam suas fortunas para o gozo epicurista de cães, gatos e aves numa sub-reptícia vingança contra a humanidade, sob o máximo carinho e prodigalidade, enquanto os vizinhos fenecem na miséria. Os mais duros de coração ainda são capazes de vestir trajes caríssimos, completamente indiferentes aos maltrapilhos sem sorte, mas deslumbrados pelas pedrarias e penduricalhos caríssimos sobre o corpo perecível, e não poucas vezes já minados pelo carma cancerígeno.

Os mais severos, à guisa de sensores gratuitos, reclamam contra a alta do preço do leite, pão e dos cereais, mas silenciam diante do aumento do uísque, da cachaça e do cigarro, que lhes satisfazem o vício escravizante. E a Terra, em serviço educativo às almas entorpecidas, irresponsáveis e ambiciosas, ainda tinge-se de sangue nos matadouros das batalhas fratricidas, onde seus alunos matam-se entre si, somente pela diferença de doutrinas políticas, diversidade de cor, da vestimenta carnal, e porque uns são brancos ou pretos, outros amarelos ou vermelhos, alguns por manter o imperialismo econômico, outros pelo espírito de anarquia às instituições disciplinadoras do mundo.

PERGUNTA — Mas o avanço científico e o progresso técnico do mundo não poderiam transformar a Terra num planeta mais confortável e ameno, proporcionando aos homens uma vivência agradável e equilibrada?

RAMATÍS — Assim como o homem canceroso não recupera a saúde, só em mudar da choupana miserável para o hospital especializado, nem o inquilino se torna mais inteligente ou sensato, trocando de apartamento, os espíritos dos terrícolas não se convertem em criaturas pacíficas e benfeitoras, unicamente pelo fato de a ciência e técnica transformarem o seu orbe num mundo confortável e agradável.

Da mesma forma, o requinte técnico, a modernização e o luxo aplicado na escola primária não extinguem a estultícia, ignorância, rebeldia e maldade dos alunos ignorantes. Os alunos incultos, instintivos, daninhos e irresponsáveis continuariam a rasgar o veludo "chiffon" das poltronas modernas estofadas, romper as canetas-tinteiro sofisticadas, rasgar os livros de papel acetinado, borrar as paredes plásticas decoradas caprichosamente, quebrar os sanitários de porcelana colorida, arruinar as torneiras cromadas e sujar os uniformes limpíssimos, tudo isso no seio da mesma algazarra bulhenta, indisciplina e cinismo contra os professores selecionados da melhor safra de educadores modernos.

O mesmo fenômeno ocorre no vosso orbe, pois, malgrado o triunfo da técnica e da ciência, que iluminam feericamente as cidades modernas, descobriram o "radar", criaram o "computador" e mantêm o controle remoto dos jatos supersônicos e da descida na Lua, os terrícolas continuam na mesma ignorância, impiedade, belicosidade e índole fratricida que herdaram da idade da pedra. Embora o homem tenha pousado na Lua, ainda não conseguiu penetrar um centímetro dentro de si mesmo; malgrado o triunfo de circundar o seu orbe com satélites artificiais, ainda não domina, evangelicamente, os passos em redor do seu próprio lar. Trajando requintados figurinos e surpreendentemente motorizado, televisionado, eletrificado e completamente cientificista, o homem terreno ainda continua a praticar os mesmos atos de vandalismo próprios da era das cavernas, variando tão-somente em sua perversidade, quanto aos recursos de destruição proporcionados pela ciência moderna.

Antigamente habitava grutas de pedras; hoje, civilizado, prefere os estreitos canudos de cimento conhecidos por "arranha-céus"; antes, liquidava os adversários com porretes e pedras, atualmente, mata de modo elegante com artísticas pistolas eletrônicas; na época do "sílex" ele arrastava a companheira do vizinho pelos cabelos, através dos campos, a fim de satisfazer os instintos animais; agora, pratica o mesmo ato traiçoeiro e ignóbil, mas o faz de maneira louvável, conduzindo a vizinha num "Galaxie" ou "Corcel", para os lugares convenientes. É indiscutível que, se não mudou na sua categoria moral, pelo menos progrediu nos processos usados. O caboclo, outrora, viajava um mês, a cavalo, na intenção de cravar a faca no ventre do desafeto ou inimigo político que o havia ludibriado; hoje, graças aos triunfos científicos e técnicos do mundo, o homem civilizado faz o seu "desjejum" em New York, apanha um avião a jato, almoça em Lisboa e, à tarde, alcança o sucesso de assassinar o seu adversário em Paris, com um excelente tiro eletrônico.

PERGUNTA — Que aconselhais para aqueles que desejariam transformar a Terra num mundo mais sedativo e numa humanidade mais cristã e, no entanto, nada podem fazer?

RAMATÍS — Quando o aluno diligente, estudioso e responsável verifica que em nada pode contribuir para modificar a escola primária e elevar a conduta dos seus colegas, só lhe resta uma decisão: devotar-se, paciente e integralmente ao estudo libertador e promover-se o mais cedo e, eficientemente, possível nos seus exames, a fim de se desligar da escola tão rude e tão eletiva apenas aos alunos daninhos, irresponsáveis e rebeldes. O mesmo cabe ao espírito encarnado na Terra, cumprir disciplinada e devotadamente as lições para a sua mais breve libertação do jugo desconfortável da matéria, atendendo ao convite do Cristo, que assim adverte: "A cada um será dado segundo as suas obras", mas acrescenta: "Quem quiser alcançar o reino dos Céus, apanhe sua cruz e siga-me."

O Evangelho à Luz do Cosmo

12. "Com o juízo com que julgardes, sereis julgados; e com a medida com que medirdes, vos medirão também a vós"

(Mateus, 7:2)

PERGUNTA: — *Quando Jesus recomendou o conceito de "Não julgueis e não sereis julgados" ou "Não condeneis e não sereis condenados", dirigia-se, exclusivamente, à raça judia ou o seu pensamento estendia-se também aos demais povos?*

RAMATÍS: — O Mestre Jesus sempre servia-se das imagens do mundo terreno, conhecidas e convencionadas em sua época, para expor os ensinamentos espirituais a fim de que o homem pudesse assimilá-los o mais profundamente e além do limite objetivo da própria vida. Mas em face de sua sabedoria incomum, Jesus tecia as suas parábolas de tal forma, que as mesmas configurações descritas e enquadradas na vivência comum social e moral da época, ainda hoje estimulam e orientam a dinâmica mental do homem moderno para melhor conhecimento da vida imortal. Graças à dedicação persistente e às conclusões sensatas de um espírito de alto gabarito, como foi Allan Kardec na composição da doutrina espírita, o homem atual já pode avaliar mais intimamente as leis e os fenômenos autênticos da vida espiritual. E sob o mecanismo disciplinado da mediunidade, os espíritos mensageiros e instrutores, quando atuam por médiuns sensatos, estudiosos e fiéis, ajudam a humanidade para melhor aperceber-se do conteúdo esotérico do Evangelho de Jesus, fixando-lhes uma interpretação cada vez mais espiritual e menos humana.

Os ensinamentos de Jesus, lembrando energia de "alta voltagem" sideral, podem ser regulados conforme a capacidade receptiva das lâmpadas humanas e entendidos sensatamente em cada época de análise e divulgação. Assim, a máxima do "Não julgueis para não serdes julgados" significava, para os homens incipientes da época cristã, uma severa advertência contra a injustiça, maledicência e calúnia, mas ainda algo restrito ao tipo da vida judaica. Após a alvorada do Espiritismo, esse mesmo conteúdo se delineia em sua intimidade esotérica e se torna mais genérico em relação à vivência do espírito imortal. Em vez de sentença exclusiva e regular, o intercâmbio entre os homens amplia-se no seu sentido moral, abrangendo já algo do processo cármico no julgamento das relações e consequências entre os espíritos nas suas encarnações sucessivas. Já não se trata de um conceito mais propriamente disciplinador e relativo à vida do povo judeu, porém extensível à continuidade da vida espiritual, abrangendo os maus e os bons juízos que o espírito pronuncia no decurso de todo o processo de sua angelização.

Do mesmo conceito, que se referia mais particularmente ao procedimento incorreto e injusto do cidadão existente na época de Jesus, quando julgava o adversário, desconhecido, amigo e até parentes, mas sem julgar-se a si mesmo, o Espiritismo já identificou o encadeamento predominantemente espiritual. No futuro, após a comprovação científica da realidade do espírito imortal, que será identificado pela instrumentação de precisão laboratorial, o homem, então, compreenderá que a miniatura do próprio metabolismo cósmico palpita ativamente na intimidade de sua própria alma. Os conceitos de Jesus, "Não julgueis, para não serdes julgados" e "Não condeneis para não serdes condenados", são importantes advertências de que toda ação negativa do espírito redunda sempre em seu próprio prejuízo, pois julgar o alheio é "medir-se" a si próprio. Aliás, é muito conhecido o fenômeno da psicologia do mecanismo de defesa do "ego", que é a sua fanática projeção, em que para ressaltar-se ou elevar-se o homem julga o próximo e o diminui por uma conclusão inferior.

Muito além da simplicidade de um julgamento pessoal de homem para homem, essa sentença do Cristo abrange a vivência do espírito, através de suas encarnações. Ela vincula o espírito a princípios e regras científicas, conforme já comprovamos, filosoficamente, pela psicologia moderna. Não aludem exclusivamente ao julgamento terra-a-terra, quando um acusado pratica qualquer delito e deve sofrer uma pena de acordo com os códigos regionais. Mas isso também se refere quanto ao fato de a criatura julgar os equívocos, as imprudências e os pecados dos seus irmãos, e depois verificar a frustração de já ter procedido assim em vidas anteriores, ou aperceber-se de que ainda poderá praticá-los no futuro. Sob a vestimenta de um conceito moral a propor melhores hábitos morais aos judeus, as análises psicológicas modernas podem comprovar que essa conceituação de Jesus é mais propriamente uma lei do que um aforismo, e que além de funcionar fora do tempo e do espaço, ainda adverte e disciplina as atividades cármicas dos espíritos na sua ascese angélica.

PERGUNTA: — Poderíeis explicar-nos melhor esse assunto?

RAMATÍS: — Em verdade, esse temário evangélico do Mestre Jesus refere-se, precipuamente, à essência da vida espiritual do homem, pois abrange as causas e os efeitos fundamentais de suas vidas sucessivas sob o processo implacável e justo da Lei do Carma. Daí certa semelhança entre os vários conceitos evangélicos sob a mesma concepção aforística, em que o Mestre Divino diz: "Com a mesma medida com que medirdes, sereis medidos", "Aquele que não tiver pecado, que atire a primeira pedra", "A cada um será dado segundo as suas obras", "Quem com ferro fere, com ferro será ferido" ou, numa síntese significativa, que assim adverte: "A semeadura é livre, mas a colheita é obrigatória".

Sob o invólucro dessas sentenças e aforismos cristãos, permanece sempre o inalterável conteúdo evangélico, que esclarece quanto à mesma lei cármica de ação e reação, atuando em todos esses casos algo semelhantes. Não se trata apenas de advertência, censura ou sentença moral, porém, é referência indiscutível a uma lei ou princípio específico, que age num determinado ângulo do Cosmo, visando sempre a harmonia e o equilíbrio criativo da vida. É lei que corrige e cerceia a causa, a fim de eliminar o efeito, mas proporciona um resultado educativo. No âmago desses ensinamentos o Mestre Jesus adverte e esclarece quanto aos prejuízos e à leviandade do espírito que, julgando-se santificado diante de algum delinquente, muitas vezes condena os mesmos pecados que já cometeu alhures, ou que ainda poderá cometer na atual e em existências futuras. Quanto mais o espírito se integra no conceito de justiça suprema e desenvolve o amor, ele deixa de julgar os seus irmãos menos credenciados, livrando-se mais cedo da implacabilidade justa da Lei do Carma, que atua na sua função impessoal e, exclusivamente, para a retificação espiritual.

Assim, conforme o procedimento que alhures tivemos em vidas pregressas, poderemos julgar o alheio, mas sem desmentirmos o conceito de "amar o próximo como a nós mesmos" ou "fazermos aos outros o que queremos que nos façam".[57] Sob a rigorosa justiça com que julgarmos os demais espíritos, nós seremos rigorosamente julgados. Todas as máximas evangélicas são correlatas entre si, porque se derivam da mesma Lei Cósmica panorâmica, que mantém a coesão entre os astros, a afinidade entre as substâncias e o amor entre os homens. Malgrado certas regras e enunciações familiares, que limitam a vida humana, na sua intimidade sempre vibra a chama criadora.

Deste modo, quem julgar o próximo com o mesmo amor e boa intenção com que julga a si mesmo, salva-se, porque, então, revela um elevado princípio de honestidade espiritual, uma vez que julga e condena o próximo ao mesmo nível de culpa e penalidade, que desejaria para si próprio.

PERGUNTA: — Como se verifica essa ação mais intimamente na vida do espírito?

RAMATÍS: — Através do mecanismo comparativo das parábolas, Jesus expôs idéias e preceitos ao nível da compreensão humana, mas que se referiam, especificamente, à vida espiritual. Ele sempre usou de uma linguagem imperativa e taxativa, quando aludia sobre a colheita inglória dos que falseiam na escalonada espiritual. Ele sempre deixou transparecer que todos os homens são "pecadores" e, por isso, ninguém pode julgar ninguém. Daí a sua advertência incisiva e evangélica à alma imprudente, que ao apontar o "argueiro" no olho do vizinho, não enxerga a trave nos seus olhos.

Nos conceitos evangélicos de Jesus, verifica-se o fatalismo de uma lei implacável, justa e benfeitora, que tanto quanto corrige o espírito faltoso, também dá-lhe os elementos para alcan-

---

[57] N. do M. - Lembramos o provérbio de que o "roto zomba do esfarrapado", no tocante ao mau julgamento. Em certa instituição católica de Curitiba, a diretora das mães cristãs condenou veementemente duas jovens algo volúveis e alijou-as das reuniões íntimas, julgando-as indignas do ambiente santificado. No entanto, lendo-lhes a aura de existência passada, surpreendi-me identificando na rigorosa mãe cristã uma inescrupulosa cafetina que viveu na França, no século passado. Igualmente, certo juiz impiedoso, que consumiu noites adentro para enquadrar um infeliz açougueiro por roubo no peso da carne, vislumbrei-o, pela aura perispiritual, como um dos mais solertes vigaristas agindo inescrupulosamente em Barcelona, Espanha, no século XVIII.

çar uma vivência venturosa espiritual. Os seus ensinamentos confirmam-se, incessantemente, através do próprio dobrar dos séculos, pois, conforme explica a doutrina espírita, o homem sempre defronta-se com as mesmas situações e aquisições desagradáveis no futuro, decorrentes dos maus atos e julgamentos efetuados contra seus irmãos em vidas anteriores. O tema evangélico do Mestre explica que o homem será "medido" com a mesma medida com que medir ou julgar o próximo, e enuncia na sua exposição o processo implacável, retificador e justo da Lei do Carma, quando obriga o espírito a sofrer em si mesmo o que ele causou a outrem.

PERGUNTA: — Considerando-se que o Evangelho é a miniatura legislativa do próprio Cosmo, qual é a lei que rege, especificamente, os conceitos de "Não julgueis para não serdes julgados" e "Não condeneis para não serdes condenados"?

RAMATÍS: — Sem dúvida, examinando-se a conceituação evangélica do "Não julgueis para não serdes julgados" ou "Não condeneis para não serdes condenados", verifica-se que é a miniatura legislativa da própria lei de "Ação e Reação" ou o mecanismo sideral da Harmonia e Equilíbrio do Cosmo. São conceitos de vivência humana, mas, em sua amplitude, advertem sobre o próprio ritmo educativo do espírito sediado na carne. Assim, quem for condenado ou julgado, incorretamente, por culpa, insensatez, má-fé ou maledicência alheia, sofre um impacto perturbador, porque é desviado do seu curso normal evolutivo.

A injustiça praticada pelas criaturas, umas contra as outras, produz uma alteração que é regulada por um princípio cósmico, o qual atua em "miniatura" no campo moral do ser encarnado, até corrigir-lhe o desvio prejudicial. É um ato moral, mas algo semelhante ao mesmo acontecimento científico, quando surge uma perturbação no campo de sustentação dos astros e sistemas constelares, em que ocorre qualquer desvio ou violência nas órbitas siderais e deve ser imediatamente reajustado. Mas um julgamento equívoco e iníquo não atinge apenas a vítima da calúnia ou injustiça, mas o seu sofrimento e sua humilhação provocados pela ação condenável alheia também podem estender-se aos demais familiares, amigos e até ao círculo de suas relações públicas. É algo semelhante ao que acontece com um astro desviado do seu curso ou ritmo cósmico, acontecimento perturbador que termina causando prejuízos aos seus satélites, que se ligam a ele pelo mesmo mecanismo astronômico Em síntese, este conceito é explicado cientificamente pela física: a cada ação corresponde uma reação de igual intensidade e sentido contrário. Pela psicologia, através do mecanismo de projeção, estamos julgando no outro ser nossas próprias imperfeições.

PERGUNTA: — O conceito de "Bem-aventurados os que sofrem perseguições da justiça" também poderia se ajustar às máximas de "Não julgueis para não serdes julgados" e "Não condeneis para não serdes condenados"?

RAMATÍS: — Conforme os postulados da "Lei do Carma", qualquer injustiça que o espírito possa causar a outrem em suas encarnações ele o terá de indenizar pelos prejuízos ocasionados e ainda acrescidos de obrigações e ressarcimentos calculados sobre o montante da dívida cármica. Aí na Terra, as entidades públicas e bancárias especulam o intercâmbio financeiro e patrimonial sob a cobertura de taxas, juros e correções monetárias, a fim de evitarem o prejuízo de um só centavo sobre o valor real do empréstimo ou financiamento concedido. Da mesma forma, o espírito injusto e irresponsável, além de indenizar os prejuízos a outrem no montante de sua delinquência, ainda deve suprir na próxima existência encarnatória os juros e as taxas espirituais oneradas pelo fato culposo.

Aliás, a própria justiça humana, quando incorre em alguma condenação injusta de qualquer cidadão, deve indenizar de modo satisfatório à vítima do erro judiciário, por um preço tão alto, que além de lhe ressarcir o prejuízo físico, também o exima de qualquer ônus moral. Isso comprova que permanece indestrutível no espírito do homem o senso de responsabilidade espiritual de indenizar a quem for injustiçado. Em consequência, a Lei do Carma também assegura a todos os inocentes e perseguidos no mundo uma indenização dobrada ou tripla, que deve ser cumprida por sentença corretiva pelo culpado. Mas além de obrigar às indenizações que servem de cobertura compensadora a quem sofreu injustamente, a Lei também proporciona novos ensejos de recuperação espiritual à própria vítima, a qual deve ajustar-se de imediato ao mesmo grau que deveria usufruir quando foi injustiçada.

Daí a temática fundamental de Jesus quando enuncia o conceito de que "Bem-aventurados, os perseguidos pela justiça",

O Evangelho à Luz do Cosmo

223

ou seja, as almas feridas pela calúnia, infâmia e ignomínia serão ressarcidas espiritualmente de suas dores e prejuízos, porque a Divindade não permite o agravo ou distorção de um só til na sua justiça. O termo indenização, que é tão familiar nos intercâmbios e especulações humanas no mundo físico, ajuda-nos a identificar de algum modo o pensamento de Jesus. Quando ele afirma que os inocentes e perseguidos pela injustiça serão realmente indenizados pelos maus julgadores e injustos de todas as épocas, elucida-nos que, sob a Justiça Divina, eles alcançarão mais cedo a ventura espiritual, em face da própria injustiça sofrida, desde que não partam também para o ódio e a vingança.

Aliás, a infâmia, injustiça ou calúnia podem causar males de vulto, ferir muitas criaturas, que vivem vinculadas à existência de quem é injustiçado e prejudicado. O homem caluniado, que num instante de desespero se suicida por força de sua falência moral, embora injusta, pode comprometer a existência carnal de outras pessoas, causando-lhes prejuízos intensos e imprevistos pela sua fuga à competição humana. Aqui, o fracassado suicida deixa a esposa e os filhos onerados por dívidas insolúveis e falta de recursos educativos; ali, interrompe a sua tarefa profissional, prematuramente, sem deixar substituto adequado e produtivo; acolá, trunca e cerceia um plano encarnatório, que aceitou no Além antes de se encarnar, o qual se finda antes do prazo, aniquilando esforços exaustivos de técnicos e mentores da espiritualidade. A morte súbita do injustiçado, tanto quanto seja a sua capacidade, o seu compromisso e influências no mundo, agrava ainda mais a culpa e intensifica o montante de indenização da futura retificação cármica para os responsáveis e autores da injustiça e calúnia da vítima inocente. A morte prematura do injustiçado é sempre um impacto negativo, para o futuro, e de tremenda responsabilidade para os culpados de tal acontecimento.

Em consequência, o "mau julgador", que calunia e condena, não o será tão-somente pelo "pecado exclusivo" do seu ato de injustiça, mas, conforme diz o Cristo-Jesus, "há de ser medido com a mesma medida com que medir o próximo" ou, ainda, "pagará até o último ceitil". Ele sofrerá um corretivo tão grave e vultoso, por parte da Lei Cármica, tanto quanto seja a vultosidade de todos os prejuízos causados pela sua injustiça, direta ou indiretamente, a todas as vítimas enlaçados naquela mesma vida.

PERGUNTA: — Mas que fazermos, quando ainda predomina em nosso espírito essa insensata maneira de "julgarmos" ou "medirmos" o próximo, em face de nossa medíocre noção de justiça? Quantas vezes ficamos aflitos e arrependemo-nos, sinceramente, dos males que causamos involuntária ou voluntariamente ao próximo? Quantos de nós daríamos alguns anos de vida para desfazermos um ato censurável, que foi praticado num momento de incúria ou insânia espiritual?

RAMATÍS: — Não esqueçamos que a essência esotérica do pensamento de Jesus, enunciada no Evangelho, é sempre o fiel reflexo das próprias leis que coordenam e orientam a vida do espírito imortal na organização de sua consciência individual. O Divino Mestre jamais condenou o pecador; porém, adverte, insistentemente, quanto ao prejuízo que causa o pecado. Através do Evangelho, ele ilumina o caminho dos homens e aponta-lhes os escolhos dos vícios aniquilantes, os abismos das paixões perigosas e as ilusões do poder e das gloríolas humanas, que prejudicam a verdadeira vida do espírito imortal. Ensina a prudência humana para amainar os desejos indisciplinados e a sensatez para o espírito encarnado manter-se no rumo certo do norte espiritual. Recomenda ao homem viver no cenário do mundo material sem ferir ou dificultar a vivência dos demais companheiros em provas. Adverte quanto à ambição humana desmedida na posse dos "tesouros que as traças roem e a ferrugem come"; sobre o perigo do orgulho que explode e depois lança a alma no inferno fluídico dos charcos purificadores do Astral Inferior. Lembra quanto à perversidade, que depois fere tragicamente o próprio autor cruel, na lei implacável do choque de retorno, "onde cada um há de sofrer segundo as suas obras". O Evangelho não é julgamento ou condenação dos espíritos ainda incipientes, e que se turbam na escalonada espiritual evolutiva nos mundos de formas; mas é apenas um "Código Moral" de vida superior, algo semelhante a um manual cívico disciplinando a conduta do futuro cidadão sideral, sob a miniatura esquemática das próprias leis do Universo. Não é de sua função exclusiva disciplinar homens para viver felizes na vida humana transitória, porém, um tratado sublime e catalisador de conscientização para o mais breve ingresso do espírito ao banquete angélico e eterno do "reino de Deus".

Jesus, Psicólogo Sideral, Coordenador de todos os demais instrutores espirituais que o antecederam nos evos findos,

O Evangelho à Luz do Cosmo

jamais cometeria o equívoco de exigir que um espírito ainda no alvorecer de sua consciência devesse agir sob o mesmo senso de justiça de um iniciado. Seria absurdo o jardineiro exigir do singelo botão vegetal em formação a mesma composição de beleza e perfume, que só pode oferecer a rosa na plenitude de sua fragrância odorante, e na sua atraente configuração floral.

O homem maduro pode pecar pela injustiça, mas arrepende-se sinceramente desse ato indigno e sempre procura reparar a sua ignomínia. Em sua consciência mais desenvolvida, ele só vislumbra o senso de justiça que se sublima cada vez mais para o estado definitivo do Amor. Mas a criatura espiritualmente imatura não se apercebe do seu agir censurável, tal qual o botão de rosa, que mal reponta na haste vegetal e ainda não pode manifestar o perfume e a beleza só possível à flor desabrochada. Se ainda lhe predomina na alma a lei do mais forte e do melhor para si próprio, não lhe é possível entender que o próximo também busca a mesma coisa e tem o mesmo direito de ser feliz. Então, será injusto em julgá-lo e condená-lo, porque também pretende a máxima satisfação. Mas é o egoísmo, malgrado ser censurável, que fundamenta a convergência dos atos e amplia a esfera da posse humana, a fim de organizar o centro de consciência do futuro indivíduo, crescendo individualmente no seio de Deus. Só despontam os primeiros alvores da justiça e se afina o sentimento do homem pela filantropia, após ele se saturar de que "carrega demais e usa tão pouco". Então, despertam-lhe os primeiros bruxuleios do espírito, e um senso primário de justiça principia a convencê-lo de que os "outros" também merecem possuir tanto quanto ele possui e não devem ser julgados nem condenados por isso.

O sentimento de altruísmo, embora inicialmente ainda interesseiro, desenvolve-se, pouco a pouco, e a criatura principia a doar o que lhe sobeja, ou mesmo, pesa no seu patrimônio excessivo. Mas, pelo hábito e pelo exercício, o ser adquire a experiência e elucida a mente atingindo o limiar do altruísmo, seja pela espontaneidade do espírito pressentir uma satisfação superior, ou até um bom negócio com a Divindade, nessa realização pacífica e agradável.

Assim, Jesus, o Amado Mestre, não se preocupa em "julgar" ou "censurar" o espírito do homem, que ainda transita pelo curso do egoísmo na sua romagem encarnatória, que é o processo iniciático e formativo da própria consciência espiritual, lançada na corrente evolutiva da matéria planetária. É razoável, e mesmo justificável, que o homem imaturo ainda pratique injustiças sob os impulsos e os atos incontroláveis de sua intimidade egocêntrica e animalizada, e nada ver nisso de censurável. Mas, para que o ser adquira o próprio senso de justiça, é evidente que ele deve ser submetido à retificação de quanto é injusto, conforme age e disciplina a Lei do Carma.

Em verdade, não há departamento punitivo criado por Deus, a fim de julgar e condenar os espíritos que pecam pela injustiça; mas é tão-somente a Lei que na sua pulsação impessoal e responsável pela harmonia e equilíbrio cósmico em todas as latitudes de manifestação da vida, repõe cada coisa e cada ser na sua frequência eletiva, tal qual o músico desafinado é advertido pelo maestro a retomar o ritmo harmônico do conjunto orquestral. Quer os pecados dos homens sejam deliberados ou impensados, haja arrependimento do mau ato praticado ou continue a insensibilidade humana, cabe à Lei a providência de eliminar o defeito e ajustar a peça desgovernada na pulsação harmônica do Universo.

13. "Sede perfeitos"
(Mateus, 5:48)

PERGUNTA: — *Qual é a relação científica entre as leis do Cosmo e o conceito de Jesus, quando assim diz: "Sede, pois, vós outros, perfeitos, como perfeito é o vosso Pai celestial". (Mateus, 5:48).*

RAMATÍS: — Sob tal conceito, Jesus convoca o homem terrícola para desenvolver e adquirir, conscientemente, as qualidades que são permanentes em Deus. Sem dúvida, para o homem ser perfeito, ele precisa conhecer e aceitar as Leis do Universo, as quais dirigem e disciplinam todas as coisas e todos os seres em aperfeiçoamento.

O espírito encarnado na matéria, para alcançar a perfeição, precisa ajustar-se espontaneamente aos princípios universais, os quais derivam da Lei Única e do comando criador de Deus. Doutro modo, o ser humano e as coisas da vida continuariam fora de ritmo evolutivo ou ascensional, pois, isolados da Fonte Criadora Divina, perderiam o rumo como navio sem bússola perdendo precioso tempo em prejudicial deriva. Sob o amparo e a compreensão dessas leis evolutivas, o homem alcança mais breve o curso definitivo e prazenteiro da Vida Eterna.

Assim como um corpo sadio deve funcionar absolutamente integrado às leis de fisiologia e anatomia, o espírito perfeito reflete em si o ritmo harmonioso das leis que equilibram o próprio Cosmo. Há, portanto, uma perfeita relação entre as leis do Cosmo e o conceito evangélico de "sede perfeitos" e, consequentemente, todos os filhos de Deus também hão de procurar ser perfeitos, quando ajustarem-se integralmente aos princípios menores que se derivam da Lei Maior. A concepção moral de perfeição é uma decorrência natural da dinâmica aperfeiçoadora da Lei Divina, ou seja, da parte ao Todo.

PERGUNTA: — Qual é a concepção de perfectibilidade do homem, que se subordina ao ritmo aperfeiçoador da Lei Única e regente do Cosmo?

RAMATÍS: — É evidente que tendes de vos basear nos conceitos relativos e conhecidos do vosso mundo físico para, então, deduzirdes, comparativamente, na concepção melhor possível do Absoluto. Se o animal é uma fase e composição primária, que esquematiza e plasma a futura configuração humana, o homem, por sua vez, é uma fase primária da concepção do "super-homem" ou do futuro anjo. No vosso entendimento, o anjo ou super-homem deve ser uma criatura emancipada das ilusões, paixões, dos caprichos e desejos que ainda o prenderiam à matéria. Há de ter uma consciência na plena posse de todas as experiências efetuadas nos mundos educativos do universo físico, completamente livre de quaisquer problemas e desejos, que possam imantá-la à periferia dos orbes planetários. Nada deve atraí-la em direção ao campo gravitacional imantador físico, pois deve estar desligada dos acontecimentos e fenômenos da vida humana, como se eles jamais existissem.

Em caso contrário, apesar de já situar-se nos ambientes paradisíacos, não usufrui da ventura a que fez jus, uma vez que ainda o convocam da Terra desejos, prazeres e paixões de ordem física.[58] O anjo ou super-homem é a entidade que, em face de sua libertação absoluta de todos os campos e planos da vida terrícola, então se move em pleno direito ao trânsito incondicional do Cosmo, sem sofrer qualquer atração do mundo exterior da matéria.

As leis menores, consequentemente, derivadas da Lei Maior

[58] Cabe, aqui, a reprodução do seguinte trecho do capítulo "Treino para a Morte", da obra *Cartas e Crônicas*, pelo espírito de Irmão X, através da mediunidade de Chico Xavier, que assim descreve:
"Preliminarmente, admito deva referir-me aos nossos maus hábitos. A cristalização deles, aqui, é uma praga tiranizante. Comece a renovação de seus costumes pelo prato de cada dia. Diminua gradativamente a volúpia de comer carne dos animais. O cemitério na barriga é um tormento, depois da grande transição. O lombo de porco ou o bife de vitela, temperados com sal e pimenta, não nos situam muito longe dos nossos antepassados, os tamoios e os caiapós, que se devoravam uns aos outros. Os excitantes largamente ingeridos constituem outra perigosa obsessão. Tenho visto muitas almas de origem aparentemente primorosa, dispostas a trocar o próprio Céu pelo uísque aristocrático, ou pela nossa cachaça brasileira. Tanto quanto lhe seja possível, evite os abusos do fumo".

O Evangelho à Luz do Cosmo

229

do Universo, vibram no mesmo diapasão do macrocosmo, embora ajustadas perfeitamente ao ritmo da vida microcósmica, a fim de conduzir os seres e as coisas ao aperfeiçoamento esquematizado pelo Criador. Mas é evidente que nas almas sadias e sensatas, ajustadas ao ritmo harmonioso e corretivo do esquema divino de perfeição, a Lei não atua de modo compulsório e imperativo, mas apenas de modo inspirativo. Sem dúvida, seria inconsequência a Lei produzir modificações e acelerar o que já se enquadrou no ritmo qualificativo do processo de aperfeiçoamento. Mas tal qual acontece com a ação das leis do Cosmo, no campo físico, quando o desvio de um simples asteróide implica num reajustamento semelhante noutra latitude astronômica, uma disritmia moral do homem também suscita um desvio que requer imediato ajuste no mesmo sentido, a fim de não ocorrer qualquer disparidade na função normal da Lei Moral do Universo.

A massa de água oceânica, que avança periodicamente devorando certas praias do Atlântico, equilibra-se harmonicamente com a massa líquida que recua e aumenta a superfície das praias antípodas do oceano Pacífico. Há perfeita correlação das leis cósmicas, com os princípios físicos e morais que regem os fenômenos e acontecimentos de aperfeiçoamento do homem.

PERGUNTA: — Como poderíamos entender melhor esse aperfeiçoamento do homem, ao submeter-se às leis científicas do Cosmo?

RAMATÍS: — O super-homem ou o anjo, em verdade, é a etapa final do curso do espírito que se individualiza e se emancipa no seio da Divindade. É, então, a chama consciente ou centelha sideral do Criador, que embora jamais se desvincule de sua fonte divina, sente-se e sabe-se uma criatura existente e definida no Universo. É o ser que, sob a égide da Lei, alcança a consciência nítida de "si mesmo", observa e vive as sínteses de suas experiências e vivências nos mundos físicos, e passa a aplicar a sua sabedoria e poder na Criação, justificando o próprio enunciado de Jesus: "Vós sois deuses".

É uma realização superior do ser, que a Lei o integra, pacífica e conscientemente, ao ritmo da pulsação criadora, comprovando-se o aforismo de que "o homem é perfeito, como perfeito é o Pai". No seu microcosmo, o espírito consciente, então, despertou todas as qualidades macrocósmicas do Criador; o reino microcósmico humano preenche-se com o reino macrocósmico Divino.

PERGUNTA: — Considerando-se que está tudo certo no Universo e que "não cai um fio de cabelo da cabeça do homem, que Deus não saiba", quando é que o homem é "mais" ou "menos" perfeito, se nada sabemos positivamente o que é em absoluto o estado divino perfeito? Como verificar quanto o homem é perfeito ou imperfeito, sem contarmos com a própria base divina, que nos indique o que é realmente a Perfeição?

RAMATÍS: — Sem dúvida, ainda viveis num mundo primário e limitado pelas formas transitórias, como é a Terra, o que justifica a grande dificuldade de entenderdes a natureza de Deus, sob algum exemplo comparativo e tão deficiente da vida humana. Cremos que seria bem mais fácil Einstein lograr sucesso ao transmitir a um hotentote o esquema dinâmico da Lei da Relatividade, do que um terrícola aperceber-se, satisfatoriamente, da verdadeira contextura de Deus.

Jamais qualquer concepção humana, firmada nos fenômenos e acontecimentos relativos e transitórios do mundo físico, poderia explicar a realidade Divina em sua essência pura. Em consequência, a concepção de Deus evolui tanto e se aperfeiçoa, quanto seja também o maior índice científico e intelectivo do próprio homem. Os mais abalizados filósofos e pensadores do vosso orbe jamais podem conceituar a natureza de Deus, além de um gigantesco fantasma, com todos os atributos louváveis do próprio homem e elevados ao infinito. O bondoso velhinho da pragmática católica, que administra o Universo além das nuvens encharcadas do querosene dos aviões a jato, já foi para muitos o Jeová belicoso, o qual só se acalmava sob o odor gorduroso dos animais e das aves sacrificadas nos altares dos templos. E a "Suprema Inteligência" Divina, que é a nova concepção espiritista firmada por Kardecainda não passa do velhinho do Catolicismo que, em face de maior conscientização humana, dilui-se na sua tradicional antropologia perdendo corpo e avultando a mente. Qual será a ideia que os terrícolas farão de Deus, daqui a dois ou três milênios, tomando-se por base os conhecimentos e as realizações avançadas, que prometem a tecnologia e a ciência disciplinadas pelos computadores em franca e veloz evolução?

Em consequência, e sem qualquer frustração à personalidade humana tão ciosa de suas credenciais intelectivas e científicas, contente-se o homem terreno em aperceber-se mais ou menos da dinâmica que conduz à perfeição, do que mesmo exigir a solução

O Evangelho à Luz do Cosmo

231

concreta do que é Perfeição. Que lhe baste o "slogan" de uma atitude humilde e louvável: "Deus é a Perfeição!". Assim, a rosa que se entreabre na plenitude da cor e do seu perfume, bebendo avidamente a luz do Sol criador, é mais "perfeita" do que o botão, que ainda se enrola timidamente nas pétalas acetinadas da futura flor. Mas, quiçá, em face da dinâmica do processo que aperfeiçoa, incessantemente, há de surgir no futuro outra rosa ainda mais *perfeita*? Indubitavelmente, se a vida é eterna, eterna também é a Perfeição, porque se constitui no atrativo e na busca, que os homens procuram eternamente para a sua felicidade.

PERGUNTA: — Considerando-se que Deus é a Perfeição, porventura, o Diabo, que nos parece a contrafação divina, não é a base antípoda para configurarmos essa Perfeição?

RAMATÍS: — No processo de aperfeiçoamento do espírito, através das vidas físicas, a Administração Divina estatuiu dois caminhos opostos de ação e efeito favorável ou prejudicial. Assim, quem se torna um súdito de Satã estaciona e retarda a sua própria ventura definitiva, quando de sua metamorfose para o estado puro divino. Mas o discípulo do Senhor palmilha, incessantemente, pela senda das virtudes, que sublimam e aureolam a conscientização espiritual. Assim, ficou estabelecida a dinâmica, que acelera o campo vibratório do espírito do homem, como um processo divino, e a dinâmica que retarda a evolução espiritual apegada à fenomenologia transitória da vida puramente animal. O anjo é o produto da sublimação da própria linhagem animal; por isso, ele tem o corpo de bronze e os pés de lama. É a luz divina que, para iluminar a lâmpada humana, socorreu-se do combustível inferior da própria animalidade. Assim, um santo poderia já ter sido o diabo, e um diabo poderá ser um santo. Conforme referimos alhures, Gandhi já poderia ter sido um Hitler, porque Hitler ainda será um Gandhi, tanto quanto o Cristo poderia ter sido um Nero, porque Nero virá a ser um Cristo.

PERGUNTA: — Há alguma veracidade na existência de Lúcifer, que é tão temido pelos religiosos crentes do Céu e do Inferno?

RAMATÍS: — É inegável que o tão temido Lúcifer da lenda católica deve sentir-se atualmente uma entidade "superfrustrada", após tão exaustivo comando no seu reino de tachos de azeite e água fervente e braseiro eterno. Em face do supremo sadismo e perversidade do homem terreno, que através da bomba atômica destruiu 120.000 japoneses em Hiroshima, no mais espantoso inferno até agora imaginado, inclusive quanto ao efeito das bombas de Napalm na sua fúria incendiária, o Diabo deve ter desistido de sua tarefa sádica, envergonhado de sua ineficácia e impotência em atormentar os falidos pecadores no fogo fumarento do Inferno. Sem dúvida, após tanta frustração e humilhação, além da precariedade do seu inferno anacrônico e incapacitado para atender e punir o número cada vez mais avultado de pecadores, que aumenta dia a dia, Lúcifer deve ter abandonado essa profissão tão primitiva e mesmo exaustiva, quedando-se num infeliz desajuste por toda a eternidade.

PERGUNTA: — Embora concordando que só Deus poderá definir Deus, gostaríamos de saber qual é o processo ou a diferenciação que distingue, positivamente, o homem do super-homem ou o animal do anjo?

RAMATÍS: — Servindo-nos o máximo possível dos vossos conceitos intelectivos e dualistas, como, por exemplo, os opostos de enfermo, mau, ignorante, feio, impuro, o super-homem, então, há de ser nessa conceituação exclusivamente terrícola o mais sadio, o melhor, o mais sábio, o mais belo e o mais puro dos homens. O melhor entendimento para essa distinção cultural, e que ultrapassa o limite das concepções humanas possíveis à mente terrícola, é considerar-se os vocábulos que melhor expressam o "maximum" superior da vivência física. Mas é evidente que a concepção de perfeito exige que o seu exame e comparação também sejam feitos sobre uma base "menos perfeita", a fim de, então, se conceituar o melhor, sempre acima e além da mesma base que nos serve de exemplo. Considerai como um dia mais perfeito, quando a luz solar diafaniza as formas do mundo e proporciona um espetáculo aos olhos, capaz de ativar as melhores e mais sensíveis emoções do homem. Evidentemente, o dia "menos perfeito" então há de ser obscuro, nevoento, triste e gélido, isto é, inferior ou contrário ao dia ensolarado, porque desestimula qualquer manifestação de alegria. A rosa mais perfeita é a que se mostra mais pujante em sua configuração, mais colorida e odorante, e que se abre em atraente projeção aveludada e embebida pelo sol carinhoso. Ela é, então, perfeita pela comparação com outras rosas sem beleza, sem cheiro e de aspecto mirrado. Igualmente, é mais perfeita a borboleta irisada

O Evangelho à Luz do Cosmo

233

a tremeluzir sob a luz do dia ensolarado, do que a lagarta que a precedeu rastejando pelo solo.

O super-homem, ou o anjo, portanto, é o homem mais perfeito, o qual já ultrapassa o máximo de conhecimento e beleza possível ao cérebro humano, e situa-se acima e além do melhor já realizado e concebido no mundo. É, enfim, a criatura que alcança o estágio incomum e mais sublime da realização espiritual. É a lâmpada viva e cristalina a projetar de si a mesma luz que ainda dormita na espessura compacta da pedra bruta. O super-homem, ou o anjo, enfim, é resultado da libertação completa, que o psiquismo alcança sobre a matéria. O anjo é o espírito puro, o senhor absoluto da própria vontade e liberado para o livre trânsito no Cosmo.

PERGUNTA: — Como se realiza esse processo de perda das formas limitadas da matéria para o estado de perfeição?

RAMATÍS: — O mundo material ou de formas é instável, em face do desgaste que ocorre pela incessante polarização e fuga de energia, que ali se encontra aprisionada ou condensada. Considerando-se que o estado normal da energia é quando encontra-se em plena liberdade e atividade no seu plano afim, então, em analogia, diríamos que ela perde a sua "saúde energética" e reflete uma condição enfermiça, ao constituir as formas compactas do mundo físico. Há, portanto, uma fadiga constante na vida física, uma incontrolável e incessante exaustão, que resulta da fuga contínua da energia enclausurada e reduz o preenchimento das formas materiais.

Algumas substâncias, como urânio e rádio, pouco a pouco perdem energia, a qual forceja centrifugamente para retornar ao seu estado puro e livre. Na intimidade da configuração dos seres e das coisas físicas, a lei do energismo atua, incessantemente, para desvencilhar toda energia de qualquer vestimenta morfológica e aprisionante dos mundos transitórios. A absoluta e eterna liberdade energética é, então, um verdadeiro estado de higidez da própria energia. Sob igual forma, a Lei espiritual também age no campo moral do homem e vai desatando-lhe o potencial de luz, que ali permanece latente pela divina herança de Deus. Na sua incessante evasão à periferia, essa luz clareia, purifica e sublima o próprio perispírito imperfeito, até transformá-lo na "túnica nupcial" da parábola do "Festim de Bodas", a qual significa o traje perispiritual "mais perfeito".

Ambos os fenômenos identificam-se: o estado animal aniquila-se pela própria degradação em favor do estado psíquico, real e definitivo que, então, supera qualitativamente. Enquanto destrói-se ou desfaz-se a compacticidade transitória da forma, sob a ação dinâmica do psiquismo, também se amplia a capacidade receptiva do espírito do homem alcançar maior conscientização da Vida Real. Tanto quanto mais imponderável se afirma a entidade "alma", por desvestir-se incessantemente do residual morfológico dos mundos físicos, ela mais acentua o seu poder panorâmico de abranger os acontecimentos do Cosmo e, consequentemente, cobrir maior área de Deus pelo apercebimento cada vez mais consciente.

PERGUNTA: — Quereis dizer que a própria degradação das formas dos mundos físicos é mais um índice de "transformação", em vez de propriamente destruição? Assim, justifica-se o velho conceito de Leibnitz, de que "nada se cria, tudo se transforma na natureza"?[59]

RAMATÍS: — Realmente, a velhice é mais propriamente um estado de amadurecimento no fenômeno da vida transitória física, seja no indivíduo, como nas próprias civilizações e povos. Quando atingiram o ápice de suas realizações e vivências, desaparecem no vórtice das transformações inusitadas. À medida que, aparentemente, se deterioram, ou se degradam gradualmente as formas biológicas, sucede-se, muitas vezes, o ativamento do psiquismo no esforço da superação e, consequente, alcance para estados mais sublimes. Assim, desaparecem as formas físicas e amadurecem as forças do psiquismo, quiçá, pelo enfraquecimento do atavismo animal, que fornece a tendência hereditária, mas não pode impor-se, definitivamente, ao princípio espiritual superior.

Poder-se-ia dizer que a vida rudimentar se dissolve em favor da vida superior, ou a vida imperfeita na perfeita, assim como o adubo da terra desintegra-se no solo e recompõe a beleza floral da espécie superior. A vida persiste sob a aparência de "degradação energética", mas sem extinção, pois ela termina

---

[59] N. do R. - Em virtude de alguns leitores estranharem que atribuímos a Leibnitz o aforismo de que "nada se perde, nada se cria, mas tudo se transforma", informamos que é uma extensão da "Lei de Conservação da Massa", enunciada por Lavoisier. Sabe-se que num sistema químico isolado a massa permanece constante, quaisquer que sejam as transformações que nele se passam. Assim, o primeiro aforismo pertence ao grande filósofo monista Leibnitz, e o segundo ao homem de Ciências Lavoisier.

O Evangelho à Luz do Cosmo

plasmando estados superiores, que são alimentados pelo próprio energismo em fuga e ebulição sob a vestimenta das formas. A vida morfológica comprovada pelos cinco sentidos do homem, sob a metamorfose energética, então, alcança dimensões mais amplas e precisas. A roupagem grosseira da matéria sublima-se na vestimenta imponderável e superior, para atuar num campo mais dinâmico da criação Cósmica. A dissolução do gelo, comparativamente, produz a imponderabilidade do vapor de água e, através de nova transformação, ainda atinge o estado de gases componentes, os elementos simples hidrogênio e oxigênio.

Por isso, a vida parece mais real, tanto quanto mais simples são as coisas e os indivíduos. Seja a pedra ou o elefante, porque preenchem mais o sentido visual e o próprio tato do homem, em face de suas formas compactas e ostensivas. A visão do homem satisfaz-se, de imediato, com as formas densas e sólidas, aparentemente mais cheias de vida do que a mais vigorosa manifestação energética, malgrado ainda ser a vida primária e rudimentar. No entanto, essa predominância ou concepção do poder vital que sacia plenamente os sentidos humanos e exalta a morfologia física pode ser desmentida, cientificamente, ante a comprovação de que o estado puro energético é ainda mais vivo porque todo o potencial é, basicamente, original e criador. A matéria é estática e limitada, enquanto a energia é dinâmica e transformativa; mas a primeira de transformações lentas e limitadas, a segunda de transformações rápidas e variadas, em face de sua maior amplitude de poder e liberdade.

14. "Ninguém poderá ver o reino de Deus, se não nascer de novo"

(João, 3:1 a 12)

PERGUNTA: — *Qual é a Lei Cósmica a que Jesus se refere, ao anunciar o conceito evangélico de que "Ninguém poderá ver o reino de Deus, se não nascer de novo"?*

RAMATÍS: — Sem dúvida, o Mestre Jesus referia-se à Lei da Reencarnação, ou seja, ao princípio equivalente à própria Lei de Renovação do Universo. O vocábulo "reencarnação", no seu restrito uso de "ressurreição na carne", é um acontecimento plausível no mundo humano, mas algo semelhante ao que também ocorre de modo renovador no próprio Cosmo.

Através dos campos de manifestação, há a diminuição de frequência vibratória da energia original para ajustar-se, coerentemente, às transformações e características da vida física. Em virtude de sua natureza transitória e limitada, a matéria, ou "energia condensada" em suas transformações, passa por várias etapas conhecidas como "nascer, envelhecer e morrer". A mesma energia condensada, que promove a configuração dos mundos materiais, é novamente "desmaterializada" na fase conhecida de "Noite de Brahma" e recomposta outra vez no "Dia de Brahma", em que se constitui um "Manvantara" ou "Grande Plano".[60]

---

[60] "Manvantara", da escolástica oriental, ou "Grande Plano", no entendimento do Ocidente, corresponde ao total de 4.320.000.000 de anos do calendário terrícola. Abrange duas fases, em que Brahma, ou Deus, expira, no chamado "Dia de Brahma", quando cria o Universo físico; e quando inspira na "Noite de Brahma", em que há o desfazimento da matéria até a sua forma original de energia. Assim, um "Manvantara", ou "Respiração Cósmica" de Deus, divide-se na etapa criativa

Assim sucede-se, periodicamente, uma verdadeira ressurreição no Cosmo, ou seja, o advento de novos aspectos materiais pela incessante criação e, também, o "desfazimento" dos universos físicos, no eterno metabolismo Divino. Há um processo incessante de "materialização" de universos, em cada etapa do "Dia de Brahma" e, posteriormente, a desmaterialização da energia ali condensada nas fases denominadas de "Noite de Brahma". É, na realidade, uma "ressurreição morfológica", que se sucede em cada "Manvantara", ou "Grande Plano", abrangendo todos os setores astronômicos e todas as latitudes cósmicas. Assim, o fenômeno conhecido como "reencarnação" ou "ressurreição" na carne, enunciado por Jesus, e o renascimento do espírito em novos corpos físicos, reflete, também, na vivência humana algo equivalente da mesma Lei de Renovação do Universo, ou de "Renascimento Cósmico". Num sentido mais amplo, é a chama espiritual ressurgindo límpida da animalidade humana.

PERGUNTA: — Quais os exemplos que poderíeis expor--nos sobre essa "ressurreição", que ocorre nos demais setores da vida terrena?

RAMATÍS: — É de senso comum que o pinheiro e o carvalho são apenas a "ressurreição" vegetal de arvoredos semelhantes, já extintos no cenário do mundo físico. Eles depois tornam a se reproduzir de forma visível, concreta e sob a mesma identidade vegetal, graças às próprias sementes geradas anteriormente, as quais conservam latente em sua intimidade a síntese das configurações dos futuros arvoredos "reencarnados". Sob igual processo, no gérmen da procriação do espécime humano, também já existe o esquema do futuro homem a se materializar carnalmente.

Em face da impossibilidade de o espírito primário do homem lograr a sua gloriosa angelitude numa só existência humana, e não podendo de imediato aperceber-se do "reino de Deus", ele, então, precisa de muitas vidas físicas ou encarnações em vários planetas das mais diferentes graduações. Lenta, sensata e conscientemente, o espírito, então, se gradua para a integração angélica, através das sucessivas existências físicas de aprendizado e educação espiritual. Eis por que Jesus enunciou, categoricamente, que "ninguém poderá ver o reino de Deus, se não nascer de

---

de 2.160.000.000 de anos, e noutra idêntica, quando ocorre a desmaterialização do Universo físico. O que ainda nos parece uma concepção fantasiosa, é hoje uma teoria científica, qual seja a do Universo oscilante de Gamow.

novo", pois é de Lei que tanto quanto o espírito submete-se às lições educativas das formas físicas ele também afina e sublima o próprio perispírito.

Há um sentido de "renovação" ou "ressurreição" incessante, em todas as latitudes do Universo, e quando o espírito renasce em múltiplas existências na Terra, ele comprova no cenário do microcosmo humano a similitude de uma regra ou de um princípio, que atua em perfeita decorrência com a própria Lei de Renovação do Universo.

PERGUNTA: — A ressurreição, tão apregoada pela Igreja Católica, seria o mesmo acontecimento cultuado pelos espíritas, teosofistas, rosa-cruzes, esoteristas, umbandistas, iogues, hinduístas e budistas, conhecido tradicionalmente por reencarnação?

RAMATÍS: — Há alguma diferença vocabular, pois os judeus, através de seus dogmas seculares, consideravam a ressurreição o fato de a alma retornar ao mundo físico, mas podendo recompor o seu antigo corpo carnal, embora usado e desintegrado pela fauna e flora das sepulturas. Mas esse dogma, na época, não era muito bem esclarecido ou entendido pelos próprios judeus, pois eles não sabiam defini-lo com a precisão lógica de um acontecimento comum ou racional.

Tudo era vago e sujeito a muitas interpretações, uma vez que o baseavam em noções incompletas e incertas. Os judeus não tinham conhecimento claro e exato de como a alma se ligava ao corpo físico, tal qual hoje ainda acontece com os católicos. Eles ainda se conformavam, ingenuamente, com a resposta dogmática dos seus sacerdotes, que alegavam tratar-se de um "mistério" proibido por Jeová. Não conseguiam precisar nem conciliar bem, quanto ao fato ou à possibilidade de a alma já ter vivido noutros corpos em vidas anteriores. No entanto, aceitavam, submissos, a ideia de que a alma poderia ressuscitar no dia do Juízo Final e recompor o seu velho corpo, já "falecido" e desintegrado no túmulo. Admitiam a insensata possibilidade de reaverem os mesmos átomos e moléculas dos cadáveres, já dispersos nos ambientes fúnebres dos sepulcros e ressuscitarem em um organismo sadio e eficiente. Algumas vezes, eles desconfiavam que seria bem mais fácil a alma reencarnar-se em novos corpos físicos, frutos de novas procriações geradas no ventre feminino. No entanto, comumente misturavam essa concepção

O Evangelho à Luz do Cosmo

239

mais lógica de um renascimento carnal, com a mesma possibilidade insensata de a alma ressuscitar no túmulo e capaz de recompor o seu organismo desaparecido nas entranhas do solo. Em consequência, a ressurreição divulgada pela Igreja Católica em nada se assemelha à ressurreição admitida e endossada pelas doutrinas reencarnacionistas. Sem dúvida, o bom senso opõe-se à aberração de a alma construir novamente o seu antigo corpo carnal e utilizar o mesmo material orgânico já dissolvido e incorporado pela assimilação biológica a outros organismos de vegetais, animais e do próprio homem. É profundamente insensato materializar quem já está "morto" para sacrificar-se os que ainda estão "vivos". Seria, aliás, interessante e algo excêntrico, certo espírito em conflito com outro companheiro, por causa da posse de um átomo de carbono, da propriedade anterior de um e pilhado por outro.

A doutrina da reencarnação é uma concepção lógica, porque não existe a desintegração das formas vivas para se construir e reviver as formas mortas. Mas é o nosso espírito, que compõe e comanda, sucessivamente, novos corpos gerados da fonte inesgotável das substâncias vivas, através da gestação normal nos ventres femininos. Enquanto o Catolicismo ainda admite a ressurreição no famigerado Juízo Final, ou a ingênua concepção judaica, que subentende o retorno da vida material já extinta, com os próprios elementos ou unidades dispersas, a reencarnação compreende a possibilidade racional do espírito retornar à vida corpórea, mas sem violentar ou derrogar as leis coerentes da Criação.[61]

PERGUNTA: — O conceito cristão de que "se um homem não renasce da água e do Espírito", refere-se especificamente à regeneração da alma pelo batismo, conforme afirma a Igreja Católica?

RAMATÍS: — Lamentavelmente, os homens ainda não sabem interpretar corretamente os conceitos e princípios de Jesus, que além de sua tradicional exortação evangélica ocultam, em sua intimidade, a síntese sublime das próprias leis do Cosmo.

---

[61] N. do M. - É frontalmente aberrativo admitir-se a ressurreição dos mortos, conforme explica o Catolicismo, pois é evidente que os cadáveres já desintegrados no seio da terra hão de servir, em suas substâncias liberadas, para nutrir lavouras e hortas, compondo cenouras, pepinos, repolhos, soja, tomate ou pessegueiros. Sem dúvida, os aminoácidos, minerais, vitaminas, proteínas e enzimas serão consumidas pelos "vivos", no complemento de sua alimentação, tornando-se um flagrante absurdo, que os "mortos" venham depois exigir como sua propriedade os elementos já incorporados por novas organizações humanas.

Assim, sob a vestimenta do conceito de "se um homem não renasce da água e do Espírito", Jesus tencionava distinguir o valor fundamental da água, símbolo criador da vida física, e considerada em sua época um dos quatro principais elementos da formação do mundo. Aliás, o próprio Gênese enuncia que o "Espírito de Deus era levado e flutuava sobre as águas", ainda destacando a água como o principal fundamento criador da natureza material.

Sob qualquer hipótese, Jesus referia-se especificamente à reencarnação, ou seja, a um acontecimento incessante e criativo do mundo e não ao batismo, cerimônia ou rito de se consagrar pessoas num momento religioso. Se um homem não renasce da água, é evidente que ele não teria corpo físico, uma vez que a própria água integra o organismo humano em mais de 70 por cento. Mas se ele não renascesse do espírito, indubitavelmente, também seria um corpo sem alma. Sem dúvida, quem renasce da água tem corpo e quem renasce do Espírito é o dono exclusivo desse corpo. Nessa elucidação, Jesus queria distinguir a noção reencarnatória de uma nova vida, em que alguém já existe anteriormente em espírito, e apenas mobiliza nova matéria ou substância para modelar um novo corpo físico.

PERGUNTA: — Que se deve compreender sob o conceito evangélico que diz: "O que é nascido da carne é carne, e o que é nascido do Espírito é Espírito"?

RAMATÍS: — Jesus sempre particularizou-se no fato de que o corpo carnal, embora transitório, é o instrumento indispensável e valioso para o espírito lograr a sua manifestação positiva e coerente no ambiente físico. Lembra algo do violinista, que usa o violino para expressar o seu talento musical, sem que, por isso, ele seja o próprio violino. O homem carnal não é a entidade definitiva, porém a personalidade humana modelada na sua configuração física. É tão-somente um instrumento de expressão, trabalho e aprendizado do espírito eterno. Enfim, é a materialização do acervo constituído pelo perispírito preexistente e sobrevivente à organização de carne. O corpo humano, estruturado pelos elementos substanciais do mundo e vitalizados pela presença pródiga da água, é um produto ou vestimenta transitória modelada na face do orbe que serve ao espírito, mas não é a sua identidade sideral definitiva. Assim, o que é nascido da carne é carne, isto é, o corpo físico limitado e transitório, no

O Evangelho à Luz do Cosmo

241

tempo e no espaço, enquanto a real identidade do ser é, em verdade, o nascido do Espírito.

PERGUNTA: — O espírito do homem "desce" ou "baixa" do mundo oculto, onde vive para se encarnar num corpo carnal. Não é assim?

RAMATÍS: — O espírito eterno e imutável jamais abandona o seu mundo espiritual. Em verdade, ele se manifesta através de um corpo modelado pela sua própria configuração perispiritual milenária e original. Enfim, materializa-se pela aglutinação de átomos, moléculas e substâncias, que são herdadas da ancestralidade biológica da família onde deve se encarnar.

Em cada existência carnal, o perispírito focaliza-se no cenário do mundo material sob a estrutura anatomofisiológica hereditária do novo conjunto familiar de que descende. A contextura do perispírito, então, lembra o arcabouço para se construir importante edifício, o qual sempre permanece o mesmo, seja qual for o aspecto exterior e as divisões interiores, conforme os padrões tradicionais modernos. A encarnação não significa perda de identidade espiritual, nem mesmo o espírito abandona a sua moradia sideral, onde é eterno e indestrutível. Não se funde nem se dilui na composição de cada organismo físico, mas ele apenas opera através do seu perispírito e das múltiplas conexões, que lhe proporcionam o ensejo de atuar com êxito e consciência no mundo físico. A entidade espiritual, nessa diminuição vibratória, vai confeccionando os elos necessários para atuar, coerente e eficientemente em cada campo subsequente mas movimentando o seu corpo carnal sem abandonar o mundo espiritual de onde se originou.

Em rude exemplo, lembramos que o espírito opera através do organismo físico no mundo material, assim como o motorista movimenta o veículo para todas as direções e situações, mas sem modificar a sua personalidade. O espírito atua aí na Terra como o escafandrista, que desce ao fundo do mar, a fim de realizar proveitosamente uma tarefa difícil, ou seja, de extrair da ostra, de aspecto bruto, a pérola translúcida e valiosa. Nesse mister, precisa olvidar as minúcias da verdadeira vida que deixa à superfície, e necessita mobilizar toda sua atenção e vigilância no mundo físico, para melhor adaptar-se ao meio transitório e perceber de modo sensato a fenomenologia terrena, a qual deve ativar a sua conscientização na vida carnal.

O homem não precisa morrer, carnalmente, para sobreviver em espírito. Assim como o escafandrista permanece o mesmo indivíduo, quer operando com dificuldade no fundo do rio ou, quando livre à superfície, inspirando o oxigênio puro e usufruindo do colorido natural e atraente das flores. O espírito humano, também, é sempre a mesma entidade, quer seja encarnado ou desencarnado. A morte física é tão-somente desligamento ou interrupção de um serviço, quando se partem as conexões que comunicam a vontade, o desejo e o poder do espírito sobre o seu corpo carnal.

Em suma, o corpo que é nascido de carne continua sendo a própria carne, enquanto o Espírito, que é "preexistente" e "sobrevivente" ao corpo, permanece o mesmo Espírito sem qualquer modificação em sua essência íntima. As restrições cármicas, que funcionam como recursos de restabelecer a harmonia espiritual nas vidas físicas, situam a entidade sideral, momentaneamente, numa condição educativa compulsória, mas não lhes anulam, nem reduzem o acervo já adquirido no tempo e no espaço.

PERGUNTA: — E qual é a interpretação do tema evangélico que diz: "O espírito sopra onde quer, e ouves a sua voz, mas não sabes donde ela vem, nem para onde vai". O mesmo se dá com o homem, que é nascido do Espírito"?

RAMATÍS: — O Mestre Jesus comunica nessa conceituação evangélica quanto ao poder ilimitado do Espírito que, ao adquirir e ampliar a consciência de si mesmo, também passa a dispor dos seus poderes divinos incomuns. "O espírito sopra onde quer", mas, principalmente, precisa desenvolver o seu poder sobre o mundo transitório e limitado da matéria.

Deste modo, ele se capacita para aplicar os seus poderes microcósmicos, tanto quanto também puder abranger maior amplitude da área cósmica na sua ação individual. Subentende-se que "o reino de Deus está no próprio homem" e, consequentemente, à medida que o homem multiplica a sua experiência e desenvolve a sua sabedoria e poder criativo, ele também usufrui de maiores credenciais divinas e intrínsecas de Deus.

E o Mestre, ao enunciar que "ouves a sua voz e não sabes donde vem ela", referia-se particularmente à tradicional busca de Deus, que o homem efetua em sua jornada consciencial eterna. As criaturas sentem, apercebem-se ou pressentem que há um poder

O Evangelho à Luz do Cosmo

absoluto e eterno além do homem, cuja "Voz" podemos ouvir através da faculdade sublime do nosso espírito: a intuição. Mas dificilmente sabemos "donde ela vem", porquanto ninguém jamais pôde identificar ou descrever a natureza exata de Deus e, assim, saber "donde vem essa voz e para onde ela vai". Todos nós supomos que existe Deus, mas, por enquanto, ninguém sabe " donde vem e para onde vai o Espírito". E Jesus procura advertir-nos que a carne é uma coisa e o espírito é outra, porque o corpo procede do corpo, mas o Espírito provém só do Espírito, que é eterno e, por isso, sobrevive ao corpo físico. Jesus confirma que a existência física nada mais é do que uma das múltiplas vidas, que encadeiam o espírito na roda implacável das encarnações.

PERGUNTA: — E que se deve entender, ainda, pelo conceito de que o "reino dos céus é tomado pela violência e são os violentos que o arrebatam"?

RAMATÍS: — Evidentemente, Jesus não poderia ser entendido pelos homens rudes de sua época messiânica, quanto ao conteúdo esotérico dos seus ensinamentos morais e científicos. Mas o homem do século **XX**, que já alcançou o controle de inúmeras forças ocultas poderosas, como a energia nuclear, inclusive o domínio de computadores e robôs e, ultimamente, a conquista da Lua, então, já pode aperceber-se da contextura esotérica da maioria dos textos evangélicos. Na época de Jesus, a materialidade dominava francamente, e o espiritualismo eivado de superstições e ritos fatigantes, só comprovava certa autenticidade através de alguns iniciados mais perseverantes, que sabiam a verdade de que o animal se transforma em homem, e o homem se sublima em anjo.

Jamais o Divino Mestre seria entendido e levado a sério, caso pretendesse exigir do seu povo a mesma interpretação que hoje pode ser acessível ao homem moderno e enriquecido pelo conhecimento técnico e científico da vida humana. "O reino dos Céus é tomado pela violência e são os violentos que o arrebatam", cujas palavras de Jesus aludiam mais propriamente a um acontecimento específico de conversão ou metamorfose espiritual. Isso é fruto de uma decisão inexorável, que só acontece às criaturas espiritualmente preparadas e decididas a romper os liames inferiores, que ainda prendem o seu espírito às paixões e aos vícios gerados na imantação ao corpo físico. O espírito do homem efetua a sua ascensão lenta e demoradamente, vivendo estágios espirituais, que o preparam através das vidas carnais educativas. Mas, comumente, ele só alcança a sua definitiva libertação num momento de súbita violência, em que, dominado por sublime impulso, então, rasga o véu da vida ilusória da animalidade. Lembra a flor que, depois de um longo período de gestação à luz criadora do Sol, entreabre-se de chofre sem quaisquer etapas graduáveis.

O conceito evangélico em exame, lembra também o sentido de todos os empreendimentos e criações, que após vencerem demorados períodos preparatórios e de amadurecimento interior, então, eclodem em sua etapa final num arremesso súbito e violento. O espírito do homem também desperta e desenvolve-se, vida por vida, através da concentração íntima da síntese dos experimentos educativos, que efetua nos mundos físicos e são os ativadores da maior amplitude da consciência sideral.

PERGUNTA: — Mas não é de senso comum que a natureza não dá saltos?

RAMATÍS: — Assim como o animal pressente e desconfia, quando a presa se move para fugir-lhe das garras, as paixões e os vícios também enlaçam sub-repticiamente o homem, cada vez que ele intenta safar-se de seu domínio negativo. É preciso, então, que a vítima mobilize todas as suas forças positivas e, num lance arrebatador, rompa os laços vigorosos da animalidade. Quase todas as conversões santificadas de almas pecadoras famosas, ou de ricos optando pela pobreza libertadora, foram sempre produtos de uma decisão súbita, heróica e violenta.[62] Lembra algo semelhante ao prisioneiro que rompe violentamente as grades do cárcere e empreende a fuga surpreendente. Embora esses teimosos tenham nutrido, lentamente, em sua alma, a sublime transformação que depois concretizam, o certo é que a metamorfose final processa-se de modo instantâneo, impetuoso e violento, justificando o conceito de que "o reino dos Céus foi tomado pela violência, porque são os violentos que arrebatam os Céus".

Apesar do bom senso e aforismo popular de que "a natureza não dá saltos" e que em seu curso desperta, cresce e aperfeiçoa-se a forma, lenta e gradativamente, toda vez que se verifica uma

---

[62] N. do M. - Realmente, basta lembrarmos três conversões históricas que podem nos servir de estímulo e paradigma reflexivo, quando Maria de Magdala converte-se subitamente ao Amor de Jesus; Saulo transforma-se em alguns segundos em Paulo, na estrada de Damasco; Francisco de Assis despoja-se dos bens e tesouros do mundo. Aliás, o príncipe Sakia Muni também se desvencilha violentamente das riquezas do seu principado.

O Evangelho à Luz do Cosmo

transformação rápida e benfeitora, no cenário do mundo, é notório estar a violência operando o fenômeno. Quando o próprio mundo acusa, em sua atmosfera, o acúmulo de emanações mefíticas e perigosas, proveniente das transformações de matérias deletérias ou poluição do ar, a tempestade inicia o seu curso lento e silencioso, mas, de súbito, rompe violenta entre trovões e relâmpagos, a fim de exercer rapidamente a sua ação purificadora.

PERGUNTA: — Que dizeis de algumas religiões e instituições espiritualistas, cujos adeptos consideram o corpo físico ou a vida material apenas uma vivência inferior e mesmo indesejável? Os mais rigorosos apregoam o culto exclusivo do espírito, enquanto lançam o anátema inexorável de que "matéria não vale nada"?

RAMATÍS: — Há muitas noções censuráveis de alguns credos religiosos, ou de certas escolas espiritualistas, embora elas combatam o excessivo racionalismo negativo dos materialistas. Então, exaltam apenas o Espírito, porque é a entidade autêntica e imortal, mas estigmatizam incondicionalmente o próprio corpo físico, como sendo o causador de nossos desequilíbrios.

É evidente que tais sacerdotes, pastores, doutrinadores ou expositores espiritualistas ainda não se aperceberam do verdadeiro sentido do corpo carnal do homem. Ele não é, propriamente, um objeto ou veículo independente do Espírito, mas é a reprodução exata do perispírito, através da câmara de materialização, que é o útero da mulher terrena. O organismo físico, embora em sua configuração humana abranja os traços fisionômicos, o temperamento ancestral e até os cacoetes herdados biologicamente da parentela consanguínea, é a projeção material do próprio Espírito eterno, operando através do seu perispírito.

Então, expressa a vontade, o desejo, temperamento, os sonhos e as idéias do seu próprio dono espiritual. Não é um instrumento isolado, que após o uso diário pode ser pendurado num cabide, ou guardado cuidadosamente numa caixa de ferramentas. Mas é o "instrumento vivo" que revela a natureza perispiritual do homem, o qual ali se reproduz sob um novo disfarce encarnatório. Assim como há certa semelhança entre pinheiros, coqueiros ou demais árvores da mesma família vegetal, isso também acontece na uniformização física do espírito encarnado e jungido à consanguinidade de certa família. Em face dessa ancestralidade biológica, ele trai no seu aspecto anatômico e fisiológico algo per-

246   Ramatís / Hercílio Maes

tencente ao conjunto carnal de que se serviu para conseguir a sua materialização na Terra. E a semelhança física ainda se acentua em toda a parentela, porque os membros ou unidades do conjunto ainda são atraídos por força da própria afinidade espiritual ou, então, imantados por emoções e paixões parecidas.

Em consequência, é muito criticável o conceito raso e ingênuo esposado por certos espiritualistas e religiosos, que desavisados da realidade espiritual, pontificam que "a matéria não vale nada". Talvez, ignorando que as formas do mundo físico nada mais são do que os moldes de "energia condensada", como explicou Einstein, exaltam o espírito e condenam a matéria, que é uma expressão densa da própria energia. Aliás, o espírito também não se modifica, apenas, por mudar de habitação energética, assim como o bandido não se torna um santo trocando de apartamento. Quer esteja encarnado ou desencarnado, ele cultua as mesmas virtudes ou pratica os mesmos vícios inerentes às suas experiências vividas, porque manifesta, através da carne, o próprio acervo de sua personalidade a caminho do anjo.

O escafandrista que desce ao fundo do rio para pesquisar os valores preciosos, nem por isso altera gostos estéticos, afetos humanos, preferências artísticas, convicções religiosas; nem mesmo olvida conhecimentos científicos ou enfraquece a sua cultura. Ele apenas fica temporariamente impedido, no fundo do rio, de cultuar a sua vivência natural e autêntica da superfície, até terminar a sua tarefa. O homem simpático à cor azul ou vermelha, devoto católico ou adepto espírita, que aprecia a valsa ou a sinfonia, seja carnívoro ou vegetariano, jamais modifica as suas preferências ou simpatias, tão-somente porque enverga um escafandro de borracha e ausenta-se algumas horas garimpando no fundo do rio. Ao retornar à superfície e desvestir o pesado traje protetor no seio da água, ele se revela integralmente o mesmo indivíduo antes de mergulhar. Da mesma forma, o espírito do homem não se modifica "interiormente", só pelo fato de ele envergar determinado escafandro de carne e ossos, a fim de submergir no caudaloso rio da vida física terrena.[63]

---

[63] N. do M. - Nhô Quim, espírito de um inteligente sertanejo, que viveu em certa cidade litorânea do Paraná, perguntado sobre a questão de espírito e corpo, durante a encarnação, assim se expressou na sua linguagem peculiar e divertida: "O espírito é como o aluno que vai para a escola; conforme a escola que ele frequenta, deve usar o uniforme ali escolhido. Assim, quem precisa aprender a lição no Japão ou na China, veste uniforme amarelo; lá na Europa é branco, mas na África, a roupa é todinha preta. E já teve até uniforme vermelho dos índios americanos, e cor de cobre dos atlantes. Quando falta roupa adequada, ou a fazenda desbota, os

PERGUNTA: — Mas no caso de o homem nascer débil, mongolóide, hidrocéfalo ou mutilado, devemos supor que é o espírito enfermiço, quem produz a materialização defeituosa através da carne humana?

RAMATÍS: — O espírito do homem, em sua essência fundamental divina, é perfeitamente sadio, porque, sendo uma centelha de luz proveniente de Deus, jamais poderia tornar-se enfermiça. No seio de Deus, o espírito do homem é a fagulha virgem, que num dia ou em certo tempo, principia a vibrar interiormente e desperta, pouco a pouco, a sua individualidade pela consciência de existir. Ele, então, desenvolve a sensibilidade e a noção de "saber", tanto quanto mais participa e se relaciona com o curso educativo da vida material. Lembra algo do aparelho fotográfico, que aumenta o seu acervo pela gravação das cenas fotografadas do mundo no filme negativo e virgem. Entretanto, nesse curso de conscientização para conhecer o Universo e, simultaneamente, a si mesmo, o espírito comete muitos enganos próprios da imaturidade de sua consciência espiritual. Mas em face do conceito da própria Lei Divina, de que não se "perderá uma só ovelha do aprisco do Senhor", todo espírito equivocado sofre o seu reajuste e a corrigenda no tempo certo, até vibrar com a Harmonia Perfeita e ajustar-se, definitivamente, à linhagem angélica.

A fim de facilitar a conscientização do espírito para distinguir os valores "positivos" ou evolutivos para o progresso dos valores "negativos" ou contrários ao progresso, a Administração Sideral da Terra, então, convencionou a classificação dos primeiros como "virtudes", e dos segundos como "pecados". Assim, todas as ações criativas e de favorecimento espiritual são as virtudes, porque aceleram a ascese angélica do homem, enquanto o lastro inferior da animalidade simboliza os pecados, que devem ser superados. Pecado, portanto, é um estado de desequilíbrio, defasagem com a Lei Suprema, enquanto a virtude significa a vibração na mesma fase para a metamorfose sideral, tendo por meta o progresso.

Quando o espírito ultrapassa o limite do bom senso, pela prática de atos nocivos, ele causa o retardamento indesejável na sua própria ascese espiritual. Mas, à medida que o homem sabe "donde vem e para onde vai", submisso e confiante à voz interna que lhe intui quanto à senda espiritual correta, ele também

---

uniformes até são mulatos, crioulos ou pardos, alguns meio esverdeados, outros até sarapintados e de cabelo de fogo.

acelera a sua caminhada para a sua mais breve ventura eterna. Quando o espírito cursa, sensata e proveitosamente, a estrada educativa da vida física, ele, então, gera um carma de efeito tranquilo, o qual lhe proporciona no futuro uma vida pacífica e proveitosa. Mas, se negligencia ou se rebela contra a Lei de Segurança Espiritual, precisa sofrer a retificação compulsória, que lhe tolhe os movimentos perigosos e "pecaminosos", até aprender a controlar as paixões e os vícios que o imantam à matéria e lhe impedem a feliz vivência angélica.

PERGUNTA: — Mas se o espírito não é originariamente enfermo, ou defeituoso, qual é a razão dos nascimentos congênitos enfermiços, defeituosos e verdadeiros "mortos vivos", que passam pelo mundo físico como de múmias desligadas do meio-ambiente?

RAMATÍS: — O espírito do homem, em essência, é uma centelha ou chama de luz tão vinculada ou participante de Deus, como a gota no oceano. Sem dúvida, por força de sua origem divina, jamais ele poderia adoecer ou regredir em sua natureza hígida eterna. Mas ao iniciar a individualização ou conscientização no Universo, precisa construir um arcabouço para a sua ação, e que o identifique particularmente entre os demais seres do mundo. Assim, quando principia a relacionar o seu interior espiritual com o exterior energético ou físico da vida, nos mais diversos planos e latitudes do Cosmo, a fim de sentir e saber conscientemente, essa fagulha virgem e lucífera necessita de um medianeiro ou veículo de eficaz comunicação.

Através de séculos e milênios de experiências, efetuadas, lenta e incessantemente, o espírito vai plasmando os elos de comunicação, e que num "descenso vibratório" lhe permite agir na lentidão vibratória da matéria e, simultaneamente, no seu próprio e real campo espiritual. Trata-se, portanto, de um instrumento de intercâmbio com todos os fenômenos e acontecimentos, que ocorrem em sua intimidade e, também, no ambiente a que se relaciona. Manifestando-se nas incessantes e sucessivas vivências em planetas, cada vez mais evoluídos e aprimorados, o espírito, então, organiza essa roupagem ou centro consciencial eterno, gravando e compondo o acervo de sua memória no tempo e no espaço, à guisa de indestrutível e progressivo "video-tape". Trata-se do maravilhoso e imortal organismo, que Allan Kardec denominou de "perispírito", e o explicamos mais detalhadamen-

O Evangelho à Luz do Cosmo

te nesta mesma obra, inclusive quanto aos motivos por que ele gera as enfermidades congênitas e quais as retificações sob a Lei do Carma tão conhecida dos reencarnacionistas. Além de o perispírito promover a configuração ou aspecto humano em torno da centelha espiritual eterna, transforma-se, em definitivo, no centro de toda atividade do ser. E, partindo dessa configuração humana, mais primitiva ou grosseira, milênio por milênio, submetido a incessante aperfeiçoamento através de todas as energias do mundo físico e do reino espiritual, então, sublima-se até a beleza angelical, consagrando-se à guisa de maravilhosa lâmpada viva a expluir de sua intimidade eterna a luz divina. Eis por que, no "Festim de Bodas", o perispírito, então, se consagra na figura fascinante e lucífera da "túnica nupcial", a vestimenta eterna do Espírito.[64]

---

[64] N. do M. - Vide o capitulo "A túnica nupcial" desta obra, em que Ramatís estende-se longamente sobre a natureza e estrutura do perispírito e suas decorrências na vida física, conforme os estados de alma do homem.

15. A "túnica nupcial"
(Mateus, 22:10-13)

PERGUNTA: — Qual é o simbolismo da "túnica nupcial", mencionada na parábola do "Festim de Bodas"? Jesus referia-se a algum direito, privilégio ou concessão divina; talvez a alguma vestimenta iniciática, que o convidado do banquete divino deveria usar?

RAMATÍS: — A parábola indica, perfeitamente, que o convidado a participar do "Festim de Bodas" já deveria possuir a "túnica nupcial", ou seja, certa credencial ou estado espiritual superior que, então, lhe proporcionaria o direito de permanecer no banquete.

Assim como na Terra festeja-se alguém pelo término de algum curso, ou quando se distingue em alguma competição, ou por qualquer ação incomum ou obra meritória, na parábola de Jesus só vestem a "túnica nupcial" os convidados que conseguiram uma categoria de determinado gabarito espiritual. A "túnica nupcial", nesse caso, não é somente um direito pessoal, mas ainda define uma elevada transformação espiritual na intimidade do ser.

PERGUNTA: — Como se percebe no "Festim de Bodas" essa condição íntima e intrínseca superior do convidado, cujos méritos dão-lhe direito ao ingresso no banquete divino?

RAMATÍS: — Jesus explica na parábola do "Festim de Bodas" que o rei indaga ao intruso, com certo espanto: "Como entraste aqui, sem a túnica nupcial?" A surpresa do rei prende-se ao fato de ele ver alguém situado naquele ambiente de vibração tão excelsa e incomum, mas sem ter alcançado a sublimidade da frequência vibratória espiritual exigida para a "túnica nupcial". Todos os convidados do banquete do rei, ali podiam se manter e equilibrar-se no meio tão superior, graças à posse da "túnica nupcial", ou seja, já haviam alcançado a purificação espiritual. Assim, era verdadeira aberração a presença do "intruso", o qual se traía frontalmente pela sua graduação inferior, uma vez que não vestia-se de acordo com a tradicional identificação sublime.

PERGUNTA: — Poderíeis distinguir-nos melhor, nesse caso, o espírito e a "túnica nupcial"?

RAMATÍS: — O espírito do homem é a centelha ou chama de luz, síntese de todas as faculdades criadoras divinas, enfim, a miniatura do próprio reino de Deus. O Gênese (cap. 5) enuncia que "o homem foi feito à imagem, à semelhança de Deus", enquanto o Mestre Jesus confirma esse enunciado, ao afirmar: "Vós sois deuses" ou, ainda, "Eu e meu Pai somos um". Mas a "túnica nupcial" mencionada na parábola do "Festim de Bodas" é a vestimenta do espírito, que lhe dá a configuração humana; porém, em sua última etapa de aperfeiçoamento nos mundos transitórios das formas, e assim translúcida e imaculada, a refulgir com a intensidade semelhante à luz irradiada da intimidade do ser eterno. É o produto de milhões ou bilhões de anos de lutas, equívocos, amores, ódios, alegrias, tristezas, venturas, tragédias, luzes e sombras, até que o anjo do altruísmo consiga exterminar o animal do atavismo dos instintos da carne.

PERGUNTA: — Porventura, a "túnica nupcial" seria o próprio perispírito descrito por Allan Kardec, no "Livro dos Espíritos"?

RAMATÍS: — Realmente, a "túnica nupcial" do "Festim de Bodas" corresponde, perfeitamente, ao perispírito enunciado por Allan Kardec no "Livro dos Espíritos",[65] porquanto se trata do corpo ou veículo imortal, que preexiste e sobrevive ao falecimento comum do homem físico. Há "corpo carnal" e "corpo espiritual", conforme dizia Paulo de Tarso, ao incentivar em suas epístolas, que o "homem novo" e renovado em espírito, também deve substituir o traje roto pelo egoísmo do "homem velho", o qual ainda é <u>o escravo das forças</u> animais dominantes na vida física.

[65] "Envolvendo o gérmen de um fruto, há o perisperma; do mesmo modo, uma substância que, por comparação, se pode chamar perispírito, serve de envoltório ao Espírito propriamente dito." Comentário de Allan Kardec extraído da pergunta 93, tema "Perispírito", de *O Livro dos Espíritos*, 17ª edição em português, editada pela Livraria da Federação Espírita Brasileira.

Mas o perispírito não é exclusivamente um organismo produto da composição de forças vivas e sublimadas, que se fundem sob a vontade e o pensamento do espírito imortal. Além de ser a vestimenta que envolve, configura e identifica a chama espiritual, esta ainda o interpenetra onda por onda, vibração por vibração. Através de sucessivas materializações nas faces dos orbes físicos, o perispírito, sob a ação detergente da dor e do sacrifício, do estudo e da experiência da vida física, deixa os resíduos e aderências durante o intercâmbio íntimo e o exterior. Finalmente, quando purifica-se até a diafanização e condição de maravilhosa figura alada, liberta de quaisquer influências inferiores e desimantada da atração animal, então retrata a imagem fascinante da "túnica nupcial", tão bem descrita por Jesus na parábola do "Festim de Bodas".

PERGUNTA: — Mas no caso da "túnica nupcial", Jesus teria se referido especificamente ao mesmo perispírito mencionado por Allan Kardec? Não seria um outro corpo espiritual, talvez ainda desconhecido do homem?

RAMATÍS: — Não importa quanto à terminologia usada por Jesus na descrição da "túnica nupcial" no "Festim de Bodas". Em verdade, ele referia-se ao corpo imortal, o qual interpenetra e envolve o espírito do homem, independentemente da organização carnal.

Kardec preferiu chamá-lo de perispírito, ou seja, aquilo que envolve o espírito, embora esse corpo imortal já pudesse ter sido conhecido, desde os tempos imemoriais, sob outro aspecto ou denominação. Aliás, o perispírito não é uma descoberta ou qualquer concepção exclusiva de Allan Kardec, porém um veículo superior, complexo e indestrutível, conhecido há milênios por todos os iniciados, sacerdotes e magos da antiguidade. Paracelso o chamava de "corpo sideral"; Pitágoras, de "carro sutil e luminoso da alma"; os hindus o conheciam como "linga-sarira"; os atlantes, a "nuvem de luz"; os chineses diziam, poeticamente, a "árvore de chamas", e os egípcios "Ká", o duplo do homem. Os caldeus mencionavam a "coroa de fogo"; os esoteristas, teósofos e iogues denominam o "corpo causal"; os tibetanos, o "duplo de luz"; Paulo de Tarso cita o "corpo espiritual" e velhos ocultistas preferem o "ego transcendental". A Igreja Católica costuma chamá-lo de "alma", a qual sendo virtuosa vai para o Céu, ou pecadora "cai" no Inferno, o que ainda implica na ideia de um

O Evangelho à Luz do Cosmo   253

corpo sujeito à lei gravitacional, cuja ascensão ou queda depende, especificamente, de seu magnetismo, consequente ao peso mais ou menos denso.

Aliás, os ocultistas, em suas pesquisas do mundo invisível e para melhor didática esotérica, preferem subdividir o conjunto do perispírito, em "corpo mental" e "corpo astral", pois assim definem e destacam o intelecto da manifestação puramente emocional do sentimento, desejo e paixões. Entretanto, quando Allan Kardec descreveu o perispírito, ele esclareceu que se tratava de corpo fluídico ou vaporoso, que transcende à matéria por ser imponderável. Todavia, a sua descrição, algo pessoal, em nada altera ou contraria a ideia íntima e fundamental de se tratar de um veículo imortal, o qual preexiste e sobrevive a qualquer fenomenologia física.

PERGUNTA: — Poderíeis expor-nos outras considerações, quanto ao fato de o espírito imortal do homem ainda necessitar de outro veículo intermediário, como é o perispírito, a fim de poder atuar entre o mundo físico e a vida espiritual?

RAMATÍS: — Assim como o homem necessita de uma vestimenta apropriada e protetora, como é o escafandro de borracha para atuar no fundo dos rios, o espírito também precisa do traje perispiritual, para relacioná-lo de modo lógico e sensato, entre o mundo espiritual e o ambiente físico. O espírito é tão-somente a chama de luz, a consciência "microdivina", enquanto o perispírito se constitui no seu envoltório de contato e comunicação com o meio exterior. Sem a vestimenta espiritual, o espírito seria apenas uma essência de luz pura, algo semelhante a um foco luminoso esvoaçando sem configuração definida, e impossível de qualquer identificação.

PERGUNTA: — O anjo, como entidade de altíssima vibração sideral, é, então, o convidado do "Festim de Bodas" do Senhor. O seu perispírito, imaculado e fulgurante de luz, simboliza, realmente, a figura da "túnica nupcial" desimantada da influência da matéria e eletiva ao ambiente paradisíaco da eterna existência venturosa?

RAMATÍS: — Allan Kardec, no *O Livro dos Espíritos*, [66]explica que o espírito do homem é espécie de uma "chama",

---

[66] *Livro dos Espíritos*, pág. 84, cap. "Dos Espíritos": "Envolve o espírito uma

centelha ou clarão etérico de luz imaterial, o qual se manifesta, configuracionalmente, no ambiente onde vive, graças ao seu invólucro imortal conhecido por perispírito. Mas o perispírito, justamente o responsável pela figuração humana, embora seja o envoltório sutil do espírito sem forma, não é apenas um corpo vaporoso, algo semelhante a um cartucho ou saco de fluidos a esvoaçar no Além-Túmulo.

Na época de suas pesquisas espirituais, Allan Kardec viu-se obrigado a uma descrição mais primária ou generalizada do perispírito, a fim de evitar que a doutrina do Espiritismo, nascente, frágil e discutível, pudesse sofrer o ridículo sob a metralha sarcástica do academismo materialista e o combate fanático do Clero, poderoso e déspota na época. Ademais, a tese de um organismo imponderável, e portador de sistemas e órgãos fluídicos parahumanos, mas capaz de se movimentar e agir no mundo celestial, seria alvo de incessante zombaria e crítica demolidora de todos os adversários da doutrina espírita. No século passado, salvo alguns iniciados e ocultistas mais ousados, ninguém poderia crer num organismo invisível e fluídico, como é o perispírito, cuja estrutura transcendental avançada faz empalidecer a usina mais complexa e poderosa do mundo material.

Mas, na atualidade, graças ao conhecimento científico do homem moderno e de sua penetração no campo das forças ocultas, através de aparelhamentos eletrônicos de alta sensibilidade, já é possível conceber-se a realidade do perispírito imortal, cujos sistemas e órgãos suprafísicos não possuem similar em qualquer instrumentação do mundo material. O manejo fácil de rádio, TV, magnetismo, radar, ondas de ultra-som, raios infravermelhos e ultravioleta, controle remoto, manuseio genial do raio laser, e ainda os requintes eletrônicos aliados ao sucesso da desintegração atômica, facultam ao terrícola operar, positivamente, no reino das forças invisíveis e, assim, conceber a lógica de uma vida poderosa e definitiva, além da transitória existência terrena.

Aliás, até um ginasiano esclarecido sobre os princípios comuns de física e de eletrônica, já pode conceber a complexidade anatômica do perispírito, como sendo um fato lógico e imortal. Assim, o que não pôde ser dito e exposto por Allan Kardec, na época da codificação espírita, hoje pode ser facilmente assimilável por qualquer cidadão. A organização anatomofisiológica do

substância vaporosa para os teus olhos, mas ainda bastante grosseira para nós; assaz vaporosa, entretanto, para poder elevar-se na atmosfera e transportar-se aonde queira".

O Evangelho à Luz do Cosmo

perispírito, atualmente já pode ser descrita com alguma riqueza de detalhes e sem temor de agressividade da Igreja Católica, a qual luta desesperadamente para sobreviver ao próprio caos da subversão clerical em seu seio. Ademais, após a teoria de Einstein, a própria Ciência prefere ficar calada, uma vez que a matéria não passa de "energia condensada".

PERGUNTA: — Ser-vos-ia possível descrever o perispírito, em suas divisões ou sistemas mais importantes?

RAMATÍS: — Em face da natureza específica desta obra e falta de espaço não comportar longa e minuciosa descrição exclusiva do perispírito, só poderemos oferecer-vos algumas breves noções orientadoras.[67]

O perispírito, embora seja um organismo de impossível comprovação pelos sentidos físicos comuns, também possui todos os órgãos e sistemas adequados à produção e manifestação de todos os fenômenos algo similares à vida física. Assim, existe no seu complexo metabolismo transcendental, um comando único, o qual divide e subdivide-se em várias estações e subestações perispirituais, a fim de controlar e desenvolver desde o campo de magnetismo, calor, luz, cor, assim como os sentidos de olfato, paladar, audição e coordenação da palavra verbal e escrita. A vida mental e emotiva do homem concretiza-se graças ao complexo e avançado metabolismo, que lhe confere o poder da memória, assim como o de gravar o acervo de suas experiências pregressas. Mas é ainda a mente que proporciona ao espírito desencarnado o fabuloso poder de volitar, qual seja o de se transportar tão rapidamente como o pensamento, às regiões mais distantes e latitudes mais diferentes da região sideral. Somente o equipo mental do perispírito exigiria muitos séculos para o homem mais estudioso e sábio conhecer 10 por cento de sua fabulosa estrutura. Maravilhoso instrumento de conexão entre o reino divino e o mundo material, o perispírito é que proporciona o ensejo para a vida psíquica plasmar-se em exuberantes configurações humanas e permitirá, no futuro, a sublimação dos homens em anjos.

PERGUNTA: — Gostaríamos de conhecer alguns dados

[67] N. do M. - Ramatís, através de nossa psicografia, transmite-nos obra minuciosa sobre a anatomia e fisiologia do perispírito, na qual explica satisfatoriamente todo o metabolismo e contextura desse corpo imortal. Vide, também, a obra *Elucidações do Além*, capítulo "Elucidações sobre o Perispírito", o mesmo assunto ditado por Ramatís.

sobre os sistemas ou órgãos responsáveis pelos vários fenô-
menos da vida e relação do perispírito.

RAMATÍS: — Evidentemente, o homem pensa, deseja, sente, emociona-se e age em direção a certo plano ou campo de sua vivência mental-emotiva. É natural, portanto, que o seu equipo perispiritual, ou seja, o mais importante organismo de sua individualização psíquica no seio de Deus, também seja dotado de órgãos e sistemas adequados, mas tão eficientes, que possam expressar-lhe sensatamente os estados de espírito. Cada pensamento, atitude mental, emoção ou sentimento produz diferentes ações perispirituais no seu fundamento íntimo até poderem se revelar à compreensão alheia, ou mesmo à própria consciência em vigília. Sem dúvida, conforme a natureza superior ou inferior de cada ação perispiritual, saber-se-á também quanto à conduta passional ou capacidade intelectiva do espírito operante. É o que lembra Paulo de Tarso, quando refere-se intencionalmente às "nuvens de testemunhos".

A ciência terrena cada vez mais se deslumbra e se espanta ante a complexidade do cérebro físico, que considera o centro da inteligência humana. No entanto, ele é apenas o "transmissor" da real inteligência e faculdade absoluta do espírito imortal. Malgrado o esforço louvável dos cientistas humanos na pesquisa do cérebro humano, muito pouco eles sabem sobre os circuitos invisíveis, as reações químicas e correntes elétricas cerebrais, que ultrapassam mesmo a capacidade de um milhão de computadores. Na função de avançado e sutilíssimo aparelho de manifestação da vida espiritual, através do cérebro flui e derrama-se para o cenário do mundo físico apenas diminuta parcela do fabuloso conteúdo do perispírito eterno.

Consequentemente, o perispírito ou a "túnica nupcial", depois de ultimar o processo de afinamento e consolidação, através das ações e reações no contato com a matéria, é um organismo que preexiste e sobrevive ao corpo carnal, depois de cada materialização do espírito na face de qualquer orbe físico. Mas ele é dotado de órgãos e sistemas autênticos, que lhe asseguram um metabolismo de fisiologia própria. Trata-se de um corpo capaz de atender às incessantes exigências íntimas do espírito. Mas a individualização exige a sucessão de milhares, milhões, bilhões e até trilhões de anos do simbólico calendário humano. Um corpo vaporoso, e tão singelo, como o definiu Kardec forçado pelas circunstâncias adversas de sua época, nada mais seria do

O Evangelho à Luz do Cosmo

257

que um rudimentar embrião fluídico humano a esvoaçar sem rumo no Além-Túmulo.[68]

PERGUNTA: — Não vos seria possível definir-nos, sob o nosso entendimento humano, algumas noções mais concretas desses sistemas e órgãos, que compõem o conjunto imortal do perispírito?

RAMATÍS: — Sem dúvida, é o que temos procurado expor--vos em nossas comunicações, quanto a essa melhor configuração do metabolismo perispiritual. Mas temos de reconhecer a deficiência lógica de explicarmos pelas leis do mundo denso, o campo sutil do mundo espiritual, através de figuras e exemplos que são extraídos da vivência efêmera da vida física. Em verdade, desde a antiguidade milenária dos Vedas, o perispírito já era conhecido como um equipo complexo e dotado de vários sistemas ou veículos, que atendiam às diversas necessidades íntimas e operações do espírito eterno. Resumidamente, explicamos que o perispírito, primeiramente abrange o "corpo mental", ou seja, o centro de operações, o qual aglutina, dinamiza e utiliza a substância mental do meio ambiente, a fim de o espírito raciocinar. Segue-lhe, depois, o "corpo astral", ou veículo astralino, que é o responsável pela manifestação das emoções humanas sentidas através do organismo carnal. Finalmente, o conjunto perispiritual é propriamente o binômio "mente-emoção", "vontade-desejo", mas constituindo um corpo definido, que não abandona o mundo espiritual em face de sua altíssima vibração.

Quanto aos diversos órgãos e sistemas componentes do corpo perispiritual, é à semelhança do que acontece com o corpo físico, os quais serão motivos de estudo em nossa próxima obra,

---

[68] Diz Emmanuel, na obra *Roteiro*, capítulo "O Perispírito", o seguinte através da mediunidade de Chico Xavier: "O perispírito é, ainda, o corpo organizado que, representando o molde fundamental da existência para o homem, subsiste, além do sepulcro, demorando-se na região que lhe é própria, de conformidade com o seu peso específico. Formado por substâncias químicas que transcendem a série estequiogenética conhecida até agora pela ciência terrena, é aparelhagem de matéria rarefeita, alterando-se, de acordo com o padrão vibratório do nosso campo interno. Organismo delicado, com extremo poder plástico, modifica-se sob o comando do pensamento. É necessário, porém, acentuar que o poder apenas existe onde prevaleçam a agilidade e a habilitação que só a experiência consegue conferir. Nas mentes primitivas, ignorantes e ociosas, semelhante vestidura se caracteriza pela feição pastosa, verdadeira continuação do corpo físico ainda animalizado ou enfermiço. O progresso mental é o grande doador de renovação ao equipamento do espírito, em qualquer plano de evolução. O perispírito, quanto à forma somática, obedece a leis de gravidade, no plano a que se afina. Nossos impulsos, emoções, paixões e virtudes nele se expressam fielmente".

os quais atendem às diversas necessidades do espírito no seu intercâmbio com o mundo material. E como o perispírito é a síntese das qualidades do próprio espírito que o governa, então, reflete-lhe as virtudes como os pecados, as qualidades como os defeitos. É um organismo diáfano e luminoso nas criaturas benfeitoras e evoluídas, porém, obscuro, grosseiro e compacto nos seres primitivos e selvagens. Em baixa frequência, ainda, é o traje dos primatas das cavernas, mas depois de sublimar-se, através da imensurável fileira de séculos, então, atinge a fulgência da vestimenta definitiva do anjo, ou seja, a "túnica nupcial".

Quando o perispírito opera em frequências ou faixas vibratórias mais elevadas, revela-se num tecido claro, de seda, colorido e agradavelmente odorante; mas, sob a ação mental pecaminosa da cólera, crueldade, avareza, inveja, do ciúme, ódio ou sadismo, ele se mostra poluído por cores escuras, graxas e espessas, e seu aspecto repulsivo ainda manifesta uma temperatura gélida e odor nauseante. Na feição de uma lâmpada cristalina, o perispírito transmite maior cota de luz para o meio ambiente, mas quando acionado por energia de baixa voltagem, ou poluído pelo magnetismo gravitacional da frequência animal, lembra o lampião graxento a semear sombras em redor. Enquanto Nero não irradiava um filete de luz em torno de si, Jesus podia iluminar o Monte Tabor, na sua indescritível transfiguração bíblica.

PERGUNTA: — Dizeis que o perispírito preexiste e também sobrevive ao corpo físico do homem? Poderíeis expor-nos alguns detalhes sobre essa natureza imortal?

RAMATÍS: — Relembramos-vos, novamente, que o perispírito não é somente um corpo vaporoso, ou gasoso, enunciado por Allan Kardec no "Livro dos Espíritos", porém, trata-se de um psicorganismo complexo que se aperfeiçoa e purifica-se paralelamente à evolução da própria consciência do espírito em desenvolvimento no seio do Cosmo. Ademais, o perispírito é a matriz fundamental, o modelo que materializa o corpo físico do homem nas suas múltiplas encarnações. É o arquétipo de cada ser humano.

Através do ventre feminino, o qual lembra uma verdadeira "câmara de materialização", o perispírito compõe a estrutura do seu corpo carnal, absorvendo, distribuindo e organizando a substância que recebe por via hereditária da nova família, disciplinada pelas conhecidas leis de genética humana. O perispírito,

O Evangelho à Luz do Cosmo

nos sucessivos ciclos encarnatórios, torna-se cada vez mais sutil, quer em face do sofrimento humano que sensibiliza e purifica, como através do próprio conhecimento da ação sublime criativa. As energias que "descem" do mundo angélico em filtragem pela contextura do perispírito do homem, entram em fusão com as forças agrestes que sobem da vida animal, e desse encontro vibratório decanta-se pouco a pouco o residual inferior em favor do princípio espiritual superior. Sob tal metabolismo criativo e simultaneamente seletivo, o perispírito do homem ajusta-se à frequência vibratória angélica, até libertar-se, definitivamente, do magnetismo gravitacional da faixa do magnetismo animal.

PERGUNTA: — Qual é o aspecto definitivo do perispírito, após a desencarnação?

RAMATÍS: — O perispírito é um corpo plástico, que assume facilmente a configuração idealizada pela mente espiritual, desde que se trate de espírito de capacidade criativa e poder de comando. Mas, os estados pecaminosos negativos da alma também formam na contextura perispiritual certos estigmas, que chegam a caracterizar "facies" animais, como a fisionomia equina, bovina, leonina, simiesca e mesmo os aspectos ofídicos. A face do homem, semelhante a uma tela cinematográfica, reflete a projeção do filme que transita na sua mente, retratando os estados de alma sublimes, configurando as linhas de forças sutis, que lhe modelam aspectos atraentes, ou as tendências animais que podem estigmatizá-lo pelo mundo como "cara de cavalo", "olhos de abutre" ou "fisionomia de macaco". Em verdade, essa elasticidade, que sob as linhas de forças da intimidade espiritual produzem tais estigmas na face humana, é tão somente a materialização exata do que é já uma estratificação perispiritual.

Naturalmente, em cada nova encarnação, o perispírito na sua redução fetal, perde o aspecto familiar e hereditário da vida anterior, a fim de absorver e se materializar com a substância herdada do novo grupo consanguíneo onde resolveu nascer. Daí o motivo por que os homens apresentam "tiques", temperamento e manias que traem-lhes o atavismo de determinada parentela física, porquanto o novo traje carnal, materializado pelo seu perispírito, traz certo condicionamento instintivo e atuante da linha de ancestralidade biológica. O perispírito é sempre a mesma armadura fundamental e indeformável, materializado de acordo com o tipo da substância viva que lhe serve de revestimento no mundo material. Embora o homem apresente aspectos, cor, estatura ou temperamento que definem um certo conjunto familiar, na sua intimidade perispiritual permanece a sua individualidade forjada através de milênios e milênios, a qual sempre há de impor algo de sua estrutura adquirida no tempo e no espaço.

Após a morte do corpo físico e sob qualquer hipótese, o perispírito sempre retorna à sua estatura de adulto e autêntica vivência espiritual no Além-Túmulo. As próprias crianças desencarnadas continuam a crescer, ou melhor, despertam e desenleiam-se, pouco a pouco, da forma reduzida com que desencarnaram na Terra. Os espíritos mais capacitados mental e espiritualmente, podem exercer a sua vontade e se libertarem mais cedo da limitação infantil após a morte do corpo. Quanto às almas menos evoluídas, só lhes resta aguardar o processo comum, que no Espaço rege o fenômeno da metamorfose infantil para a figura adulta.

PERGUNTA: — Durante a encarnação, o perispírito atua fora do organismo carnal ou o interpenetra desde as primeiras providências para renascer?

RAMATÍS: — A fim de o espírito encarnar-se novamente no mundo físico, ele precisa submeter-se ao processo inverso de reduzir a sua forma perispiritual adulta, até plasmar a forma de um feto. Antes de atingir essa redução fetal, ele ainda trai o aspecto fisionômico herdado da família a que pertenceu na vida anterior. Mas essa aparência dilui-se no processo da nova materialização carnal, em que passam a predominar os ancestrais biológicos dos parentes aos quais se ajusta consanguineamente.

Somente depois de conseguir a sua redução até alcançar a configuração exata de um feto perispiritual, é que, então, pode ser "encaixado" no ventre do próprio perispírito da mulher terrena, no qual o molde reduzido e ali ajustado principia a prover-se das energias "etereofísicas" herdadas da nova família terrícola e disciplinadas pelas leis da genética humana. Decorridos os nove meses da gestação normal, ou sete meses do nascimento prematuro, o feto perispiritual, encaixado no útero do perispírito da mulher, mostra-se completamente preenchido no útero físico, ou seja, materializado e apercebido pelos sentidos humanos.[69]

---

[69] N. de Ramatís - Sem dúvida, a futura mãe do espírito encarnante também é um espírito encarnado, isto é, uma entidade também portadora de um perispírito, que se materializou sob o mesmo processo de seu filho. Em consequência, o feto perispiritual do seu descendente é "encaixado" no vaso uterino também perispiri-

O Evangelho à Luz do Cosmo

PERGUNTA: — Desde que se trata de entidades preexistentes aos seus próprios nascimentos físicos, e que se reduzem perispiritualmente para habitar o ventre feminino materno, por que existem diferenças anatômicas e fisiológicas no mundo, que são específicas à hereditariedade e ao atavismo biológico de certa família, em vez da configuração autêntica do perispírito antes de nascer?

RAMATÍS: — Conforme explica a ciência genética do mundo, a constituição do homem é processualmente produto da combinação de certos tipos de pares de genes característicos, que atuam oriundos dos progenitores físicos. Em consequência, os genes seriam os exclusivos responsáveis pelas deformidades, taras, insuficiências mentais e outras anomalias congênitas, inclusive quanto à própria configuração sadia e correta humana. Mas, no futuro, os cientistas terrícolas poderão comprovar que os "genes" são exatamente as partículas ou probabilidades de vida física, que funcionam no limiar dos mundos material e espiritual. Assim, onde termina a última vibração do reino do espírito eterno, e principia a primeira oscilação do início de vida do mundo físico, os genes ali palpitam na função de elos, conexões ou vínculos, atando e detonando o processo criativo do homem.

O espírito do homem, ao encarnar-se, dispõe da quantidade e qualidade de "genes", que lhe proporcionarão um tipo de organismo físico, tanto quanto seja a sua capacidade, habilidade, talento ou graduação espiritual de agrupar, favorável ou desfavoravelmente, a sua base genética. Assim, não é uma formação acidental, a boa ou má combinação de "genes" superiores ou inferiores, que proporcionará o tipo sadio ou enfermiço da organização carnal do homem. Em verdade, os "genes" só se agrupam dependendo da influência íntima do perispírito, que de modo específico os aglutina para depois desencadear o processo criativo de um novo corpo físico.

É evidente que assim como o construtor só pode edificar a vivenda de acordo com os materiais que possui à mão, embora não sejam do seu agrado ou preferência, o espírito encarnante modela e concretiza o seu edifício de ossos, nervos e músculos, conforme também possa mobilizar a mais ou a menos os tipos de

---

tual e, ao nascer, a criança é mais propriamente o perispírito materializado a caminho de se desenlear, em vez do peculiar crescer. O perispírito, reduzido à forma de um feto e submetido interiormente à impulsão centrípeta, mais desperta do que cresce, mais retorna à sua verdadeira estatura do que conta tempo no calendário da vida física.

cromossomos bons ou maus da procedência hereditária. Como a ciência ainda não dispõe de um aparelhamento supersensível à fenomenologia do metabolismo perispiritual, então, não pode perceber o que ocorre realmente detrás da tela da genética física. Consequentemente, ela precisa formular e expor as suas soluções sensatas, somente a partir do limite onde consegue atingir o seu conhecimento ou pesquisa derradeira, ou seja, no limiar dos cromossomos e também "genes". Indubitavelmente, caso o eletricista desconhecesse a natureza e autenticidade da força elétrica que vem da usina, ele só poderia conceituar a sua tese sobre a origem da luz da lâmpada, a partir da genética dos seus fios.

Em verdade, é o espírito eterno atuando através da vestimenta perispiritual, quem imprime o impulso inicial e seletivo para a combinação dos "genes" e a consequente fusão nos cromossomos. Assim, particulariza uma organização carnal em perfeita eletividade com a sua condição psíquica e também qual seja o seu acervo superior ou inferior, já realizado no tempo e no espaço. O certo é que os espíritos de natureza elevada, como Jesus e outras entidades de alto gabarito espiritual, atuam perispiritualmente de modo tão harmônico e correto durante a gestação física, que só aliciam e aglutinam os melhores elementos genéticos, a fim de plasmarem organismos perfeitos e sadios. É sabido que há certa predominância de indivíduos saudáveis sobre os enfermiços, que se atribui a ancestrais biológicos, cujos genes são hígidos como a causa de tal determinismo, entretanto a própria ciência comprova que de pais sábios e sadios podem nascer filhos deficientes e teratológicos. Mas, em sentido inverso, sabe-se que progenitores enfermiços e primários procriam descendentes saudáveis e inteligentes. Sem dúvida, tudo isso decorre de um conjunto de ações cármicas espirituais, perispirituais, genéticas e das necessidades evolutivas dos encarnantes e a respectiva família. Cada filho é o produto destas variáveis consequências, que irão determinar a seleção da melhor carga genética para a elaboração do seu corpo físico.[70]

[70] N. do M. - Realmente, os próprios gênios e sábios podem ter filhos deficientes mentais e psicopatas, porque a alma nada tem a ver com a hereditariedade física, mas ela é que predispõe essa hereditariedade. Bacon, Berkeley, Claude Bernard, Augusto Comte, Hume, Kant, Kepler, Spinoza, Yung e Locke, gênios e filósofos, cientistas, matemáticos, psicólogos, médicos, astrônomos, tiveram filhos ignorantes. O famoso Péricles da Grécia procriou dois filhos tolos; o sábio Aristipe foi pai de Clínias, o furioso; Tucídides, o grande historiador, teve o inepto descendente Milesias; Sócrates teve filhos ignaros; Cícero curtiu a descendência de um filho débil; Marco Aurélio, filósofo consagrado por Roma, foi pai de Cômodo, o maníaco furioso e agressivo; Napoleão, La Fontaine, Pedro, o Grande, e Luís XIV tiveram

Espíritos de um passado gravoso e estigmatizados por ações pecaminosas, vítimas de paixões violentas e escravos dos vícios perniciosos, cuja vontade espiritual é superada pela ação absolutamente instintiva, é que assim nascem defeituosos ou com estigmas indesejáveis.

PERGUNTA: — E como se efetua esse processo de o perispírito adulto reduzir-se até à forma fetal, a fim de situar-se, convenientemente, no ventre feminino da mulher terrena?

RAMATÍS: — À medida que o espírito vai-se emancipando, em face do desenvolvimento de sua consciência nas experimentações das vidas sucessivas e, consequentemente, a maior percepção da sua realidade espiritual, ele também progride, desenvolve a vontade e aumenta o poder criativo. Tanto quanto mais controla o seu mundo espiritual, mais capacidade adquire para governar o próprio destino. Em consequência, há espíritos capazes de comandar pessoalmente o fenômeno de sua encarnação, desde os primeiros momentos de "auto-redução" perispiritual.

Sob o processo de auto-hipnose, é possível ao próprio candidato à encarnação reduzir ou encolher o seu perispírito, desde a peculiar configuração adulta, que ainda possui plasmada na última existência física, até restringir-se à forma fetal e caber no útero perispiritual da mulher terrena.[71]

PERGUNTA: — E no caso de espíritos inexperientes, ou mesmo incapacitados para processar a "auto-hipnose", como então se efetua a redução perispiritual?[72]

RAMATÍS: — Os espíritos menos credenciados mentalmente e de vontade débil, além de precisarem do auxílio dos

---

filhos medíocres. Isso prova que o espírito não pode ser mais inteligente ou sadio do que ele já o é no passado, impondo assim a sua tara perispiritual na formação dos cromossomos e truncando a pretensa hereditariedade hígida de uma família.

[71] N. de Ramatís. - A gestação lembra algo da tradicional materialização de espíritos nas sessões mediúnicas de fenômenos físicos, pois o ventre materno, realmente, funciona à guisa de uma "câmara de materialização" na face da Terra. Difere, no entanto, que neste caso, o espírito se materializa desde a fase fetal até a figura comum do recém-nascido, servindo-se do ectoplasma e fluidos etereofísicos do meio ambiente, enquanto nos trabalhos de efeitos mediúnicos, o médium fornece a substância materializante e o fenômeno sucede-se em alguns minutos. Mas, em ambos os casos, a entidade encarnante ou materializante, surge, gradualmente, do mundo oculto, para depois fazer-se visível aos sentidos físicos.

[72] N. do M. - Vide cap. "Reencarnação", da obra *Os Missionários da Luz* ditado pelo espírito de André Luiz e psicografado por Chico Xavier, com excelente exemplo elucidativo e minucioso sobre o assunto que não podemos estender-nos, no tocante à reencarnação do espírito de Sigismundo, e o desdobramento do processo encarnatório desde a auto-hipnose.

técnicos siderais, ainda são encaminhados para a carne sob a ação instintiva da lei: semelhante atrai semelhante. Em verdade, a própria mãe e matriz geradora possui os elementos ectoplásmicos criativos de auxílio ao processo instintivo de gestação, e que funcionam à guisa de conexão na edificação do corpo carnal. Considerando-se que as espécies animais promovem a sua gestação e delivrança, sob o controle das leis instintivas, que lhes coordenam o fenômeno de nascer, também as almas primárias e débeis de vontade logram renascer, submissas a esse magnetismo instintivo, embora fiscalizadas pelos espíritos técnicos responsáveis pelo evento. Protegidas pelo instinto da própria individualidade em desabrochamento, elas gozam de salutar esquecimento, ou certo entorpecimento perispiritual, porque ainda não são suficientemente responsáveis para assumir os equívocos cometidos sob a força indomável da vida animal. Quando se encontram desencarnadas, elas vivem um estágio contemporizador no espaço, embora instigados para avançar, tal qual o rebanho aguilhoado pela vara do pastor. Há uma cortina piedosa, que oculta e vela a memória perispiritual dos espíritos ainda incapazes de suportarem as lembranças chocantes de vidas anteriores, ou de viverem, simultaneamente, no cérebro atual, a soma de fatos e acontecimentos que se produziram em outros cérebros já extintos.

Ainda há casos em que os técnicos siderais dos departamentos encarnatórios atuam pela hipnose sobre grupos de espíritos primários e os conduzem, fácil e pacificamente, para a encarnação. Nesse caso, são aproveitadas as forças gravitacionais favoráveis ao evento gestativo, e, principalmente, a atração instintiva ou eletiva das futuras mães.

PERGUNTA: Como se efetua a materialização do perispírito, após ter sido encaixado no ventre perispiritual de sua futura mãe?

RAMATÍS: — Durante o processo encarnatório, o perispírito é o centro coordenador das energias captadas no meio ambiente, em conexão com as energias de alta frequência irradiadas de sua própria intimidade. O fenômeno se processa, exatamente, no limiar do mundo físico e do reino oculto do espírito eterno. Enquanto a mulher se transforma na "médium da vida" ou funciona como "câmara de materialização" do espírito encarnante, as leis genéticas controlam a formação do corpo carnal, o qual se plasma, aos poucos, na tradicional reminiscência biológica desde a figura do protozoário, em trânsito pelas outras expressões como réptil, peixe ou demais configurações animais que constituem a escala evolutiva da célula ao ser humano.

Mas nesse processo de encarnação, o perispírito preexistente não desaparece numa fusão absoluta na estrutura do organismo físico, porém continua intacto no seu reino vibratório espiritual, embora acicatado pela natureza animal instintiva e própria da vida física no orbe. O perispírito é um organismo superior, cuja vibração sideral altíssima o impede de atuar diretamente no mundo material, sequer acionar um fio de cabelo do corpo carnal. Jamais ele poderia descer vibratoriamente do seu plano espiritual e inacessível aos sentidos físicos; paradoxalmente, o perispírito ainda necessita de outro "veículo" ou "corpo" intermediário, a fim de atuar e movimentar o próprio organismo físico que materializou.[73]

PERGUNTA: — Poderíeis esclarecer-nos melhor o assunto?

RAMATÍS: — Em rude exemplo, diríamos que assim como o motorista necessita de um tabuleiro intermediário, provido de botões, chaves, alavancas e outras conexões para movimentar e controlar o seu veículo, o espírito configurado pelo seu perispírito também precisa dispor de um sistema, corpo ou instrumentação, que lhe permita exercer a sua ação no organismo físico, sem abandonar o seu reino espiritual eletivo. Frisamos, ainda, que o espírito é a centelha ou chama divina, imaterial, a individualidade eterna; o perispírito, no entanto, é o seu veículo de ação em outro campo, ou seja, a figura de identificação nos departamentos siderais. Consequentemente, como o espírito e o perispírito funcionam exclusivamente na faixa vibratória do mundo de altíssimas frequências, incapazes de acionar qualquer objeto ou substância física, ele necessita de um centro de comando, ou ponte intermediária, para captar-lhe a vontade e expressá-la na matéria.

PERGUNTA: — Qual é o recurso que o espírito usa atra-

---

[73] N. de Ramatís. - Na sua função de matriz original dos corpos físicos, em cada encarnação, o perispírito é portador do modelo de todos os órgãos, sistemas e conexões, que também irão construir as duplicatas físicas idênticas. Assim, na redução perispiritual à condição de um feto, concomitantemente, também se reduzem todas as matrizes de órgãos, sistemas e zonas para comporem o futuro edifício anatomofisiológico, à medida que despertam no processo de sua materialização no ventre feminino.

vés do seu perispírito para atuar positivamente no mundo material?

RAMATÍS: — Entre o perispírito e o corpo carnal, então, existe um medianeiro plástico ou ponte viva, espécie de elo ou conexão, que transmite instantaneamente para o mundo físico qualquer pensamento, desejo ou sentimento do espírito. Igualmente, cabe-lhe, também, a tarefa recíproca de conduzir de retorno, para a consciência perispiritual, tudo o que sucede com o corpo carnal e deve ser analisado, corrigido e gravado.

Embora ainda seja pouco conhecido dos espíritas, o veículo que liga a margem oculta do reino espiritual com a margem do mundo material é o "duplo etérico", ou conhecido "corpo vital" dos ocultistas, esotéricos, rosa-cruzes, teosofistas e iogues. Organismo confeccionado de "éter físico", isto é, da substância que atua simultaneamente onde termina o mundo físico e começa o espiritual. O "duplo etérico" opera sob perfeita sincronia com o perispírito, numa ação e reação íntima para o exterior, e do mundo exterior para a intimidade espiritual.

Assim, o espírito pensa pelo corpo mental, sente pelo corpo astral, liga-se e age através do duplo etérico, ou corpo vital, acionando o organismo físico por intermédio dos sete centros de forças, espécie de motos vorticosos, que se aglutinam e se situam nas principais regiões e plexos nervosos, e se denominam "chacras", cujo funcionamento lembra algo dos "relés" tão importantes em ligar e desligar a corrente elétrica. O duplo etérico se constitui da própria energia etérica, que desce dos planos superiores e, simultaneamente, acasala-se com a força física ainda em início de condensação para o estado sólido de matéria. O perispírito, o duplo etérico e o corpo físico operam perfeitamente interpenetrados num só bloco ou conjunto, numa incessante troca de energias, proporcionando o ensejo do espírito imortal e sediado no seu plano eletivo poder atuar na matéria sem decair na sua vibração original.

Os centros de forças etéricos, ou mais conhecidos por "chacras", situam-se sobre o duplo etérico e lembram a figura de discos, rodas, pires ou, mais propriamente, as hélices de aviões em rotação vertiginosa. Ligam e desligam, ininterruptamente, o organismo físico, através dos plexos nervosos, e o perispírito por intermédio dos centros internos perispirituais. Aliás, o trabalho dos chacras, nas relações do perispírito e o corpo carnal, regula a passagem das cargas do mundo oculto para o físico e, sob a mesma função, no sentido inverso.

Mas, além da função de medianeiro plástico entre os mundos físico e espiritual, o duplo etérico ainda funciona como um centro de absorvência do "energismo vital" do meio ambiente e, por esse motivo, justifica-se também a sua condição de "corpo vital". Alguns preceptores orientais chegam a considerar o duplo etérico algo semelhante a uma "cuba de revelação", que nos laboratórios fotográficos materializa o negativo para as cópias ou fotos positivas. Efetivamente, cumpre-lhe captar e drenar a substância ectoplásmica, a fim de proporcionar o ensejo da materialização do perispírito no cenário do mundo físico, pelo qual motivo é realmente um revelador à luz do dia do acervo oculto da alma.[74]

PERGUNTA: — O duplo etérico também possui uma consciência, assim como o perispírito é o arquivo da memória do espírito imortal?

RAMATÍS: — O duplo etérico não tem consciência própria, pois não pensa nem age voluntariamente; nasce com o homem modelando-se num corpo energético, e sobretudo magnético, que se desintegra após dois ou três dias do falecimento do seu dono. No entanto, guarda alguns condicionamentos instintivos desenvolvidos na sua função hipersensível de medianeiro dos pensamentos e sentimentos do homem, assim como um chapéu adquire certa forma que lembra o uso de determinada pessoa. Mas o duplo-etérico sempre demonstra a configuração semelhante do homem, pois é de aspecto robusto e encorpado nos gordos, mas flexível e delgado no homem magro. Ultrapassa o corpo físico numa aura de 4 a 5 centímetros da configuração humana; é um corpo vaporoso de aparência elétrica, de cor variada, levemente arroxeada, entre os matizes lilás, rosa ou cinza. Despede chispas e cintilações em torno de si, e essas

---

[74] O duplo etérico possui sete "chacras", ou centros etéricos, situados a 5 ou 6 milímetros do corpo físico, na zona dos principais plexos nervosos, espécie de turbilhões que giram em movimento contínuo e acelerado. Há o chacra coronário, situado no alto da cabeça, conhecido como "lótus de mil pétalas"; o chacra frontal, entre os supercílios ou olhos; o chacra cardíaco, à altura do coração físico; o chacra laríngeo, na região da garganta, responsável pelo funcionamento da tireóide e paratireóides; o chacra esplênico, principal conduto vital situado à periferia do baço físico; o chacra umbilical, região do umbigo, que abrange o metabolismo hepático, renal, intestinal e demais órgãos digestivos, atuando através do plexo abdominal ou solar; e, finalmente, o chacra básico cundalíneo, o condutor do famoso "fogo serpentino", pela coluna vertebral, que ativa e controla o sexo. Todos os chacras irradiam cores em cintilações tão belas, coloridas e translúcidas, tanto quanto no momento se verifica o estado de alma do homem.

fagulhas elétricas formam o rasto do homem, facilmente identificado pelo faro dos cães. Lembra um casaco de "vison" luminoso, e eriçado de agulhas brilhantes, quando o seu dono goza plena saúde; mas, nas zonas ou regiões enfermiças do corpo físico, essas agulhas se enroscam, produzem maçarocas ou feixes torcidos, demonstrando interrupção do fluido vital.[75]

Muito leve e instável, pesando até 60 gramas, o duplo etérico é vivíssimo na criança irrequieta e ágil; excitável e saudável nos moços, compacto e vigoroso nos selvagens; opaco e de fluxo letárgico na circulação vital nos velhos. Mostra-se numa cor escura e oleosa nos seres perversos, ou de baixa espiritualidade, como Nero, Torquemada, Hitler, Rasputin ou Tamerlão; mas é límpido e claríssimo, de atraente luminosidade, num Francisco de Assis ou João Evangelista, e de munificente cristalinidade imaculada da mais fascinante fulgência, num tipo espiritual como Jesus.

O duplo etérico permanece nas adjacências dos túmulos onde enterram o corpo físico do seu dono, e dissolve-se mais cedo ou mais tarde, tanto quanto for a contextura espiritual do sepultado. É mais fácil de ser percebido na primeira noite do funeral, e alguns retardatários, ao passarem diante dos cemitérios, chegam a confundir os esboços etéreos e luminosos do duplo-etérico, com a aparência de fogos-fátuos. Nas criaturas ainda incipientes quanto às leis supremas da vida, cruéis, inclusive no caso dos suicidas, o duplo etérico se adensa mais fisicamente e permanece mais dias ligado ao cadáver numa troca vitalizante de energias inferiores. Disso resulta que certos desencarnados infelizes sentem vivamente o apodrecimento do seu corpo no túmulo, pela ação destruidora dos germens de putrefação, uma vez que o seu duplo etérico ainda lhes transfere para o perispírito as sensações cadavéricas em decomposição. Assim, é inconveniente a cremação dos corpos carnais antes de 72 horas, em face da probabilidade de o desencarnado ainda sentir os efeitos atrozes da incineração.

Durante a vivência do homem, no seu crescimento e desenvolvimento, o duplo etérico não é tão-somente um organismo de força instintiva aglutinante, um simples esboço para garantir a

---

[75] N. do M. - Vide as obras *O homem Invisível, Os Chacras*, respectivamente, de Leadbeater e Artur Powell; a obra *Elucidações do Além*, de Ramatís, edições da **EDITORA DO CONHECIMENTO;** *Passes e Irradiações*, de Edgard Armond, Editora Aliança; *El Cielo Está en Nosotros*, de Theos Bernard, Ediciones Século XX, Juncal 1131, Buenos Aires.

O Evangelho à Luz do Cosmo

figura humana. Embora se trate de um organismo que lembra um homem recortado de éter cintilante, lilás-arroxeado, é o centro do magnetismo e da eletricidade biológica humana, cuja luminescência mostra-se diferente conforme as regiões orgânicas, além de um colorido peculiar ao estado vital de cada uma de suas partes. As irradiações que emanam do duplo etérico, em concomitância com os órgãos físicos do homem, permitem que os bons radiestesistas possam efetuar diagnósticos prematuros, assinalando com bastante antecedência os futuros males que ainda podem acontecer às pessoas examinadas.[76]

PERGUNTA: — Qual é essa função mais importante do duplo etérico?

RAMATÍS: — A mais preciosa função e responsabilidade do duplo etérico é a de absorver e distribuir, equitativamente, ao organismo físico, a divina energia que interpenetra todo o Universo, o elemento qualitativo mais importante pela vida em todos os planos e latitudes cósmicas, conhecido há milênios pelos mestres da Espiritualidade em ação na Terra. Essa energia criativa, que irriga todas as manifestações íntimas da vida, é o prana, também conhecido por "sopro da Vida".

PERGUNTA: — Que poderíeis dizer-nos sobre esse prana, também conhecido por "sopro da Vida"?[77]

[76] Vide revista *Planeta*, nº 17, de janeiro de 1974, título do artigo "Efeito Kirlian", em que os russos através de aparelhamento de alta sensibilidade fotografaram os eflúvios do duplo etérico dos vegetais, animais, insetos e ultimamente dos seres humanos. Afirmando que o homem possui 2 sistemas nervosos, um físico regido pelos plexos nervosos, e outro fluídico, manifesto através de relés, os russos terminaram comprovando o que os mestres do Oriente ensinam há mais de 5.000 anos. O duplo etérico do homem é regido por centros de forças chamados "chacras", espécies de rodas de discos fluídicos, que à semelhança de relés ligam e desligam convenientemente o perispírito do corpo físico e vice--versa. Eis alguns trechos: "As pessoas com o dom de curar transmitem eflúvios que mudam de cor, predominando o alaranjado; com a imposição das mãos de um médium, aumentam de tamanho e intensidade e se transferem para o enfermo, enquanto o médium se mostra desvitalizado. Tanto nos vegetais, como nos seres humanos, as irradiações sofrem modificações antes do aparecimento de moléstias no corpo físico. Acredita-se, pois, que a observação de tais mudanças facilitaria um diagnóstico prematuro de males latentes". Evidentemente, os radiestesistas já fazem isso há muito tempo, antes da descoberta dos russos.

[77] N. do M. - Prana, do sânscrito, de "pra" para fora, e de "an", respirar, viver, significa a energia cósmica, força total e dinâmica que vitaliza todas as coisas e todos os planos de atividade do Espírito Imortal. Onde se manifesta a vida, aí existe "Prana". Vide a obra *O Duplo Etérico*, de Artur Powell, capítulo 10: "Prana"; *Elucidações do Além*, de Ramatís, capítulo "Algumas Noções Sobre o Prana", a obra *Os Chakras*, de Leadbeater, capítulo "A Absorção de Vitalidade", *El Cuerpo Vital y el Cuerpo de Deseos*, de Max Heindel, Editorial Kier, Buenos Aires, e, ainda a obra

RAMATÍS: — O próprio "Gênese" assinala a evidência do prana, quando diz que "Deus soprou a Vida", ou seja, o principal elemento criativo do Universo, o poderoso estimulante que aumenta a irrigação do próprio oxigênio, a fim de manter a vida, que é transformação. O prana ativa a qualidade e não a quantidade do energismo, fenômeno que se pode observar nos iniciados que praticam corretamente a respiração iogue.

O prana é conhecido como o "sopro da Vida" desde os velhos tempos pelos atlantes, incas, celtas, astecas, etruscos, caldeus, egípcios, babilônios, hindus e chineses, modernamente pelos rosa-cruzes, teosofistas, iogues, esoteristas e alguns espíritas menos ortodoxos. Além de atuar como a conexão vital entre os átomos e elétrons, a fim de compor os organismos e os seres, o prana é dirigido pela inteligência cósmica instintiva, que lhe proporciona certa orientação sob a Vontade Divina. Assim, todas as coisas e seres, vegetais, insetos, répteis, animais e o próprio homem, possuem uma duplicata luminosa de éter físico, irrigada constantemente pelo prana e na voltagem específica à capacidade e necessidade de cada um, que o transforma para usá-lo no chamado bem ou chamado mal.

Durante o processo em que o perispírito atua em direção à matéria, através do seu duplo etérico, compondo o corpo físico do homem, o prana significa o divino cimento, que une todas as peças para a edificação humana. Daí a importância de o homem zelar pela manutenção sadia do seu corpo físico, uma vez que as viciações pelo fumo, álcool, carne e entorpecentes baixam a voltagem prânica do duplo etérico e dificultam a comunicação do próprio espírito com a vida física. Ademais, o prana ainda ativa inúmeras outras atividades mais íntimas do homem, inclusive as operações mentais e emotivas, que recebem a vitalização prânica em frequências mais ou menos intensas.

PERGUNTA: — Conforme deduzimos de vossas palavras, as anomalias que afetam o perispírito são justamente os "pecados" tão censurados pelos preceitos religiosos?

RAMATÍS: — Sob a análise das tabelas específicas da patogenia sideral, os "pecados" são os estados de espírito que mobilizam fluidos densos e inferiores, muitíssimo ofensivos à delicada contextura do perispírito, que preexiste ao organismo físico. A vida no Universo visível ou invisível aos sentidos do

---

El Cielo Está en Nosotros, de Theos Bernard, Ed. Século XX, B. Aires.

O Evangelho à Luz do Cosmo

homem é regida pelas mais indescritíveis formas de energia, que funcionam em todas as faixas e frequências vibratórias.

Quando esse energismo se adensa até constituir a matéria, podemos pressupor a confecção da vestimenta exterior de Deus, configurada pelas galáxias, constelações, planetas, asteróides e poeira sideral. No entanto, na intimidade desse Universo Material permanecem atuando as forças em sua original ação energética, ativando e nutrindo o mínimo bruxulear da mente do homem, até a consciência imensurável e onisciente de um Arcanjo. Assim, todos os estados de espírito do homem e todas as suas atividades físicas, ou psíquicas, ou ocultas, exigem sempre uma cota de energia adequada e eletiva ao consumo do momento.

Em consequência, malgrado o espírito do homem ser uma entidade inexplicável dentro dos cânones comuns, opera num campo de forças sutilíssimas, ora mobilizando energias mais densas, ora mais sublimes, de acordo com a natureza dos seus pensamentos e suas ações. Deste modo, ele precisa convocar forças ou fluidos inferiores, compactos ou animalizados, quando, nos seus estados psíquicos de paixões violentas, baixa o seu campo vibratório em direção à matéria. Todas as atitudes, emoções e atividades, que são mais próprias da vida física ou animal, sustentam-se numa permuta de fluidos também primários, agressivos e até ofensivos à tessitura sensível do perispírito. Os "pecados", portanto, são estados de espírito obscuros e de baixa voltagem, que requerem no seu consumo fluidos densos e espessos, convocados de "baixo" para "cima", ou seja, do mundo animal para o mundo humano. Tratando-se de fluidos de magnetismo muito denso, depois de usados ou consumidos pelo homem compõem um residual indesejável, tal como a queima do querosene deixa a fuligem, que adere e oprime vigorosamente as fibras delicadas da vestimenta perispiritual.

PERGUNTA: — Porventura, os resíduos dos pecados ficam, indefinidamente, aderidos ao perispírito do homem pecador?

RAMATÍS: — Essa espécie de cinza tóxica fluídica, pegajosa e primária só pode ser expurgada do perispírito após a desencarnação do homem, e sob o tratamento dos charcos absorventes astralinos do Além-Túmulo.[78] Trata-se de uma providência

[78] Vide o capítulo "Os Charcos de Fluidos Nocivos do Astral Inferior" da obra *A Vida Além da Sepultura*, de autoria do espírito Atanagildo, supervisionado por Ramatís.

específica, terapêutica e não punitiva, mas em face do seu magnetismo gravitacional muito denso, o espírito ali internado sofre tal ardência no seu processo purificador, que ele se julga situado nas chamas eternas do Inferno.

Mas apesar do processo de cura ou "purificação" nos charcos astralinos, o que lembra algo do uso da lama medicinal aplicada na limpeza da pele, em certos institutos de beleza, na Terra, é muito difícil a absorvência completa da toxicidade do perispírito. Quase sempre, ainda sobeja certa quantidade de resíduos nocivos, porquanto o lodo absorvente astralino apenas soluciona a camada mais periférica do paciente em tratamento. O saldo deletério das toxinas, que ainda resulta da carga fluídica mórbida aderida na vida física, mas impossível de solução no espaço, então, requer a drenagem para a própria terra, ou seja, a fonte original de onde foi mobilizada.

PERGUNTA: — Qual é o processo que permite essa drenagem fluídica do perispírito para a Terra?

RAMATÍS: — A fim de o espírito drenar a sua carga fluídica nociva de vidas anteriores, ele precisa retomar nova existência física, cujo corpo carnal, então, passa a funcionar como um "mata-borrão" vivo, capaz de transferir o residual tóxico do perispírito para o solo terreno, depois da morte. Daí o motivo porque o Catolicismo considera a Terra um "vale de lágrimas", no qual a alma lava-se dos seus pecados e purifica-se através do sofrimento, que é fruto oneroso ao efetuar a sua drenagem perispiritual terapêutica.

No decorrer de cada encarnação, desde a infância até a velhice, o organismo carnal do homem absorve as toxinas ainda aderidas ao seu perispírito, as quais se desprendem sob a própria lei de gravidade do magnetismo específico da Terra. A ação imantadora do corpo físico propicia a atração fluídica e purificadora do perispírito intoxicado, enquanto a morte carnal conduz esse "mata-borrão" vivo para o túmulo, onde a fauna dos sepulcros ultima a tarefa desintegrante dos miasmas e resíduos perniciosos, os quais terminam se incorporando no próprio campo etereofísico da Terra.

PERGUNTA: — Gostaríamos de algum exemplo mais concreto para facilitar a compreensão de nossa mente, quanto à diferença de densidade dos fluidos bons das virtudes, e dos

O Evangelho à Luz do Cosmo   273

fluidos ruins dos erros contra o próximo e a si mesmo?

RAMATÍS: — É evidente que a exposição de exemplos rudimentares da vida física não podem oferecer a noção exata e correta da fenomenologia dinâmica, que se sucede no mundo espiritual. É muito difícil ao encarnado visualizar "formas" e "figuras", definidas e limitadas no mundo das três dimensões físicas, para depois transmutá-las com sucesso na dinâmica dimensional da vida oculta. Malgrado tais dificuldades, assim mesmo tentaremos alguma explicação mais razoável do assunto.

Em analogia rudimentar, consideremos que os veículos mais grosseiros que se movem no mundo físico, também exigem um tipo de combustível mais espesso e aderente, a fim de ativar suas máquinas mais pesadas. Assim, os caminhões movidos a óleo cru gastam um combustível menos refinado e denso, que deixa um residual fumarento e gorduroso, após o seu consumo, não só poluindo a atmosfera, como aderindo às vestes dos transeuntes. No entanto, os aviões de alta velocidade, que se utilizam de um combustível ultra-refinado e límpido, como é a gasolina de altíssima octanagem, expelem um residual constituído de gás carbônico e água, comuns ao próprio ar atmosférico.

Neste exemplo singelo, então poderíamos considerar que o óleo cru, consumido pelos veículos pesados à superfície da Terra, também lembra algo do combustível fluídico, grosseiro e pegajoso, de que o espírito do homem se serve para a manutenção dos seus "momentos pecaminosos". Em consequência, ele depois sofre a presença do indesejável residual aderido à delicada vestimenta do perispírito, resultando do uso de um combustível inferior extraído dos planos da vivência animal. No entanto, tal qual a gasolina azul dos aviões, que dá mais energismo e menos resíduo poluidor, sem deixar sedimentações nocivas após o seu consumo, também poderíamos supor que assim é o fluido mais sutil usado pelo espírito nas suas ações e pensamentos virtuosos, porque se volatiliza rapidamente, proporcionando mais energia ao perispírito sem deixar vestígios indesejáveis. Enquanto as contravenções das leis maiores exigem fluidos primários do mundo animal, a fim de concretizarem no campo "psicofísico", as virtudes próprias de níveis superiores da vida espiritual, requerem energia fluídica tão tênue ou diáfana, que se volatiliza no perispírito, sem deixar qualquer mancha, nódoa ou aderência.

Aliás, ainda na tentativa de favorecer-vos o raciocínio e a mentalização mais dinâmica, e para melhor compreensão do processo oneroso do pecado e a operação sutil e louvável das "virtudes", lembramos que o combustível inferior da lenha sempre deixa o seu residual de cinzas, após o seu uso no fogão de tijolos, enquanto o fogão elétrico consome energia livre de qualquer ônus desagradável.

PERGUNTA: — Considerando-se que as toxinas, que se desagregam do perispírito, causam enfermidades no corpo carnal, na futura encarnação, também poderíamos considerar que as deficiências e incorreções do perispírito, podem plasmar igualmente em forma de moléstias ou deformidades congênitas?

RAMATÍS: — Repetimos: o perispírito é o veículo, ou a matriz original, preexistente e portadora do molde de todos os orgãos, que, posteriormente, devem ser materializados no campo de leis e forças do mundo físico. O perispírito absorve desde o prana, que é a energia responsável pela vida em todos os planos da Criação, acrescido da substância mental para compor o centro de raciocínio, e o fluido astralino que lhe fundamenta a emoção e o sentimento. Através do duplo etérico, então, se processa a transferência dessas energias criativas, a fim de se plasmar o corpo carnal em frequência mais baixa.

Em consequência, o perispírito, como matriz responsável pela configuração humana, lembra algo do fenômeno que ocorre com qualquer molde, em que o escultor depois vaza a substância para reproduzir a estatueta ou objeto de gesso ou bronze. Mas assim como a estátua, ou a peça fundida, pode apresentar defeitos que são próprios do modelo original mal esculpido, o corpo carnal do homem também apresenta falhas, disfunções, deformidades, incorreções, intoxicações, lesões e demais alterações congênitas, como resultados negativos e específicos do seu perispírito. No entanto, tais alterações, geradas com o indivíduo ao nascer, são provenientes de insanidades, turbulências, atos de rebeldias espirituais ocorridas em vidas anteriores.

Isso, então, se constitui em defeitos, marcas e lesões deploráveis, no tecido delicado do perispírito, e que na gestação alteram também a contextura anatomofisiológica do corpo físico. Assim, inúmeras criaturas já nascem marcadas por frustrações, complexos, defeitos anatômicos e insuficiências mentais e fisiológicas, que lhes dificultam a atividade humana na condição de estigmas "pré-reencarnatórios". São defeitos e cicatrizes peris-

O Evangelho à Luz do Cosmo 275

pirituais ou "pré-reencarnatórios", que desafiam toda a capacidade, destreza e conhecimento médico do mundo, uma vez que ninguém pode modificar a árvore, ante a ingênua decisão de operar apenas a sua sombra.

PERGUNTA: — Poderíeis dar-nos alguns exemplos desses estigmas, que se transmitem do perispírito para o corpo físico, em cada reencarnação?

RAMATÍS: — Alhures já dissemos que o corpo físico é a materialização do perispírito, com qualidades e defeitos que lhe são próprios; é uma espécie de "mata-borrão" vivo, que durante a existência humana absorve as toxinas da alma. Os estados de espírito em equívoco do homem em cada vivência carnal geram-lhe condições aflitivas ou mesmo trágicas nas existências futuras. Aliás, o pecado não é uma ofensa a Deus, mas ao próprio pecador, em face da ação dos resíduos patológicos de natureza psíquica, que depois infelicitam pela sua natureza opressiva.

A crueldade, por exemplo, produz fluidos tóxicos tão corrosivos e aderentes à alma perversa, que ao descerem ou drenarem do perispírito para o corpo físico, na próxima existência, perturbam o metabolismo neuropsíquico e causam distúrbios mentais, tais como as paranóias, esquizofrenias, personalidades psicopáticas perversas. Daí o motivo por que existe uma periculosidade latente em todos estes casos, pois ele sente em si mesmo as erupções das maldades anteriores. As impotências e esterilidades, mais afins às áreas do sistema endocrínico, podem ser efeitos do excesso de luxúria em vidas pregressas; as paixões violentas e destrutivas conduzem futuramente à epilepsia, aos ataques convulsivos, cuja compensação medicamentosa é difícil e, às vezes, quase impossível, terminando na demência epiléptica.

Os avarentos retornam mendigos, e toda inteligência aplicada censuravelmente em proveito pessoal político, pecaminoso ou pilhagem alheia, produz futuramente as oligofrenias. A gula estigmatiza e deforma o sistema digestivo perispiritual, ocasionando futuros distúrbios digestivos. Os viciados em entorpecentes, no passado, como heroína, morfina, ópio, haxixe ou cocaína e, atualmente, em maconha, mescalina, psiroliscibina, DMT ou LSD, tanto quanto os que abusam da inteligência em desfavor alheio, sempre retornam à vida humana compondo a fauna triste e infeliz dos retardados mentais ou psicopatas, cujas faces embrutecidas traem o estigma e o torpor do vício pregresso.[79]

Finalmente, durante algumas existências e encarnações acumula-se um fluido pecaminoso produzido pelos atos negativos do espírito, gerado sob os estados censuráveis de maledicência, calúnia, julgamento mau, injusto, pragas, feitiços mental, verbal e através de objetos ou ritos diabólicos. Trata-se de um fluido tão pernicioso e aderente ao perispírito, que a entidade, sob essa culpa, necessita de duas, três ou até mais encarnações, a fim de drená-lo de modo suportável e sobreviver sem o desespero da autodestruição. Comumente, os espíritos saturados desse fluido mórbido e que na vida espiritual afeta atrozmente o perispírito, precisam preparar-se preliminarmente em existência física anterior, inclusive rogar a proteção de amigos espirituais, a fim de os ajudarem a suportar a prova cruciante até o prazo fixado pela Lei.

PERGUNTA: — Qual é a enfermidade cármica que resulta desse fluido mórbido, proveniente de atos negativos do espírito encarnado?

RAMATÍS: — Quando esse fluido enfermiço, produto dos maus pensamentos, das más palavras e dos atos físicos de prejuízo ao próximo, desagrega-se do perispírito imortal, atraído pelo magnetismo do corpo físico, então afeta o campo celular do homem, reduz a taxa de prana, diminui a oxigenação e aumenta o carbono, lesando o núcleo das células. Tratando-se de um procedimento cármico contra o princípio positivo e criativo da própria vida, do qual resultam impactos de cargas fluídicas negativas, que diminuem a assimilação prânica, então, se produz a conhecida anomalia cancerígena, o temido câncer, que tanto mais se alastra quanto a humanidade se atira famélica à pilhagem, ao prejuízo e à maldosa competição humana.

PERGUNTA: — Poderíeis explicar-nos mais objetivamente o assunto?

RAMATÍS: — No desespero de sobrevivência, as células do organismo humano entram num processo aflitivo de multiplicação desenfreada, a fim de aproveitar o oxigênio deficiente, uma vez que a redução de prana e a queda de voltagem etereofísica

---

[79] N. do M. - Vide conto esclarecedor sobre o assunto, da autoria de Irmão X, intitulado "Grande Cabeça", cap. XXIII, da obra *Contos e Pontos*, transmitido a Chico Xavier; idem, o conto reencarnacionista "Ergástulo de Carne", da obra *Semeando e Colhendo* ditada pelo espírito Atanagildo e sob o patrocínio de Ramatís.

extingue-lhes o "sopro da vida". Então, numa verdadeira atividade delirante em busca da vida, a finalidade de sua existência, elas se reproduzem, agrupam-se, desarmonicamente, e, depois, com a falta de nutrição adequada, extinguem-se exaustas na luta inglória pela sobrevivência.

Os médicos, no louvável esforço de debelar o câncer, após exaustivas pesquisas, têm aventado várias hipóteses e possíveis identificações da causa, atribuindo a responsabilidade mórbida a vírus, enzimas, alteração metabólica, corrosividade química, fumo e outras origens enfermiças. Mas essas causas, malgrado certos êxitos de laboratório, são desencadeantes ou derivadas do câncer, cuja origem real é o fluido enfermiço e negativo, que desce do perispírito para o corpo físico.

Daí o motivo por que a ciência terrena, todos os anos, presume descobrir vacinas, células vivas, minerais absorventes, seivas de vegetais, ácidos, disciplinas nutritivas, bloqueios cirúrgicos, aplicação de cobalto e outros recursos da física nuclear, que semeiam a esperança nos cancerosos, mas em breve tudo volta à estaca zero. Afora os casos em que a toxicose perispiritual já se encontra em vias de se esgotar, diminuindo a drenagem enfermiça, e que ocorrem algumas curas cirúrgicas, terapêuticas e mesmo surpreendentes, em nada se alteram as estatísticas alarmantes. O câncer, de um modo geral, ainda continua enigmático. Aliás, assim como os micróbios só proliferam depois que surge o clima nutritivo propício à sua progênie, os diversos elementos químicos, orgânicos, enzimáticos ou viróticos encontrados como excrescências ou base das formações cancerígenas, são apenas efeitos secundários lesivos, e jamais a origem mórbida fundamental e autêntica do câncer.

Atingida a intimidade nuclear da célula pelo impacto do fluido mórbido negativo descido do perispírito, cai-lhe a vitalidade sem prana na oxigenação e consequente destruição. Justamente pelo fato de a anomalia cancerígena ser de base mais fluídica e menos física, muitos casos têm logrado êxito sob a terapêutica de orações, passes magnéticos ou de ordem mediúnica.

PERGUNTA: — Poderíeis expor-nos alguns exemplos mais concretos, quanto aos prejuízos pecaminosos provenientes do homem na sua vestimenta perispiritual e que, então, promovem os nascimentos anômalos congênitos?

RAMATÍS: — Quando o espírito, por exemplo, violenta a

si mesmo no ato tresloucado do suicídio, ele secciona, prematuramente, o "fio da vida" ou da conhecida "onda vital", que palpitante de prana fora prevista pela Técnica Sideral até certa idade física.

Nessa "onda de vida", inclui-se desde a energia mental dosada para fundamentar os pensamentos e os raciocínios humanos, como a substância astralina destinada a nutrir as emoções, paixões e os sentimentos do Espírito manifesto no mundo material. Em consequência, o suicida apenas muda a focalização de sua vivência psíquica, jamais a aniquila. Ele antes pensava, sentia e agia plasmando a sua atividade no turbilhão dos acontecimentos materiais; após o suicídio ou a morte prematura, essa fenomenologia não cessa e continua a projetar-lhe todos os efeitos mais intensos e drásticos na tela sutil do seu perispírito na vivência imprevista no Além-Túmulo. O ato tresloucado do suicida não extingue a vida do espírito desesperado; apenas desvia-lhe a projeção normal e proveitosa que fazia no cenário do mundo físico. E, inexoravelmente, fixa-lhe a última cena infeliz e aniquilante na sua intimidade perispiritual, que ali permanece focalizada, tanto tempo quanto ele ainda deveria permanecer encarnado na Terra.

PERGUNTA: — Poderíeis explicar-nos melhor esse acontecimento?

RAMATÍS: — Supondo-se que determinado espírito pratica o auto-extermínio aos 40 anos de idade, quando sob o esquema sideral ainda deveria viver até os 60 anos, ele, então, há de sofrer, ininterruptamente, na tela mental do seu perispírito, a ideoplastia da última cena suicida, durante os 20 anos que ainda lhe faltariam para completar a existência terrena. Sob o impacto da "onda de vida", que permanece ativando o intercâmbio "psicofísico" violentado pelo suicídio, a última cena tresloucada permanece vitalizada, lembrando a cinta do filme cinematográfico em projeção, que se rompe e permanece focalizando permanentemente a mesma cena.

Assim, até cobrir o período interrompido de sua vida física, o enforcado revive, momento a momento, a cena do enforcamento final; o suicida por afogamento debate-se anos a fio sob a asfixia dessa morte inglória; quem se atira sob as rodas de um veículo, trem, ou salta de algum edifício na busca da morte tresloucada, vive, no campo mental e astral do seu perispírito, os rompimen-

O Evangelho à Luz do Cosmo

tos e as triturações dessa queda insana. Há suicidas que sofrem por longo tempo o pavoroso tormento de sentir em suas entranhas perispirituais o efeito atroz e corrosivo do formicida ou da soda cáustica; outros, a explosão incessante do tiro dilacerando os tímpanos, fraturando os ossos cranianos, ou, ainda, o punhal aguçado rompendo as fibras do coração.[80]

PERGUNTA: — E que acontece aos espíritos suicidas, quando precisam se reencarnar novamente?

RAMATÍS: — Indubitavelmente, o credor principal dos suicidas é a própria Terra, orbe onde eles devem buscar a solução de sua anomalia e reajustar o perispírito, que alteraram no cumprimento da maior dentre as leis cósmicas: a Criação e a Vida. Assim, o suicida por enforcamento, por exemplo, modela no seu perispírito um indesejável estigma ou defeito técnico plasmado na forca, o qual permanece, mesmo depois de ele se reduzir à forma fetal imprescindível para caber no ventre perispiritual da mulher terrena e renascer na vida material. À medida que o perispírito do reencarnante vai-se preenchendo ou se desdobrando no fenômeno da gestação carnal, ele define a sua configuração física de um giboso ou corcunda, cujo estigma do enforcamento anterior aparece no corpo físico. Sob a lei de que "a cada um será dado segundo as suas obras", a vítima da insânia do enforcamento provoca séria anomalia na contextura delicadíssima do seu perispírito e, por isso, há de carregar durante a nova existência a gibosidade ou o ferrete cármico de obra tão ruim no passado.[81]

Diz a Lei que "a semeadura é livre, mas a colheita é obrigatória" e, por esse motivo, quem se suicida pelo afogamento na água, ou pela sufocação de gases, há de renascer sob o guante da terrível asma brônquica, cuja vida será uma incessante e

---

[80] Vide a obra *Memórias de um Suicida*, de autoria de Yvonne A. Pereira, principalmente o capítulo "Os Réprobos"; e, também, a obra *O Martírio dos Suicidas*, de Almerindo Martins de Castro, ambas editadas pela Livraria da Fed. Espírita Brasileira.

[81] Vide a obra *Problemas do Ser e do Destino*, de Léon Denis, **EDITORA DO CONHECIMENTO** no seguinte trecho: "Quanto aos suicidas, a perturbação em que a morte os imerge é profunda, penosa, dolorosa. A angústia os agrilhoa e segue até a sua encarnação ulterior. O seu gesto criminoso causa ao corpo fluídico um abalo violento e prolongado, que se transmitirá ao organismo carnal pelo renascimento. A maior parte deles volta enferma à Terra. Estando no suicida em toda a sua força e vida, o ato brutal que a despedaça produzirá longas repercussões no seu estado vibratório e determinará afecções nervosas nas suas futuras vidas terrestres".

desesperada busca do mesmo oxigênio que desprezou na vida pregressa. O suicida que se destrói sob a punhalada dilacerante no coração é o futuro cardiopata congênito, a suspirar minuto a minuto pela mesma vida que repeliu num momento de rebeldia espiritual. Assim, infelizes criaturas percorrem a "via-sacra" dos consultórios médicos e hospitais, buscando curar-se da úlcera do estômago ou esôfago, produzida pelo veneno cáustico do suicídio da vida anterior proveniente da fístula perispiritual; algumas caminham desditosas num balanço trágico causado pelos nervos flácidos e ossos deformados, na reminiscência física da morte pregressa, quando estraçalharam o corpo em quedas violentas, ou sob as rodas de trem, e outras, surdas-mudas, no silêncio cruel de não ouvir nem falar, curtem a imprudência espiritual pretérita, quando esmigalharam o crânio sob a ação fulminante da bala destruidora.

PERGUNTA: — Mas de que maneira uma carga fluídica mórbida, de determinado pecado, pode causar, também, certa doença específica na sua manifestação tóxica para o organismo carnal?

RAMATÍS: — A fim de elucidarmos quanto à vossa solicitação, entre as dezenas e dezenas de fluidos patogênicos, que fundamentam os estados pecaminosos do homem, escolhemos, como exemplo ou paradigma, o estudo da energia inferior, que é a base dinâmica do "egoísmo".

O egoísmo é um dos estados de espírito predominantes no âmago dos seres, porquanto é o alicerce ou fundamento da composição do próprio "ego humano" em sua trajetória educativa e preliminar da conscientização individual. Toda obra de evolução no Universo se reduz a desenvolver o amor nos indivíduos, motivo por que, ao buscar o exercício desse amor em potencial derivado de Deus, é justo que o homem principie a amar primeiramente a si próprio. É um amor egoístico, mas, sem dúvida, ainda inspirado no amor de Deus, que palpita indestrutivelmente no âmago de toda criatura. Embora o egoísmo seja estigmatizante, em confronto com a virtude do altruísmo, assim mesmo esse fanático amor do homem para si mesmo ainda é a base natural e lógica, que promove a gestação do futuro amor puro dos santos e dos anjos por toda a eternidade.

Porventura, a fruta saborosa e perfumada não é o produto da matéria desintegrante e apodrecida no seio da terra? Somente após o período de "autodestruição" da semente, é que ela, então, cresce e concretiza a sua vitória criativa sob o calor amigo do Sol.

Mas em nossa explicação presente, devemos considerar o egoísmo ainda na sua transitória função de "erro" quando já cessa a sua função criativa e prejudica todo aquele que o cultiva em excesso só para atender o seu "ego inferior" e olvida o próximo. Em consequência, o homem profundamente egoísta vive à parte e deliberadamente isolado da coletividade, num culto excessivo à sua própria individualidade, desinteressado de quaisquer problemas além do seu próprio bem.

O egoísta, espécie de verruga no corpo da humanidade, é o cidadão que atravessa a vida física num estado de espírito predominantemente pessoal e comodista, administrando exclusivamente o seu mundículo simpático. Mas desde que não há milagres, pois todos os acontecimentos e fenômenos da vida são sustentados ou mantidos por leis, princípios e energias, então, o estado de egoísmo permanente exige um consumo de combustível apropriado para a sua manutenção no mundo físico. Considerando-se que o egoísmo é manifestação inferior da vida animal ciosa de sua sobrevivência, obviamente, a energia utilizada para sustentar esse estado de egoísmo também há de ser mobilizada nas faixas ou camadas da vida inferior dessa animalidade. Mas há de ser um energismo que mancha o tecido delicado e sensível do perispírito humano, pois deixa um residual lesivo, que tem de ser drenado ou eliminado.

PERGUNTA: — O espírito do egoísta também drena o seu fluido característico para um corpo carnal, na próxima existência, ou ele o liquida no próprio Além-Túmulo?

RAMATÍS: — Em nosso atual exemplo, o espírito que peca pelo excessivo egoísmo também precisa drenar a sua intoxicação fluídica, especificamente egoísta e aderida ao perispírito, progressivamente, para um organismo físico na Terra. Qualquer residual perispiritual dificilmente seria esgotado no mundo espiritual, porquanto ele é sempre fundamentalmente caldeado da energia instintiva e própria da animalidade. Eis o motivo por que raras pessoas chegam a desencarnar vítimas específicas da velhice, pois tanto quanto o homem mais vive, ele também drena maior porção de sua carga fluídica onerosa do perispírito para o corpo carnal. O espírito só se libera das encarnações físicas quando o seu perispírito estiver absolutamente limpo e imaculado de quaisquer energias atrativas e imantadoras da vida material. Evidentemente, isso só acontece quando o ser espiritual já se consagrou na feliz vestidura da "túnica nupcial", simbolizada pela cor branca, representativa de pureza e paz.

PERGUNTA: — De que maneira o fluido tóxico perispiritual promove a enfermidade física, se apenas produz o clima mórbido no corpo carnal?

RAMATÍS: — É de senso comum que o homem possui em sua intimidade orgânica todos os tipos de germens, vírus e ultravírus responsáveis por todos os tipos de doenças no mundo. No entanto, tais coletividades microbianas só existem em "cotas mínimas", pacíficas e incapazes de romperem as defesas "psicofísicas", caso o espírito encarnado não produza o clima eletivo para a sua proliferação mórbida e perigosa.

Em verdade, os micróbios não são os causadores específicos das enfermidades, porém, eles surgem depois que se estabelece o terreno profícuo e favorável à sua proliferação descontrolada. Há muitos séculos, os velhos mestres do Oriente já sabiam que, de conformidade com a natureza do residual tóxico drenado do perispírito para o corpo físico, ele também provoca a proliferação de certa coletividade microbiana e, assim, causa a doença característica pela sua ação lesiva ao organismo.

Embora a ciência médica depois classifique em sua terminologia patogênica uma doença peculiar conhecida, a realidade é que o gérmen ou vírus só se multiplica ao encontrar o terreno favorável para o seu aumento demográfico. Sabe-se que a proliferação de moscas, baratas, pernilongos, percevejos ou pulgas aumenta quando as condições do meio são favoráveis, muitas vezes produzidas pela negligência de higiene e limpeza do próprio homem. A chuva pródiga em determinada região, atrai as multidões de criaturas flageladas pela tragédia da seca nas zonas de sua moradia habitual. O ouro descoberto na América do Norte foi o clima de fascínio e atração para os imigrantes cobiçosos, que terminaram causando prejuízos nos terrenos dos peles-vermelhas, massacrados e pilhados em seus bens.

Em consequência, o micróbio também pode emigrar para qualquer região do corpo humano, onde o fluido expurgado do perispírito cria o clima nutritivo e eletivo a certa progênie microbiana, que se reproduz livremente protegida pela própria lei de sobrevivência. Em suma, o espírito do homem pratica há

O Evangelho à Luz do Cosmo

longo tempo o pecado mais afim à sua natureza psíquica, sofre a aderência do fluido tóxico no seu perispírito, verte-o para o seu medianeiro "duplo etérico", o qual, à guisa de elemento revelador, o adensa e expurga para o organismo físico numa transformação enfermiça.

Não é preciso a Divindade promover cursos específicos de sofrimento, moléstias congênitas ou acidentes imprevistos, para o homem se retificar e libertar-se da matéria, em busca de sua angelização. O espírito do homem é o único responsável pelas suas desditas, angústias e vicissitudes, assim que contraria a lei do progresso eterno. Ele mesmo causa defeitos, deformações, intoxicações e anomalias no seu perispírito, cujo equilíbrio e conserto requer a oficina benfeitora da vida física.

PERGUNTA: — Qual é a doença provocada pelo fluido tóxico do egoísmo?

RAMATÍS: — O fluido espesso e mórbido, que se gera sob o forte estado de egoísmo, ao se desprender do tecido perispiritual para o corpo carnal, na próxima existência, proporciona um clima nutritivo para a multiplicação dos bacilos de Koch e resulta a tuberculose. Conforme seja o sistema, a região ou órgão de maior vulnerabilidade hereditária no homem, ali também se concentra o "fluido egotista" exsudado do perispírito e causa a tuberculose pulmonar, renal, intestinal, óssea ou de pele.[82]

PERGUNTA: — Poderíeis citar-nos algum exemplo comparativo de que o homem é, originariamente, revestido de um perispírito, que preexiste ao seu nascimento físico e sobrevive à sua morte corporal?

RAMATÍS: — Uma simples regra de três, conhecida de qualquer ginasiano terreno, é suficiente para comprovar que o homem é produto da materialização de um perispírito existente antes de ele renascer na Terra. Considerando-se, por exemplo, que um jovem de 25 anos de idade, deve medir 1,70 metros de altura, é evidente que, sob a fórmula lógica e matemática de uma

---

[82] N. de Ramatís. - Como a Divindade não pune, mas reeduca e corrige o pecador, a Lei do Carma apenas se encarrega de ajustar o faltoso às condições técnicas e venturosas da vida espiritual. Daí o caso do egoísta, que isolando-se da humanidade numa vivência exclusiva pessoal, alheio às obrigações e ao concurso fraterno junto aos demais companheiros encarnados, então gera o fluido que na próxima existência alimenta a proliferação de bacilos de Koch e a consequente tuberculose. Assim, o egoísta apenas "colhe exatamente o que semeou", pois tendo fugido da vivência útil e cooperadora coletiva, depois é isolado pela própria humanidade, que o teme pelo contágio perigoso.

simples regra de três, esse mesmo jovem deveria alcançar a estatura de 3,40 metros , ao completar 50 anos, e, sucessivamente, 5,10 metros, ao atingir 75 anos.

Mas em face da realidade existente do perispírito, que atua no homem à guisa de um cartucho fluídico, o qual impede o crescimento além do tipo esquematizado na Terra, um moço de 25 anos com 1,70 metros de altura, continua até o fim da existência física sob tal estatura, graças à ação limitativa perispiritual.

PERGUNTA: — Mas não seria o impulso hereditário ou atávico, pela ação dos genes e cromossomos, os responsáveis fundamentais pela estatura humana?

RAMATÍS: — É facilmente comprovável que existem famílias de alta estatura, cujos filhos tiveram o crescimento reduzido, enquanto outras medianas geram descendentes altos e espigados, desmentindo até os aspectos físicos dos seus ancestrais. Apesar de a genética explicar pelos princípios dos caracteres recessivos, sabemos que isso é ditado pelo perispírito.

PERGUNTA: — E como se justifica a presença de certos gigantes, que podem atingir até 2,50 metros de altura, enquanto alguns anões mal ultrapassam 80 centímetros de estatura?

RAMATÍS: — Entre os pesquisadores reencarnacionistas, é de senso comum que existem inúmeros orbes habitados além da Terra, conforme o próprio Jesus se referiu, ao dizer: "Na casa de meu Pai há muitas moradas".

Consequentemente, há um incessante intercâmbio migratório entre os espíritos de outros orbes habitados, que se revezam em reencarnações educativas, devidamente controladas pelas autoridades siderais, e responsáveis pelo povoamento de todas as latitudes do Cosmo. Os mundos físicos, além de escolas de educação espiritual, ainda são verdadeiros laboratórios de pesquisas criativas, a fim de o Alto conseguir novos tipos humanos mais sadios, estéticos e afins a novos meios físicos. Em consequência, os orbes oferecem toda espécie de ensaio psicofísico, no sentido de o gênero humano alcançar as configurações mais sensíveis e favoráveis, com a finalidade de se manifestar mais a sabedoria e poder criativo do espírito eterno. Há um incessante intercâmbio entre os espíritos de todos os mundos, o que justifica a presença excêntrica de encarnados num mesmo orbe, cuja

O Evangelho à Luz do Cosmo

estatura pode ser além ou aquém do tipo comum e tradicional dos seus habitantes.

PERGUNTA: — *Poderíeis clarear-nos o assunto, com um exemplo afim?*

RAMATÍS: — Supondo-se que homens do planeta Júpiter, cujo perispírito lhes permite a estatura até de 3 metros de altura, devam encarnar na Terra, é evidente que poderão alcançar até 2,50 metros, ou mais, e ultrapassar a medida comum terrícola na figura de excêntricos gigantes. Mas, também, há satélites, cujos habitantes, embora inteligentíssimos, lembram saguis, mal atingindo 30 centímetros de altura, e, outros, não alcançam 80 centímetros de estatura, os quais, numa transmigração encarnatória para a Terra, causariam profundo espanto ante a figura física de anões, em contradição à peculiar estatura média dos terrícolas.

Embora todo o espírito do homem seja sempre uma "centelha" emanada do Espírito Cósmico Divino, e, potencialmente, dotado da mesma capacidade criativa, a sua forma, estatura ou constituição biológica, nos vários orbes habitados, podem diferir ao infinito, em face das afinidades eletivas aos diversos fatores mesológicos de cada orbe. Não importa se um jupiteriano atinge 3 metros de altura, um habitante de Arcturo, além de possuir um corpo quase diáfano, alcança 5 metros de estatura, ou criaturas do satélite de Ganimedes, de Júpiter, não ultrapassam a 30 centímetros no seu crescimento. O certo é que a capacidade criativa e a memória perispiritual definitiva são independentes da configuração ou estatura da vestimenta física, a qual é transitória. O corpo, alto ou baixo, magro ou gordo, preto ou branco, é tão-somente a instrumentação necessária para a entidade imortal fazer as suas experiências evolutivas criativas nos mundos materiais. Em verdade, o sentido profundo e específico do espírito é lograr mais cedo a sua definitiva conscientização espiritual.

E mesmo quando a terminologia médica assinala os vários tipos humanos extremos, produtos do excessivo ou reduzido trabalho da hipófise em relação ao crescimento, isso ainda é secundário. Em verdade, o gigante ou anão são resultantes da presença oculta do perispírito, que operando através do eixo hipotalâmico-hipofisário comanda o crescimento físico numa atividade organicamente resultante de fatores neuroendocrínicos até os limites prefixados. O perispírito, a veste sideral, que define ou individualiza o espírito em sua trajetória infinita, afina-se e apura-se em sua existência livre no seio das energias sublimes do reino divino, depois de emergir da ação educativa e criativa das forças do mundo animal. E quando da sua estrutura perispiritual desprende-se a última partícula sombria, fruto da vida gravitacional humana, então, jorra-lhe da intimidade a luz imortal e o espírito consagra-se, em definitivo, no destino de maravilhosa lâmpada divina. E pode participar do "Festim de Bodas" do Senhor, graças ao glorioso direito adquirido e à credencial de possuir a imaculada, a eterna "túnica nupcial".

O Evangelho à Luz do Cosmo

16. O trigo e o joio
(Mateus, 13:24-30, 36-40)

PERGUNTA: — *Qual é o significado esotérico da parábola do trigo e do joio?*

RAMATÍS: — A parábola do trigo e do joio ajusta-se correlatamente à parábola do Semeador, que simboliza o filho do homem semeando a boa semente do Evangelho. Os apóstolos e discípulos de Jesus, então, lembram a instrumentação viva operando no campo imenso da humanidade, no seu esforço de semear a boa semente, que desabrochará a planta útil na época de frutificar o trigo para produzir o pão. O ensinamento educativo ajuda a regenerar o homem bem-intencionado, que se assemelha à boa semente quando encontra o solo humano propício e, assim, ela transforma a vida do homem e da própria sociedade. A semente germina e produz a árvore, que distribui a sombra amiga e gera novas sementes benfeitoras, representando, neste evento, a origem de toda a vida. Daí o simbolismo do trigo nutritivo, a germinar e proliferar, produzindo a abençoada farinha, tanto quanto a palavra divina alimenta os homens para a vivência no reino dos Céus.

PERGUNTA: — *Que significa o joio?*
RAMATÍS: — Embora o joio seja uma gramínea da mesma família do trigo, é considerado uma planta de má qualidade, pois sempre sufoca ou prejudica a espécie útil. Há mesmo, entre os homens, sentenças populares que definem essa anomalia do mesmo tipo de gramínea, quando se diz: "Cá isto é trigo sem joio", ou "É padre, mas é joio de Igreja, e não trigo de Santuário".[83]

[83] Frase de Castilho, na obra *Avarento*, II, 7, pág. 151, ed. 1871.

O joio oferece aspectos tão semelhantes ao trigo, que é muito difícil distingui-lo durante o seu crescimento. Quando começa a germinar é facilmente confundido com o trigo, pois lembra certas criaturas que, apesar de sua figura convencional e aparentemente correta, minam sub-repticiamente as atividades produtivas e benfeitoras dos outros seres.

PERGUNTA: — Qual o sentido íntimo e espiritual que levou Jesus a socorrer-se do exemplo do trigo e do joio para a sua exemplificação evangélica?

RAMATÍS: — Sob a visão sábia e sublime de Jesus, o joio simboliza toda reação e interferência nociva, que se faz na semeadura da palavra de Deus. É a própria atividade mistificadora de sacerdotes, lideres religiosos, mestres espiritualistas, chefões de seitas ou condutores de homens, que proliferam e crescem na mesma seara do bem, mas, na verdade, ali florescem, negativa e fraudulentamente, sufocando o próprio trigo que procura vicejar ao seu lado. É de bom senso que, se não fosse a fraude do joio no seio de todas as atividades espiritualistas, tanto quanto tem acontecido desde os tempos pagãos até os dias atuais, a palavra do Senhor já teria dominado toda a face da Terra.

PERGUNTA: — Poderíeis informar-nos qual foi o acontecimento que atraiu Jesus para compor a parábola do trigo e do joio?

RAMATÍS: — Jesus recorreu ao exemplo do trigo sadio e do joio nefasto, talvez evocando certo acontecimento muito comum no Oriente, quando, por motivos de ciúmes, vingança ou maldade, o lavrador inconformado e vingativo mandava os seus agregados semearem ocultamente o joio no meio da seara de trigo plantada pelo vizinho concorrente. Isso era feito à noite, às escondidas, quando dormiam os lavradores prejudicados, jamais à luz do Sol. O joio era semeado de modo tão sorrateiro, que as vítimas da indigna façanha só percebiam o prejuízo mais tarde, quando já havia crescido a erva nociva, e produzido os frutos inúteis.

A surpresa tomava os camponeses prejudicados e, por vezes, verificava-se que os próprios empregados podiam cometer tal delito a soldo dos outros vizinhos vingativos. Isso, então, era considerado uma "segunda semeadura", porém, sub-reptícia, solerte e avassaladora, que minava a boa seara e anulava o labor sacrificial e correto dos bons lavradores.

O Evangelho à Luz do Cosmo

PERGUNTA: — Quais foram outras ilações educativas, que Jesus efetuou sobre a ocorrência dos maus lavradores, quando semeiam o joio ocultamente na seara do trigo de seu vizinho?

RAMATÍS: — Jesus servia-se, prodigamente, do assunto dessa parábola, que descreve a vingança e o despeito do mau vizinho, quando semeia o joio na seara do seu competidor, porque ela retrata excelente lição, capaz de ativar a mente humana para melhor compreender as noções da vida espiritual. O mau vizinho é sempre o homem que contraria as leis do mundo e incorre na ação antifraterna e censurável à luz do espírito; ele age de modo indigno ao semear o joio, que depois se infiltra, prejudicialmente, entre as raízes do trigo benfeitor. Trata-se de uma criatura censurável, diante do sentimento superior de espiritualidade, pois dominada pelo ciúme, pela inveja, ambição e perversidade, semeia a maledicência, calúnia e o desprestígio contra o irmão mais bem favorecido. Os efeitos daninhos da má plantação do joio entre o trigo sazonado equivalem ao prejuízo na seara espiritual, quando os homens operam, negativamente, semeando críticas e forças destrutivas, que depois se infiltram no campo da atividade benfeitora alheia, à guisa de um joio mental.

O semeador, então, surpreende-se ante a evidência da má ação praticada pelo vizinho invejoso, que ainda agiu covardemente à noite, quando ele dormia. Assim, comprova-se que o mal age sorrateiramente e infiltra-se ante o menor descuido dos próprios semeadores de trigo bom. Sob tal disposição, e com a conclusão dessa ação fraudulenta material, que é o plantio oculto do joio na seara benfeitora, verifica-se que podem resultar danos irreparáveis ao lavrador, caso ele seja descuidado e invigilante. Através desse tema tão explícito e comparativo da vida espiritual, Jesus extrai ilações definitivas, advertindo-nos que, apesar de o homem devotar-se ao bem, nem por isso ele deve descurar-se dos perigos das infiltrações malévolas na sua seara benfeitora. Não basta somente a euforia íntima do homem, que opera corretamente na lavratura da seara do Senhor; mas é indiscutível que deve vigiar, incessantemente, e proteger o plantio benfeitor, porque o inimigo é traiçoeiro e costuma operar à noite, aproveitando as sombras para se ocultar.

PERGUNTA: — O que ainda poderíeis dizer-nos, quanto à significação de natureza espiritual, que oferece essa pará-

bola no símbolo da plantação do trigo prejudicado pelo joio semeado pelo mau vizinho?

RAMATÍS: — Realmente, a parábola do trigo e do joio, tão explícita por Jesus, é de profunda significação espiritual, porque ela aborda um tema em que o prejuízo se sucede a um período de invigilância, descuido e até negligência do lavrador. Esclarece e insiste quanto ao fato de que todo tarefeiro ou discípulo do Senhor, embora se devote sincera e honestamente à divulgação dos preceitos sublimes da espiritualidade, jamais ele deve abdicar da sensatez e lógica da razão, evitando o sentimentalismo improdutivo.[84]

Aquele que pretende expor a palavra do Senhor, além de ser um mensageiro completamente desvestido de quaisquer interesses humanos, ainda precisa vigiar a obra, com a mesma assiduidade com que o lavrador permanece de sentinela enxotando as aves e os insetos daninhos. Ele é um semeador, portanto, um intermediário responsável pelo plantio do trigo espiritual, cumprindo-lhe garantir a fiel e perfeita colheita para o Senhor.

Não lhe cabe qualquer indenização nem mesmo a exigência de um reconhecimento superior; ao aceitar em sã consciência transmitir a mensagem do reino divino, é semelhante ao lavrador, que planta o trigo bom sem se preocupar a quem ele irá beneficiar. É uma tarefa sacrificial e de suma importância, porque é uma realização humana incomum. O mensageiro da espiritualidade deve consumir todos os minutos disponíveis de sua vida, a fim de conseguir o êxito absoluto da semeadura, que se propôs realizar sob a confiança do Senhor.

PERGUNTA: — Considerando-se que o joio é planta da mesma família do trigo, qual é o motivo fundamental de ela servir de mau exemplo, nessa parábola de Jesus?

RAMATÍS: — Sabe-se que o joio é uma gramínea como o trigo, porém, considerada como praga e, por esse motivo ele oferece o excelente simbolismo de que o mal pode assemelhar-se ao bem. As diferenças, no entanto, provêm de ser fruto de culturas, ocasiões e pessoas. Por isso, todo serviço e empreitada sadia do bem, embora sejam por si mesmos garantia de uma tarefa supe-

---

[84] N. do M. - Talvez seja por isso que Allan Kardec foi cognominado o "bom senso encarnado", ao codificar a doutrina espírita que resiste às críticas mais ferrenhas e injustas, obrigadas a silenciar ante a impossibilidade de encontrar qualquer conceito aberrativo ou postulados infantis, como é o Espiritismo. Kardec jamais abdicou da razão e da análise corajosa, quando da codificação do Espiritismo.

rior, devem ser vigiados e fiscalizados, incessantemente, pelos seus próprios responsáveis, a fim de evitar as proliferações daninhas de doutrinas irracionais. A verdade pode ser imitada, fraudulentamente, e apresentar-se como uma cópia, mas adulterada. É o caso do trigo e do joio, que por serem plantas gramíneas semelhantes, se confundem facilmente pela sua aparência. Assim, é difícil verificar-se a íntima separação e diferença de qualidade existente entre ambos, durante o crescimento, o que só é possível comprovar-se depois da frutificação das sementes. Baseado na profunda semelhança do trigo e do joio, e que não se define ainda na fase da sementeira, Jesus, então, observa que na produção do bem e do mal, só é possível distinguir um dos extremos, quando chegam à completa maturidade. Daí o fato de o joio, que é planta daninha, servir de excelente exemplo para Jesus, pois esclarece que o próprio homem, embora seja produto de uma espécie superior e sadia, regride às reações primitivas do animal, quando pratica o mal.

PERGUNTA: — Qual é o esclarecimento espiritual baseado no fato de que não se deve extirpar o joio antes do seu crescimento, a fim de também não arrancarmos o trigo?

RAMATÍS: — Jesus sempre advertia aos seus discípulos, que "há tempo para tudo, isto é, tempo de semear e tempo de colher!" A impaciência, ainda tão própria do ser humano, é sempre um defeito, que pode impedir a realização de um ensinamento espiritual ou de qualquer outra iniciativa superior, mas ainda imatura. Em todas as épocas, dirigentes políticos, líderes religiosos e tiranos julgam solver o problema do mal ou da heresia pela censurável decisão de matar o delinquente, ou herege. No entanto, jamais Jesus concordou com semelhante solução simplista e contrária aos princípios da Vida e da Evolução espiritual, porque ceifando quem pratica aquilo que é julgado como um mal, nem por isso liquida-o em definitivo. Uma ideia somente pode ser combatida com outra melhor e mais produtiva, nunca a morte resolve tal equação. Aliás, no simbolismo da rebeldia do próprio Satã, Deus não o mata, mas apenas o desterra para uma região de aflições e dores, onde o anjo mau teria tempo de pensar, refletir e até se regenerar. É de senso comum que o Senhor não quer a morte do pecador, mas apenas a sua regeneração.

Daí o fato de o Mestre Jesus esmiuçar de modo salutar e fraterno a parábola do trigo e do joio, por ter encontrado nela os mais expressivos fundamentos das próprias ações boas e más praticadas pela humanidade. Mas ele sempre visualiza e distingue entre o bem e o mal, o autêntico e o falso, a verdade e a fraude, a doutrina da Verdade, que balizam o processo de crescimento de ambas as sementes no simbolismo do trigo e do joio. Daí a sua conclusão indiscutível e de alto gabarito espiritual, quando adverte que "há tempo para tudo", semear e colher, porque na hora de colher o joio, ou distinguir o mal, há de se prestar muita atenção para não se perder o trigo, ou seja, o próprio bem.

PERGUNTA: — Poderíeis explicar-nos melhor esse ensinamento?

RAMATÍS: — Repetimos que os lavradores de trigais sabem que de início é muitíssimo difícil distinguir-se o trigo do joio. A semelhança entre ambas as gramíneas é muito grande, quando ainda estão em crescimento; ademais, no subsolo, elas entrelaçam as raízes tão fortemente, que o joio extirpado, prematuramente, também causará o arrancamento das raízes do próprio trigo ainda tenro. É, então, de bom senso esperar-se que ambos atinjam o amadurecimento final, a fim de se fazer a separação correta e sensata, na hora exata da colheita, quando são identificados pela frutificação.

Baseando-se em imagem tão sugestiva, Jesus desaconselha a destruição imperativa e violenta do mal, porque isso também pode resultar em prejuízo do bem. Em verdade, o mal não desaparece diante do bem, mas desenvolve-se com ele. O mal só deve ser extirpado na hora da colheita inclusive do bem, como acontece com o trigo e o joio, quando, então, é possível e fácil de se distinguir o tipo e a qualidade de ambos. É de velho aforismo que conhecereis as árvores pelos seus próprios frutos".

PERGUNTA: — Sob tais considerações de Jesus, deduz-se que o mal é transitório, malgrado a sua manifestação tão prejudicial?

RAMATÍS: — Os estudiosos da verdadeira gênese do homem e da constituição da humanidade sabem que todo "mal" é apenas relativo, e com o decorrer do tempo faz-se evidente o adágio popular: "Deus escreve certo pelas linhas tortas". O mal, em síntese, nada mais é do que o próprio fruto das conceituações humanas, na sua busca de progresso ou do bem.

Aos olhos dos civilizados, os selvagens são nefastos e tão

O Evangelho à Luz do Cosmo

293

perigosos, que deveriam ser destruídos sumariamente, conforme é o entendimento de certos políticos simplistas. No entanto, isso é contrário aos princípios cósmicos da criatividade Divina, pois os mesmos selvagens daninhos são os fundamentos vivos e humanos dos quais se gerou a própria civilização. O lobo das florestas, depois de habilmente domesticado, transforma-se no devotado amigo do homem, como é o cão. A laranja doce e saborosa é a metamorfose da antiga fruta silvestre azeda; a rosa ainda desabrocha mais sadia e linda, plantada nos monturos de detritos indesejáveis. Nenhum símbolo de que o mal pode se transformar num bem louvável é tão convincente e impressivo, como a conversão do fanático doutor do Sinédrio, Saulo, no heróico divulgador do Cristianismo depois conhecido por Paulo.

Só as criaturas, em cujo íntimo vibram os instintos e paixões inferiores, é que realmente vêem em todas as coisas razões para censuras e críticas. Em verdade, os espíritos de graduação superior e responsáveis pela evolução dos homens, jamais condenam o que é inferior, porque sabem que todas as coisas são veredas para Deus, e que louvável metamorfose ocorre na sucessão do espaço e do tempo. Os anjos, por exemplo, são os bons lavradores, que ceifam na lavoura espiritual e separam, amorosamente, tanto o trigo como o joio. Além de separarem os feixes de trigo e do joio, avaliando as culpas de cada ser no momento exato da frutificação, eles praticam a sábia e afetuosa enxertia, que ainda converte o mal em bem.

Sendo o bem a base de toda criação de Deus, jamais o joio da malignidade infestará toda a seara do mundo. Os bons ceifadores estarão atentos à espera do momento adequado para, então, operar de modo salutar em favor dos justos, bons, mansos, humildes e pacíficos, enquanto amparam os injustos, maus, vingativos e belicosos, no curso de redenção espiritual e da promoção ao bem. O Senhor jamais condena à morte, ou promove o desaparecimento dos iníquos e pecadores, mas ele os conduz à reeducação espiritual, criando circunstâncias e situações adequadas. Depois apura-lhes a contextura embrutecida e primária, desgastando-lhes os impulsos destruidores da animalidade, para catalisar a luz íntima do espírito imortal na síntese da redenção angélica. Aliás, é de conceito sideral e transmitido pelo próprio Jesus, que não pode existir o mal e os pecados eternos, em face de sua promessa de que "não se perderá uma só ovelha do aprisco do Senhor".

Ramatís / Hercílio Maes

PERGUNTA: — Porventura, essa separação entre o trigo e o joio, também poderia simbolizar o famigerado "Juízo Final", que segundo a profecia milenária já estamos vivendo atualmente na Terra?

RAMATÍS: — Realmente, o próprio Jesus profetizou que na "hora dos tempos", e sob o regime de "Juízo Final", a humanidade materialista seria substituída por outra espiritualizada, onde predominaria a igualdade, a fraternidade e a liberdade. Em face dos acontecimentos insólitos, que ocorrem dia a dia no vosso mundo, não resta mais dúvida de que já estais vivendo, atualmente, os eventos preditos pelos mais abalizados profetas bíblicos e modernos. Diz a profecia milenária, em síntese, que na "hora dos tempos", os "cabritos" e o "joio" seriam separados das "ovelhas" e do "trigo", enquanto os bons sentar-se-ão à direita do Cristo, e os maus à sua esquerda.

Os "direitistas" do Cristo farão jus a uma vivência física futura bem melhor, em concomitância com a sua natureza espiritual eletiva e terão direito a um curso educativo superior, com novos e belos ensejos de aperfeiçoamento. No entanto, os espíritos classificados à esquerda do Cristo, no atual "Juízo Final", abrangendo o conjunto de almas rebeldes e indisciplinadas contra as leis da vida espiritual, serão exilados para um mundo equivalente à sua índole inferior, em cujas encarnações poderão recapitular as lições negligenciadas na Terra.

PERGUNTA: — Nessa separação do "trigo" e do "joio" terrícola, qual seria a soma de espíritos situados à esquerda do Cristo e, também, a porcentagem dos "direitistas", baseando-nos em nossa atual população?

RAMATÍS: — Sob o vaticínio da estatística sideral, presume-se que dois terços de vossa atual humanidade formarão o conjunto de espíritos reprovados à esquerda do Cristo, os quais deverão emigrar para outro orbe inferior, onde os seus habitantes ainda situam-se na era da pedra lascada. O outro conjunto, constituído pelos direitistas, e compreendendo um terço de vossa população até o fim deste século, poderá retornar em novas encarnações no próprio orbe terráqueo, e a partir do próximo milênio.

PERGUNTA: — Porventura, não é um presente de grego, o fato dos espíritos aprovados no atual "Juízo Final" e à

O Evangelho à Luz do Cosmo   295

direita do Cristo, ainda voltarem a se encamar na Terra, onde já sofreram tantas dificuldades, sacrifícios e decepções físicas?

RAMATÍS: — Em face da verticalização do eixo da Terra, a qual se processa, lentamente, mas já comprovada na atualidade pela variação incomum dos climas tradicionais, das alterações de ambientes físicos e do forte degelo dos pólos, então, o vosso planeta apresentará melhores condições de habitabilidade no próximo milênio. O tema de "fim de tempos" ou "tempos chegados", logicamente previsto no cronograma sideral da vossa constelação solar, além de prever e executar a melhoria geofísica e geodinâmica do orbe terráqueo, também age concomitantemente com a necessária seleção e classificação espiritual da humanidade.

Até o presente momento, a Terra ainda se classifica no magistério sideral como um orbe físico de educação espiritual primária e, por esse motivo, é habitada por espíritos instintivos, rebeldes, sensuais, ambiciosos, perversos, agressivos e fortemente apegados às necessidades animais. Conforme diz a máxima popular, "cada casa com seu dono"; mas, nós, então, diríamos, "cada escola com seu aluno", em que a melhoria do homem terrícola implica na melhoria do seu orbe, tal qual a melhoria da moradia requer melhor inquilino.

Em consequência, um planeta primário é agreste e instável, porque é jovem; o seu clima sofre abruptas variações; a sua constituição geológica é afetada por terramotos, vulcões, tempestades, furacões, chuvas violentas em épocas impróprias, que assolam causando inundações catastróficas. Em sentido oposto, as secas demoradas crestam as lavouras e anulam o esforço do homem obrigando-o a ativar o raciocínio na solução do problema aflitivo rural, porém, importante, porque representa os recursos primários de alfabetização e educação dos alunos indisciplinados, instintivos, malcriados, preguiçosos, irresponsáveis, daninhos, astutos e briguentos, os quais zombam até dos preceitos cívicos e morais ministrados pelos professores. Entretanto, lenta e progressivamente, sob o jugo das dificuldades encontradas no seu planeta ainda jovem, eles terminam entendendo a meta da vida humana e assinalando os conceitos superiores da vida eterna.

É o caso do planeta Terra, no qual, por força da oscilação do seu eixo inclinado, ocorrem condições críticas, em que o extremo calor do verão favorece a proliferação de germens patogênicos, enquanto noutro extremo é preciso a gelidez entorpecente do inverno, a fim de se reduzir o excesso de micróbios indesejáveis. Mas quando o orbe terráqueo elevar ainda mais o seu eixo, e assim proporcionar uma rotação mais vertical e equilibrada, também devem se reduzir as diferenças de temperaturas, em face da predominância de duas estações mais amenas e duradouras, semelhantes ao outono e primavera.

A nova Terra, mais verticalizada sob melhor estabilidade climática, tende a reduzir, por um efeito natural de equilíbrio, os resfriados, as bronquites, asmas, pleurisias, pneumonias, pleurites, enfizemas, coqueluches, e demais moléstias específicas das vias respiratórias, que atualmente se agravam pelas variações demasiadamente violentas da atmosfera. Assim como há regiões e países cujo clima agradabilíssimo, límpido e ozonizado, são até recomendados pela medicina, como recursos terapêuticos de recuperação de moléstias das "vias respiratórias", a Terra também oferecerá melhores condições de saúde física, após a elevação do seu eixo.[85]

PERGUNTA: Apenas a elevação do eixo terráqueo será suficiente para que a Terra se torne um paraíso?

RAMATÍS: Não se tratará de um paraíso terrestre, apenas por efeito da elevação do eixo do planeta. É de senso comum que também existem condições cármicas espirituais confrangedoras, que superam toda e qualquer influência climática ou natureza geológica de um orbe, e as quais impedem o espírito encarnado de agir livremente. Quem nasce deformado anatomicamente, ou portador de enfisema, asma brônquica, lesão pulmonar ou tuberculose congênitas, não iria libertar-se dessa bagagem mórbida perispiritual, tão-somente por força da verticalização do seu orbe. Mas, evidentemente, o sofrimento é sempre mais moderado, quando existem condições salutares, que podem reduzir as crises, como no caso de enfermidades das vias respiratórias em relação aos climas saudáveis.

Mas não podemos deixar de vos assinalar que a pedagogia divina tem por finalidade a evolução e o progresso. Nenhum ser ou coisa mantém-se em condição inferior absoluta, embora o aperfeiçoamento e o progresso se deva fazer de modo lógico e lento, sem os saltos miraculosos, que desmentiriam a coerência

---

[85] É o caso do Líbano, com seu eterno céu azul, sua atmosfera límpida e tão sadia, que os melhores frutos do mundo são da lavoura libanesa, onde o homem goza mais saúde por força desse ambiente acolhedor e especificamente sadio.

O Evangelho à Luz do Cosmo

das próprias leis do Cosmo. Assim, todos os planetas primários também evoluem para condições cada vez mais estéticas e agradáveis, a fim de atender os diversos tipos de espíritos, que ali deverão aprimorar os sentimentos e desenvolver a sabedoria na sua individualização. Repetimos que, melhorando o habitante, também se deve melhorar a moradia, assim como a promoção do aluno exige melhor professor.

PERGUNTA: — Baseando-nos na pedagogia humana, qual seria a graduação do planeta Terra, após a sua verticalização?

RAMATÍS: — Malgrado a descrença de alguns espiritualistas, que subestimam a influência do meio sobre a criatura, a Terra submete-se, atualmente, em sua intimidade geológica e situação astronômica, a importante reforma que objetiva a sua promoção de escola de espíritos primários para a categoria de um educandário destinado a alunos terrícolas mais adiantados nas encarnações dos próximos anos. Sob o esquema da Administração Sideral, vinculado ao "Grande Plano" ou "Manvantara" do atual Cosmo materializado, chegou o "momento" e a "hora" de a Terra libertar-se da rotina comum de singelo planeta de alfabetização espiritual, configurado pelos Dez Mandamentos, para tornar-se um orbe físico e educativo, onde o desenvolvimento da sabedoria criativa e o senso de responsabilidade plena serão os principais objetivos.

Em consequência, os alunos terrícolas maus, daninhos, ciumentos, desleixados, negligentes, tolos, destruidores e irresponsáveis em reprovação no atual "Juízo Final", ou exame de um curso espiritual educativo iniciado há 28.000 anos, na Atlântida, devem transferir-se para outra escola planetária primária e afim, onde possam recapitular as mesmos lições subestimadas por desleixo, ignorância ou rebeldia na Terra.

PERGUNTA: — E que dizeis dos alunos ou espíritos aprovados para as encarnações terrenas no próximo milênio?

RAMATÍS: — Evidentemente, os espíritos "direitistas", aprovados sob a égide do Cristo, que é o Amor Universal, são os discípulos obedientes, pacíficos, escrupulosos, fraternos, responsáveis, humildes e laboriosos, que precisam de melhores apetrechos escolares e condições de vida física mais amena e eletiva ao seu maior progresso educativo.

Embora a Terra verticalizada no próximo milênio ainda não lhes ofereça uma vivência absolutamente feliz, porque é um planeta sujeito às transformações climáticas, que, entretanto, não serão tão variáveis no futuro. Após as atuais e importantes reformas geofísicas, ela será um ambiente mais saudável aos tipos de almas pacíficas, fraternas, serviçais e respeitosas às leis universais, a que aí deverão encarnar. O próprio degelo nos pólos,[86] que se acentua com a verticalização da Terra, descobrirá uma região fértil protegida pela imensidade do gelo, a fim de compensar as terras áridas e feridas pelas bombas atômicas, que são estupidamente lançadas pelos atuais alunos primários e irresponsáveis.

Os futuros habitantes da Terra, promovidos no atual "Juízo Final", em face de sua contextura psíquica mais aprimorada e espírito criativo superior, hão de cooperar na modificação do seu novo ambiente e solucionar todos os problemas difíceis e onerosos, que ainda pesam ou agravam a vida terrícola. Muitos desses espíritos bons e classificados à direita do Cristo já se devotam sincera e afetivamente à solução de vários problemas, que ameaçam cada vez mais a saúde e a vivência dos terrícolas, como a poluição, o vício dos tóxicos e o alcoolismo.

PERGUNTA: — Há, também, alguma alusão bíblica sobre o caráter ou o tipo dos espíritos situados à esquerda do Cristo, e que deverão emigrar para outro orbe físico inferior?[87]

RAMATÍS: — Diz João Evangelista, (Apocalipse, 21:8): "mas, quanto aos medrosos, aos incrédulos, aos abomináveis, e aos homicidas, e aos adúlteros, e aos feiticeiros, serão lançados no lago ardente de fogo e enxofre, que é a segunda morte".

[86] N. do M. - Alguém indagou a Nhô Quim, entidade espiritual que comparece aos nossos trabalhos mediúnicos, a sua opinião sobre atual degelo nos pólos, e que se presume descobrirá terra fértil para a humanidade do III Milênio. Através do seu tradicional modo simples e humorístico, Nhô Quim assim respondeu: "Os atuais pólos carregados de gelo, que já começa a se desmanchar, são o providencial refrigerador, em que Deus conserva as terras nutridas para as plantações sadias dos futuros moradores escolhidos à direita do Cristo, pois os doidos estão secando todo o chão com as bombas atômicas".

[87] Apesar de tão criticada pelos espíritas, a *Bíblia* oferece certas passagens, que são hoje verdadeiras notícias de jornais. A atual poluição da atmosfera, que tanto preocupa os governantes da Terra, já foi prevista pelo profeta Isaías, o qual assim diz: "E ficou a Terra tão infeccionada pelos seus habitantes, que por esta causa a maldição devorará a Terra" (Isaías, 24: 5 e 6). Sem dúvida, o profeta aludiu claramente à temerosa poluição que já envenena a humanidade terrena, a qual age toxicamente sobre as germinações de plantas, de frutas e até na criação de aves e animais, causando enfermidades estranhas e que a medicina luta para solucionar ou prevenir.

O Evangelho à Luz do Cosmo

Eis, definido, o tipo espiritual primário, reprovado no atual exame de "juízo final", e que ficará impossibilitado de cursar novamente a escola terrena, uma vez que a Terra será transformada num "educandário ginasial". O profeta João é bastante explícito e indicativo, quando, além de identificar os espíritos esquerdistas do Cristo, e apontar-lhes a natureza das maldades, asperezas e turbulências, ainda deixa-nos entrever que eles serão afastados do orbe terrestre, ou seja, "lançados" no lago ardente de fogo e de enxofre. Sabe-se que o fogo e o enxofre têm sido temas fundamentais, que na tradição espiritual identificam os locais de purificação e de sofrimento no Além-Túmulo. É, enfim, um ambiente inferior e primário, onde dominam o fogo ardente e as forças destrutivas sufocantes e repulsivas, símbolo de um mundo em formação e tipo antediluviano. Embora não haja no seio de Deus nenhum propósito punitivo, quem for "lançado" em tais regiões há de sofrer uma ação dolorosa, mas purificadora pelas próprias energias agressivas e primárias. O "lago ardente de fogo e enxofre" poderia lembrar algo do lodo medicinal, que a terapêutica adequada usa para a limpeza das excrescências e resíduos antiestéticos da pele das mulheres, ou os chamados "charcos purgatoriais" do mundo astral primário.

O apóstolo João serve-se habilmente das imagens que julgou mais apropriadas para descrever a região ou condição de vida inferior e desagradável, capazes de definir o mundo de exílio dos terrícolas reprovados à esquerda do Cristo. Diz João que eles serão "lançados", ou sinonimicamente "despejados" da Terra, tal qual acontece com os inquilinos caloteiros e indesejáveis, que deixam de cumprir as obrigações assumidas com os seus locadores.

PERGUNTA: — Considerando-se que o espírito é a base imprescindível e indestrutível da própria personalidade humana, assim mesmo devem se apagar da mente dos exilados, as recordações de suas vidas na Terra?

RAMATÍS: — Em verdade, o perispírito, que é a vestimenta configuracional do espírito eterno, lembra um avançado e indestrutível "video-tape", que assinala e grava até a "queda de um fio de cabelo da cabeça do homem", conforme diz o aforismo popular. Mas é de bom senso distinguir-se entre o "gravar" e o "reproduzir" perispiritualmente, pois, enquanto "gravar" é participar de imediato dos acontecimentos e fenômenos em foco, "reproduzir" já exige a evocação mais difícil desses fatos. Portanto, devem faltar aos espíritos exilados as condições similares e eletivas, num meio tão agreste e primitivo, para o melhor êxito de sua memorização das vivências terrícolas anteriores. Embora eles possuam, em estado latente, as reminiscências de suas vidas na Terra, a emigração e encarnação num orbe inferior é pesada cortina a vedar o acervo da memória perispiritual, a qual só vibrará com algum êxito nos momentos de forte saudosismo espiritual. Mas como o olvido do passado, em cada nova encarnação, é regra espiritual imperativa, a fim de o homem viver liberto de complexos e frustrações pregressas, os exilados terrícolas apenas conservarão alguma recordação subjetiva de que já viveram num mundo melhor e mais agradável. Comparando o desconforto e o primarismo das cavernas, eles hão de criar novamente a lenda de "anjos decaídos" de um mundo melhor, ou de Adão e Eva (o primeiro casal expulso do Paraíso pelo abuso da árvore da ciência do Bem e do Mal).

E a nova humanidade troglodita, temperada com os exilados da Terra, há de percorrer novamente o extenso caminho das alegorias, dos dogmas, ritualismo e superstições religiosas, na incessante escalonada da ideia de Tupã até a conceituação moderna e conceptual de que Deus é a Suprema Inteligência, ou a Suprema Lei do Universo. Apesar de se ajustarem biologicamente à vestimenta hirsuta dos originais trogloditas, que serão elevados à condição de parentes consanguíneos, há de lhes vibrar no subjetivismo da alma a ideia de que se encontram lançados num mundo infernal, no "lago ardente de fogo e enxofre", e que por sua estultícia espiritual terão de "comer o pão amassado com o suor do rosto".

PERGUNTA: — E qual seria a figuração da serpente, nessa lenda de Adão e Eva?

RAMATÍS: — A serpente da lenda de Adão e Eva, responsável pela tentação de Eva comer a maçã proibida, caracteriza, justamente, um dos poderes mais criativos e ao mesmo tempo destrutivos, que é a posse do espírito imortal. Trata-se do fogo serpentino, conhecidíssimo dos ocultistas, rosa-cruzes, iogues, teosofistas e budistas, o qual sobe pela coluna vertebral, partindo do centro de forças etéricas, ou "chacra cundalíneo", situado na extremidade da espinha, que controla o sexo, irriga o cerebelo e ativa as energias mentais concretas. A força poderosa que ali

O Evangelho à Luz do Cosmo

301

se armazena lembra o fogo da brasa dormida. Sob um controle espiritual superior, modela um Jesus poderoso na liderança e socorro às almas sofredoras; mas desperto por espírito ambicioso, inescrupuloso e mau, produz um Hitler. E assim como o "chacra cundalíneo" consagra um santo pela aplicação benfeitora de sua energia tão poderosa, ele também destrói no seu vórtice flamejante o infeliz que lhe subverte o sentido criativo. Tanto ativa e cria, como escraviza e destrói, sob a sua fabulosa energia em eclosão.[88]

Aliás, quando Miguel Arcanjo empunha a espada flamejante e impede o retorno de Adão e Eva ao Paraíso, após o pecado original e a perfídia da serpente, ele simboliza o princípio de Justiça Sideral, a fim de neutralizar o espírito do homem, quando subverte os valores criativos do Universo para o seu exclusivo bem. Enxotados do Paraíso, Adão e Eva simbolizam os espíritos exilados de um orbe superior para outro inferior, como um afastamento justo e necessário num sentido reeducativo, embora sob uma vivência física mais inglória e difícil. Quando as almas ameaçam o equilíbrio coletivo de um orbe, pelos seus requintes degradantes, de paixões, vícios e destruição, que invertem o sentido superior da vida, elas precisam emigrar para ambientes inferiores, onde a terapêutica da dor e do sofrimento funciona como a medicação salutar e redentora.

PERGUNTA: — O que subentende-se por seletivo, nessa classificação à direita e à esquerda do Cristo?

RAMATÍS: — O Cristo simboliza o Amor, em sua essência cósmica; é uma vibração sideral infinita, a qual distingue no ser o estado amoroso incondicional e infinitamente criativo. O espírito "crístico" é aquele que já ultrapassou a fronteira da egolatria, desfez a sua personalidade de "homem velho", ainda cultuada tão vigorosamente nos mundos físicos pelas criaturas ignorantes da realidade espiritual.

O amor é a natureza real de Deus. O homem só toma conhecimento da autenticidade divina do Amor Absoluto, através de

---

[88] O chacra cundalíneo e fundamental do "duplo etérico", que se situa na base da espinha, região do sacro, é o centro condutor mais potente da vida física primária. Atua mais propriamente no "gânglio prostático", ou na próstata, gânglio intersticial de ação importante nos fenômenos genitais, como ovulação na mulher e produção de hormônio testicular no homem. O fluxo energético cundalíneo é dócil, como o animal domesticado, sob o controle de uma vontade digna e superior: mas, num cobiçoso, libertino ou ambicioso, "amarra" o ser às formas escravizantes da matéria.

sua própria manifestação crística. É um estado sideral superior e exclusivo dos anjos, que amparam os homens e, particularmente, aos arcanjos que vitalizam os planetas, as constelações e galáxias. São essas entidades transbordantes de amor que, em sua consciência sideral, incentivam, impelem e orientam as humanidades nos seus educandários de aperfeiçoamento planetário. Significam as fontes vivas de concentração e doação desse Amor Cósmico, que filtram na dosagem acessível às vidas menores. Lembram algo de transformadores siderais, que baixam a voltagem da Usina Divina para assim nutrir os astros e os seres.

PERGUNTA: — E qual é a diferença entre o homem cristão e o homem crístico?

RAMATÍS: — O homem cristão é um seguidor da doutrina cristã baseado na vida e no Evangelho divulgado por Jesus de Nazaré, no advento do Cristianismo. Enquanto o homem cristão ainda se exterioriza na defesa de uma crença ou seita de sua simpatia, seja Catolicismo, Protestantismo, Adventismo, Umbanda e, mesmo, Espiritismo, que não é doutrina sectária. O homem crístico, pelo seu espírito sem definições particularizadas ou preferências religiosas, absorve e catalisa em sua intimidade a essência interior do seu Cristo, ou Arcanjo Planetário, cujo estado espiritual abrange todo o orbe e até as constelações. O Amor Cósmico de Deus manifesta-se através dos seus arcanjos e anjos, na voltagem sideral adequada às humanidades encarnadas e sob o aprendizado espiritual. Os arcanjos atuam no sentido de plasmar a Luz Criativa da Vida Cósmica, de acordo com as necessidades do consumo dos orbes e sistemas planetários. Assim, quando os marcianos, jupiterianos, saturninos ou terráqueos já estiverem vivendo em si mesmos o amor do seu Cristo Planetário, cuja segunda vinda é através da "via interna" do coração, eles serão homens crísticos, cujo amor é um fluxo incessante sem fronteiras ou separação.

Enquanto o homem crístico se transforma na miniatura da manifestação do Amor Cósmico de Deus, que ele concentra em si através do seu Cristo Planetário, vivendo esse princípio sublime acima de quaisquer simpatias, participações, preferências religiosas ou espiritualistas, o homem cristão ainda é um diferenciado no orbe. Em verdade, ele se move e age sob o controle remoto de sua crença, doutrina ou filosofia espiritualista, cujas ações e reações espirituais só decorrem através do filtro específico, mais

O Evangelho à Luz do Cosmo

303

ou menos extenso do credo que cultua e condicionou-se. Vive de modo a não ultrapassar o pensamento, a opinião ou concepção avançada dos seus sacerdotes católicos, pastores luteranos ou adventistas, líderes umbandistas ou espíritas. Ele ainda se diferencia frontalmente do muçulmano, budista, mosaísta, taoísta, confucionista, bramânico, hermetista, hinduísta ou tibetano, pois considera os postulados religiosos ou espiritualistas a que se simpatiza e cultua, como os mais certos e verdadeiros.

PERGUNTA: — O homem crístico, então, seria o homem universalista?

RAMATÍS: — Naturalmente, tudo é questão de palavras, porque o homem crístico já é uma pulsação humana divinizada pelo Cristo do seu orbe, sem fronteiras e sem peias religiosas, sem premeditações ou códigos espiritualistas; mas uma realização viva e incessante do próprio Amor Cósmico, manifesto na face do planeta. Sem dúvida, é de índole universalista, porque não se particulariza nem se submete a quaisquer lideranças doutrinárias. Nada poderá diferenciá-lo numa crença à parte, uma vez que seita é realmente uma verruga no corpo do Cristo, o qual é manifestação de um só Amor.

O homem crístico ama e respeita, serve e ampara todos os credos, movimentos espiritualistas e igrejas religiosas, porque entende que os demais homens também buscam o verdadeiro Amor de Deus e que ele, venturosamente, sente em si. É um amor tão sublime e inesgotável, como a fonte de água pura, que mais se purifica, tanto quanto mais lhe tiram o líquido do depósito. Em consequência, o sacerdote católico, pastor protestante, líder espírita ou chefe de Umbanda são cristãos, porque o fundamento de suas doutrinas é o Cristianismo, e suas fontes inspiradas na vida de Jesus. Mas eles só serão crísticos quando puderem viver a manifestação absoluta do Cristo, que se plasmou através do seu médium Jesus, e não apenas o fundamento de suas doutrinas religiosas.

PERGUNTA: — Ainda sobre a questão do trigo e do joio, que simbolizam, respectivamente, os espíritos classificados à direita e esquerda do Cristo, são as profecias bíblicas a única fonte de esclarecimento desse acontecimento?

RAMATÍS: — Realmente, os "Tempos Chegados", o "Juízo Final" e o reinado da "Besta do Apocalipse" de João, cujo acontecimento já estais vivendo na atualidade, são profecias e predições bíblicas da autoria dos grandes profetas, como Isaías, Daniel, Jeremias, Ezequiel e outros, além dos profetas menores como Joel, Abdias, Jonas, Zacarias e Nahum. E mesmo posteriormente à Bíblia, outros profetas mais modernos interpretaram e ratificaram as predições milenárias, em que Nostradamus foi o mais genial com suas centúrias, seguido de outros como Maximino Giraud, Santa Odila, Frei Johannes, Cura d'Ars, Catarina de Emmerik, Frau Silbiger, Mãe Schipton, e ainda ultimamente Ernest Izgur, Lyndo e Jeane Dixon.

Trata-se de uma operação incomum, que a Divindade atribui às criaturas já dotadas de certa faculdade de predição, no sentido de a humanidade ir conhecendo os acontecimentos que devem ocorrer em épocas adequadas e a cada mudança de condição psíquica humana.

PERGUNTA: — Porventura, essas profecias de "Tempos Chegados", "Juízo Final" ou da "Besta do Apocalipse" não poderiam ser apenas produtos de um excesso de imaginação, que se verifica comumente nas passagens bíblicas? Há relatos, na Bíblia, que ultrapassam até o bom senso, ou então, demasiadamente, altiloquentes. Que dizeis?

RAMATÍS: — É evidente que a Administração Sideral do vosso orbe há de ser bem mais disciplinada e coerente do que qualquer empreitada dos administradores dos mundos materiais. Assim, apesar das críticas severas contra a Bíblia, cujas narrativas e acontecimentos algo censuráveis são atribuídos à palavra de Deus, a verdade é que se trata de um louvável roteiro a orientar tanto quanto possível os espíritos encarnados.[89]

Na composição da Bíblia, operaram inúmeros médiuns de alto gabarito espiritual, abalizados profetas já mencionados anteriormente, em que João é o mais avançado, quando predisse a sua mensagem apocalíptica. Alguns desses profetas ou médiuns do Velho Testamento já retornaram à Terra mais algumas vezes, a fim de ajustar as velhas profecias ao nível das realizações científicas e do progresso da tecnologia moderna.

Mas seria flagrante injustiça e até incoerência os puristas e exegetas da atualidade exigirem que, há mais de 2.000 anos, o Alto já pudesse transferir mensagens mediúnicas para a Terra, sem qualquer resíduo humano dos seus intérpretes, como real-

---

[89] Vide o capítulo V, "O Valor da Profecia", da obra *Mensagens do Astral*, de Ramatís, da **EDITORA DO CONHECIMENTO**.

O Evangelho à Luz do Cosmo

mente aconteceu na Bíblia. Sem dúvida, foi um esforço bem-intencionado e incomum para a época, porquanto sob as tropelias, perversidades, vinganças e os costumes censuráveis da narrativa bíblica, também semeiam-se apelos, roteiros espirituais e exortações, que visam ao melhor comportamento espiritual da humanidade. Aliás, alhures, já vo-lo dissemos noutra obra: "se a vossa civilização pretendesse escrever a sua Bíblia, adotando a mesma franqueza e simplicidade infantil, com que o povo judeu escreveu a sua, redigiria o mais imoral e bárbaro tratado de história humana, pois relataria mazelas bem piores e ignomínias religiosas praticadas em nome de Deus, de fazerem arrepiar os cabelos.[90]

Em consequência, a Bíblia deve ser admitida como um veículo gráfico de comunicação do Senhor, através dos próprios homens. E por ser uma confecção humana, embora inspirada por Deus, são compreensíveis os defeitos, as mazelas e as perturbações da própria vida física. E o aspecto algo incoerente, excêntrico ou aberrativo, que transparece nas enunciações proféticas bíblicas, ainda são defeitos resultantes da carência de imagens eletivas, elos ou acontecimentos necessários para se completar de modo compreensível a predição futura. Eles ainda não dispunham das conexões hoje conhecidas para encenar positiva e sensatamente os quadros preditos.

PERGUNTA: — Poderíeis oferecer-nos algum exemplo mais concreto dessa carência de imagens eletivas, conexões ou acontecimentos necessários para se completar de modo sensato a predição dos profetas?

RAMATÍS: — É algo semelhante à predição que fizemos há alguns lustros sobre a aproximação de um astro intruso, capaz de influir na elevação do eixo da Terra, e que também foi considerado ao "pé da letra" e numa concepção basicamente física, quando ainda se trata de um vaticínio sob um véu cabalístico.[91]

Assim, um acontecimento corretamente profetizado ainda

---

[90] Cap. X, da obra *A Missão do Espiritismo*, edição da Editora do Conhecimento, de autoria de Ramatís.

[91] N. do M. - Vide o capítulo "O Astro Intruso e a Sua Influência Sobre a Terra", da obra *Mensagens do Astral*, de Ramatís, cujas primeiras publicações datam de 1949, sob o título de "Conexão de Profecias". Alguns críticos confundiram um acontecimento, cuja lógica ainda dependia de descobertas futuras na pesquisa dos campos astronômicos magnéticos, como um fenômeno exclusivamente de um orbe físico. Atualmente, essa predição, que parecia aberrativa, já se mostra cada vez mais coerente e autêntica, graças às últimas descobertas pela astronomia terrícola.

guarda de modo cabalístico o desenvolvimento gradativo de fatos ou descobertas, que devem se verificar através de séculos e até milênios, para então delinear a sua configuração sensata e definitiva. As profecias ainda são incompreensíveis na época do seu vaticínio, pois em face de certos elos, conexões e preenchimentos de hiatos, elas só principiam a ser positivadas ou conhecidas conforme o progresso e as novas descobertas científicas e técnicas do mundo. Muitas profecias não oferecem base para uma análise séria e, então, provocam zombarias e até protestos, quer devido à sua simbologia muito excêntrica, que vela a realidade, como em face do arrojo prematuro para a época.

PERGUNTA: — Poderíeis explicar-nos melhor o assunto?

RAMATÍS: — Quando há dois mil anos João Evangelista predisse que no "Fim dos Tempos", ou no "Juízo Final", as carroças e os barcos voariam, isso sacudiu de risos os próprios conterrâneos doutos, racionalistas da época e falhos de qualquer percepção intuitiva. Os críticos positivos ou científicos, habitualmente modelados como ratos de laboratório apalpando os fenômenos transitórios da matéria, jamais poderiam admitir a incrível aberração de cavalos, carroças e barcos poderem voar entre as nuvens, de modo tão simples, como faziam os papagaios de papel.

Mas a profecia de João Evangelista, fisicamente impossível na época, ocultava-se sob um véu cabalístico, dependendo apenas de certos elos ou elementos intermediários futuros, mas lógicos, para ajustar-se à sua futura e autêntica descrição. À medida que esses elos ou conexões intermediárias fossem descobertos e assentados pela ciência do mundo, também a profecia se tornaria positiva e cada vez mais sensata e plausível, em face da coerência aproximando os seus extremos milenários.

PERGUNTA: — Como poderíamos entender a natureza desses elos ou conexões capazes de tornarem a profecia de João Evangelista cada vez mais coerente e concreta?

RAMATÍS: — Sob as descobertas científicas e incessantes experimentos técnicos, a velha carroça se despojou de sua configuração primária e impossível de voar, à medida que o homem descobria novos meios de propulsão, desde o aproveitamento do vapor de água até a descoberta da moderna gasolina. Em breve, graças ao motor à base de combustível de petróleo, os seus HP, ou cavalos de força, terminaram por substituir os tradicionais cavalos de carne e ossos das carroças. A pequena hélice, que

O Evangelho à Luz do Cosmo   307

apenas servia para aliviar a temperatura interior dos veículos motorizados, graças ao talento de Santos Dumont, passou a girar no exterior sob vigoroso potencial energético e, pouco a pouco, a carroça elevou-se do solo e se pôs a voar na figura da aeronave, tão exatamente como João Evangelista havia previsto 2.000 anos antes. E o barco, por sua vez, firmado no mesmo sucesso da carroça em sua metamorfose para o avião, após se transformar num bote motorizado e singrar os rios, também liberou-se da água e voou na figura alada e pitoresca do hidroavião.

E João deixou de ser um profeta visionário ou delirante para ser reconhecido como um homem incomum e atuado pela "Voz do Senhor", capaz de prever, com absoluta segurança, o evento da carroça e do barco transformados em avião e hidroavião. Os tolos foram justamente aqueles críticos que, pela sua intuição deficiente, julgaram insensato e excêntrico, em sua época, o vaticínio que o profeta João havia concebido por força de sua peculiar percepção psíquica incomum. É o que também sucede com as predições de "Fim de Tempos", "Juízo Final" e a "Besta do Apocalipse", já em franca atividade, porque os elos e as conexões intermediárias faltantes, atualmente, já preenchem muitos hiatos duvidosos e positivam esses acontecimentos trágicos dos vossos dias.

PERGUNTA: — Poderíeis expor-nos algum exemplo sobre esse assunto, ou seja, algum fato positivado que comprove alguma predição?

RAMATÍS: — Há 2.000 anos, os profetas e principalmente João Evangelista, num dos seus vaticínios mais importantes e acontecíveis na "hora dos tempos", expunham que o fogo choveria do céu, o que deve ter causado muita zombaria e desconfiança, uma vez que do céu só pode chover água, jamais o fogo. Mas em face do progresso da física e da química, aliado aos eventos eletrônicos e metalúrgicos, a ciência terrena confeccionou a bomba atômica e, sem dúvida, a profecia já se realizou através de todas as explosões nucleares.

PERGUNTA: — Em vossas enunciações anteriores, com referência ao exílio de espíritos classificados à esquerda do Cristo, ser-vos-ia possível citar alguma passagem bíblica tradicional e conhecida, que possa confirmar esse acontecimento?

RAMATÍS: — Existem diversas alusões ao mesmo assunto, tanto no "Velho" como no "Novo Testamento", e que seria fastidioso esmiuçar nesta obra. Mas acreditamos que a conhecida parábola do "Festim de Bodas", a qual já consideramos, em capítulo especial nesta obra, também pode servir de paradigma para comprovar a emigração dos espíritos "esquerdistas" do Cristo, para um mundo físico mais inferior do que a Terra.

Sob sucinta análise, relembramos que na parábola do "Festim de Bodas", Jesus faz alusão direta à necessidade de todos os homens sanarem o seu perispírito de quaisquer impurezas e resíduos, a fim de se manterem em equilíbrio na frequência sutilíssima do campo angélico edênico. Em consequência, as almas classificadas à esquerda do Cristo são as portadoras de perispíritos ainda obscuros, sobrecarregados de muitas toxinas, resultantes de uma vivência muito animalizada. Elas estão bem simbolizadas no "Festim de Bodas", na figura do intruso, que ainda não possuía a graça da "túnica nupcial".

É muito significativo o trecho final dessa parábola, quando assim diz: "O festim de bodas está inteiramente preparado; mas, dos muitos que para ele foram chamados, só poucos eram dignos de serem escolhidos". Isso reflete, perfeitamente, a seleção de "Juízo Final", em que dois terços da humanidade terrícola serão exilados para outro orbe primário, restando apenas um terço "escolhido", com direito às futuras reencarnações na própria Terra. O "Festim de Bodas" define claramente o exílio dos espíritos reprovados à esquerda do Cristo, quando o rei ordena que o intruso seja lançado nas "trevas exteriores", isto é, sinonimicamente, "afastado", "despejado" ou mesmo "exilado" para outro orbe.

PERGUNTA: — Muitos estudiosos do Espiritismo estranham essa emigração de espíritos terrícolas para um orbe inferior, o que lhes parece uma retrogradação ilógica, ou inferiorização insensata, que altera o esquema da evolução espiritual do homem. Alegam que as almas já graduadas para viver na Terra, jamais deveriam decair pela encarnação em plano inferior. Que dizeis?

RAMATÍS: — Os espíritos exilados da Terra não retrocedem em sua contextura íntima e graduação espiritual, nem serão rebaixados, só pelo fato de renascerem em novos corpos mais rudes e habitarem ambiente mais primário. Eles apenas

O Evangelho à Luz do Cosmo

transferem-se de uma condição transitória terrícola para igual condição educativa noutro orbe físico, embora para viver existência mais dificultosa e compulsória. O general que enverga o macacão de algodão para ajustar algum defeito mecânico no seu veículo, não decai do seu tino militar nem é rebaixado de posto, só porque desveste o seu uniforme hierárquico e cuida de tarefas mais rudes. Einstein tanto pode colher flores no cume dos Alpes, como partir lenha na floresta negra alemã, sem que por isso ele deixe de ser o famoso matemático autor da Teoria da Relatividade. A simples mudança de ambiente, de moradia ou de traje, não modifica o conteúdo íntimo do ser, nem o degrada para condições inferiores.

Os espíritos terrícolas transferidos para outro mundo físico inferior, cuja humanidade ainda se situa no limite da animalidade dos trogloditas, apenas terão de armazenar o seu conhecimento e a sua experiência adquiridos na Terra, em face do seu reajuste num ambiente mais rústico e um gênero humano imaturo. Mas embora devam envergar trajes carnais hirsutos e primitivos, como filhos dos homens das cavernas, nem por isso há de apagar-se a sua memória perispiritual, a qual lhes é acervo definitivo e elaborado através de múltiplas vidas pregressas

PERGUNTA: — Mas essa emigração de espíritos terrícolas para um mundo inferior e muito aquém do que já usufruíram na Terra parece-nos mais punitiva do que mesmo reeducativa. Estamos certos?

RAMATÍS: — As vidas nas faces dos orbes físicos são apenas ensejos ou recursos educativos, no sentido de se plasmarem as consciências individuais dos espíritos recém-saídos da energia psíquica cósmica. Através das inúmeras situações e "testes" pedagógicos dos mundos materiais, as centelhas espirituais promovem a sua própria conscientização, adquirindo a noção de "existir", e o "saber" pelo pensar. Ademais, as próprias forças sublimadas da vivência animal, acasalando-se com as energias sutilíssimas atraídas dos planos superiores, constituem-se na substância fundamental da estrutura e configuração do perispírito do homem encarnado. Em consequência, o perispírito se organiza no limiar das forças refinadas da animalidade e, também, pelas energias "descidas" da fonte sidérea divina.

Mas durante esse intercâmbio ou ativação entre o espírito e a matéria, no sentido de se desenvolver a consciência espiritual do homem, o seu perispírito também se imanta do residual inferior produzido pelo campo vigoroso e instintivo da contribuição animal. Tratando-se de um veículo definitivo e que opera normalmente nos planos superiores da angelitude, o perispírito, então, precisa submeter-se a uma terapia ou saneamento energético, a fim de o espírito desencarnado conseguir alcançar os campos de forças mais sutis da vida espiritual. Mas o processo que sublima e purifica o perispírito e o liberta do residual inferior consequente às suas experiências vividas na matéria, que o diafaniza para a espiritualidade, atua à semelhança de um "lixamento" em todos os interstícios perispirituais, cujo atrito, então, repercute no campo nervoso do encarnado, causando-lhe a reação conceptual da "dor" ou do "sofrimento" tão indesejáveis. Trata-se de algo semelhante a um circuito no campo físico, mas que atinge de modo aflitivo e desagradável o campo psíquico. É, enfim, a cota de sacrifício, que resulta durante a elaboração da consciência espiritual do "novo indivíduo", modelado no seio de Deus.

Em consequência, os mundos físicos funcionam como verdadeiras "lixas" de áspera granulação, que extirpam, compulsoriamente, da veste perispiritual a crosta dos resíduos e das paixões da animalidade instintiva. E quando os espíritos matriculados no curso primário dos mundos físicos são reprovados no exame escolar ou de "Juízo Final", porque ainda lhes predomina a instintividade animal sobre a frequência sidérea perispiritual, então, só resta à Administração Sideral despejar os "maus inquilinos" para outra moradia agreste, mas eletiva para eles recapitularem as lições negligenciadas. Não se trata de nenhuma punição ou castigo de Deus, mas simplesmente uma operação retificadora, cuja finalidade essencial é promover a ventura do ser.

PERGUNTA: — Ainda sob o tema do "Festim de Bodas", quais são as imagens ou configurações alusivas, que nos indica especificamente o acontecimento dos espíritos reprovados serem alijados para outro mundo inferior?

RAMATÍS: — Na parábola do "Festim de Bodas" é muito significativo quando o rei indaga ao "intruso", que se encontra em situação ilegal no banquete divino: "meu amigo, como entraste aqui sem a túnica nupcial?" Sem dúvida, o Senhor ali figurado como o rei refere-se ao fato de o convidado apresentar-se sem a "túnica nupcial", ou conforme já vo-lo dissemos, sem o perispírito devidamente higienizado ou "imaculado".

O Evangelho à Luz do Cosmo

É fácil de aperceber-se que o "intruso" não oferece as condições autênticas exigíveis para poder-se ajustar em equilíbrio com o ambiente superior e, consequentemente, deve ser dali "expulso". Ele vivia satisfatoriamente condicionado num ambiente inferior e, por lei vibratória, então, até deve sentir dificuldade em mudar-se para um nível superior. É de lei, no mundo físico, que o sapo viva no pântano nauseabundo, que lhe é o ambiente apropriado, enquanto o colibri esvoaça entre os odores das flores. Cada ser vive de acordo com a sua eletividade ambiental e, por esse motivo, o colibri sucumbe asfixiado no mesmo lodo onde o sapo coaxa eufórico.

O tema dessa parábola, portanto, presta-se muitíssimo para também explicar e comprovar o exílio dos espíritos reprovados na seleção de "Juízo Final" da Terra. A figura do "convidado intruso" do "Festim de Bodas" simboliza o conjunto de espíritos que devem ser alijados da face da Terra, porque eles não conseguiram aprender o ABC do Amor e, portanto, não possuem as condições necessárias para se reencarnarem no próximo milênio no orbe em prosseguimento ao seu desenvolvimento consciencial. Isso porque a Terra, já devidamente reformada e ajustada geologicamente, será um planeta sem ódios e sem guerras, onde há de predominar a busca da sabedoria e das atividades criativas, através da arte e da ciência sublimadas pela fraternidade.

A parábola do "Festim de Bodas" não só identifica o tipo espiritual terrícola reprovado no "Juízo Final", e simbolizado na figura do hóspede intruso, como ainda assinala o exílio dos "esquerdistas" do Cristo para as "trevas exteriores", onde há "prantos e ranger de dentes". Essa figura ajusta-se perfeitamente ao simbolismo de um mundo físico primário, ainda povoado por uma vida animal selvática e feroz. Só num mundo físico de natureza agreste é que realmente pode existir "ranger de dentes e prantos", como símbolo da animalidade, e onde ainda grassa a violência, guerra e ferocidade na luta pela sobrevivência, tão comuns à maioria dos atuais terrícolas.

Qualquer discípulo de filosofia espiritualista, baseado no pensamento oriental, sabe que, ao buscar o "reino dos Céus", o candidato deve trilhar a "senda interna" do espírito, apurar a sua sensibilidade psíquica e aperceber-se do que é divino. Deste modo, as "trevas exteriores", mencionadas por Jesus, nada mais são do que o "caminho exterior", transitado pela alma encarnada, através do seu invólucro físico. Em consequência, os espíritos que negligenciarem o seu aprimoramento espiritual, desprezando a "senda interna", deverão recuperar o tempo perdido e recapitular suas lições ao longo do "caminho externo", numa vida física ainda mais dificultosa e mais dolorosa, porque se trata de uma verdadeira restauração para o nível do qual decaíram na Terra.

PERGUNTA: — Que dizeis quanto à referência mencionada no "Festim de Bodas" de que "muitos serão os chamados e poucos os escolhidos"?

RAMATÍS: — Até o fim do século atual, período em que se processa o profético "Juízo Final", e época dos "Tempos Chegados", provavelmente devem ser convocados à reencarnação mais de 5 bilhões de espíritos na erraticidade, para aí no mundo físico darem o testemunho da evolução espiritual. Antigos magos negros serão chamados a militar na magia branca de Umbanda, e muitos retornarão às antigas práticas em prejuízo do próximo, ainda estimulados pela sua deficiência espiritual. Entre antigos inquisidores, líderes sombrios da Idade Média, polemistas de dissensões religiosas e mesmo políticas, serão convidados a participar da renovação espiritual do mundo, embora muitos deles ainda devam prosseguir preferindo as discussões estéreis à ação crística. Mas, conforme as estatísticas da "Administração Sideral", apenas um terço da vossa humanidade deverá ser escolhido à direita do Cristo e gozar da concessão de voltar a encarnar-se na Terra, no próximo milênio. Os dois terços restantes compreendem os "feixes" de joio, que "atados de pés e mãos", e pela sua irresponsabilidade espiritual, serão classificados à "esquerda" do Cristo e obrigados a emigrar para um mundo primitivo, onde o homem ali mal consegue amarrar machados de pedra.

São esses espíritos escravos do "mundo de César", que preferiram, exclusivamente, a "porta larga" dos prazeres, vícios, das ignomínias, paixões e facilidades humanas, desprezando a "porta estreita", que simboliza o dever, estoicismo, paciência e resignação.

PERGUNTA: — E quais são as características fundamentais dos espíritos classificados à direita do Cristo e ajustados ao conceito evangélico dos "poucos escolhidos"?

RAMATÍS: — Os "direitistas" do Cristo abrangem aquele povo tão tradicionalmente explícito pela Bíblia, e que o Senhor assim exorta através das palavras de Mateus: "eu farei passar a

O Evangelho à Luz do Cosmo   313

terça parte pelo fogo, e eu a queimarei como se queima a prata e a provarei como se prova o ouro, pois tu és o meu povo bem-aventurado, o que leva a vestidura do Cordeiro para ter parte na árvore da vida e entrar na Nova Jerusalém pelas portas oficiais".

É evidente que o Mestre só poderia referir-se à Nova Jerusalém após a premissa lógica de que deveria ter existido anteriormente uma Velha Jerusalém. Realmente, no esquema sideral, a terra inclinada em seu eixo simboliza a "Velha Jerusalém", enquanto a nova terra, já verticalizada, corresponde à enunciação simbólica da Nova Jerusalém. Evidentemente, os espíritos que podem entrar na Nova Jerusalém, pelas portas oficiais, são justamente as entidades aprovadas no "Juízo Final" e credenciadas para novas encarnações terrícolas no Terceiro Milênio, cujas características estão definidas anteriormente.

A entrada pelas "portas oficiais" significa a encarnação para fins criativos, sem a morbidade e teratologia do atual mundo. A Terra, então, há de ser um planeta de prazeres sadios e de cooperação mútua, em face da harmonia e alto índice de afinidade e propósitos dos novos inquilinos. No entanto, os reprovados à esquerda do Cristo, cuja baixa frequência espiritual ainda é consequência de sua imantação pelo instinto animal, hão de ser rejeitados por se tratar de entidades que perturbam os da Nova Jerusalém, que ainda não oferecem a suficiente resistência espiritual contra as tendências inferiores.

PERGUNTA: — Quais são outras particularidades características do "povo de Deus", que é provado como se prova o ouro e a prata?

RAMATÍS: — O simbolismo da queima da prata significa o sacrifício, o perdão, a renúncia, humilhação e injustiça tão comuns na vida física; e a prova do ouro, indica que apesar da ganga dos vícios, pecados e paixões, o povo de Deus elimina essa impureza e sobrepaira acima das mazelas humanas.

Consequentemente, o povo de Deus compreende os espíritos amorosos, honestos, caritativos, frugais, sinceros, puros, fiéis, tolerantes, resignados, humildes, pacientes e pacíficos, cuja frequência angélica já os imuniza contra os impactos inferiores do instinto animal. E conforme afirma o apóstolo Mateus, ao reviver as palavras de Jesus, "o povo de Deus herdará a Terra", ou seja, liberados de quaisquer julgamentos ou dores, pois quem herda recebe um bem, do qual pode dispor como melhor lhe aprouver.

PERGUNTA: — Mas essas profecias implacáveis de "Juízo Final" e "Fim de Tempos" não comprovam o fatalismo de uma deliberação antecipadamente punitiva, e que assim desmente algo da Bondade, Justiça e Magnanimidade de Deus?

RAMATÍS: — Como explicamos alhures, os atributos de Deus são extrapolações humanas por falta de melhores explicações. Assim, Deus é o conjunto de leis e princípios feitos para que os homens se angelizem independentemente de quaisquer deliberações punitivas. A Lei não castiga, mas apenas reajusta e aprimora no sentido de harmonia sideral. Somente depois que os espíritos persistem na delinquência espiritual e causam prejuízos a outrem, ou a si mesmos, é que surge a providência sideral corretiva e, sobretudo, educativa.

Aliás, há exemplos na própria Bíblia, que demonstram essa tolerância divina e a sustação de consequências funestas à última hora, porque o homem se converteu ao bem. É o caso de Nínive, a cidade corrupta dos assírios que, apesar de predito o seu aniquilamento total, deixou de ser destruída, graças à conversão sincera e imediata de sua população. Os habitantes de Nínive integraram-se completamente aos bens morais do espírito, repudiaram o vício, fizeram penitência purificadora catalisando as energias espirituais pela modificação interior, assim que os profetas anunciaram-lhes a destruição de sua cidade.

No entanto, noutro exemplo exposto, a Bíblia noticia que os profetas e os sacerdotes prediziam a terrível catástrofe do Dilúvio, mas o povo gozador e descrente ria e dançava, no simbolismo de quem não dá importância aos conselhos e advertências superiores, pela tradicional negatividade humana. E o Dilúvio, então, ocorreu, sem que houvesse proteção e salvação daquela gente apanhada de surpresa, exceto Noé e seus parentes, salvos em seu tradicional palácio flutuante, e que a lenda transmitiu sob a figura simbólica de uma arca lotada por aves e bichos.

Igualmente, na atualidade, também existem advertências claríssimas e de suma importância para os bons entendedores, que já comprovam a positivação das Profecias, quanto à inexorável sucessão de acontecimentos dramáticos de "Fim de Tempos". Aliás, repete-se novamente a velha cena das advertências do tempo de Noé sobre as catástrofes que se sucederão, mas a humanidade terrícola "dança" e "ri", enquanto o mundo submerge-se no caos social, político, econômico e existencial, vivendo

O Evangelho à Luz do Cosmo   315

o mais severo e trágico exame de sua história. Mergulhados no mar das paixões, poucos homens se apercebem dos proféticos sinais que já se concretizam no cenário da terra e marcam o "Juízo Final" em processo seletivo desde o ano de 1950. Ao desfolhar do calendário terreno, a Lei Divina classifica o trigo à "direita" e o joio à "esquerda" do Cristo, confirmando profecia milenária.

Enquanto isso, absolutamente despreocupada, a humanidade terrícola vive perigosamente a "era da Besta", do vaticínio de João Evangelista, pelo seu Apocalipse, e se engolfa na prática de atos e iniciativas tão inferiores, que a subjugam e a imantam cada vez mais à linhagem inferior da animalidade.[92] É por isso que Jesus sempre advertia: "há homens que têm olhos e não vêem, que têm ouvidos e não ouvem", os quais subestimam as profecias e o aviso da espiritualidade, enquanto perdem excelentes ensejos de renovação e libertação dos mundos materiais.

PERGUNTA: — O que ainda poderíeis dizer-nos sobre o fato de já estarmos vivendo esse severo exame de "Juízo Final", profetizado desde os tempos bíblicos?

RAMATÍS: — Em certa passagem evangélica (Apocalipse, 22:11), Jesus alude a essa situação caótica que já estais vivendo, quando assim exclamou de modo imperativo e enérgico: "aquele que faz injustiça, faça ainda, e aquele que está sujo, suje-se ainda, e aquele que é justo, justifique-se ainda, e aquele que é santo, santifique-se ainda".

Sob tal conceito, parece-nos que o Mestre Jesus, referindo-se à humanidade sempre indefinida entre o bem e o mal, indicou que na época do "Juízo Final" e "Fim de Tempos", há extremos tão antagônicos, que o "sujo" poderá ficar mais sujo, enquanto o santo ainda encontra ensejos para ficar mais santo. Deve haver oportunidades opostas e sob tal efervescência, em que o caos proporcionará o máximo de sujidade aos desajustados, tanto quanto mais santidade para os que resistirem aos instintos e aos vícios, a indolência e à frontal inversão de valores. Lembra, então, a parábola do trigo e do joio, em que ambos crescem jun-

---

[92] "A Besta apocalíptica representa, pois, a alma global e instintiva de todas as manifestações desregradas; ela age sorrateiramente sobre as criaturas negligentes e sempre lhes ajusta as emoções contraproducentes, a fim de as incentivar para a insanidade, a corrupção e imoralidade geral. O reinado, da Besta, como de Satanás, implica na existência de súditos que são os gozadores das bacanais lúbricas dos sentidos humanos e das paixões aviltantes do animal." — Trecho extraído do capítulo VII, "A Besta do Apocalipse", da obra de Ramatís, *Mensagens do Astral*.

316   Ramatís / Hercílio Maes

tos e com as raízes entrelaçadas de tal modo, que só podem ser separadas sem mutilação quando atingem a perfeita maturidade. É por isso que, enquanto a humanidade terrícola consagra-se pelo feito incomum de pousar na Lua, que enriquece a atividade humana com os requintes dos computadores e robôs; e ainda domina a fabulosa energia atômica, também, ocorre o paradoxo de dois terços de homens retornarem mental, psíquica e fisicamente para os costumes e a vivência das cavernas.

PERGUNTA: Poderíeis explicar-nos melhor essa situação tão antagônica?

RAMATÍS: — Realmente, toda atividade e produção humana, na atualidade, atingem os extremos mais paradoxais em todos os setores da ciência, filosofia, política, arte, moral, relação social e mesmo terapêutica. Há um magnetismo nos seres, que os obriga a se procurarem eletivamente, pois se sentem na mesma faixa vibratória fescenina ou pérfida. Simultaneamente, há um clima e ensejos tão antagônicos e excêntricos, que as criaturas regradas podem atingir o extremo da santidade, enquanto as epicuristas dos vícios, paixões e sexo, alcançam a mais ignominiosa degradação.[93]

Surge uma atmosfera tão apaixonante e oportunidades tão requintadas para os corruptos, viciados e pecadores, que eles podem entregar-se às maiores baixezas e sórdidas atividades, sob o sofisma de existencialismo. É a completa inversão de valores, que conclama os homens à absoluta liberdade de conceitos em relação à vivência numa consagração sem censuras de tudo que é vil e degradante, cuja generalização no mundo atinge rapidamente até as etnias mais conservadoras. O afrouxamento dos costumes pela liberação dos instintos entusiasma e confunde atraindo num retrocesso apressado às cavernas, todos os imprudentes e abomináveis, no dizer da própria Bíblia. É animália que pouco a pouco impõe a sua linhagem inferior, sufocando as forças superiores do espírito em consonância com o estado vibratório atual, onde justificam-se as aberrações, corrupções, perversidades e vícios num censurável esquecimento da beleza

[93] N. do M. - Para não esmiuçar demasiadamente essa situação apontada por Ramatís, bastaria analisarmos o sucesso que fez a obra e o filme *O último Tango em Paris*, que recebeu até elogios pelo suposto arrojo libertador, onde um ator sofisticado, mas de certa responsabilidade, e uma jovem ninfomaníaca, rebolaram-se nas cenas mais libidinosas e degradantes, a fim de comunicar uma mensagem cinematográfica de arte.... Ademais, na atualidade, as livrarias são verdadeiras enxurradas de obras pornográficas anunciadas à guisa de libertação sexual.

O Evangelho à Luz do Cosmo

da vida espiritual. É enfim, o reinado da "Besta" na satisfação das sensações imediatistas, como, por exemplo, o sexo degradado. Sob rótulos pitorescos, terminologias brilhantes e concepções filosóficas sub-reptícias, as maiores discrepâncias de ordem moral são aceitas como liberação psicológica do ego, no sofisma de se criar uma nova doutrina superior. É o momento em que os costumes, as convenções e tradições, tão duramente conquistadas e que demarcam o pudor e a sensatez, são arrasadas à conta de concepções obsoletas e de preconceitos tolos, em que a anárquica emancipação humana do século é confundida sob o conceito de autenticidade.

PERGUNTA: — Quais seriam alguns exemplos mais convincentes, que nos expliquem melhor essa situação excêntrica de retorno às cavernas?

RAMATÍS: — A humanidade materialista atingiu um "teto" limitado pelo excessivo culto das formas e dos prazeres, que já se esgotam sob o demasiado desgaste do sensualismo da vida animal e epicurismo artificial do intelecto. A técnica e a ciência do mundo proporcionaram uma vivência tão confortável, agradável e refinada do corpo carnal, delegando ao esquecimento o motivo espiritual e essencial da existência humana. As próprias religiões do mundo transformaram-se em instituições de negociatas e conchavos políticos, cujos componentes se digladiam e subvertem os princípios fundamentais na luta inglória pela predominância hierárquica, ou na busca do poder para o cultivo específico dos bens materiais.

Em face dessa saturação provocada pela mediocridade da vida para a satisfação somente das sensações do físico e ausência de motivos superiores da espiritualidade, decai o bom senso humano que, então, é dominado pelas excentricidades e pseudonovidades. Assim, o cidadão terrícola atual inverte os valores tradicionais e extingue a linha demarcatória do genial e do vulgar, do autêntico e da falsidade, do certo e do errado, do belo e do espalhafatoso, do sadio e do enfermiço, do pudor e da libidinosidade. Na esfera da pintura, a obra sublime de Ticiano, Rubens, Da Vinci ou Murillo é tachada de anacrônica, fotográfica e acadêmica, subestimada pelo entusiasmo dos tolos pegureiros da nova arte teratológica das deformações anatômicas. Assim, os espíritos primários, sem qualquer aprendizado de desenho, passam a ser considerados gênios na sua arte semelhante à do homem das cavernas numa indesejável patogenia pictórica. Evidentemente, confunde-se primitivismo com a expressão livre da arte.

A música sublime e harmônica de um Mozart, Liszt, Beethoven, Bach ou Chopin, deteriora-se sob improvisações mercenárias, ou se nivela à histeria dos sons gritantes sem melodia, enquanto os seus intérpretes multiplicam os esgares circenses do corpo suarento. As filosofias, desde Sócrates, Platão, Spinoza e outros, têm se dedicado às especulações superiores e sobre a origem e destino dos entes criados por Deus. No entanto, são superadas na atualidade por cínicos e excêntricos filósofos modernos, que numa linguagem escatológica apregoam o culto de um existencialismo sexual e lascivo, que anula os valores íntimos da família, e conduz os descendentes ao vício do tóxico, a fim de compensarem a vacuidade e inutilidade aparente da vida física. A ciência, cujo dever é amparar o cidadão e velar pela higidez do orbe, em face da ambição mercenária, promove as guerras para o consumo de armas, modela e cria novos robôs eletrônicos, que esfrangalham milhões de criaturas e entusiasmam hierarquias militares, pela glória das efêmeras condecorações de ferro fundido e baeta. Surgem psicólogos como cogumelos em dia de chuva, convencendo a sociedade para se aviltar nas práticas grupais até lascivas de certas psicoterapias, quando elegem o ato criador da procriação como avançada terapêutica humana.

A figura serena e majestosa de Jesus, o homem sublime e incomum, é alterada para outro extremo pela caricatura cinematográfica de um líder subversivo e famigerado paraninfo das filosofias "hippies". Sob o fascínio da "Besta", predita por João Evangelista, as mais absurdas sugestões e noções são recebidas com crescente entusiasmo para os realistas do século atômico. A emancipação espiritual passa a significar a libertação do instinto animal e, em consequência, multiplicam-se os antros de prazeres fesceninos e do jogo aviltante; proliferam as indústrias alcoólicas, desbraga-se a carne moça recém-saída da escola primária, na exposição provocante dos contornos anatômicos, ressaltados pelos costureiros cínicos. Enriquecem-se os fotógrafos especialistas de ângulos lascivos da mulher; desintegra-se a família por falta de vivência íntima e afetiva; os desgraçados sofrem na vizinhança dos banquetes aristocráticos, onde predominam o caviar e o faisão importados; as mulheres pobres tremem de frio diante dos trajes decorados de jóias e ostentados por criaturas em ricos chás beneficentes, a fim de ajudar os deserdados da sorte.

O Evangelho à Luz do Cosmo

Enquanto isso, os psicólogos e filósofos sentenciosos ironizam a "ingênua" beleza moral apregoada pelo Evangelho e propalam precioso tecnicismo de fascinação aos incautos, que estamos na época da emancipação do homem e de sua libertação das virtudes que nada mais são do que preconceitos obsoletos e tolos de antanho. No entanto, tais libertadores da instintividade inferior ignoram ou descuidam-se de que já estão sendo visualizados e comprovados todos os "sinais de tempos", assinalados e preditos pelos profetas desde os evos bíblicos. A humanidade terrícola, atualmente, já vive no vórtice turbilhonante do "Fim de Tempos", "Juízo Final" e da "Besta do Apocalipse".

PERGUNTA: — Poderíeis descrever-nos esses "sinais dos tempos" preditos há mais de 2.000 anos, e que nos provem a exatidão dos "Tempos Chegados", do "Juízo Final" e o advento da "Besta do Apocalipse", de João?

RAMATÍS: — Em face de já termos esmiuçado em obra anterior mediúnica, o assunto[94] de "Tempos Chegados", então, apenas assinalaremos os principais sinais ou motivos que melhor identifiquem os acontecimentos fundamentais do período cabalístico de "Fim do Mundo", ou da modificação da humanidade e do reajuste do planeta terrícola. Assim, as profecias bíblicas e profanas dizem que na hora apocalíptica devem se produzir os seguintes sinais, ou comprovações implacáveis de que estão em curso positivo todas as predições e vaticínios anteriores: "quando os pássaros de aço desovarem ovos de fogo; quando os homens dominarem os mares e os ares; quando os mortos ressuscitarem; quando o fogo descer dos céus e os homens do campo não puderem alcançar as cidades, e os da cidade não puderem fugir para os campos; quando estranhos sinais se fizerem no céu e coisas extravagantes forem vistas da Terra; quando crianças, moços e velhos tiverem visões, premonições, e fizerem profecias; quando os homens se dividirem em nome do Cristo; quando a fome, a sede, a miséria e a doença e as ossadas substituírem as populações das cidades; quando os irmãos de sangue se matarem; quando a Terra estiver infeccionada; quando os judeus voltarem para a Palestina; quando Satã for desamarrado

---

[94] Vide a obra *Mensagens do Astral*, de Ramatís, publicada em 1956 e já na 12ª edição, da **EDITORA DO CONHECIMENTO,** principalmente nos capítulos "Os Tempos Chegados", o "Juízo Final" e a "Besta do Apocalipse", que, tendo sido considerada profecia na sua época, hoje é já consagrada por abalizados críticos e estudiosos do assunto como "notícias de jornais".

e praticar estranhas mortes; quando a tempestade sacudir e rasgar o véu do Templo; quando os três do Cristo forem coroados; quando as estrelas caírem e houver uma nova Terra; quando os filhos desconhecerem e zombarem dos pais; quando as mulheres pejadas criarem monstros; que o Evangelho for pregado a todas as gentes, o povo adorar a Besta, então, os "tempos são chegados" e também o "Fim do Mundo".

É evidente que tudo isso já está em franca ocorrência e realização na época em que viveis, conforme a síntese que vos oferecemos em paralelo com a enunciação acima. Em verdade, os pássaros de aço, ou aviões, desovam bombas de fogo nos campos e nas cidades inimigas; os homens, realmente, já dominam os ares voando além da estratosfera, enquanto os submarinos navegam até debaixo das calotas polares. Os mortos ressuscitam, todos os dias, na figura dos espíritos materializados, ou operando através de médiuns, enquanto o fogo desce dos céus produzido pela famigerada bomba atômica; na hora cruciante da explosão atômica, "os homens da cidade não conseguem alcançar os campos, e os dos campos não alcançam as cidades". Os estranhos sinais, ou as coisas extravagantes que serão vistas no céu, aí estão concretas na figura dos satélites artificiais, que circulam em órbita ao redor da Terra, ou, ainda, nos inusitados "discos voadores", que tanto surpreendem os homens. Ainda corroborando as profecias, as crianças, os jovens e os velhos, sob a ação de faculdades mediúnicas, fazem predições, curam e produzem fatos incomuns no contato com o mundo oculto; em face da prodigalidade de seitas religiosas, que surgem como fungos em dias chuvosos, elas se atritam e se massacram sob o ódio e o fanatismo, confirmando que os "homens se dividirão em nome do Cristo" no fim dos tempos. Quanto à fome, miséria, sede, as doenças e cidades de ossadas, basta lembrarmos os campos de concentração dos nazistas, onde milhões de judeus foram mortos de inanição e miséria, formando pilhas de ossos, predito pelos profetas. E a Terra ficará "infeccionada", ou "contaminada", conforme texto bíblico (Isaías, 24:5-6), e o que o próprio noticiário jornalístico na hora atual confirma ante o perigo da "poluição". Ademais, os judeus já retornaram à Palestina, constituindo o novo "Estado de Israel", sob o patrocínio da ONU, conforme decisão em 15 de maio de 1948. Satã será desamarrado por pouco tempo a praticar estranhas mortes, o que se verifica pelos crimes bárbaros, aberrativos e sem motivos plausíveis, como no

O Evangelho à Luz do Cosmo

caso da atriz Sharon Tate; a subversão, rebeldia e o descaso do sacerdócio no seio da Igreja Católica demonstram, realmente, que "a tempestade sacode e rasga o véu do Templo". E os três que seriam coroados, no simbolismo profético, evidentemente se refere a João, Paulo e Pedro, em parte já confirmado pelos papas João XXIII e Paulo VI, prevendo-se, ainda, a eleição do próximo Papa com a sigla de Pedro II. Ainda, prosseguindo, repetimos que "as estrelas e as potestades do céu cairão", conforme vaticinaram Jesus e João, provável alusão à mudança de visão de cada povo, no seu tradicional horizonte sideral, à medida que a Terra irá se verticalizando em seu eixo, sugerindo uma queda virtual dos astros. Os filhos, atualmente, parecem "desconhecer os pais", as suas virtudes e tradições, quando os consideram "quadrados", ou "coroas", num flagrante desrespeito e desvalorização ao amparo e orientação paterna; infelizes mulheres estão gerando "monstros", na figura de filhos focômelos, ou sem braços, deformados e hipertrofiados, compondo uma fauna teratológica sob o impacto das radiações atômicas. E o fim chegaria, quando o Evangelho fosse pregado a todas as gentes, conforme palavras do Cristo-Jesus, predição que enquadra-se perfeitamente no atual e obstinado fenômeno do "biblismo", em que as seitas e instituições religiosas distribuem bíblias a mancheias, na pressa de converter o homem de modo compulsório à angelitude.

E a humanidade terrícola, alucinada, lasciva e desbragada, inverte todos os valores tradicionais da ética humana, e atira-se, febricitante, no culto incondicional e até grupal do aviltamento sexual, corroborando a altiloquente profecia de João, quanto às proezas, ignomínias, abominações e ao cinismo da Besta no "Fim dos Tempos".

PERGUNTA: — Sob a vossa visão espiritual, ainda existem outras predições que também comprovem a nossa incontestável vivência dos "Tempos Chegados", ou do "Fim de Tempos"?

RAMATÍS: — Evidentemente, em face de nosso contato mais íntimo com o esquema espiritual da humanidade terrícola, poderíamos alongar-nos bastante sobre as mais inusitadas predições, que se referem a todos os setores da vida humana em transformação profética. Entretanto, atendendo-vos à solicitação expomos-vos uma síntese panorâmica, que pudemos extrair dos tradicionais "arquivos akáshicos", ou "registros etéricos", com referência a algumas fontes proféticas e concretizando-se dia a dia na face do orbe.

Diz essa síntese, num resumo de vaticínios: "quando for a hora dos tempos, e que o homem sair em julgamento de sua obra e de sua vida eterna, então, acontecerão essas coisas: os homens caminharão de costas, a voz do Cristo entrará pelos telhados, o espírito caminhará à frente do homem, haverá falsos magos e falsos homens; o espírito oculto poderá conduzir os homens; as máquinas pensarão; quem quiser estará nos quatro cantos do mundo; os mortos farão os vivos viverem; o que Deus não pintou no céu, o homem representa na terra; o que Deus proibiu na terra, o homem fará no céu".

As comprovações dessas predições aí estão se concretizando nos vossos dias, graças ao progresso científico e técnico do mundo, conforme se pode verificar. Assim, os "homens caminham de costas", quando viajam em aeronaves no sentido inverso dos fusos horários, e que os obriga até a acertar as horas nos seus relógios; os falsos magos já surgiram na indústria excêntrica dos "gurus" orientais, ou mesmo nos mercenários da doutrina espírita, ou de Umbanda; quanto ao espírito oculto que conduzirá os homens, é evidente a sua comprovação no controle "remoto", ou manejo do "radar"; os falsos homens é assunto corriqueiro, depois do advento dos robôs, e, mesmo, quanto à predominância de "travestis" na sua inexplicável patologia, acrescido, ainda, das operações específicas e aplicação de hormônios adequados, quando a medicina transforma homens em mulheres e mulheres em homens. As "máquinas pensarão", tema profético de fácil identificação no progresso cibernético dos "computadores", e quem quiser "estará" nos quatro cantos do mundo, basta-lhe percorrer com a televisão, auxiliada pelo recurso moderno dos satélites, as várias latitudes geográficas da Terra. A era dos transplantes, através de enxertos de rins, coração, pâncreas e intestinos explica, racionalmente, a predição de que "os mortos farão os vivos viverem", assim como as tradicionais operações mediúnicas ainda mais confirmam tal profecia. O vaticínio de que "Deus não pintou no céu, mas o homem representa na terra", se comprova na descoberta do "vídeo-tape", que na forma de uma memória fotográfica sonora grava os acontecimentos sem Deus os pintar no céu. Finalmente, o homem alcançou a glória de descer na Lua, numa demonstração adulta de libertação do solo terráqueo, comprovando perfeitamente a predição de que "Deus

O Evangelho à Luz do Cosmo

323

proibiu na terra, mas o homem fará no céu", ou seja, sem possuir asas ou proibido de voar na Terra, conseguiu construí-las na forma de cápsulas e foguetes para ir à Lua.

PERGUNTA: — Conhecemos uma profecia, que diz: "quando a hora chegar e o Crescente invadir a Europa, o Papa casar-se-á com um homem que tem nome de mulher". Poderíeis informar-nos algo a respeito dessa predição tão excêntrica ou cabalística?

RAMATÍS: — Presume-se, conforme as profecias, que até o final deste século os chineses e certa porcentagem de povos árabes deveriam invadir a Europa, penetrando através do Tibete e Mandchúria, depois atacando Paris, Roma e Londres. Evidentemente, quando isso acontecer, o Papa em vigência no Vaticano, há de buscar outro país para continuar a gerir o seu comando católico, uma vez que os invasores cultuam doutrina religiosa antagônica à Igreja Católica. Impossibilitado de permanecer na Europa, ou sediar-se em qualquer país não-católico, será o Brasil fundamentalmente religioso a esperança e a solução mais recomendável. Em face da violência e do tumulto revolucionário, tão frequentes nos países da América Latina, e da predominância do protestantismo na América do Norte, o povo brasileiro, essencialmente fraterno e afetivo, então, há de oferecer o clima desejado para a futura sede do Vaticano.

Evidentemente, quando isso acontecer, também deverá comprovar a profecia excêntrica de que "na hora dos tempos o Papa casar-se-á com um homem que tem nome de mulher", ou seja, transfere-se para o Brasil, que tem nome de homem, ou masculino, e situa-se em Brasília, que tem nome de mulher, ou feminino, e, consequentemente, o local mais bem escolhido por se tratar da capital federal brasileira.

O EVANGELHO À LUZ DO COSMO
foi confeccionado em impressão digital, em abril de 2025
Conhecimento Editorial Ltda
(19) 3451-5440 — conhecimento@edconhecimento.com.br
Impresso em Luxcream 70g, StoraEnso